U0113404

国家出版基金项目
NATIONAL PUBLICATION FOUNDATION

辛亥革命与近代中国边疆政治变迁研究

冯建勇　著

黑龙江教育出版社

序　言

　　边疆既是一个地域概念，也是一个政治概念。就地域层面而言，是指国家毗连边界线、与内地（内陆、内海）相对而言的区域。一般而言，历史上中国的边疆是在秦统一中原、其重心部分形成之后确立的，有着两千多年的历史沿革。相应地，中国的边疆研究也有着悠久的历史和优良的传统，并与国家和边疆的安危息息相关。

　　从近代到新中国成立，中国边疆研究曾出现过两次研究高潮，第一次研究高潮是19世纪中叶至19世纪末，西北史地学的兴起，国家边界沿革的考订、边疆民族发展的著述等，是这一时期中国边疆研究高潮的标志。在边疆研究的热潮中，一些朝廷的有识之士开始学习近代国际法的领土主权原则，与蚕食我国领土的列强势力相对抗。黄遵宪、曾纪泽等都曾以"万国公法"为武器，在处置国家边界事务中与英、俄列强执理交涉。在边疆研究领域，学者们开始将政治学、法学等与传统的史学、地理学等相互结合，开创了现代意义上的边疆学研究。

　　第二次研究高潮是20世纪20年代至40年代，是在国家与民族危机激发下出现的又一次中国边疆研究高潮。国际法与政治学方法也被广泛地运用到中国边疆史地的研究之中，边政学的创立与研究、以现代学术新视角和新方法对中国边疆进行的全方位研究，是这次高潮的突出成就；研究内容也从边疆领土主权、历史地理扩展到民族、语言、移民、中外交通等领域。与此同时，边疆考察作为中国边疆史地研究的内容与方法，也愈益受到重视。

两次研究高潮的实践与成果，实现了中国边疆研究从传统中国史学研究向现代多学科综合研究的转变，为中国边疆研究学科领域的进一步拓展与深化奠定了基础。新中国建立后，中国边疆史地研究方兴未艾。继而在改革开放大潮的推动下，带来边疆学研究的三度兴起。此次研究高潮酝酿于20世纪80年代初，兴盛于90年代，至今热度不减。

1983年，中国社会科学院中国边疆史地研究中心（以下简称"边疆中心"）成立，这既是我国边疆史地研究第三度热潮的产物，也进而成为国家边疆研究的前沿引领者。

近30年来，边疆中心在边疆研究领域已取得了丰硕的学术成果，很多研究成果不仅填补了新中国成立以来各自领域的学术研究空白，而且以综合性、系统性、科学性的特点，成为目前国内同类研究中的优秀作品，对学科建设和发展、对推动全国边疆史地研究，均起到了举足轻重的作用。在研究内容方面，已形成了从最初以中国近现代边界研究为主，发展到以古代中国疆域史、中国近代边界沿革史和中国边疆研究史三大系列为重点的研究格局。近年，坚持基础研究与应用研究并重，在继承和弘扬中国边疆史地研究遗产的基础上，已逐步形成了历史研究与现状研究、基础研究与应用研究融而为一的中国边疆学研究模式。

边疆中心所实施的应用研究，是以当代我国边疆的稳定和发展现状为切入点，直面当代中国边疆面临的紧要问题和热点问题，进行跨学科的综合性研究。中国边疆研究不但要追寻边疆历史发展的规律和轨迹，还应探求边疆发展的现实和未来。当代我国边疆现状研究首先是当代中国社会发展的现实需要，也是中国边疆学学科发展的需要。我国边疆区域的发展现实，促使中国边疆现状研究的内涵和外延要有新的学科定位：即将中国边疆作为统一多民族国家的有机组成部分，作为一个完整的研究客体；现状与历史不可分，现状的历史实际上也是历史的现状，所以要进一步加强历史的和现状的综合性一体研究。通过对学科布局的适时调整，中国的边疆研究不断取得学科突破和新的学科增长点，进而尽快实现以基础研究为主的中国边疆史地研究向基础研究与应用研究并重的中国边疆研究的过渡。

短期内，我国在中国边疆疆域理论研究方面必须明确主旨，并应该有大的突破。在深化实证研究的同时，应进一步加大理论研究投入的力度，不断探索中国边疆历史与现状发展的规律。在实证研究的基础上，努力为历史上多元一体的中华民族边疆地区的政治、经济、人文发展和变迁构筑理论体系，是中国边疆史地学研究的根本目标。近30年来，大量高水平的研究成果相继面世，为中国边疆疆域理论体系的构建与未来中国边疆学学科体系的构建奠定了坚实的基础。

一方面，边疆实证研究的不断深化，需要理论层面的支撑。在中国古代历史疆域理论、历代边疆治理理论，古代统一多民族国家边疆地区的发展规律、古代边疆民族在多元一体中华民族中的发展规律等方面，以及在近现代陆疆、海疆与边界的理论问题等方面，通过大量的实证研究探索其中的规律，进一步构建我国边疆历史发展与统一多民族国家发展的理论体系。

另一方面，边疆研究学科的发展需要尽快完成中国边疆学学科的构建，包括边疆学学科的概念、界定与范畴，学科性质和功能，学科体系构建等一系列理论问题，建立以马列主义为指导的、有中国特色的中国边疆学理论体系。近年来，国内数所大学以开设边疆学博士点为契机，也在加紧边疆史地学科的构建；一些高校和地方科研院所，先后以"中国边疆学"或"中国边疆史地学"的学科定位建立了相关的学科专业；围绕边疆研究先后出现的相关学科命名有边疆政治学（边政学）、边疆史地学（边史学）、边防学、边疆安全学（边安学）等。但从学科层面看，在学术界尚未形成统一的认识，缺乏基本学科框架的规范系统论证。在诸如边疆学的内涵与外延及整体构建等方面还需要做更多深入研究；在疆域理论研究方面则需要投入更多的力量，尽快拿出较为成熟的成果。同时，应注重学科理论建设与方法论的进一步开拓，在原有的历史学、民族学、历史地理学等为主的基础上，扩展引入政治学、社会学、法学、国际关系学、地缘政治学等理论与方法，进一步突出边疆研究作为跨学科、边缘学科和新兴学科的特点与优势，不断加快学科建设步伐。

学术研究与研究成果的出版是并行的。20 世纪 80 年代末，当组建不久的边疆中心在成果出版方面寻找出路的时候，黑龙江教育出版社以高度的社会责任心与敏锐的学术眼光，伸出了合作之手。一晃至今，双方精诚合作了 20 多年。先是以《边疆史地丛书》的形式，自 1991 年 3 月开始出版，截至 2011 年，先后有70 余种边疆研究著（译）作面世。已出版的学术著作得到了学术界和读者的广泛关注，取得了良好的社会效益，持续有力地推动着中国边疆研究学科的不断发展。如果说边疆中心在边疆研究方面成为了学术前沿的引领者，那么黑龙江教育出版社则以边疆研究成果的出版而成为国内外知名的品牌出版社。

在当前我国边疆研究氛围持续高涨的形势下，经边疆中心与黑龙江教育出版社共同努力，将以更为严格的科学态度、更为严谨的学风文风，共同出版水平更高的边疆研究著作。双方遂决定以《中国边疆研究文库》的形式，由边疆中心组稿审定，黑龙江教育出版社编辑出版。

《中国边疆研究文库》由《中国边疆研究文库初编——近代稀见边疆名著点校及解题》与《中国边疆研究文库二编——当代学人边疆研究名著》两部分组成。前者共选出近 50 种近代以来面世的我国边疆研究学术著述，在实施点校的基础上，作出导读性与研究性的解题，予以重新出版；后者选择近50种新中国成立60多年来我国（包括台湾、香港、澳门）边疆研究的老一代知名学者、中年有为学者、年轻后起学者的著述，汇集出版。可以说，这些著作基本代表了目前我国边疆学研究的水平。

同时，对1949年后有较大影响的边疆研究著述又进行了修订出版，特别是将新近的研究成果充实其中，使这些有影响的研究成果内容更加翔实、完整，更具学术价值。

今天，中国边疆研究已是一门具有广阔发展空间的显学，呈现在读者面前的《中国边疆研究文库》尚属开创之举，一定有诸多不尽如人意之处，衷心希望得到广大读者的支持帮助、批评指正。同时，我们也有信心，在目前《中国边疆研究文库》初编、二编近100部著作的基础上，继往开来，努力开拓进取，组织更多边疆研究的优秀成果，继续出版三编、四编……为我国边疆研究的持续兴盛，为繁荣边疆的历史文化，为今天我国边疆的社会稳定和经济发展，作出应有的贡献。

需要说明的是，本《文库》系国家出版基金特别资助项目，如果没有国家出版基金办大手笔支持我国的出版事业，本《文库》是无法面世的。在此，请允许我们表示诚挚的感谢。

主编谨识

目　录

序章　问题设定与研究方法

第一节　研究的目的与课题

一、研究的目的

（一）从文化至上主义到民族主义

中国传统民族主义的华夏中心观，是以信仰"天圆地方"的宇宙模式为其认识前提的。古人相信自己居于天下的中心，有中心就有四边。他们故称"居天地之中者曰中国，居天地之偏者曰四夷，四夷外也，中国内也"①。清朝《文献通考·四夷考》开篇即言："大地东西七万二千里，南北如之，中土居大地之中，瀛海四环。其缘边滨海而居者，是谓之裔；海外诸国亦谓之裔。裔之为言，边也。"

鸦片战争以前，华夏民族处于一种"自我"与"他者"关系的相对充足或完满状态，享受着作为世界中心民族或强盛民族的古典荣耀。华夏对自己作为"天地之中"的中心地位和绝对权威深信不疑，从而自信地把自己形容为"夏"或"华夏"；同时，

---

① （宋）石介：《中国论》，载陈植锷点校《徂徕石先生文集》，116 页，北京，中华书局，1984。

在这位"自我"看来，作为外来客人的边缘"他者"总是野蛮、弱小的少数民族，即属于"夷"或"夷狄"。由于这种明显的自我与"他者"的权力差异，"华夏"自我才可以具有足够的自主和自信，可以"虚怀若谷"地向外来其他民族即"夷狄"开放。其实，也正是由于有了四周"夷狄"这面"镜像"，这位"自我"的位置和权威才得以确证。无论如何，在古典中国的民族关系图景中，华夏民族是最优的，而四周民族处于从属地位。于是，古典性的中国形象形成了："中国"如"夏"，位于宇宙模式的中心，享有号令天下的最高权威；而周围各国如"夷"，位于这个模式的边缘，必须向"中国"臣服。这种中国形象可以用汉代贾谊在《过秦论》中的描绘来形容："有席卷天下、包举宇内、囊括四海之意，并吞八荒之心。"而王维的"九天阊阖开宫殿，万国衣冠拜冕旒"，则令人想起这个"天朝上国"的赫赫威仪。

与华夏中心观相联系的，是传统民族主义的华尊夷卑观。由于地理环境的差异，各民族之间的社会和文化发展参差不齐。既然"华尊夷卑"，所以中国传统民族主义特别强调"华夷之辨"或"夷夏之大防"，也就是强调民族之间的区隔。这种区隔包含两个方面的含义：一是种族的区隔，即所谓"非我族类，其心必异"，种族是区隔夷和夏的标准，换言之，判断一个人是夷或是夏，主要看他出生于何种种族；另一种是文化的区隔，即所谓"诸侯用夷礼则夷之，进于中国则中国之"，文化作为区隔"夷"和"夏"的标准。就此而言，那种认为中国传统民族主义是一种种族民族主义的观点是片面的，种族民族主义只是中国传统民族主义的一个面象，更为重要的是，另一方面它又是一种文化民族主义，或可更为贴切地称之为文化至上主义。而且中国历史长河中，更多的时候是文化至上主义或文化民族主义占据主导地位。

詹姆斯·哈里森就注意到："传统中国人的自我形象被定义为'文化主义'而不是民族主义，前者是基于一份对共同的历史遗产以及一种共同的信念的认可，而后者则建立在'民族国家'这一近代观念的基础上。"① 他强调，自从始于前 221 年秦帝国的大一统以来，这种自我形象已经发展了两千多年，它并没有妨碍某种政治的或民族主义的效忠。帝国历史的漫长岁月提供了关于爱国主义、种族独特感、排外情绪，以及献身帝国制度和统治王朝的一些事例。但是，中国人的认同主要是文化的。一个脱离文化遗产的中华国家或民族是不可理解的，至高的忠诚依附于文化本身而非国家。

文化至上主义拥有这样一种信念：传统中国是一个文化共同体，其疆界由体现中国精英文化传统基本原则的知识与实践所决定：这个共同体是独特而不可挑战的，因为它是世界上的唯一真正的文明：它处在一个皇帝的妥善统治之下，这位皇帝对他的臣民包括所有加入到这个文明中的人都具有绝对权威；皇帝与他的官员的政治权威在原则上有赖于博学多才，尤其是通过道德楷模来实施统治的学识与能力。这一系列信念对于它所确定的共同体有着若干重要含义。最为重要的是，这些信念明确规定了一套独特的文化标志；这套标志有别于并且独立于那些以族群为界限的更为普遍的文化类型。各民族均可以通过接受这些原则而加入该共同体，如果不接受则将被排除。这是在思想上对原则、而不是对一个人出生时所置身的特定文化的信奉，因为那些原则是可以被传授或抛弃的。共同体的确切成员与疆界可以发生变动，只要在一些重要的区域内依然保持信仰。同样，统治者可以获得或失去其合法性，因为这合法性基于对原则的熟练驾驭或示范，而非种族背景。② 可以这样认为，文化至上主义作为一种中华帝国的意识形态，解释了汉族统治非汉族以及非汉族统治汉族的合

① 詹姆斯·哈里森：《近代中国的民族主义》，2 页，纽约，亨特学院现代亚洲研究所，1969。
② 詹姆斯·汤森：《中国的民族主义》，载复旦大学历史系等主编：《近代中国的国家形象与国家认同》，187 页，上海，上海古籍出版社，2003。

理性。

　　依照文化至上主义的解释，一如"普天之下，莫非王土，率土之滨，莫非王臣"（《诗经·小雅》）所显示的，中国传统的疆域观本源于王土思想。在观念上，皇帝的恩泽是普遍的，从中心呈同心圆状向外无限扩展。皇恩所到之处，接受道德教化者表现为"近者悦，远者来"，其生活空间也被暂定为皇帝统治的疆域。由此观之，虽然传统王朝暧昧地确认了边境线并将其视为版图——疆域，但这里的版图——疆域不是绝对的，其原因之一是王朝权力本身并不想将其意志渗透到每个地方。恰如"近者悦，远者来"所显示的，德治被解读为受感化者自愿钦慕而来，教化的本意即是期待边疆民族自发前来受化。

　　当然，统治者也有可能积极地推行、甚至强制地灌输教化政策。在此，尤为重要的是，如果积极推行的教化政策难以奏效，还可以把责任推给边疆民族一方，从而也预先回避了追究皇帝统治在道德上的正当性的问题。可以看到，正因为教化不以强制为基础，皇权统治对其治下多样性的共存采取了默认态度。这样的统治方式可以表现在对边疆民族地区的统治上——历朝统治者对于边疆地区往往实行间接统治。

　　如果说，传统中国的文化至上主义是与封闭停滞的中华世界相联系的，且能够很好地在王朝国家与各民族之间形成良性互动，那么，历史发展到近代，文化至上主义所依赖的认同准则在面对近代世界的冲击时，已经显示出脆弱落后的一面——近代中国面临的无数次边疆危机可作为例证。这引发了清朝统治者和社会知识分子的思考。肇端于19世纪中叶的社会变革，起初是以封疆大吏为主角，以政府行为为砥柱。而甲午一役，朝廷的虚弱尽显于世；迫及戊戌维新的失败，更使国人丧失了对朝廷的信心，越来越多的知识分子开始意识到仅仅在现存体制内进行变法或改革，此路不通。对朝廷的离心倾向，促使知识分子寻求新的价值体系，于是，与传统不同乃至对立的"国家"这一近代概念开始逐渐被知识分子所接受。用新的观念，新的制度，新的国民，追求民族国家主义，缔造一个新的"国家"，这一历史使命，吸引了千万知识分子。

对此，列文森指出："近代中国思想史的大部分时期，是一个使'天下'成为'国家'的过程。"① 在他看来，中国文化至上主义的传统，把汉文化、而不是国家或种族作为忠诚的对象。中国士大夫将汉文化视为体现了一系列普遍价值的世上唯一的文明；而所有愿意接受它的原则与教旨的人们，包括例如清朝这样非汉族的统治者们，都可以被文化至上主义者接纳到他们的认同范围之中。与此相反，民族国家主义者的情感，却把忠诚集中到种族、国家或者这二者相结合的对象身上，并且采纳民族国家来界定自身，以与其他民族国家的成员相区别。②

如同传统的文化至上主义的观点，民族国家主义亦承认人口中的民族差异，但是坚持认为所有民族是同一个大民族的组成部分，尽管有历史上的民族差异，但正是由于它的存在才使得这些民族能够结合在一起。国家无法否认代表某个特定族群的种族民族主义的潜在力量，也无法否认许多公民间缺乏对一个更大的政治共同体的强烈依恋。因此，民族国家主义要求"民族国家构建"：创造一个吸收所有民族的全新的中华民族；将政治忠诚集中于国家；并且抛弃那种认为中国历史和文化只是纯粹的汉族事务的观点。

从文化至上主义到民族国家主义的命题，由于过分强调文化至上主义这种认同方式与种族或民族国家认同之间的绝对区别以

---

① 列文森：《儒教中国及其现代命运》，郑大华，任菁汉，译，87 页，北京，中国社会科学出版社，2000。

② J·恩杰尔，编：《中国的民族主义》，11 页，纽约，夏珀图书出版公司，1996。

及其他一些弱点，近年来它也受到不止个别学者的批评。① 但不可否认，作为一种阐述性的工具，它可以很好地解释为什么中华帝国持续的时间会远比其他的前近代统治体系漫长得多，为什么中国进入主权民族国家的过程显得异常的迟缓而充满创伤，并且也有助于说明这一漫长、吃力的"认同危机"如何导致了当代中国人强烈的民族主义情绪。②

（二）清末国家观念的整合及近代中国民族国家之构筑

一般而言，近代世界秩序是以主权国家为基本单位的集合体。以此为前提，当我们审视 19 世纪末 20 世纪初之交的清王朝时，毫无疑问可以将其置于近代主权国家的框架里来把握。如果说，近代主权国家是指在由国境线划定的疆域内可以视之为一个统一体，国家权力无限地、同质性地渗透到每一个领域；以此省察当时的中华帝国，可以发现清朝国家和近代主权国家在性格上巨大差异。直至 19 世纪中叶以后，清朝国家在与近代世界秩序的对峙中，不仅将其版图逐渐地整合到一元化的中国——中华里，而且还通过同质性、排他性的领土主权的确立，将传统的"天下中国"改变为近代主权国家。

原本具有多样性特征的王朝国家"中国"是如何整合为一元化的主权国家"中国"的呢？在此，拟从"天朝"到"中国"称谓的转变过程中阐述清王朝近代国家观念的整合。③

"天朝"一词，作为体现传统王朝国家的载体，它内在的含义即表示历代统治者以"中华世界帝国"的概念来把握中国和周

---

① 在一些学者看来，这一命题的主要弱点在于，它不但把文化至上主义置于与民族国家认同相对立的位置上，而且也将文化至上主义与其他形式的国家认同对立起来，进而主张中国在近代以前不存在国家认同的观念。

② J·汤森德：《中国的民族主义》，载 J·恩杰尔，编：《中国的民族主义》，纽约，夏珀图书出版公司，1996。

③ 川岛真：《从天朝到中国——清末外交文书中"天朝"和"中国"的使用》，沈中琦，译，载复旦大学历史系，等主编：《近代中国的国家形象与国家认同》，266～281 页。

边各国的关系，维持这种关系的是"中华帝国世界秩序原理"。
而这种原理的第一条就是天朝定制论。一般而言，天朝被认为是
和"近代"相对立的传统的象征，或者是贯穿清朝两百年历史的
概念。作为一个与"天朝"对举的概念，"中国"一词作为史料
专用名词或叙述名词，则显得中性得多。从"天朝"到"中国"
的转变，在一定意义上反映了清朝统治者宇宙认知模式和国家观
的转变。在此仅以清代外交史料中"天朝"与"中国"两词使用
的频度为例，略作说明。

嘉庆年间的外交史料编纂的有《清代外交史料（嘉庆朝）》。
该书收集了嘉庆十年以后的对外关系史料。统计其中的"天朝"
和"中国"的使用频度，嘉庆十年使用"天朝"10 次，"中国"
6 次，"中华"2 次；从嘉庆十一年到十三年，这种趋势一直在延
续，这三年中，使用"天朝"51 次，"中国"9 次。外交档案比
较多的嘉庆二十一年，使用"天朝"22 次，"中国"13 次。整个
嘉庆朝，"中国"的使用频度在微弱地增加。

道光年间的外交史料编纂的有《清代外交史料（道光朝）》
和《筹办夷务始末（道光朝）》。前一书中，道光最初十年使用
"天朝"50 余次，"中国"不满 10 次。《筹办夷务始末》收集道
光十六年以后的外交史料，其卷一（道光十六年四月至十七年四
月）中使用"天朝"6 次，"中国"5 次，卷二（道光十八年一
月至五月）中使用"天朝"仅 1 次，"中国"14 次，"中国"首
次超过了天朝。从整体来看，道光十年至二十年间，"天朝"使
用的依然较多，但可以看出在逐渐减少。道光二十年以后，即鸦
片战争前后，"天朝"使用的次数减少，"中国"使用的频度相对
增加。此外，还需注意的是，在对英国的照会中，开始使用"大
清国"，出现了称呼多样化趋势。

咸丰年间的外交史料《筹办夷务始末（咸丰朝）》中，最初
五卷中天朝出现约 5 次。至光绪年间的《清季外交史料》中，天

朝已渐式微，几乎不用了。"天朝"减少后，出现在史料中的自称主要是"大清国""中国"。

在分析上述天朝——中国、天朝——大清国的转化过程时，应该注意到：如果说，天朝一词本身代表了大一统的天下观，则有清一代，越到晚期，"中国""大清国"使用的频度越高，这说明即使清朝统治者在意识上未必把外国作为平等国家看待，但可能觉得在文书中将"天朝"作为某国的对应词并不合适。在外交话语体系中，"国"和"朝"这两个词本身并不是对应的概念，但在对外关系或传统体制的观念中，"国"是清朝世界观念中低一层次的概念。在整体上自称转变为"大清国""中国"这种带有"国"字话语，这一事实表明，清朝开始将自身置于作为下层概念的"国"的层次，认识到自己是万国之一员。由此也说明，清朝统治者开始抛弃传统的天下意识，转而形成一种近代世界意识。

此外，清朝在对西方近代国家的认同与近代世界意识产生的基础上，开始建立近代国家形态。如果说，中国传统的国家形态，主要由皇帝制度、宰辅制度、郡县制度及乡绅制度构成，清朝统治者改变传统国家形态并构建近代国家形态的首次尝试，便是清末"预备立宪"。1908 年公布的《宪法大纲》宣布："君主立宪政体，君上有统治国家之大权，凡立法、行政、司法皆归总揽，而以议院协赞立法，以政府辅弼行政，以法院尊律司法。"但"臣民权利义务"中，毕竟规定了"臣民于法律范围以内，所有言论、著作、出版及其集会、结社等事，均准其自由"，还规定了"上自朝廷，下至臣民，均守钦定宪法，以期永远率循，罔有逾越"。[①] 与《宪法大纲》同时颁布的还有《九年预备立宪清单》。规定要做的工作有：筹办咨议局，办理城镇乡与厅州县地

---

① 《宪法大纲》，载朱寿朋，编：《光绪朝东华录》（五），5 975 页，北京，中华书局，1984。

方自治，建立资政院，编订民律、商律、刑事与民事诉讼等法典等等。1911 年辛亥革命爆发后，清廷又匆匆颁布《宪法十九信条》。与史学家不同，宪法学家对《十九信条》一般有着不错的评价，杨幼炯《近代中国立法史》认为它是"有清一代之唯一宪法，亦我国历史上之第一次宪法也"。陈茹玄的《中国宪法史》亦言："《十九信条》深得英宪之精神，以代议机关为全国政治之中枢，苟其施行，民治之功可期，独惜其出之太晚耳。倘能早十年宣布实行，清祚或因以不斩，未可知也！"

清政府以《宪法大纲》为依托，并依靠《宪法十九信条》提升议院地位，抑制君权，推动中国新的政治重心的构建，对于国家和社会基层的整合，对于近代社会的成长及传统社会向近代社会的转变，发挥了重要作用。惜乎这次尝试尚未完全成行，便因清朝统治的崩溃而夭折了。

（三）排满运动的背后：种族中心主义与民族主义之争

随着近代西方思想和民族国家理论的传入，中国思想界开始从理论框架构建层面探索近代中国国家之整合。此间，梁启超为代表的改良派和孙中山为代表的革命派之间，由于对构建民族国家的途径各趋一途，借革命派宣传的排满运动引发一场争鸣，或可视之为民族国家主义与种族中心主义之争。

革命派的排满运动最早可以追溯到 1895 年孙中山在香港筹建兴中会总部时"驱逐鞑虏，恢复中华"口号的提出。这一革命口号后来成为尽人皆知的中国同盟会誓词，但对这八个字的解释却历来并不清晰。孙中山、黄兴、章太炎等 1906 年在日本制订的《中国同盟会革命方略》中有这样的解释："一、驱除鞑虏：今之满洲，本塞外东胡。昔在明朝，屡为边患。后乘中国多事，长驱入关，灭我中国，据我政府，迫我汉人为其奴隶……义师所指，覆彼政府，还我主权……二、恢复中华：中国者，中国人之中国；中国之政治，中国人任之。驱除鞑虏之后，光复我民族的国家。敢有为石敬瑭、吴三桂之所为者，天下共击之！"

　　这个阐释的含糊之处在于没有说清其中的地域概念，人们往往把誓词理解为推翻清朝政府，在旧政府原有的全部领土范围内建立新国家，但实际上这种理解并不准确。"驱除"并不等于"推翻"，"驱除鞑虏"自然是要把"鞑虏"驱赶到某个地方去，就是要把满族赶回满洲，如当年朱元璋把蒙古族赶回蒙古草原，这里就含有分裂国家领土的意味；"恢复"自然是回到原来的情形，汉族被满族灭国前的情况，大致相当于十八行省的范围，因此"恢复中华"主要是在这汉族聚居的十八行省范围恢复建立汉族国家（这个范围没有包括东三省、内外蒙古、新疆和西藏，只相当于当时中国领土的不到一半）。①

　　就连孙中山本人，在辛亥革命前夕，主张建立的也是单一的汉民族国家。1910 年初，孙中山在檀香山接受当地报纸采访中，曾明确指出："只要现在的满洲政府继续存在，中国就没有希望。明智的、爱国的中国人打算推翻现在的外国政府——我指的是满洲政府——并且建立一个他们自己的政府。"② 在此，他将清朝政府称为"外国政府"，将其置于与"中国"对立的地位。对此，他还就排满动因作了进一步的阐述："中国人认为，满洲人是篡位者，我们的征服者"，"满洲人从来未能臣服中国人，但是后者因为某些原因也从来未能站起来并推翻他们。如果向他们指示推翻这些外国人——满洲人的方法，我想象他们将会接受任何一种提供给他们的新政体——如果它是中国人的政府。"③

　　"在十八行省恢复建立汉族国家"思想的另一个来源是欧洲

---

① 张永：《从"十八星旗"到"五色旗"——辛亥革命时期从汉族国家到五族共和国家的建国模式转变》，载《北京大学学报》，2002（2）。

② 1910 年 4 月 8 日檀香山《晚间公报》（Evening Bulletin.）"1910 年 3 月至 5 月孙中山在檀香山的几次谈话"，日本外务省外交史料馆，档案号为 1. 6. 1. 4 - 2 - 1（4）。

③ 1910 年 4 月 21 日檀香山《广告者》。

从 19 世纪开始日益发达的所谓"民族建国主义"理论，即认为民族独立建国至为正大，在民族国家竞争的世界里，唯有单一民族的国家才能强固有力，否则必然分崩离析，这种思想在《江苏》《浙江潮》《民报》等当时著名的革命派刊物上广为宣扬，影响很大。《浙江潮》上的一篇文章就强调，所谓民族主义，其实质就是"合同种异异种，以建立单一的民族国家"；"唯民族的国家，乃能发挥本民族之特性；唯民族的国家，乃能合其权以为权，合其志以为志，合其力以为力"。所以，一国之内不能"容二族"，否则，"以言特性，则各异其异，孰从而发挥之；以言合其意、合其权，则其意相背，其权消长，又孰从而合之。故曰：一国之内而容二族，则舍奴隶以外，无以容其一"。① 从此论据出发，该文章认为，中国要想民族建国，就必须排满，建立单一的汉民族国家。

梁启超对民族国家主义和民族建国是极为推崇的。他曾指出："今日欲救中国，无他术焉，亦先建设一民族主义之国家而已。以地球上最大之民族，而能建设一民族主义之国家而已。以地球上最大之民族，而能建设适于天演之国家，则天下第一帝国之徽号，谁能篡之？"②

但是，当"一个民族，一个国家"的西方民族建国理论具体应用到中国时，却显露出相当严重的缺陷，甚至出现了具有分裂中国的危险倾向。而革命派所主张的排满建国即是西方民族建国理论在中国的具体运用。梁启超认识到"排满"的现实困境后，开始检讨单一民族国家理论，并重新作出选择，转而热情介绍伯伦知理的国家学说。梁启超首先指出"一民族一国家"的理论持之过偏，与实际不符，"自千八百四十年以后，而民族建国主义

---

① 余一：《民族主义论》，载《辛亥革命前十年间时论选集》，第 1 卷，下册，486～487 页，北京，三联书店，1960。
② 梁启超：《论民族竞争之大势》，载《梁启超全集》，第二册，889 页，北京，北京出版社，1999。

乃渐昌，虽或间遇抵抗，或稍被限制，而其势力之不可侮，则因已为有识者所同认矣。推其意，一若地球上之邦国，必适从于民族之数而分立，此又暗于实际之论也"①。从而否定了单一民族国家的理论，并根据伯伦知理之理解，提出了与排满建国方案相对举的"大民族主义"。

何谓大民族主义？据梁启超的理解，"大民族主义者何？合国内本部属部之诸族以对于国外之诸族是也"。"合汉，合满，合蒙，合回，合苗，合藏，组成一大民族，提全球三分有一之人类，以高掌远拓于五大陆之上"②。大民族主义建国方案效果如何？梁启超根据伯伦知理的理解，指出："合多数之民族为一国家，其弊虽多，其利亦不少。盖世界文明，每由诸种族互相教育，互相引进而成。一国之政务，亦往往因他民族之补助而愈良。"③

正是由于上述理论的支撑，梁氏大声疾呼："吾中国民族者，当于小民族主义之外，更提倡大民族主义。"大民族主义方案的提出，是梁启超将西方的民族国家理论与中国的历史现实相结合的产物，实际上就是对民族主义这一建国原则根据中国实际所做的变通。从理论资源上看，大民族主义既有西方的近代民族国家构建理论因素，又吸收了中国传统文化至上主义的合理成分，两相得洽。这实际上已经蕴涵了建立多民族国家的思想。摆脱了狭隘的民族建国理论后，梁启超还试图从大民族主义角度考虑如何构建"国民资格"等问题。

康有为则着重对革命派排满运动的理论来源之一，即传统的种族中心主义提出了批判。对于夷夏之辨，康有为强调它本身的

---

① ③　梁启超：《政治学大家伯伦知理之学说》，载《梁启超全集》，第二册，1 068页，北京，北京出版社，1999。

②　梁启超：《政治学大家伯伦知理之学说》，载《梁启超全集》，第二册，1 069 ~ 1 070 页。

文化含义，即"中国而为夷狄则夷狄之，夷而有礼则中国之"①。他又引今文经学的"三世说"为满汉一体说张目："盖据乱之世，内其国而外诸夏，升平之世，内诸夏而外夷狄，至于太平之世，内外大小若一。故曰王者爱及四夷，又曰王者无外，又曰远方之夷内而不外也。"②更何况清朝的教化文义，皆从汉人，排之自然是无理由的了。

与梁启超一样，康有为也质疑了单一民族建国在中国的适用性。他认为，"凡物合则大分则小，合则强分则弱"，而"小国必为大国所并"，因为"弱肉强食，鲵之吞鲵，乃理势之自然也"③。就中国而论，"吾中国本为极大国，而革命诸人，号称救国者，乃必欲分现成之大国，而为数十小国，以力追印度，求致弱亡，何其反也?"④有基于此，他反对排满，主张"凡蒙古、回部、西藏之人，言语未通，教化未同，犹当在内其国之例，与之加亲"⑤。并在此认识基础上，他提出了"合同而化"的理论思想，其具体操作，即"删除满汉名字籍贯，而正定国名，即永名曰中华国，上自国书、官书莫不从同，自满、汉及蒙、回、藏既同隶一国，并当同为中华人，不得殊异，其满人并赐汉姓，俾合同而化，永泯猜嫌，则团合大群以强中国，莫善于此"⑥。

康有为的合种思想，是与他一直所主张的大同理想相关的。虽然，儒家三世说与近代民族国家观念从文化的内在理路来说是不相容的，在民族国家日益成为此间中国知识分子的中心话语

---

① 张玥，王忍之，编：《辨革命书》，载《辛亥革命前十年间时论选集》，第1卷，212页，北京，三联书店，1960。
② 张玥，王忍之，编：《辨革命书》，载《辛亥革命前十年间时论选集》，第1卷，213页。
③④ 张玥，王忍之，编：《辨革命书》，载《辛亥革命前十年间时论选集》，第1卷，211页。
⑤ 张玥，王忍之，编：《辨革命书》，载《辛亥革命前十年间时论选集》，第1卷，216页。
⑥ 康有为，著，汤志钧，编：《海外亚美欧非澳五洲二百埠中华宪政会侨民公上请愿书》，载《康有为政论集》，上册，611~612页，北京，中华书局，1998。

时，康有为等试图将其与大同思想贯通的尝试进而提出满汉合一，联合国内少数民族共同抵御列强的思想，从反抗外侮，保护国家主权完整的意义上看，还是具有一定的进步意义。

一般而言，肇端于 19 世纪末的"排满"从来不是一个独立的政治运动，它在不同时期服从于不同阶级的利益。革命派的排满运动是从属于资产阶级民主革命的，在革命派看来，辛亥革命前夕发起的排满运动对于宣传革命、发动广大民众是具有积极意义的，因此他们竭力参与其中；而一旦革命取得胜利，清朝已经被推翻，这种排满运动已经失去了它存在的历史空间，则用五族共和的民族观来代替之。因此，可以这样认为：辛亥革命前夕的排满运动，就其实际而言，它只是一种应运而生的技术性工具，在它的背后则存在着种族中心主义与民族国家主义之争。

概而言之，从中国传统的种族中心主义①（即"非我族类，其心必异"思想）和西方近代民族国家主义以血统为主划分民族、建立单一民族国家这两种思想资源出发，以孙中山为代表的革命派提出了"排满"和建立单一的汉民族国家的主张。另一方面，从中国传统的文化民族主义或文化至上主义（即"诸侯用夷礼则夷之，进于中国则中国"之思想）和西方近代民族主义以文化为主划分民族、建立多民族国家的伯伦知理学说这两种思想资源出发，以梁启超为代表的立宪派提出了"合满"和建立包括满族在内的多民族国家的主张。

就这场围绕排满运动而展开的种族民族主义与民族国家主义之争论本身而言，革命派气势如虹，似乎真理掌握在其手中，但实际上他们的主张有相当的弊端，可惜革命党人在当时没能意识到这一点，以至在后来的革命方略和宣言中，常常存在一些逻辑

---

① 本书所提及的"种族中心主义"中的"种族"，不完全是现代意义上的种族，即纯粹以生理特征划分，而是包含着一定的文化成分，类似"种族"与"民族"的混合物。因为时人对"种族"与"民族"的区别并无明确认识。

上的矛盾，削弱了其宣传效果。以梁启超为代表的立宪派在这场讨论中似乎失败了，因为据说是梁启超主动要求与革命党停止争论的。但他们的学说主张，即"民族国家主义"和多民族合一建国思想的阐述，对近代中国民族国家的构建却有着相当大的指导意义。从实践上看，民国政府成立后实行的"五族共和"民族政策，在某种意义上说是对梁启超等人思想主张的继承。

（四）边疆地区在近代中国民族国家构筑过程中的地位

因1840年鸦片战争，中国被纳入近代国家秩序中。清朝统治下的中国，是一个拥有许多民族（种族）的多民族国家。近代的中国，必然面临着作为多民族国家如何形成近代民族国家的问题。

"作为多民族的近代中国"，其存在的本身就是对欧美列强与日本的"一个民族，一个国家"的西方建国理论的挑战。从当时中国的内外政治环境来看，这个挑战的背后存在着两个平台的论战。第一层面，即对内层面，是以康梁为代表的改良派与孙中山、章炳麟为代表的革命派之间的论战。改良派主张在"大民族主义"的号召下建立多民族的近代民族国家，而革命派过于强调排满作为驱逐清朝统治的技术性手段的应用，进而提出"十八省汉族建国"口号。第二层面，亦即对外层面，则是英俄等国对处于其势力范围内的外蒙古①、

---

① "外蒙古"一词首次见诸官文书，见《大清会典·理藩则例》（嘉庆朝）载："大漠以南曰内蒙古，为部二十有四，为旗四十有九，……逾大漠曰外蒙古，喀尔喀四部附以二，为旗八十有六。"自是以后，"外蒙古"逐渐成为正式之称谓。外蒙古所领之地域，据相关文献记载，大抵存在着两种不同观点。按《大清会典·理藩则例》记载，"逾大漠曰外蒙古，喀尔喀四部附以二，为旗八十有六"，系指：车臣汗部（即克鲁伦巴尔和屯盟）辖二十三旗；土谢图汗部（即汗阿林部）辖二十旗；三音诺彦部（即齐齐尔里克盟）附厄鲁特部共辖二十四旗；札萨克图汗部（即札克毕拉色钦毕都尔诺尔盟）附辉特部共辖十九旗。与之持相同观点的有民国初年政府对外蒙古的认定。它于1913年与俄国就外蒙古独立问题展开谈判时，曾于众议院作如下决议："外蒙古系指喀尔喀四部落而言"。另据《清朝文献通考》所指外蒙古之界限为："喀尔喀蒙古，东至黑龙江呼伦贝尔城，南到瀚海（即大漠），西至阿尔泰山及新疆，北至俄罗斯，广五千里，袤三千里，……共四部，为旗七十四，乾隆中增为八十六。"根据这一记载，则显然包含唐努乌梁海及科布多两地。笔者认同第一种意见，但本书从保持研究辛亥革命外蒙政治变迁的整体性出发，很多时候不局限于对外蒙的阐述，而将整个蒙古地区纳入考察的视野。

西藏等边疆民族，执拗而持续地策动其分离的独立运动，晚清民初政府作为对列强这种政策是如何应对的，这需要进一步考察。

中国边疆地区从来都是多民族居住的地方。19世纪后半期以来，随着近代列强对边疆的渗透，清政府对边疆治理政策相应地作了调整。这种冲击——反应的过程，必然会对边疆民族地区的民族关系产生重大影响，更为复杂的民族关系由此而生成。比如，在英俄两国的策动下，新疆、外蒙古、西藏等地区先后发生阿古柏事件、蒙古独立运动和西藏自治事件。从某种意义上说，上述与统一的民族国家构建相冲突的异类事件，是中国抵抗高呼着"一个民族一个国家"招牌而妄图进一步侵略中国的英俄两国势力的过程。晚清以降，边疆地方主义的政治化倾向愈发明显和活跃。因此，在那里被追求的是，不再是与清朝保持传统的政治隶属关系，可能转而追求一种更高的政治权力。为此，以汉民族的文化传统为基础，将经过了近代性整合的意识形态——"满汉一家"（清）、五族共和（南京临时政府）、"中华民族"（北京政府）作为轴心，组织了民族主义运动。晚清民初之中国政府，一方面意识到英俄等国的威胁。另一方面，将对外蒙古、新疆、西藏等边疆民族的慰抚、怀柔，直至统合作为标的，希冀在此基础上达到形成民族国家的目标。基于这样的时代要求，传统的治边模式，毕竟是无法适应的。全面地否定传统的中央——边疆藩属关系，创设近代行政体制，构筑全新的近代民族——国家关系，便是晚清民初政府整合边疆民族地区目标之所在。这种民族国家整合的过程往往是双向的互动，除了晚清民初政府的规制，当然还有边疆民族地区的回应。在这样的状况下，作为近代民族国家构筑模式下的边疆民族地区被纳入了考察的视野。

不可否认的是，围绕着近代边疆民族地区的国民统合之问题，尽管是一个历史的存在，但关于其变迁历程的研究却是不充分的。从某种意义上来说，传统历史研究视野下的边疆，在有意无意间被作为一个被侵略的政治附属品研究所替代，这种研究趋势与方向，使得近代边疆政治变迁的全体像仍处于未被解明的状态。

本书的目的，在于剖析以辛亥革命为承上启下之连接点，在历来与清王朝保持传统藩属关系的外蒙古、新疆、西藏边疆民族地区，晚清民初之政府如何利用近代民族国家构筑模式来引导边疆政治的变迁。在此基础上，考量边疆民族地区的政治生态与民族心理，以及此间列强对边疆民族地区的政策，进而以边疆民族地区政治变迁为主轴，构建新的研究框架。

二、研究的对象

在本书中，我们将外蒙古、新疆、西藏三个边疆地区作为研究对象，乃基于以下的理由：

其一，外蒙古、新疆、西藏三个地区，历来是清王朝的藩属地区，有清一代，它们与清朝的关系最初都是建立在一种比较松散的藩属治理模式之下。上述三个地区长期没有建立行省或建省明显滞后，清政府的管理体制既不同于内地，也落后于其他边疆地区。当历史发展到近代，这种传统的藩属关系在近代西方世界的冲击下，难以经受住考验，使得晚清民初政府不得不改弦更张，这个变更的政策，以及边疆民族地区对这些政策的接受程度，值得研究。

其二，19世纪后期以来，随着西方列强的东来，由于地缘政治的因素，上述三个地区首当其冲，以英俄为首的西方列强对之展开了持续渗透，成为影响此期边疆政治形势的一个重要变量。西方列强对边疆政治的影响，又体现在两个方面：一方面，对边疆具体事务的干涉；另一方面，则是西方民族主义思想的传播。这种基于列强对边疆政治走向的引导必将对晚清民初中国政府统合边疆之政策、构建近代民族国家构成反向力。

其三，上述三个地区，尤其是外蒙古、西藏地区，不但具有独特的文化、语言，而且集中于特定的地域，并形成了本民族上层统治集团在整个国家的政治体系中地位崇高、对本民族统治强而有力等特征。正因为如此，他们成为英俄等国实施分离、分化与挑拨的对象。而恰恰因为这一点，使得晚清民初的中国政府在构筑近代的民族国家过程中，将三个地区置于极为重要的地位。

其四，选择外蒙古、新疆、西藏作为研究对象，还基于对此期边疆政治变迁类型的考量。如果说，新疆作为一个由内地汉、满等民族官僚主导的边疆地区，外蒙古、西藏地区主要是由边疆主体民族上层分子掌控着其地域政治的走向。这种基于政治遗产继承性的差异，会对两个不同类型的民族区域产生何种影响呢？进而对正在构建民族国家的中央政府会产生何种压力呢？这促使作者不得不予以考察。

本书正是基于以上的理由，将外蒙古、新疆、西藏作为研究的对象，同时选择辛亥革命这一具有划时代转换意义的契机，考虑边疆民族地区的政治性、特殊性与重要性，以边疆民族地区在近代中国的民族国家构建中的地位为着眼点，展开研究。在此基础上，将边疆民族地区的政治生态与民族心态，以及此间列强对边疆民族地区的政策纳入考察的视野。

第二节　研究的方法、内容及其构成

一、研究的方法

为了展开下文，在此我们拟对近代民族国家认同的定义与特征，以及民族国家认同等理论问题，必须予以简略说明。

一般而言，近代民族国家的合法性应该建立在全体国民对于国家的认同基础之上，进而由这种认同产生全体国民对国家的忠诚与热爱。反过来，国家认同的终极意义即是追求和促进民族国家的构建：创造一个"举国一致""国民一体"的镜像，并将政治忠诚集中于国家。对于国家认同的研究，牵涉到一个重要问题，即对认同理论的阐述。为将民初中央政府构建外蒙古边疆之国家认同问题作详明解释，在此拟先从对认同理论的探讨开始。

所谓认同，即是一个人或一个群体的自我认识，它是自我意识的产物："自我"有什么特别的素质而使得"自我"不同于"他者"。① 或可言之，认同是建立在共同体成员共同特性基础上的、区别于他者的共有身份与形象，以及对共同体的归属感。由此看来，认同系指自我在情感上或者信念上与他者或其他对象联结为一体的心理过程。弗洛伊德最早从心理层面描述了这一过程：首先，认同是与一个客观对象形成情感联系的最初形式；其次，它以回复的方式成为"利比多"式对象联系的替代，就像是将对象纳入到自我之中；再次，它可能引起种种新的感受，即自我与被性本能所吸引的对象以外的某些其他认同向某种共同品格的感受。这种共同品格越是重要，则此种倾向性的认同就会变得越成功，于是它可能意味着某种新的联系的开始。②

美国人类学家克利福德·格尔茨（Clifford Geertz）则从人类学的视角探讨了认同的两个层次。他以人类早期的"族群"阶段为研究对象，认为"族群"内包含两类社会关系：一类是从血族、共同语言、宗教信仰和习俗中产生的社会关系；另一类是基于"个人魅力、战术需要、共同利益、道德义务"而形成的社会关系。格尔茨将第一类社会关系描述为"被给予"的社会关系，即个人一生下来就居于其中的那个群体。有学者在此基础上，通过对"人类在幼儿期都必须经历一种成为这类神圣群体的成员并

---

① 塞缪尔·亨廷顿：《我们是谁?》，程克雄，译，20 页，北京，新华出版社，2005。
② 弗洛伊德：《群体心理学与自我的分析》，卷 18，107～108 页，转引自姚大力：《变化中的国家认同》，载复旦大学历史系，等主编：《近代中国的国家形象与国家认同》，126 页，上海，上海古籍出版社，2003。

获得满足感的体验"的"成长"过程的分析，提出了"族群和扩大的族群群体"理论假设。其结论是，族群并不是简单的"被给予"，而是或多或少思考下的制造，制造一个集体去追求一项神圣的事业。① 以上观点虽是关于族群的理论，但对于解释个体对群体认同的复杂性却也是适用的。

据上述可知，一般的个体对群体的认同都要受到两个因素的制约：一是与生俱来的既定的"被给予"因素；二是个体后天基于对需求满足的追求所作的选择。认同过程中，个体的态度总是要在"被给予"和"选择"之间游离与激荡，游离与激荡的结果是：个体既不能无视后天对利益的追求而完全听从于先天的安排和"被给予"，也不能彻底摆脱先天的"被给予"的、安排的束缚而绝对自由地按照自己的需求进行理性的选择。

"被给予"和"选择"之间的认同理论揭明，认同度往往决定于先天的"被给予"和后天的"选择"两个方面。或可言之，认同实际上可以沿着"情感——象征"和"工具——政治——经济"这两条进路予以实现，因为人们所追逐的象征利益同时也包藏了物的资本和利益。② 事实上，认同的产生，固然与某些"与生俱来"的原生情结有关，但如果忽视认同产生的社会场景，则我们就无从把握其丰富多变的现代形态。故而，就强化认同感而言，从"被给予"和"选择"入手是两条必由途径。就"被给予"而言，即是要强化产生这一认同的"历史记忆"；就选择而言，即从利益的驱动作用入手，在法律和制度层面切实满足其对合法合理利益需求的追逐。

认同是人类学、民族学、社会学等学科领域研究过程中经常使用的概念，但从认同构建的角度思考近代中国边疆地区之民族国家

---

① 费孝通：《温习帕克社会学札记》连载之五，载《民族社会学通讯》，第 19 期，22～26 页，转引自何群：《民族认同性与多民族国家民族政策的成功调整》，载《内蒙古大学学报》，17 页，2001（1）。

② 庄孔韶，主编：《人类学通论》，342～357 页，太原，山西教育出版社，2002。

认同（national identity），同样具有一定的启发性意义。一般而言，民族国家认同是指国民对于自己所属国家的认同，是一种将国家视为"己者"而非"他者"的感受。它用来表述民族与国家之间的一种关系，是在某个民族的人们认同他们国家之时建立的。它既不是民族，也不是国家单独一方的特征或性状，而是派生于两者之间互相统一的概念，这种统一性被认为是它最基本的特征。

民族国家认同的构筑具有重要意义。白鲁恂（Lucian W. Pye）即指出，一个后进的现代化国家在政治发展过程中可能会在它发展的每个不同阶段遭遇到六种危机。而这其中，"最首位和最基本的"，就是民族国家的认同危机。① 对此，他作了进一步的阐述："一个新国家的人民需要逐渐将他们国家的领土确认为自己真正的家园，应当感觉到他们的个人认同部分地是由与他们成为一体的有明确疆域的国家来界定的。在大多数新的国家里，从部落到种性、再到种族或语言集团等各种传统认同形式，都会与一种范围更大的民族国家认同的意识相冲突……认同危机也会涉及如何解决传统遗产与现代习俗的冲突问题，并且也涉及在地方性意识与世界惯例之间的两难抉择。"②

具体而言，民族国家认同的构筑可分为三个层面：第一层面是"族群认同"，指的是一个人由于客观的血缘连带或主观认定的族裔身份而对特定族群产生的一体感；第二层面是"文化认同"，指的是一群人由于分享了共同的历史传统、习俗规范以及无数的集体记忆，从而形成对某一共同体的归属感；第三层面是"制度认同"，指的是一个人基于对特定的政治、经济、社会制度有所肯定所产生的政治性认同。③ 如果按照上述分析来考察辛亥革命前后近代中国边疆危机，我们不得不面对一个现象——在三

---

① Lucian Pye, Aspects of Political Development, Little, Brown & Co., 1966, p63.

② Lucian Pye, Aspects of Political Development, Little, Brown & Co., 1966, p63.

③ 江宜桦：《自由主义、民族主义与国家认同》，台北，扬智文化事业股份有限公司，1998。

个层面中，这一时期，第一层面对于边疆民族来说是肯定无疑的，第二层面和第三层面恰恰是中央政府希望并为之努力在边疆地区构建的。

在近代中国边疆地区，就民族国家认同而言，所谓的"被给予"因素，是指各边疆民族成员从一出生开始就自然而非选择地被给予了归属于"中国"的这样一种身份和这样一种观念意识。并且，这种身份和观念依靠"共同的族源记忆"予以维系，具有既定性和继承性的特点，用以区隔中国国家与他国的边界。就个体而言，他不一定明白自己为什么归属于"中国"的原因，但自己具有被给予的这一身份和观念却时刻提醒着其对中国的归属。要强化这种缘于"被给予"的中国认同，两方面工作必不可少：其一，对各民族成员均归属中国的客观现实性和既定性的强调；其二，对各民族成员归属中国的合理性、合法性的宣扬。

所谓的"选择"因素，是指基于后天现实利益追求的满足状况，导致某种被给予的身份和观念可能发生强化、退化甚至改变。具体到近代中国边疆地区，边疆民族的后天现实利益满足与否，直接影响到其归属于"中国"的这一身份和观念的变化，亦即与国家认同度密切相关。恰如荷兰人类学家尼克·基尔斯特拉所阐释的那样："关于经济持续增长的许诺一向是人们接受作为一个更强大的政治体内的一个少数群体这一地位的主要原因。当这种许诺未能兑现时，近代民族国家全部合法性便成为有争议的了。"[1] 换言之，"族群认同是人类资源竞争的工具"[2]。从"选择"的视角来看，强化边疆民族的国家认同有两条路径：其一，切实地实现对边疆民族各方面合法利益的满足；其二，应正视边疆地方利益与中央利益、民族利益与国家利益的关系。

---

① 尼克·基尔斯特拉：《关于族群性的三种概念》，高原，译，载《世界民族》，1996（4）。

② 王明珂：《华夏边缘：历史记忆与族群认同》，4页，北京，社会科学文献出版社，2006。

基于本书的研究目的，以及对上述关于民族主义及其本质特征——国家认同的理解，整理辛亥革命前后边疆政治变迁史，几个疑问点浮出了水面：

1. 近代以来，将近代民族国家作为实现志向的清政府，从处理边疆危机出发，如何将传统的边疆治理模式予以近代化的改变？对于这种变更，边疆地区作了何种反应？

2. 辛亥革命期间，内地各省纷纷宣布"独立"。不言而喻，这种"独立"实际上是脱离清朝的统治。尽管如此，这也成为后来内地军阀割据的滥觞。那么，在边疆地区，这种"独立"意味着什么？换言之，有着"驱除鞑虏，恢复中华"烙印的辛亥革命对边疆地区的政治生态与民族心理造成了怎样的冲击？它对边疆民族的中国国家认同是否产生了影响？

3. 道咸以降，列强对边疆地区的影响、渗透与侵略是清政府挥之不去的阴影。那么，辛亥革命后，伴随着民国的诞生及其边疆政策的变更，列强对中国边疆政策作出了何种调整？影响如何？

4. 因辛亥革命而衍生的新政权——从南京临时政府到北京政府是如何处理该时期的边疆问题的呢？边疆地区做出了何种应对？民初中央政府的边疆政策究竟收到了何种效果？

本书将顺着上述的疑问点，首先追寻一个重要事件从生成到尘埃落定的过程，这就是在应对作为"他者"的列强侵略冲击过程中，从西方传来但在中国胚胎并生成的民族国家意识，是如何被移植并运用到近代外蒙古、新疆、西藏边疆民族地区的管理当中的问题。近代国家意识与民族国家的概念，这种起源于西方国家的意识形态，它究竟是如何在具有多样性民族的近代中国落地生根，不得不令人关注。特别是在近代中国民族国家构建之风潮中，晚清民初中央政府执此为圭臬，对其固有的边疆治理模式作了怎样的调整，颇为引人注目。本书尤为关注在中国的近代国家的再编成过程中，在近代外蒙古、新疆、西藏边疆地区所处的国际环境及其各自内在的政治生态下，此期边疆民族地区民族国家认同观念之变化。另外，本书还要对辛亥革命以来英俄等国对外蒙古、新疆、西藏边疆地区之政策调适及影响进行揭明。

二、研究的内容及其构成

基于上述的研究方法，本书以 19 世纪末列强对外蒙古、新疆、西藏边疆地区渗透的实施、晚清政府的应对到 1915 年前后民初中央政府处理外蒙古、新疆、西藏边疆问题的基本底定这一段时期作为主要的时间轴向，并将这段前后约三十年时间的边疆政治变迁的流程，以辛亥革命为连接点，分为以下两个时期，即晚清时期，民国初期，予以论述。当然，考虑到本书的行文结构，从内容的详略安排来看，以辛亥革命以来的民国初期作为论述的重点；在时间上，必要的时候回溯到清代中前期，往后则可延伸到 1920 年代。本书希冀透过时间隧道的拉长以及事件之间的细微关联，来凸显边疆政治当时所经历的绵延变化。

根据本书的研究框架要求，近代边疆民族地区在近代中国的民族国家构建中的地位是贯穿全文的一条重要线索，所有的论述都将围绕这条主线而展开。依据这一脉络，本书将对晚清民初时期列强对中国外蒙古、新疆、西藏边疆地区的政策调适，及历次中央政府做出的应对，并在此情形下边疆民族地区做出的反应等问题，予以综合考量。当然，在对这一段历史尽可能准确的分析过程中，绝不是单纯的罗列史实，按时间顺次予以叙述，而是依靠分析与中心议题密切相连的关节点，在重视边疆民族地区对构筑中的中国民族国家的认同态度的同时，注重分析其他如列强政策影响、晚清民初政府治边政策的变化等因素。简而言之，以辛亥革命为分界点，通过对晚清民初时期之历史的比较考察：(1) 明确前述两个不同时期列强对边疆政策的变化；(2) 探明两个不同时期，中央政府对边疆问题做出的不同应对；(3) 考察在晚清民初之不同时期，尤其在辛亥革命爆发后这一转型时期，边疆民族地区对中国国家的认同度，解明边疆政治变迁的特质。

基于对研究内容的理解，本书由序章、正文四章、结章，计六章构成。其中，序章主要探讨晚清中国的国家转型以及边疆民族地区在民族国家构筑过程中的地位等问题；正文第一章考察晚清政府的边疆民族政策与围绕着边疆怎样的国际形势；第二章探究辛亥革命对边疆民族地区的冲击；第三章重点分析列强对边疆政策之调适；第四章则关注民国初期中央政府如何应对边疆危机情势；结章主要对民族国家构建视野下的边疆政策与边疆社会状态予以再检讨，并对辛亥革命前后英俄等国对外蒙古、新疆、西藏边疆政策之影响作进一步探讨，同时，对辛亥革命在中国民族国家构建过程中的地位，特别是对边疆地区的影响给予重新评价。需要指出的是，本书无意宣称对民族国家构建历程中的边疆政治变迁研究的完整性，也无意将其视为研究边疆政治变迁的唯一途径。本书所期望完成的只是在于以近代民族国家在中国的生成为视角，由此为脉络引申解剖辛亥革命前后中国边疆政治变迁的原因和过程。

第三节　先行研究的检讨

辛亥革命时期是中国社会由传统的"王朝国家"向近代的"民族国家"转型的重要时期。这一时期，由于政治革命的成功，导致传统王朝统治的崩溃。同时，由于社会的转型又作用于边疆政治，引发了边疆社会的转型和政治制度的变迁。在此过程中，由于边疆内在的特点，面临的外部局势，民族因素和民族主义扣动了边疆民族的心弦，以至于它影响了近代边疆社会的政治走向。

到现在为止，由于学术界的努力，关于辛亥革命与近代中国边疆政治变迁的研究，可以说，已经取得了丰硕的成果。这主要表现在：（1）对辛亥革命在各边疆地区的发生、发展情况作了详细梳理，有关这一时期的边疆辛亥革命的轮廓已大致清晰；（2）对边疆局部地区、个别事件以及人物个案、社会团体的研究成果研究较多，比如对西藏与中央关系的研究就较为深入；（3）对辛亥革命前后中外关系的研究，特别是有关列强对边疆侵略的研究，也比较细致。

从近代民族国家构筑的视角予以研究的，有 2006 年于逢春《中国国民国家构筑与国民统合之历程》一书。该书从民族（国民）的视角，探讨了东北边疆的国民教育问题，从理论视角探索了近代中国的国民国家构建中存在的难题与出路。这是目前所见到的国内最早的相关论著。但由于该书着眼点在于如何构筑民族国家的基石——国民，而没有深入探讨政治构建等问题，另外，该书所探讨的地域以东北为主，没有涉及外蒙古、新疆、西藏问题。总而言之，从民族国家视角研究边疆，特别是外蒙古、新疆、西藏的论著，仍属凤毛麟角。

从近代民族主义的角度，将晚清到民初的中央政府对边疆民族地区的政策、列强对中国外蒙古、新疆、西藏等边疆地区的政策调适，特别是边疆民族地区对晚清民初中央政府与列强所施行政策的反应等，作为问题予以提出，并给予认真研究的，成果较多。大致可分为以下三个方面：

（一）将近代民族主义对中国边疆的冲击给予总体性研究

金冲及[①]着重对梁启超和孙中山的民族主义进行了研究和评价，认为中国近代民族主义是梁启超在 20 世纪初最早提出来的，但后来因为担心它会导致要求推翻清政府的"排满"，故而抛开了这面旗帜。但是，民族主义思潮在留日学生中继续高涨，为中国同

---

① 金冲及：《辛亥革命和中国近代民族主义》，载《近代史研究》，2001（5）。

盟会提出民族主义纲领作了思想准备,但这其中有些人又有着浓烈的狭隘民族主义色彩。孙中山对中国近代民族主义的巨大贡献在于:不仅把民族主义同民主、民生紧密地联系起来,而且突出地强调民族平等的观念,既不容许其他民族压迫和奴役本民族,也不容许本民族反过来去压迫和奴役其他民族,而是提倡各民族之间的相互尊重、相互合作。张永认为,清末革命派中存在着基于狭隘的"民族国家主义"的以在十八行省恢复建立汉族国家为目标的革命建国思想,而视满、蒙、回、藏等少数民族聚居区域为可有可无之地,这客观上为日本黑龙会等国外侵华势力提供了可乘之机,也导致国内满、蒙、回、藏各族对革命充满疑惧而产生离心倾向,这使得国家在辛亥革命过程中面临领土分裂和由此引发大规模民族仇杀的巨大危机。幸而国内各派政治势力大多数能以维护国家领土完整和民族团结为重,终于使江浙一带象征五族共和的"五色旗"取代武汉军政府象征十八省汉族铁血团结的"十八星旗"成为中华民国国旗,标志着五族共和代替了狭隘的汉族立场被确立为国策,使国家转危为安。南北议和以清帝退位、将其主权及相应的疆域完整移交民国政府而完成,保持了主权和领土的连续性,使五族共和真正得以实现,避免了国家分裂和大规模民族仇杀的灾难,因此具有重大历史意义。[①] 黄兴涛认为,就民族融合的实际效果而言,辛亥革命推翻满洲专制统治,建立民国,的确暂时引发了一部分外蒙古王公和藏族等少数民族上层人物的分裂行径,如 1911 年 12 月 1 日,一小撮蒙古王公就在沙俄的指使下,成立了以哲布尊丹巴为"大汗"的所谓"大蒙古帝国",与此同时,西藏与内地的关系也趋于紧张。此种情况的出现,与部分革命党人此前狭隘的民族主义态度,以及武昌起义爆发后少数地区短暂过激的"排满"行为不能说毫无关联,但就其根本而言,它们却是当时的纷乱形势和俄、英等

---

① 张永:《从"十八星旗"到"五色旗"——辛亥革命时期从汉族国家到五族共和国家的建国模式转变》,载《北京大学学报》2002 (2)。

帝国主义从中直接策动挑唆的结果。与此同时还要看到，这种暂时出现的分裂局势所引发的前景忧患，又恰恰成为革命党人、民初政要和各族有识之士放弃狭隘民族意识、发生现代"中华民族"观念的直接动因。① 胡成提出，清朝末年随着边疆危机的隐现和民族主义思潮兴起，各界知识分子从不同角度提出了解决边疆问题的对策。作者从五个方面阐述了此期民族主义思潮对边境事务的构思：边疆危机与中原内地的生死与共的关系；政治体制的变革与边疆政策的调整；经济、文化的发展与边疆危机的解决；社会稳定和渐进平和的政治改良意识；文化优越意识与相互尊重的民族整合。时人对边疆危机的关注和对边疆事务的构思，以及由此形成的近代中国作为统一民族国家的整合意识，具有前瞻性和启迪性。②

（二）对辛亥革命前后边疆地区的民族主义运动与民族问题的个案研究获得可喜成果

白拉都格其从近代内蒙古民族运动的基本概念和特定含义，近代内蒙古民族运动的历史背景、产生原因和基本内容，近代内蒙古民族运动的基本发展脉络与历史归宿等三个方面阐述了近代内蒙古民族运动研究的出路。他认为，辛亥革命时期，在外蒙古（今蒙古国）库伦"独立"的影响下，内蒙古也发生了几起宣布"独立"或蓄谋"独立"事件，旨在分裂统一国家版图的"独立"运动，违背了全中国各民族的共同利益，可以说已经不具有一般民族运动的积极意义。但是同时也应看到，这次"独立"运动是在清末内蒙古地区民族矛盾已经激化的历史背景下发生的。晚清政府的民族压迫，加上俄日等国的种种蛊惑煽动，已经促成了一些蒙古王公上层的离心倾向。而辛亥反清革命的浓厚民族主义色彩，更加重了这种离心倾向。这些都构成了发生种种"独

---

① 黄兴涛：《现代"中华民族"观念形成的历史考察——兼论辛亥革命与中华民族认同之关系》，载《浙江社会科学》，2002（1）。

② 胡成：《略论晚清民族主义思潮对边疆事务的构思》，载《近代史研究》，1995（4）。

立"分裂事件的重要内因。① 宝力格阐述了近代蒙古民族哲学和社会思想的变迁。他认为，"当资产阶级高举驱逐鞑虏大旗的时候，贡王代表的改良势力必然投向反革命阵营，而孙中山、袁世凯政府许诺保障蒙古王公贵族特殊利益的同时，贡王的立场也随之改变"。无论个人的思想转变，或者蒙古族近代思想的传承，都与近代中国历史社会发展进程密切相关。② 郝维民讨论了三个问题：内蒙古人民的抗垦斗争与资产阶级革命的民族主义是一致的，"是近代蒙古民族解放运动兴起的标志"；革命党人"驱逐鞑虏"政策的内涵未能在蒙民众广泛宣传，以至于造成了思想紊乱；沙俄策划的外蒙独立和内蒙古动乱，是"一场反动的民族运动"，但这无疑与同盟会提出的"驱逐鞑虏，恢复中华"的民族主义纲领的褊狭和历史局限性有关。③ 陈鹏、陈琳扼要指出，近代边疆危机对边疆民族的社会心理产生重大影响，此期边疆民族社会心理被动地进行调适，接受新式教育以应对外来侵略。④ 此外，卢明辉⑤、华国梁⑥、周竞红⑦、李玉伟⑧、杨志娟⑨等都从民族问题或民族主义的视角探讨了辛亥革命前后它对边疆社会政局及中央——地方关系的重要影响。

---

① 白拉都格其：《关于近代内蒙古民族运动研究的几个问题》，载《内蒙古社会科学》文史哲版，1997（6）。
② 宝力格：《蒙古族近现代思想史论》，沈阳，辽宁民族出版社，2005。
③ 郝维民：《辛亥革命与内蒙古政治》，转引自中国人民政治协商会议全国委员会文史资料委员会，编：《辛亥革命在各地》，北京：中国文史出版社，1991。
④ 陈鹏、陈琳：《清末民初边疆危机与黑龙江少数民族新式教育述评》，载《牡丹江师范学院学报》，2004（6）。
⑤ 卢明辉：《辛亥革命与蒙古地区的"民族运动"》，载《纪念辛亥革命七十周年学术讨论会论文集》中册，北京，中华书局，1983。
⑥ 华国梁：《民国初年蒙古王公对"五族共和"政策的民族认同》，载《徐州师范大学学报》2003（2）。
⑦ 周竞红：《清末民国时期内蒙古地区政区管理体制变迁及对蒙古族的影响》，载《中央民族大学学报》，2004（6）。
⑧ 李玉伟：《北洋政府的民族政策与内蒙古的民族问题》，载《内蒙古社会科学》，2004（2）。
⑨ 杨志娟：《民族主义与近代中国民族的觉醒——以近代中国北部、西方边疆危机为例》，载《兰州大学学报》，2005（3）。

　　（三）关于辛亥前后重要人物及其民族主义思想对近代
中国边疆的影响的研究

　　研究者毫无例外地注重于孙中山、梁启超与章炳麟等具有影
响性人物的研究。邱荣久认为，孙中山由单纯的"排满"到反
帝，由"异族""外国人"到"中华民族""五族共和"及"民
族平等、民族自决自治"。这些观念的变化，"正反映了他民族主
义思想和民族观念的发展与变化，这种发展与变化正是中华民族
已经形成的集中体现"①。此外，何耀华、廖大伟、赵才等也都
对孙中山的民族主义源流及演变有所论述。祝启源也对孙中山的
民族主义总结为三个方面：维护国家统一，反对民族分裂；承认
民族平等，呼吁民族团结；开发边疆民族地区。② 学术界有的研
究成果除了对孙中山早期的"排满"革命提出异议外，也有文章
对孙中山民族主义思想中不合理的内容提出了批评。张海林对以
章太炎和孙中山为代表的资产阶级革命派提出批评。他认为，辛
亥革命前后中国资产阶级革命派所提倡的民族主义是一种十分褊
狭的种族主义，其认识水平没有超过朱元璋和洪秀全农民起义军
的高度，它把国人的视线引向国内民族间的政权角逐，偏离了整
个中华民族民主富强的奋斗目标，它在理论与实践上对中国社会
的进步都是有害的。③ 李喜所认为，20 世纪初年，梁启超等先进
知识分子对西方民族主义的介绍和宣传，直接为中国现代民族观
念的形成提供了思想资料，革命党人对现代民族国家的追求则成
为新的民族理念不可或缺的载体。理论探讨和政治实践的不期而
遇，使西方的民族主义思潮在中国生根。"中华民族"符号的提
出和认同，以及对现代民族国家理论的探讨和追求，是其最基本

① 邱荣久：《试析孙中山的民族主义与民族观念》，载《中央民族大学学报》，1994（1）。
② 祝启源：《孙中山民族主义的真谛》，载《云南社会科学》，1997（1）。
③ 张海林：《辛亥革命前后革命派人士"民族主义"重探》，载《江苏社会科学》，
　　2002（4）。

的思维路向和生成机制。①

诚如上述所列先行研究展示的那样，总体来说，当前对于辛亥革命与近代中国边疆政治变迁关系的研究，则始终将辛亥革命对边疆的冲击，及此期列强对边疆的侵略，中国政府与边疆地方对此侵略的抵抗等问题，置于考察的核心位置上。其结果，将处于流动的国际环境之中的边疆地区的政治变迁，纳入了狭隘的、静态化的框架中予以把握，结果不言而喻，使得本来处于动态的、变化的边疆政治变迁过程，被凝固化。毋庸置疑，对辛亥革命在边疆发生过程的研究是近代中国边疆政治变迁研究的重要构成部分之一，但绝不是唯一的。所以，由于这种研究框架的存在，辛亥革命与近代中国边疆的关系，自然而然地限定在狭隘的范围内，将围绕着各边疆地区与中央政府及列强相关联的政治史的研究范畴与研究对象予以缩微化和简略化，无法全方位地展开。我们不得不说，当前关于这一时期中国边疆政治的研究，在某些领域的研究仍然稍显薄弱，亟须加强。

诚然，从近代民族主义的视角，研究辛亥革命与边疆民族地区的关系的先行性研究为本书的研究提供了重要背景知识，但是，以往的从近代中国的民族国家构建的视角对辛亥革命与近代中国边疆政治变迁的研究，从某种意义上说，仍处于空白状态。正如本书目录所显示的那样，本研究乃将具有诸多共同点的外蒙古、新疆、西藏，置于同时代的位置上予以探究，意在将处于同一时期的外蒙古、新疆、西藏之间的政治变迁予以横切、进行比较的研究，应该说，这是一个鲜有人予以尝试的领域。另外，将以往被忽视的从民族国家构筑的角度对辛亥革命前后边疆政治变迁的状况予以究明，亦为本书特有的尝试。

---

① 李喜所：《中国现代民族观念初步确立的历史考察——以梁启超为中心的文本梳理》，载《学术月刊》，2006（2）。

第四节　原始资料及关联资料的检讨

以下，就本书所使用的诸种资料，予以简单说明。

本书是以与近代中国边疆政治变迁相关的历史档案、条约、文书、法规、实录、奏议、电稿、文牍、外交文书和外文档案，以及相关报刊资料、边疆游记、边疆考察报告等原始史料为基础性的立论依据。由于诸种因素的限制，这样的原始史料主要是以汉文来记录的。另外，考虑到相关资料的准确性，本书尽可能地使用其他外文资料与汉文史料相互印证。

作为本研究的原始资料，与辛亥革命前后的蒙、藏、新等边疆政治变迁关联密切的中国政府及英俄两国政府相关机构有着许多记录，本书大体上利用了下列史料：

一、中国政府档案及相关官修史料文献

（一）未刊档案

中国第一历史档案馆馆藏宫中朱批奏折、军机处副录奏折、军机处上谕档、内阁敕谕、会议政务处档案、理藩部档案、外务部档案中，多数是汉文档案，亦有少数满文、蒙文和藏文档案。这是研究清末边疆形势和边疆治理的第一手史料，有着其他资料无法替代、无可比拟的价值。中国第二历史档案馆馆藏南京临时政府档及北京政府档，对研究辛亥革命以来边疆政治实态及民国政府的应对具有重要价值。

与本课题研究相关的辛亥革命前后边疆政治实态的历史档案，除中国第一、二历史档案馆外，在地方上，主要保存在外蒙古库伦办事大臣衙门、新疆伊犁将军衙门、甘肃新疆巡抚衙门、西藏驻藏大臣衙门等。时至今日，在内蒙古呼和浩特、新疆乌鲁木齐、西藏拉萨等地方档案馆中，仍保存有关于清末民初时期边

疆政治的相关档案。

(二) 已刊档案

中国第二历史档案馆编《中华民国史档案资料汇编·第一辑 (辛亥革命)》《中华民国史档案资料汇编·第二辑 (临时政府)》《中华民国史档案资料汇编·第三辑 (北洋政府)》① 为研究民国初年边疆社会政局的必备资料。

故宫博物院明清档案部编《清末筹备立宪档案史料》② 选录清末军机处、宫中等处所存月折包、上谕档以及朱批奏折等档案资料 370 余件，按内容分为"清末统治者对预备立宪的策划和议论"与"清末筹备立宪各项活动的情况"两部分，下列 11 个子目，包括开设咨议局、资政院和地方自治等活动。是研究边疆地区辛亥革命前夕地方自治的重要参考资料。

中国藏学研究中心、中国第一历史档案馆、中国第二历史档案馆、西藏自治区档案馆、四川省档案馆合编的《元以来西藏地方与中央政府关系档案史料汇编》(第四、五、六册)③，本书所辑以元、明、清三朝及民国时期中央政府与西藏地方政府的官方档案为主。其中绝大部分档案，来自参加本书编辑的中国第一历史档案馆、中国第二历史档案馆、西藏自治区档案馆、四川省档案馆的馆藏档案，以政治关系为主，经济、文化从略。本书所辑档案，除汉文文件外，相当数量译自藏、满、蒙文文件。为研究辛亥革命前后中央政府与西藏地方关系的重要史料。另有赵学毅等编写的《清代以来中央政府对西藏的治理与活佛转世制度史料汇集》④，全书共分五部分，分别收录了清代以来中央政府治理西藏地方的章程、建制与活佛转世制度；金瓶掣签制度的制定和实

---

① 南京，江苏古籍出版社，1991。
② 南京，中华书局，1979。
③ 北京，中国藏学出版社，1994。
④ 北京，华文出版社，1996。

施；达赖喇嘛和班禅额尔德尼转世的系统史料，以及研究活佛转世问题的文章，为研究辛亥革命前夕这一段社会大变局时期中央政府与西藏地方关系的较有参考价值之资料。

（三）官修文献及辑录文牍

赵尔巽总撰，清史馆集体修撰《清史稿》①，将《清实录》《清会典》《国事列传》、地方志等档案中大量资料汇集为比较详细系统之清朝史料素材，为新编清史之重要基础。部分志、表与清末人物传记，并非取材于常见史料，尤具参考价值，是研究"辛亥革命与中国边疆"的重要史料。金毓黻等编纂《宣统政纪》，记载光绪三十四年十月至宣统三年十二月宣统一朝诏令。对于了解辛亥革命前后清廷动态及其对边疆地区政局的维持所作的应对具有一定的参考价值。除此以外，各边疆地方根据学科和地区发展的需要，分别辑录、出版相关地区《清实录》史料，如《清季实录蒙古史料》②《清实录新疆史料》③《清实录藏族史料》④，上述资料专辑的出版使得学者进行边疆研究时更具针对性。

吴丰培整辑的《清代藏事奏牍》⑤《联豫驻藏奏稿》⑥《民元藏事电稿》⑦，选辑有关清朝驻藏大臣、民国元年国务院所存有关西藏、西康来往之电稿，按内容分为：入藏川军与藏地方政府关系之确情；川军尹昌衡西征之经过；袁世凯政府处理边事之立场相关电稿；时人筹藏之对策等四个方面的内容，其中有恢复达赖喇嘛封号的文件并达赖的回电，资料弥足珍贵，另附"藏乱始末

---

① 北京，中华书局，1976，点校本。
② 邢亦尘，编：《清季蒙古实录》，内蒙古社科院蒙古研究所，拉萨，新疆大学出版社，1981。
③ 新疆民族研究所编：《清实录新疆资料辑录》，第十二册，1978。
④ 顾祖成，等编：《清实录藏族资料》，第九集，拉萨，西藏人民出版社，1982。
⑤ 北京，中国藏学出版社，1994。
⑥ 拉萨，西藏人民出版社，1979。
⑦ 成都，四川人民出版社，1983。

见闻记"四种。是研究辛亥革命时期中央政府与西藏地方政府关系的重要一手资料。此外，辛亥革命前后的边疆大吏杨增新的《补过斋文牍》、三多的《三多库伦奏稿》① 等，均属研究辛亥革命前后边疆政局、社会情形的重要史料。

王铁崖主编的《中外旧约章汇编》②，汇集了 1689—1949 年间对中国社会政治、经济、文化有重大影响的反映中外关系变化发展的中外约章，是研究中国近代史的一部重要工具书，该书虽然旨在汇集所有的中外约章，但是由于资料的限制，书中所列出的中外文件并不都属于中外旧约章的范畴，同一个文件的罗列或某些重要文件的遗漏在所难免。正如作者在编辑说明中所说的那样："希望尽可能把中华人民共和国成立前所有的旧约章都包括进去。但是，由于约章的范围很广，有些章程、合同很难找到，编者还没有找到，因而未能包括进去。"虽然该书就如作者所说的那样难免有不足之处，但是瑕不掩瑜，在研究中国近代史上的条约时该书仍是最重要的一部参考书，没有学者能够避开此书。褚德新、梁德主编的《中外约章汇要》③，罗列了 1689—1949 年间涉及中国的约章共 120 余件，可与王氏《中外旧约章汇编》相互印证使用。张羽新主编的《清朝治藏法规全编》④ 以及中国藏学研究中心、中国第二历史档案馆合编的《民国治藏行政法规》⑤ 可作为有清一代和民国初期西藏政治史研究的工具书。

上述相关官修史籍及辑录文牍中的有关史料，如《清实录》《宣统政纪》《清宣统朝外交资料》《清季筹藏奏牍》《清末川滇边档案史料》等，可在一定程度上弥补馆藏档案之缺佚。

---

① 马大正，成崇德，吴丰培，编：《清末蒙古史地资料荟萃》，北京，全国图书馆文献缩微复制中心出版，1991。
② 北京，三联书店，1962。
③ 哈尔滨，黑龙江人民出版社，1991。
④ 北京，学苑出版社，2002。
⑤ 北京，五洲传播出版社，1999。

二、外交文书和外文档案资料

胡滨编译的《英国蓝皮书有关辛亥革命资料选译》①，是英国政府提交议会两院的外交文件。本书选译其中有关辛亥革命资料，所收函电起自 1911 年 10 月，止于 1913 年 10 月。文中所收函电有相当一部分反映了英国在辛亥革命来临之时中国边疆驻华使、领官员对革命的态度以及提出的相关对策，具有较大的参考价值，可以作为相关中文资料的印证或补充。陈国权译述的《新译英国政府刊布中国革命蓝皮书》②，详细记述了英国政府及其驻华公使朱尔典操纵中国政治之情况，为研究辛亥革命时期边疆涉外关系，列强与边疆政局等提供了极有价值的参考资料。此外，章开沅、（以色列）史扶邻编《辛亥革命史料新编》（8）③，该卷乃是辛亥革命前后英国外交部关于中国问题的档案文件选辑，共 230 余件，可从资料上弥补胡氏一书的不足，更为完整地反映英国外交部档案关于辛亥革命时期边疆政治的全貌。

陈春华、郭兴仁、王远大译《俄国外交文书选译——有关中国部分（1911.5—1912.5）》④，本档案文件选辑苏联中央执行委员会直属帝国主义时期档案文献出版委员会所编《帝国主义时期国际关系》第二辑中有关中国辛亥革命之档案文件而成。共收录有关辛亥革命时期中俄交涉的全部文件，共 300 多件，内容涉及俄国攫取外蒙、俄国对中国东北和新疆的渗透，日本对中国东北的渗透以及西藏问题等，揭示了辛亥革命期间列强对中国边疆的干涉以及此时的边疆政局和社会情形，为研究"辛亥革命与中国边疆"的第一手资料。陈春华译《俄国外交文书选译——关于

---

① 北京，中华书局，1984。
② 载《中国近代史资料丛刊·辛亥革命》，第八册，1957。
③ （国家清史编纂委员会·文献丛刊）章开沅，罗福惠，严昌洪，主编：《辛亥革命史料新编》，武汉，湖北人民出版社，2006。
④ 北京，中华书局，1988。

蒙古问题（1911年7月—1916年8月）》①该书所收俄国外交文书，译自苏联中央执委会编辑的《帝国主义时期国际关系》第二、三辑，俄国外交部于1914年出版的橙皮书《关于蒙古问题的外交文件集》，以及苏联《红档》杂志总第18期和第37期中关于蒙古问题相关档案文件，共360余件，为研究辛亥革命期间俄国策划外蒙古"独立"的第一手俄国外交档案材料。

但是，这些历史档案、官修文献及相关国家的官方档案资料，仍不可避免地存在着一面性。在这种情形下，用考证的、排比的方法，与其他资料进行比较互证，辨别其真伪是必要的。作为加强资料，则利用同时代的人们对于有关边疆政治实态的评论、论文著作②，以及各边疆地方的地方志及地方文史资料③。另

---

① 哈尔滨，黑龙江教育出版社，1991。
② 如张玥，王忍之，编《辛亥革命前十年间时论选集》（北京，三联书店，1960），选录了1901—1911年间重要期刊之论说，兼收当时出版影响较之大革命书籍，集中反映了资产阶级、小资产阶级各派政治、道德、文化、哲学观点。其中，对边疆地区形势的论述及对策的提出也是上述时论的一个重要组成部分之一，对了解辛亥革命前夕边疆地区所面临的政治、经济及涉外危机等不无裨益。
③ 中国人民政治协商会议全国委员会文史资料研究委员会，编：《辛亥革命回忆录》（第三集）（中华书局，1962），收录诸多辛亥革命亲历者，或经口头传承而记述的关于辛亥革命与中国边疆之人与事的资料，如《辛亥革命时西藏人民的祝愿》《回顾辛亥革命前后的西藏情况》等。与之相类似的文献资料还有《内蒙古辛亥革命史料》《新疆辛亥革命史料选编》《新疆地方历史资料选辑》（人民出版社，1987），均收录各省档案馆馆藏资料，包括一些未刊手稿、原始文件，当事人的回忆录和日记等。

外，也适当参照有关的回忆录、手记①，以及此期相关刊行物②
等。当然，将回忆录、手记等作为资料，即使经过严密的考证，
也只能作为佐证资料加以利用。

---

① 对这一时期新疆地区的社会纪实，可见诸袁大化《抚新纪程》2 卷（民国年间商
务印书馆铅印）、王树楠编《新疆图志》（上海古籍出版社，1992）、谢彬《新疆
游记》（民国十二年铅印）、林竞《新疆纪略》（民国七年天山学会铅印）等官
员、学者的相关著述。对辛亥革命前夕新疆社会政局以及社会背景的考察，还可
参阅马达汉著，王家骥翻译《马达汉西域考察日记》（中国民族摄影艺术出版社，
2004）。尼·维·鲍戈亚夫连斯基的《长城外的中国西部地区》（商务印书馆，
1980），以及英国驻喀什噶尔首任领事马继业的夫人凯瑟琳·马嘎特尼的《外交
官夫人的回忆》（王卫平译，新疆人民出版社，1997）驻藏大臣有泰的《有泰驻
藏日记》（北京，全国图书馆文献缩微复制中心，1991 年 2 月）关于其履任期间
所见所闻的记叙，对考察辛亥革命前夕西藏社会政治、边吏个体心理具有重要的
参考价值。
② 如《政治官报》（1911 年改名为《内阁官报》），专载国家政治文牍和立宪法令，
设谕旨批折宫门抄、电报奏子、奏折、咨札、法制章程、条约活动、报告示谕、
外事、广告、杂录等十大类，鼓吹预备立宪；《临时政府公报》，日刊，孙中山领
导的南京临时政府机关刊物。以宣布法令，发表中央及各地政事为主旨。内容包
括法令、电报、法制、纪事、外报、杂报六类。所刊法令、文告和函电，是研究
南京临时政府对边疆形势认识以及边疆主权意识认识的一个标尺；《政府公报》，
日刊，袁世凯北洋政府机关报，完全按照清政府《内阁官报》例，作为政府发布
法律命令之机关，设法律、命令、呈牌、公文、公电、判词、通告、附录、外包、
广告十个栏目。此外，有清末民初影响较大的报纸杂志《东方杂志》《浙江潮》
《民报》《新民时报》，具体到边疆各地区，有新疆《伊犁白话报》、西藏《藏文
白话报》等。

第一章 清末之边疆治理与周边国际局势

自1840年鸦片战争以降，西方列强逐渐加深了对清王朝的渗透。作为应对，清朝统治者在边疆地区采取了统合举措，试图构建一个近代国家。这种举措对于边疆地方之政治实态产生了重要影响，引发了边疆地方主义的勃兴。

第一章　清末之边疆治理与周边国际局势

前　言

直至 1840 年鸦片战争爆发以前，作为一个前近代的王朝国家，清朝统治者对于边疆的治理和管辖，总的来说采取了松散的治理模式。与对内地十八省的统治相比较，这种所谓的"自治"模式，更多的时候让旁观者以及后来者感觉到略显松懈，边疆民族地区，尤其是执权柄的边疆地方民族统治者对清朝的认同，更多的可能是基于对清朝统治者——皇帝的认同，而不是建立在一种"国家"观念之基础上。

然而，自 1840 年鸦片战争以降，西方列强逐渐加深了对清王朝的渗透。而对于地处帝国统治的最外环的边疆地区而言，这种危机感更是首当其冲。作为应对，清朝统治者在边疆地区采取了何种举措？这种举措对于边疆地方之政治实态产生了何种影响？显然，这些问题都是值得考量的。

基于上述考虑，本章研究框架作如下安排：首先考察清朝前中期即前近代时期，中央政府对于边疆地区的治理和经营模式。其标的在于解明这一时期中央政府治理边疆地区的效果及其特质。接着，对清末之大变局下，列强对边疆的渗透及清政府之回应情形予以详细揭明。不可否认，在从王朝国家向近代国家转换的过程中，外国列强对边疆的渗透是一个推动性因素。晚清政府正是在与近代世界的对峙中，逐步认识到清朝仅仅是近代世界中的"万国之一"，为此，它不得不放弃原有的天下观，对近代列强对边疆的渗透做出应对。这种认识反映到实践中以何种方式予以体现，是本节将要考察的主要对象。最后，将探讨在清王朝因向近代国家转换语境中，实施的边疆治理，在边疆民族地区产生的影响以及边疆民族地方之对应。

第一节　清朝"边疆民族自治模式"

有清一代，作为一个由边疆民族建立起来的政权，清王朝在边疆问题上采取了较为主动积极的态度，对边疆地区的治理和经营较为重视。这一时期，历代中原汉民族政权长期所持的"夷夏之大防"观念已经开始淡化。这表现在政治上，清政府从一开始就坚持国家统一原则，在北部边疆地区采取了积极、深入的经营，以及灵活多样的权变方略；在南方地区则在继承前代边疆政制的基础上，果断地推行大规模且较为彻底的"改土归流"，从行政体制上把边疆政治纳入国家法制之内，这为南方边疆民族地区对国家的整体认同提供了政治前提。

仔细考察清朝中央政府对边疆地区的治理，不难发现，由于清代在边疆政治、文化、经济建设上的努力，在从历朝"羁縻而治"向对边疆民族实行相对直接统治的变化过程中，在从历代只注重武力征服向逐步形成"皆已著有成宪，既备既详"的法律统治过程中，一种不同于历代、新的边疆地区自治模式开始形成。在此仅以清王朝在蒙古、西藏实施的边疆民族自治为例，略作阐述。依此制度，可将蒙古各王公贵族对蒙古地方的统治权限及其与清朝的政治关系，归结为以下几个方面[1]：

1. 蒙古各王公贵族可依据清朝的法令，在其领地内实施一切行政权；

2. 蒙古各王公贵族可依据"大清律例"，特别是依据蒙古习惯法制定的法律，对其领域内的蒙民拥有断争讼、科刑罚等司法权；

3. 蒙古各王公贵族自清太祖以来便与清廷结为姻亲关系，被赐予亲王至辅国公等爵位，其地位与荣誉得以世袭；

4. 清朝于崇德三年（1636）设置了作为中央政府机关的理藩院，不但掌管蒙古的政令，而且处理有关人事、仪制事项，直接地对蒙地、蒙民下达有效的命令，同时，在蒙古各地驻扎的将军、大臣、都统等清朝官吏，不但对蒙古各王公贵族实施政治监视，对王公贵族及蒙民也可下达命令；

5. 蒙古各王公贵族对朝廷担负着开国之初以来所规定的朝贡参觐等仪制上的义务；

6. 蒙古各王公贵族依照旗籍之例，服从清朝皇帝的军事统帅权，并率壮丁随之出征；

7. 伴随着近世与外国交涉事起，清政府禁止蒙古各王公贵族独立地与外国订约。

依照以上所述，蒙古各王公所拥有的领内支配权，除了军事、外交之外，几乎包括了所有一切的政务。其权力起源既久远且长时间地被世袭了下来，故蒙古各王公贵族之地位，与今日民族国家的国法，即所谓由公共团体或法令之赋予，在一定地域内行使一部分国权的自治是具有共性的。

在西藏地区，一般认为，清政府对藏政策的成型以 1793 年

---

① 满铁调查课：《满洲旧惯调查报告书前编之内·蒙地》（1935），转引自于逢春：《中国国民国家构筑与国民统合之历程》，35 页，哈尔滨，黑龙江教育出版社，2006。

颁布的《钦定藏内善后章程》二十九条为标志，透过其主要内容可见中央政府与西藏地方关系之一斑。其主要内容有①：

1. 政治方面：驻藏大臣监督办理西藏政务，地位与达赖、班禅平等，共同协商处理政务。噶伦以下官员及活佛隶属于驻藏大臣。官员缺额时除噶伦、代本须呈请任命外，其余由驻藏大臣会同达赖喇嘛拣选，发给满汉藏文执照。藏内应办之事，地方官的升迁和赏罚等呈报驻藏大臣批准始行处理。

2. 宗教方面：达赖喇嘛、班禅及藏、康、青各地呼图克图之呼比勒罕（灵童）均须由驻藏大臣将所报姓名、年、月用满、汉、藏三种文字写于签上，贮于清朝颁发的金奔巴瓶内掣签决定。达赖喇嘛所辖寺院之活佛、喇嘛人口户籍一律编造名册，全藏各呼图克图所属寨落人户亦造名册，交驻藏大臣和达赖喇嘛处存查。卫藏各大寺堪布由驻藏大臣会同达赖喇嘛选派，并钤印颁发执照。

3. 对外交涉方面：有关西藏对外交涉事宜，统归驻藏大臣全权处理。邻国商旅和朝佛者入藏，须经驻藏大臣批准签发路证，并按规定的期限、关卡入藏。达赖、班禅与各藩往来行文书信，须由驻藏大臣查验，与达赖协商酌情回信；噶伦等不准私自与外藩通信；凡边界重大事件必须按驻藏大臣指示处理。

4. 边界防御方面：规定地方常备兵制度，藏军定额 3 000 名，分驻拉萨、日喀则各 1 000 名，江孜、定日各 500 名，并规定地方官兵的编制、粮饷、赏罚等制度，藏军之粮饷由噶厦政府交驻藏大臣发放；军官由达赖和驻藏大臣选任并发执照。

5. 财税方面：西藏地方赋税和政府收支统归驻藏大臣审核。差役平均负担，一律不得私派乌拉，必须由达赖和驻藏大臣盖印按票派用乌拉。

---

① 《清实录》高宗卷，乾隆五十七年、乾隆五十八年各条，转引自牙含章：《达赖喇嘛传》，62～71 页，北京，人民出版社，1984。

《钦定藏内善后章程》二十九条，不但正式确立驻藏大臣同达赖喇嘛、班禅的平等地位，而且将西藏僧俗官员及喇嘛的任免与指挥监督权，达赖、班禅等活佛转世的鉴定权、西藏的外交权及财政监督审核权等均正式授予驻藏大臣，并以制度和法律条文的形式加以确定。此后，章程个别条款虽有所松弛和变化，但章程的总体功能及它所规定的西藏与清朝之政治关系模式则一直延续到清季，未有大的变更。

这种全新的自治模式成为近代以来清朝中央政府处理民族关系的一个基础，也为后来的边疆民族政治发展方向提供了一种新的范式。这种自治范式具有以下特点：

首先，在观念上，它承认边疆民族与内地民族之间制度文化的差异性，用中华固有的道德观念来看待边疆的民族，对边疆和内地采取不同的政策适用，体现了一种文化边疆意识。在相当大的程度上尊重边疆民族的本土文化，尽管没有使用"自治"这个概念，但在实际中对之实行了一定程度上的相对自治。这具体反映在针对西藏、内外蒙古、回疆等地区通过制定诸如善后章程之类具有较强的"自治权"的单行法规或基本法，在很大程度上赋予其一定的自治权。比如，在蒙古地区保留了一些类似土司的当地世袭王公大臣；在西藏，办事大臣一般不干预其政教合一的政治制度及其内部事务。

其次，实践中，遵循历代羁縻而治的传统，在确认民族性和实行相对自治的基础上，还强调边疆民族参与本民族政治的思想。土司制、伯克制、军府制、政教合一的王臣制即是这种思想的实践应用。从司法体制的研究视角来分析，上述各种边疆地方行政制度都是一种中国式的"自治体制"。这种体制的特点在于它是一种参与式的"自治"，即将边疆民族地方的首领纳入中央政府的管理制度之中，把他们的行政活动置于国家法律之下，并在此前提下让其根据地方的实际情况来处理各种行政、法律事务。比如，清政府对回疆地区大量案件的审理，是依靠伯克衙门来行使的。回疆大大小小的伯克衙门即是一个个官方机构，代表着国家处理地方的民事案件和一般性的刑事案件，而地方驻扎大臣，包括中央民族管理机构则牢固地控制着地方重大刑事案件的审判权，这在蒙古、西藏等地同样适用。

据此可知，清代中前期，中央政府一方面让边疆民族参与管理本民族的事务；另一方面，在此基础上，清政府又不断加强了在边疆地区的法律制度建设和行政制度变革。这既维持了国家对边疆地区的法律管辖，促进了边疆与内地在经济、政治上的共同发展，又把边疆民族内部社会生活的相对自治，置于不断推行国家政治"均质化"①的前提之下。较之历朝治理边疆的举措，这无疑是一种全新的边疆治理模式，它的特点在于：在边疆民族实行相对的自治的同时，并不是一味以地域进行划分，实行地区的"自治"，让其自在发展，使其在"自治"过程中被边缘化，从而脱离国家的政治、经济、文化生活。相反，它在承认边疆民族地区性差异的同时，还注意到了其固有的制度文化，更注意到了从国家法律意义上加强对边疆民族政治的渗透，以及坚持国家法与民族习惯法在制度方面的调适，进而在国家政治的层面上处理边疆民族关系。从这一视角进行探究，或可言之，"边疆民族自治模式"与近代"地方自治"制度具有相通之处。

---

① "均质"一词来源于日语，原意是指同类物体或某一事物各部分的质量、密度、成分都一样，即均质、等质、均匀、同质。疆域"均质化"是指内地与边疆都程度不同地依照近代民族（国民）国家的基本标准，改革国家的国体与政体，重构中央与地方的行政体制，铸造全新的国民等，使得内地与边疆同处于中央政府的直接统治下，实施大体相同的制度，执行基本相同的体制等。使用此概念的初衷是为了与国内常用的"内地化""一体化"等相区分。"内地化""一体化"等词语，在某种意义上带有歧视性，隐含着强烈的预设的不平等性，暗示着内地高于边疆，只有边疆达到了与内地一样的程度才是先进的，否则就是落后或愚昧的。换言之，就是用所谓的"内地标准"来衡量边疆的先进或落后，忽视了边疆本位，否定了内地也好，边疆也罢，其价值取向都是外来的近代民族（国民）国家标准这个前提。

第二节 列强对边疆的渗透与清政府之回应

19 世纪末 20 世纪初，西方列强浮槎东来，近代中国面临严重的边疆危机。尤其在中国新疆地区、外蒙古地区、西藏地区，俄、英开展的持续渗透让清朝统治者寝食难安。伴随着俄、英在上述边疆地区的渗透，清朝政府与俄、英两国因国家利益引起的矛盾逐渐激化，由此而引发的对抗亦不可避免。于此背景下，清政府做出了应对，并对治边政策作了相应的调整。

一、俄、英在新疆的博弈

（一）第一阶段（1851—1869）：俄国的咄咄逼人与英国的精明无为

两国在新疆的角逐始于 1851 年俄国在伊犁、塔城领事馆的建立。毋庸置疑，俄国最初对新疆的觊觎建立在一个政治目标之上，即通过新疆地区进一步加强对英属印度、中国西藏的渗透，进而确立与英国进行外交、军事对抗的基础。正如 19 世纪中期英国时任外交大臣基尔斯所分析的那样：英国可以在全世界的任何一个地方对俄国实施打击，而俄国人对英国的进攻只有越过中亚大草原才可以（进攻英属印度）①。因此，征服中亚、进一步向新疆渗透对于俄国来说具有特殊意义，唯有这样才能威慑英国。当然，穿越大草原，对新疆进行渗透并不是一件很容易决定的事情。俄国国内对这一举措存在着两种不同的呼声。一方认为这一决策能够保护商人，推动俄国对中亚贸易的发展，以及使俄国获得发展工业必需的原材料，这必将使俄国受益无穷；持相反意见的则认为，俄国对中亚和新疆的渗透，即使在商业意义上能够为

---

① *Russo-British Relations in the Eighties*, Slavonic Review 3, no. 7（June 1924）: 179 ~ 180.

俄国带来一定利益，但无补于俄国政治影响力的增强，同时，这一决策只会使俄国陷入英国预设的陷阱，而使俄国不能自拔。[1]两种志趣迥异的争论并没有影响到俄国政府的决策，俄国军政官员们认识到了这一决策的战略利益——威胁英属印度并排斥英国在中亚和新疆的商业利益，并对此深信不疑。俄国突厥斯坦总督冯·考夫曼是这一主张的忠实拥护者，他主张俄国在中亚和新疆毫不退缩，在他看来，在亚洲地区只有拥有实力才能获得尊重，"即使最轻微的让步，只会让俄国失去应有的尊严和敌人对俄国的恐惧，而且这样也是一种冒险，它可能会导致俄国失去已经得到的利益和即将属于俄国的东西"。他还补充道，绝对不能屈服于英国的威胁。沙皇亚历山大二世对此观点甚为赞同。[2]

英国通过英属印度向北扩张和渗透，其主要原因是出于对其北部边疆安全的担心，为了防止俄国日益向中亚和新疆进逼而构筑一个以中国新疆和西藏为范围的缓冲带，以及获得更多的贸易利益。19世纪中后期，英国已经丧失了世界霸主地位，新的世界格局正在形成。这种实力上的消长表现在英国对新疆的政策上则是不直接与俄国发生正面武装冲突，尽其所能通过外交谈判，相互谅解，以达到其既定战略目标。基于这种既定的外交策略和战略目标，英国对于俄国在中亚的疯狂扩张，尽量给予容忍，并试图设身处地考虑俄国"符合逻辑"的利益要求。[3]就在突厥斯坦总督考夫曼逐步向新疆渗透的时候，英国的政府首脑和决策者们想当然地认为：俄国进一步的扩张只会加重俄国的财政负担，并不能获得实质性的好处。时任印度总督约翰·劳伦斯爵士不无得意地指出：如果英属印度受到俄国的攻击，英属印度拥有完全的

---

① See David Mackenzie, *Turkestan's significance to Russia* (1850—1917), Russian Review, vol. 33, no. 2 (April 1974): 173~175.

② E. Tolbukhov, *Ustroitel' Turkestanskogo Kraia*, Istoricheskii Vestnik 132 (June 1913): 904~907.

③ David Mackenzie, *Turkestan's significance to Russia* (1850—1917), Russian Review, vol. 33, no. 2 (April 1974): 170.

地理优势并能够妥善处理之，而且俄国占有的地域越广，它就会暴露出更多的弱点，就更容易将自己陷入被背叛的境地，因此也就会承担更多的财政支出。① 英国外交官布坎南从另一个视角对总督的观点给予了肯定，他认为俄国在中亚过长的防线会使它疲于应付，"不管怎样，考夫曼的军队过于弱小而不可能威胁到英属印度"②。

这一时期，俄国通过强加给中国的一系列不平等条约，割占新疆地区大片领土，攫取了在新疆各地免税贸易和领事裁判权等种种特权。英国对新疆的战略地位认识较为模糊，因此对于在新疆的扩张未能制定出明确的战略，仅仅满足于英属印度北部边境与新疆的小额贸易。

（二）第二阶段（1869—1905）：英国强硬应对以抑制俄国

英国这种乐观的并带些许理想化的想象并没有持续多久。俄国利用清政府内外交困的窘境，通过一系列不平等条约，以及武装侵占，割去了中国新疆地区的大片领土，攫取了在新疆各地免税自由贸易和领事裁判权等种种特权，并在新疆各地设立贸易圈和领事馆。至 19 世纪末 20 世纪初，俄国势力深入新疆天山南北，帝国内部普遍抱有这样一种信念：中国长城外的西部地区为俄国"独占行动原则"区域，俄国在此应拥有特殊利益。③ 俄国在新疆所处的优势地位让一部分英印官员感到了事态的严重性，他们惊呼："我们应当尽我们最大的力量以避免俄国人在我们的侧翼活动"，并阻止"俄国人南下侵略的步伐"。④ 1869 年英属印度总督

---

① Fo, 65/1212, "*Correspondence from 1864 to 1881*," Lowrence to Northcote, September 3, 1867.

② Fo, 65/869, "*Correspondence from 1864 to 1881*," Buchanan to Stanley, no. 122, June 17, 1868.

③ 费约夫：《列强对华外交（1894—1900）》，234 页，北京，商务印书馆，1959。

④ R. Greaves, *Persia and the Defense of India* (London, 1959), pp. 35～36.

梅约上任，开始调整新疆政策和对俄关系。首先，梅约主张在两国之间创造一个"夹层"，起到隔离带的作用，以减少英俄两国直接接触而产生的不舒服感，他无法容忍俄国在新疆肆无忌惮地行动。[①] 其次，英国在新疆应该主动出击，寻找机会，以抑制俄国在新疆的渗透，1864年回民起义以及随之而来的阿古柏政权为英国提供了机会，他主张采取措施，与阿古柏建立良好的关系。第三，大力发展英属印度与新疆的贸易，"通过我们对北方的贸易来遏制俄国"，并主持制订"为了在政治影响上影响喀什噶尔而鼓励英属印度商人与该地发展贸易"的计划。[②] 英国人希望新疆不要落入俄国人之手，而宁愿它成为对付俄国的缓冲地带。然而，新疆局势发展出乎于英印预料，清政府在左宗棠等人的努力下，驱逐阿古柏政权，收复了新疆，从而使梅约的创造"夹层"带，建立缓冲国的计划破灭。但不管怎样，此期英国在新疆的贸易得到了长足发展，尤其在南疆已经在与俄国的竞争中取得一定的优势。[③]

从1885年至1905年，英俄两国竞争的重心已经转移到伊朗和近东地区。此间，英俄两国在新疆的角逐已经不再是热点。但这并不意味着俄国会放弃对新疆的侵略。这一时期，新疆就像一眼安全陷阱，对于俄国来说，它在新疆的任何行动都会吸引英国的眼球，这也就意味着只要俄国保持着在新疆的一定的优势，英属印度自然而然地会感觉到来自俄国的压力。正如沙皇尼古拉斯二世所夸耀的那样，只要他一声令下，俄国突厥斯坦的军队就能开到英属印度的边境线，"印度对于我们的基本意义，即是它代表着大英帝国最脆弱的一个环节、最敏感的一根神经，只要轻轻

---

① Alder, G. J., *British India's Northern Frontier*, 1865—1895: *A Study in Imperial Policy*, London, 1963. p38.

② 《梅约致阿吉尔公爵的信》，第312卷，881页，印度事务部缩微胶卷，"关于阿吉尔公爵的文件"。

③ 马达汉：《马达汉西域考察日记（1906—1908）》，王家骥，译，51、86页，北京，中国民族摄影艺术出版社，2004。

一碰它，就可能轻易地改变英国政府对我们的敌对政策，并可能顺从与我们在其他地方和其他问题上相背离的利益"①。很明显，俄国人暂时没有觊觎英属印度的打算，但乐于用新疆作为对英保持威慑的前沿地。1895年，俄、英私下瓜分中国帕米尔地区，并通过条约，在阿姆河——帕米尔一线划定了各自领地和势力范围，这在一定程度上缓解了两国在新疆的竞争。英、俄殖民势力对新疆都有野心，在无力独吞的情况下都更不愿对方占上风。它们之间这种既争夺又相互牵制的结果是，新疆成为两大资本主义列强军事夹击下的缓冲地、经济争夺的前沿地。至此，新疆在经历了一场严重政治动荡和外敌入侵后终于平静下来。

（三）第三阶段（1905—1911）：英俄互谅与角逐放缓

从1905年到辛亥革命前夕，俄、英两国在新疆的角逐进入一个相对低潮时期。一方面是因为双方急于消化前一段时期在新疆所攫取的政治、经济利益；另一方面是，1905年对于俄国来说是一个灾难。日俄战争的失败、国内资产阶级革命，以及因过度扩张而缠身的债务，限制了俄国在国外的自由行动，击碎了帝国在亚洲进一步扩张的美梦。尤其是1904—1905年俄日战争的失败，让俄国的自信心和国际威信一落千丈。尽管这场战争的失败暂时没有影响到俄国人与新疆地区的官方关系，但至少在心理上颠覆了新疆军民甚至一些官员对俄国的看法：在他们看来，俄国目前的情形非常糟糕，现在谁也不用害怕这只曾经吞噬过那么多人的老虎了。② 这种心理上转化的影响是巨大的，至少它影响到新疆民众的情绪，并决定了与俄国人交往中的态度。当时，新疆民众间流传着这样一种说法，即中国准备从俄国人手中收回过去属于中国的领土，取消俄国在新疆的一切特权。③ 俄国人不得不

---

① W. B. Walsh, *The Imperial Russian General Staff and India*, Russian Review 16, No. 2 (April 1957): 56~57.

② 马达汉:《马达汉西域考察日记（1906—1908）》，146页。

③ 马达汉:《马达汉西域考察日记（1906—1908）》，180页。

把有限的实力投入到对于他们来说生死攸关的国内政治稳定问题和巴尔干问题上去，新疆利益已经变为其次。俄国人迫切希望与英国签订一个协议，稳定其在亚洲的形势，以便集中精力整顿国内政治。1907 年，外交大臣沙查诺夫谈及俄国当前态势时难掩失望之情："我们目前的内部态势已不容许我们追求一种富有侵略性的外交政策。"①

此间英国的情况也并不见好。19 世纪末随着德国对外政治经济扩张的加剧，英德矛盾日益突出，1906 年，英帝国已经确定德国为主要之敌，并在外交和军事上进行各种对抗的准备。这种考虑在军事战略上以德国为假想敌的战争，使英国不可能把过多的经费和军员投放到印度防务上，因此，同俄国就中亚问题达成和解成为其反德战略能否实现的一个关键。

由于双方利益的需要，1907 年 8 月，英俄两国"出于诚挚的愿望，彼此就两国在亚洲大陆相互分歧的问题达成谅解"②，顺利缔结《英俄协定》。从协议内容来看，关于两国在中国的利益协调主要是围绕西藏问题进行的，双方都承认中国对西藏拥有宗主权，不干涉西藏的内政等，但不可否认，这一条约的缔结在一定程度上使得两国就新疆问题达成默契，即双方放弃前一阶段对新疆赤裸裸的侵略和干涉，各自在对方所能容忍的范围内在新疆展开政治、经贸竞争。因此，俄国丧失了在新疆的"独占"地位，而英国也暂时放弃了建立喀什噶尔"缓冲国"的幻想。

诚如前分析，辛亥革命前夕，由于俄国国内外面临困境，不得不放弃对新疆强硬的侵略掠夺政策。这一时期，俄国对新疆的侵略表现得相对克制，企图在维护原有特权的前提下保持俄国在新疆的政治经济利益：（1）利用免税贸易的特权，力图控制新疆

---

① *Special Conference, August* 11/24, 1907, Krasnyi Arkhiv 69 (1935)：p35.
② 《英俄协定总则》，载《国际条约集（1872—1916 年）》，北京，世界知识出版社，1986。

的商业经济命脉；（2）通过贸易圈内的俄国洋行掠夺新疆的财富和原料；（3）以免税为诱饵，非法散发侨民护照，出售"通商票"，发展俄侨，依托领事馆和地方乡约干涉新疆内政。俄国军官马达汉在1907年对新疆的考察过程中发现，"许多在别的地方生活不下去的社会渣滓，譬如罪犯和投机冒险者，他们除了有一个俄国臣民的名义外，与俄国一点儿关系都没有。就是这一层名义也要看对他有没有利"，"俄国领事馆在其没完没了的中俄商务和刑事纠纷中也有项令人生厌的任务，就是保护那些所谓俄国臣民的'利益'"。[①] 此间，英国利用俄国的困境，加强了对新疆的政治、经济渗透。英国对新疆的政策与俄国大同小异，基本上追随俄国，该政策可以概括为：（1）尽力改善英属印度商人在新疆的贸易环境，扩大英新贸易；（2）利用最惠国待遇条款，扩展英国在新疆的特权和影响；（3）尽量和新疆当局维持较好的关系，借以和沙俄角逐；（4）创造条件，在喀什噶尔建立英国驻新疆领事馆；（5）整顿并发展英籍侨民，建立英国在新疆的社会基础。[②]

综观近代俄英两国在新疆的角逐，两国依据国际国内形势的变化，不断调整本国在新疆的政策。此外，从两者的互动关系来看，英国的新疆政策基本上追随俄国，并以英、俄关系的稳定为基准。[③] 两国之间既有竞争又有妥协，不管以何种态度示人，它们在新疆的最终目标是服务于本国政治经济利益的需要，最大限度地在新疆攫取政治利益和掠夺经济财富。

二、俄国对外蒙古的渗透

外蒙古地处中国北部边疆，因其通过一块戈壁与俄境相接，

---

① 马达汉：《马达汉西域考察日记（1906—1908）》，179页。

② 许建英：《近代英国与中国新疆（1840—1911）》，232，233页，哈尔滨，黑龙江教育出版社，2004。

③ Ira Klein, *The Anglo-Russian Convention and the Problem of Central Asia*, 1907—1914. The journal of British Studies, Vol. 11., No. 1. (Nov., 1971), p126.

很早就成为俄国的觊觎对象。早在 1854 年和 1860 年，俄国人穆拉维约夫就两次上书沙皇，提出趁清朝统治者分身于太平天国起义和第二次鸦片战争之机，策动外蒙古脱离中国，使其成为俄国的保护国。此间，俄国的《远东评论》杂志这样描述俄国与外蒙古的关系："蒙古和北满，从地理和经济去看，是倾向于俄国的……俄国的天然疆界是从靠近日本海的波谢特湾起，至塔尔巴哈台止的一条直线。"①

20 世纪初至 1905 年日俄战争之间，与俄国野心勃勃的满洲政策相比较，它在外蒙古的利益规模和活动范围相形见绌。这一时期，俄国人在外蒙古的活动仅限于设立华俄银行，在库伦附近一带开采金矿。此外，一部分代表俄国政府利益的俄国学者和探险者也先后抵蒙"参观"并获取有关外蒙古情形的资料；另有一些俄国医生还在库伦开设小诊所；这一时期，在外蒙的俄国人约七八百人。或可以对此期俄国对外蒙之政策作如下理解：20 世纪之交，外蒙古最初作为发展俄国乌拉尔地区工业的原材料基地而被重视，至于作为地缘政治之战略意义，由于俄国在远东的经营集中于东三省一带，该地方暂时还未被充分重视。

日俄战争以后，俄国精疲力竭，元气大伤，财政经济濒于破产。国内政治革命浪潮汹涌澎湃，动摇了沙皇专制制度的基础。在这种形势下，俄国政府不得不暂时调整其外交战略，将外交重心从原来的四处扩张转而集中到对自身利益攸关的欧洲地区。其间，对于其在远东的利益，俄国有针对性地调整了其扩张战略，一方面，以中东铁路为大动脉加强对北满的控制；另一方面，在中国北部地区仅集中力量对外蒙古地区进行经营。根据上述对外蒙古政策之精神，俄国开始着力通过外交途径获得相关利益国家对俄国在外蒙古自由活动的支持。1907 年，根据《日俄第一次条

① 白拉都格其：《沙皇俄国与辛亥革命时期外蒙古的"独立""自治"》，载《内蒙古近代史评论》，第二辑，279 页，呼和浩特，内蒙古人民出版社，1983。

约》及附加的《第一次密约》，日本承认俄国在外蒙古地区的"特殊利益"，但必须维持一个前提，即不能对外蒙古进行政治兼并，破坏中国领土的完整。此间，俄国对这一原则还是谨慎地坚持着的。此外，俄国还与英国签订《英俄协定》，以承认英国在西藏的既得利益为交换，调整了与英国的关系，排除了对方干预其在外蒙古自由行动的可能性。这一时期，仅库伦一处俄商就达几千人，在外蒙各地游历的商人和游客人数每年达几万人。从1860年俄商在库伦开办第一家洋行起，到辛亥革命前夕，当时俄国在外蒙古的洋行，库伦有25家，乌里雅苏台有7家，科布多有13家。各洋行在外蒙古地区遍设贸易点、代销店及流动商业点，并直接深入外蒙古牧区开展购销业务，多用赊销方式先将布匹、烟酒、茶等生活用品赊销，到秋天牧业旺季再收购牲畜和毛皮作为抵付。

其时，在外蒙古的俄国商人，不仅为谋求自身的经济利益到处钻营，而且他们还与俄国外交官、军人以及东正教、喇嘛教人士一起，充当沙皇政府"对外政策的传道者"，"善于在蒙古促进俄罗斯的事业"（《莫斯科的蒙古贸易考察队》）。此间俄国政界、工商界代表、出版界和社会团体全都致力于宣传所谓蒙古问题。从外蒙古"考察"返回的人，围绕着"发展和巩固俄国在蒙古的贸易经济及政治影响"问题，纷纷发表意见，除建议政府采取措施在外蒙古设立商业银行，修筑恰克图至库伦的铁路，要求中国扩大免税贸易区，以"冀独占商权于蒙古"（《记俄国远征队深入蒙古事》）外，有的甚至鼓吹"蒙古中立化"，说这是"有利于俄国的唯一出路"（《俄蒙贸易概述》），并强调"蒙古自治无疑有利于俄国，自治将削弱蒙古同中国中央政府的联系"，更有甚者，有的认为"最善之方法"，在于使中国的外蒙古和新疆独立，并说"如果现在不在俄中之间的（外）蒙古建立缓冲国，我们将犯历史性的大错误"。（《莫斯科的蒙古贸易考察队》）俄国工商主的喉舌《工商报》刊载文章，宣称"蒙古戈壁大沙漠应成为俄国的天然边疆"①。俄国政界及其掌控的社会舆论亦纷纷鼓噪，公开叫嚣要尽快地实现吞并外蒙古等大片领土的野心："给予亚洲俄国以保障的手段只有一个，就是修正国界，此外再无别法……蒙古和北满……应该是属于我们的。俄国要在有可能用墨水来画的限度内，务必尽早来画这条线。如果把这种意图拖延下去的话，恐怕就会要非画'一条血线'不可的地步。"②

社会上层控制的舆论对"解决"外蒙古问题充满热情，但俄国政府并不打算利用这种狂热，尽管它内心也躁动着扩张的热血。这一时期，俄国政府仍然按照既定政策按部就班地对外蒙古展开渗透，获取足够多的政治筹码。此间，俄国驻库伦领事与俄国政府保持了难得的一致，在与清政府驻库伦官吏相处中表现平和，且在某些交涉事件中亦能恪守平等原则。这种处事方式可从时任库伦办事大臣三多的一件奏疏中反映出来③：

> 库伦俄领事施什玛勒福莅任四十余年，遇事持平，蒙汉悦服，光绪二十六年间京津拳匪肇祸库伦，密迩俄疆，谣传纷起。该领事联络中外，得以转危为安，经前大臣丰升阿奏请赏给二等第一宝星……臣到任后，该领事遵守约章，和衷共济，数月以来，幸无交涉棘手之案。现该领事交卸回国，据称能否再来尚难预定。伏查驻华洋员，凡能办事和平，顾全大局，无不仰沐恩施，该领事在库多年，老成持重，尤为不可多得之员，应如何给奖之处，仰恳圣恩饬部核议，以笃邦交而示优异。

---

① 绍伊热洛夫：《蒙古自治运动与沙皇俄国》，载《新东方》杂志，第13—14期合刊，359～360页，1926。
② 载1910年的俄国《远东评论》杂志，转引自白拉都格其：《沙皇俄国与辛亥革命时期外蒙古的"独立""自治"》，载《内蒙古近代史评论》第二辑，279页。
③ 《三多奏稿之奏为驻库伦俄领事施什玛勒福派充库伦领事多年办理蒙俄交涉持平恳恳饬部给奖一片》，宣统二年九月初四日。

据上所述，此期三多对俄国驻库伦领事馆官员抱有较好的印象，并主动为其请求朝廷恩赏，这在中国官员对外国驻中国领事官员普遍持反感态度的晚清末世可谓是做出了难得的褒扬，或可从侧面反映出此期俄国对外蒙古政策相对而言是较为内敛的。

1910 年左右，俄国通过休养生息，其统治秩序逐渐恢复，农业获得战后第一次丰收，工业出现了从长期委靡不振转为高涨运行的征兆，这为俄国对外蒙政策的调整提供了坚实的物质基础。在企图继续扩大对外蒙古的侵略渗透的同时，彼得堡当局还在酝酿为在中国"取得补偿"，决定对外蒙古地区实行"阻力最小的和在自己的协助下促使蒙古脱离中国的路线"，以巩固俄国在蒙古的经济势力，并变外蒙古为俄、中两国之间的"缓冲国"。① 此项决定作为对蒙既定政策确定下来以后，1910 年 12 月，俄国政府召开特别会议研究对华政策，着重讨论了"巩固俄国在蒙古之影响"问题。新任外交大臣沙查诺夫极力主张在 1881 年的《中俄改订条约》有效期满以前，抢先用最后通牒方式向清政府提出一系列重大要求。根据这次会议精神，1911 年 1 月，俄国借口修改《伊犁条约》，对于外蒙古地区，在多达 35 条的外交照会中，要求在外蒙古增设领事馆，并要求继续享有在整个外蒙古地区的免税贸易权和自由经商权等；1911 年 2 月 16 日，俄国又提出在整个长城以北及天山南北地区的自由往来、居住、自由经商及免税权等要求，并威胁清政府，声称如不满足这些要求，就要"自由行动"。

与此同时，俄国政府在外蒙古大力培植亲俄势力。早在八世哲布尊丹巴年幼的时候，俄国驻库伦领事即赠以"各式各样的活动玩具、模型、图画以及其他好玩的东西"，在年幼的活佛心中

① 舒米亚茨基，编：《为俄国的远东而奋斗》，第 5 辑，载《蒙古》，东西伯利亚军区出版，190 页，1922。需要指出的是，自 1907 年日俄协定以后，俄国文件中所指"蒙古"一般仅限于外蒙古地区，以下略同。

自是产生对俄国人的好感。辛亥革命前夕，它对外蒙古僧、俗两界统治人物继续实行笼络政策。新任库伦领事刘巴与库伦活佛及蒙古王公馈赠不绝；领事馆译员、布里亚特人泽伦皮洛夫经常出入活佛宫门，深得其信任。为收买蒙古王公，俄国人不惜巨款，"欲取先予"（《东三省政略》）。为获得外蒙古上层王公喇嘛们的支持，俄国还遵循他们的要求，以保护外蒙古地方利益为借口，对清政府在外蒙古实施的新政强加干涉，照会清政府提出置疑。

综观辛亥革命前夕俄国对外蒙古地区政策，从1900—1911年间，大致可分为三个阶段：第一阶段，俄国对远东政策的核心利益区域主要注焦于东三省及其沿边地带，对外蒙古地区的干涉仅限于设立领事，获取经济利益；第二阶段，自日俄战争以来至1910年前后，俄国在战争中的失败，使其"丧失了在满洲经营的伟大事业的一半"，因此，俄国在日本的压力之下放弃了其在东北南部的利益，集中经营北满和外蒙古地区。于外蒙古地区，俄国对外蒙古政策的重心在于获取经济及商业利益，同时也加强对外蒙古地区的政治渗透，但从总的情况来说，俄国对外蒙政策略显内敛；第三阶段，1910年间至内地辛亥革命爆发这一时期，俄国对外蒙政策开始强硬，这主要基于两个方面的原因：从主观上来说，此期俄国国内政治形势趋于稳定，经济发展向好的方向运行，俄国重新拥有了对外扩张的基础；从客观上来说，此期清政府以清末新政的实施为手段，逐步加强了对外蒙古地区的直接控制，在俄国看来，这种过度的控制间接地损害了它在外蒙古地区的"特殊利益"，这是它所不能容忍的，因此，重拾强硬政策也就在情理之中了。

三、英、俄两国在西藏的角逐

（一）英国"安全化"西藏问题

1888年英国出兵进攻隆吐宗，这就是英国对西藏的第一次侵略战争。战争以中国政府的失败告终，双方签订《中英藏印条约》。根据这一条约，锡金从法理上正式被英印政府吞并，西藏南部的隆吐、捻纳至利拉一带被割占。英印终于以武力打开了西藏门户，并据此拉开了向西藏进行商业渗透、政治扩张、军事进攻的序幕。

就在英国以武力打开西藏门户的同时，俄国也在加紧对西藏的行动。由于俄国里海北岸、伏尔加河下游的土尔扈特部蒙古族，额尔古纳河以西、贝加尔湖以东地区的布里亚特蒙古族都信仰藏传佛教，与西藏关系密切，俄国为了加强对这些地方的控制，利用宗教的影响力争取向心力，努力寻找机会进入西藏。早在 18 世纪初，彼得大帝就下令俄军设法与中国的西藏达赖喇嘛取得商务联系，并对藏胞聚居之地表露出极大兴趣。① 此后，俄国分批派遣人员入藏搜集政治、经济、宗教、语言方面的资料，其中最著名的有普尔热瓦尔斯基考察团四次入藏、彼夫佐夫考察团入藏、布里亚特人多尔吉入藏，以及巴德马耶夫惊天计划。②

大约从 1899 年开始，俄国在西藏的行动开始为英国人所关注。此间英国政府调整了英印政府的官员，雄心勃勃的寇松担任驻印总督。寇松积极鼓吹俄国是英国在亚洲竞争最危险的对手。1898 年，谣传俄国开始在西藏的边界展开了行动。英国《怀特报》于 11 月报道称："俄国人正在（印度）北部行动。"英国外交秘书米歇尔·李亦提及，在他与清政府驻藏大臣的谈话中，驻藏大臣指出，如果英国人继续坚持要维护条约中所规定的与西藏地方意愿相违背的边界的话，这必将使西藏人转而投向俄国人那边，寻求俄国人的支持。③ 1899 年 5 月，据说一个俄国使团正在访问拉萨。大吉岭的《西姆拉消息报》对此给予了详细报道。

① 周伟洲：《英俄侵略我国西藏史略》，45～46 页，西安，陕西人民出版社，1983。
② 孙子和：《西藏研究论集》，23 页，中国台湾，商务印书馆，1988。
③ FOR. sec. e, nos. 56～57, August 1899, Notes, pp. 1～2 Le Mesurier to Barnes (demi-official) 24 April 1899.

寇松当然不会无视上述关于俄国在拉萨之影响的暗示。1899年5月12日，他致信英国政府印度事务大臣乔治·汉密尔顿："我丝毫不怀疑俄国已经与拉萨建立了联系，我们目前的政策出现了一些失误，因此有必要进行修正。"① 在没有完全调查各种关于俄国在西藏的行动的报告的基础上，1899年5月24日寇松急不可耐地以私人的名义给汉密尔顿写了一封信："西藏的喇嘛已经觉察到了中国的虚弱，同时他们正在向俄国靠近。因此，俄国代理或某一私人一直滞留拉萨进行活动也就不值得怀疑了。并且，我相信，西藏政府似乎正在准备作出一项决定，即与英俄两国中的某一个结成伙伴关系……由于我们从来没有表现出对西藏的敌对态度，并且，我们能够在边界问题上给予一些对我们来说无关紧要而对他们而言极为重要的东西，另外，我们只是希望与他们建立专门的贸易关系，我认为与西藏建立友好关系并非不可能。我能够与他们建立联系并达成协议。"②

建立在上述判断之上，寇松从1899年秋开始企图绕开中国政府与西藏建立直接的联系。寇松私下认为："事实上，与俄国比较，西藏更希望求得我们的保护。我珍藏着一个秘密的愿望，即开展与达赖建立联系的努力，将会在我们与西藏间开始建立某种关系。"③ 正是基于这种信念，寇松建议英国绕开清朝驻藏大臣，寻求与达赖喇嘛的直接交往。就这一问题，他请示了英国外务局。外务局回信如下④：

印度政府能够与西藏当局建立公开、直接的联系，当然最好。尽管总督表示这一努力目前还未取得成效。然而，由

---

① Curzon Papers, Roll No. 1 (Mss, Eur. f. 111/158) Letter no, 21, Curzon to Hamilton, 12 May 1899.

② Curzon Papers, Roll No. 1 (Mss. Eur. f. 111/158) Letter no. 23. Curzon to Hamilton, 24, May 1899.

③ 《汉密尔顿信函》，寇松致汉密尔顿，1900年11月18日。

④ Papers Relating to Tibet, OP. cit., Enclosure 2, no. 27. pp. 100～101.

于西藏人认为中国人无权代替他们的行为，并一直着力于取消关于藏印边界的条约，可以这样理解：只要印度政府在边界问题上许诺做出一定让步，他们必然会同意参加这次谈判。

据此可知，英国外务部对寇松的主张持肯定态度。因此，1899 年 12 月 8 日，印度事务部遵循外务部指示并授权寇松与西藏展开直接谈判。① 这标志着在西藏问题上，英国政府决计正式绕开清政府私自解决之。

然而令寇松颇感失望的是，他先后三次致信达赖喇嘛，未得回应。此间多尔吉却先后六次往返于俄国西藏之间。奥德萨的一份报纸称，一个来自西藏的带有重要外交训示的特别使团正游历圣彼得堡，并指出它的主要目标是建立与俄国的和睦状态和友好关系。该报纸还声称，特别使团还将就在圣彼得堡建立一个永久性的西藏使团以维持与俄国的友好关系提出请求。②《圣彼得堡官报》在一次对巴德马耶夫的访谈中，巴德马耶夫直言不讳地指出，西藏确实与俄国走得很近，而且目前这个使团的使命是使双方的关系更近一步。③

从英印政府所收集到的资料来分析，相关报道及文件并不足以证明多尔吉正在参与沙皇与达赖喇嘛的谈判，而且也不能证明多尔吉即是一个政治代理人。然而，从现实的观点来看，他的重要性不在于他实际是一个怎样的人，而是从英印政府的角度去观察，他看起来像一个怎样的人。换言之，多尔吉只是英印政府想象中的一个威胁，它需要这样一种想象来支撑自己的行动，以便

① FOR. Sec, nos. 78~108, September 1900, no. 85 Hamilton to Curzon, 8 December 1899.

② FOR. Sec. e, nos. 56~58, June 1902, no. 56. Précis of Information regarding Russian Mission to Lhasa and Tibetan Mission to Russia.

③ FOR. Sec. e, nos. 1~77, March 1902, Enclo. 1, No. 18.

为在西藏的行动寻求一个合乎逻辑性的理由。于此等情形下，英国开始着手将西藏问题"安全化"。所谓"安全化"，根据维夫的解释，"安全是超越一切政治结构的一种途径，是一种超越政治的特殊政治，安全化即是以现存的'威胁'为理由，从而获得某种特权，打破现存的政治博弈规则，采取特别手段来处理现存的'威胁'。"① 安全化包括三个所指：（1）既定目标（Referent Objects），即所认定的安全客体；（2）安全化行为体（Securitizing Actors），即营造舆论宣传某一目标为潜在危险，需要将其安全化的社会集团；（3）功能行为体（Functional Actors），具体实施安全化措施的社会集团。② 将某一客体"安全化"本身代表了殖民大国的利益争夺。从一定的角度而言，此时的殖民大国都在把安全理解成为一种认知转换为一种言语行为（Speech Act），并通过言语行为方式建立安全问题，实现问题的安全化。在一种被"安全化"的殖民争夺语境中，一个殖民大国不但依靠规则的社会资源，而且还依靠他自身的资源，并最终通过它特有的强势地位来要求支配其自身行为的权力。

事实上，有关多尔吉的谣传让英国情报部进一步坚定了自己的观点：即西藏的形势变得愈发不稳定，英俄两国的竞争进入了一个新的紧张期。于此形势下，寇松亦坚信，俄国最终的野心是统治整个亚洲。因而，他利用各方面的信息以证明俄国试图确立对西藏的保护关系不是一种想象，而是建立在确凿的事实基础之上。1901 年，寇松致信汉密尔顿：③

　　如果我们仍然像十年前一样袖手旁观，俄国很快就会建

---

① Barry Buzan, Ole Waver, *Security*: *A New Framework of Analysis*, Boulder: Lynne Rienner, 1995.

② Barry Buzan, Ole Waver, *Security*: *A New Framework of Analysis*, Boulder: Lynne Rienner, 1995.

③ Curzon Papers, Roll No. 2（Mss. Eur. 111/159）letter no. 38. Curzon to Hamilton, 11 June 1901.

立对西藏的保护关系。这可能暂时不会构成军事上的危险，但它最终必将形成政治上的威胁，我们在尼泊尔、不丹、锡金上的影响力将会变弱。而且，我们不能阻止俄国获得整个蒙古地区和中国土耳其斯坦区域。因此，我们现在最紧迫的任务就是阻止和推迟后者的发生。但是，我认为，俄国对西藏的保护关系必须加以制止，而唯一能够阻止这一行为的方式即是我们自己主动前进。

当时，英国当局并不认为俄国将会通过西藏侵略印度或对印度构成实质性威胁。但是他们每个人都意识到：一个对印度持敌对性态度的西藏能够搅乱印度北部边境的局势，从而导致整个喜马拉雅边界的混乱。汉密尔顿对此认识颇为深刻："如果俄国控制西藏，它必会将自己的影响力扩张到尼泊尔，从而威胁到印度的安全，并使得我们的敌人的疆域得以恢复。"① 至此，英国的对藏"前进政策"定下基调。

1903 年 11 月 6 日，布洛德雷克向印度总督发去一封简短电报，阐述了英内阁关于西藏问题的决议②：

> 鉴于近日来西藏人的行为，已不能不采取行动。因此，陛下政府批准派遣一个使团向江孜推进。但是陛下政府在此要明确一点，采取这一步骤纯系为了求得事件的圆满解决，决不允许导致占领或任何对西藏事务以任何形式进行长期干涉。一俟获得补偿，使团立即撤退。陛下政府认为采取这一行动是必要的。但考虑到坚持通商便利问题，陛下政府并不打算在西藏建立一个常驻使团。

---

① Curzon Papers, Roll No. 2（Mss. Eur. f. 111/159）letter no. 43. Hamilton to Curzon, 4 July 1901.

② FOR. Sec. e, nos. 394~429, January 1904, no. 395. Secretary of State to Vieceroy, 6 November 1903.

以上电文措词模糊，并没有明确此次使团的使命。所谓"圆满解决"的表述颇具弹性，可作任意之解释。并且对所谓"补偿"亦未做明确之规定，可以这样说，这次远征的目标极为模糊，这也为此后远征团的"便宜行事"埋下了伏笔。

正是由于英印殖民集团既得利益者（安全化行为体）的大力鼓吹，英国政府（功能行为体）开始考虑用武力一劳永逸地解决西藏问题（既定客体），"安全化"的过程终于完成。英印政府开始按照自己制定的安全战略实现自己的企图。于此背景下，1904年英国发动了对西藏的第二次武装侵略。

（二）《藏印协定》背后的英俄角逐

战争毫无悬念，由于双方力量的悬殊，再加上以有泰为首的清政府驻藏大臣等官吏的阻挠，英印军队很快开进拉萨。剩下的事情就是双方外交协商、签订合约了。此间俄国对英印在西藏的行动极为关注。早在1903年4月8日，俄国大使班肯多夫即向外交大臣兰斯顿勋爵郑重解释，俄国迄今没有订立过有关西藏的条约，也无意派遣代表或代表团进驻西藏。当英国批准使团挺进西藏的公告出台后，1903年11月17日，俄国驻英大使班肯多夫再度提醒英国外交大臣兰斯顿注意，俄国政府不能不认为，一支英国军队侵入西藏领土，会引起中亚局势的严重混乱。兰斯顿对此作出的解释是：第一，一方面西藏同印度有紧密的地理联系；另一方面西藏却同俄国亚洲领土的任何一部分相距遥远，因此，英国在西藏事务中所有的利害关系跟俄国所能有的完全不同。第二，西藏人拒不履行条约义务，并拒绝与英国人谈判，这让英印政府难以容忍。双方谈话中，班肯多夫力图使兰斯顿作出保证，即英国无意改变现状。对此，兰氏极力回避这一问题，惟含糊其辞，宣称"我坚持我们绝对有权做我们正在做着的事"①。

此间，俄国正着手准备与日本的战争，因此对西藏事务有心无力。日俄战争中，俄国节节败退，在英俄关于西藏问题上的谈判更是失去了主动权。班肯多夫几度向英国外交大臣兰斯顿表示，希望英国对西藏的政策不会因"最近的事件"（即俄国在中国辽东战场上的失败）而改变。兰斯顿对此作出的答复是：英国政府对藏政策仍然坚持前述政策，虽然很明显，英印之行动在某种程度上必须取决于西藏人本身的态度。同时英国政府也不能担保，在发生任何意外事件时，他们都不会改变现行政策。但是英国政府愿意郑重声明，只要没有其他大国企图干涉西藏事务，他们既不想吞并西藏，也不想在西藏建立保护制度，也绝对无意控制它的内政。② 英国人采用他们所使用的一贯手法，一方面表示无意干涉西藏内政，另一方面却强调英国政府的政策取决于西藏人的态度，将皮球踢到了西藏地方政府这一边。

当英国挺进西藏，并向西藏地方提出条约第九款后，俄国人极为不满。外交大臣兰姆斯多夫伯爵认为英国强加给西藏的条款违背了对班肯多夫备忘录中的保证，并变西藏为实际上的保护领地。俄国人认为，英国政府迫使西藏人承担的赔款，实非西藏人所能偿还。从而对春丕谷的占领，势将无限延长。对此，英国驻俄大使哈丁茨解释说，关于不占领西藏的诺言是受另一些话语限制的，即特别使团的行动在某种程度上必须取决于西藏人的表现。他进一步狡辩道，由于西藏人后来许多行动乖张，这就很自然的使英国人有权重新考虑，并进行重要的修改。③ 兰姆斯多夫特别反对条约第九款，即非经英国同意，不允许西藏把任何一种

---

① 《兰斯顿侯爵致斯普灵莱斯先生爵士电》（1903 – 11 – 17），（英）外交部档案，中国档，第1 747卷，第289 号。
② 《兰斯顿侯爵致哈丁茨爵士电》（1904 – 06 – 02），（英）外交部档案，中国档，第1 749卷，第293 号。
③ 《哈丁茨爵士致兰斯顿侯爵电》（1904 – 09 – 03），（英）外交部档案，中国档，第1 752卷，第299 号。

商务特权让给外国人，认为此条款只能被视为干涉内政和事实上的保护制度。此间俄国舆论亦十分狂热，在他们看来，检验目前这个条约是不是建立对西藏的实质保护制度，将取决于该国是否只保留给英国的企业以特权而排斥其他外国人，以及是否同样拒绝给予英国臣民以在西藏的特权。[①] 英国外交大臣兰斯顿作出的解释是，这仅仅是一个克己条款，它对其他强国和英国同样起作用。英国不想吞并西藏领土，或干涉西藏事务，也不想派政治代表驻在该国，但必须明确理解的是，其他强国亦同样无此资格。兰斯顿还赤裸裸地强调，由于西藏的地理位置，英国完全有必要做它的保护国，并完全应该在西藏事务中居支配地位。

（三）英俄《西藏协定》与西藏"中立化"地位的确立

1904—1905 年日俄战争中俄国的失败使其元气大伤，这让一直缠绕在英国人头脑中的俄国恐惧症逐渐消退。另一方面，此间欧洲大陆政治风云突变，德国异军突起，这对英国是一个重大的威胁，在此情形下，英国不得不放弃"光荣孤立"政策，于 1904年与法国结为同盟。由于法国在此之前已与俄国建立同盟关系，于是在法国的牵线下，英、俄两国开始走近，希图建立同盟关系。当然，这必须建立在双方消除分歧的基础上，因此，西藏问题成为两国首先需要面对的问题。

这一时期，英国对西藏的态度是，尽量维持一个臣服于清政府且与清政府保持虚弱的宗主关系，但又必须在英俄协定框架保护下的"自治的"西藏。此外，在西藏问题上，英国绝不能置于与俄国绝对同等的位置，正如兰斯顿对俄国大使所说的那样，"倘若任何大国对西藏的对外事务有发言权的话，那个大国必定是英国"[②]。对于俄国来说，它所追求的目标是，英国应当像它一

---

① 《哈丁茨爵士致兰斯顿侯爵电》（1904 - 09 - 03），（英）外交部档案，中国档，第 1 752 卷，第 299 号。

② 《斯普灵莱斯先生致葛雷爵士电》（1906 - 04 - 10），（英）外交部档案，第 371 组第 176 卷，第 307 号附记。

样不得干涉所有西藏的事务，西藏在对外和对内两个方面都应保持稳定。此外，由于保持与达赖喇嘛的关系对控制蒙古人具有重要价值，英国必须考虑照顾俄国人在西藏的宗教利益。

当然，它也清楚，由于地缘关系和自身实力的衰退，俄国无力阻止英国与达赖喇嘛的接触。俄国大使伊兹沃尔斯基说过："我们必须把我们在亚洲的利益置于合情合理的基础之上，不然的话，我们将干脆变成一个亚洲国家，这将是我国最大的不幸。"[①] 在他看来，亚洲的利益绝对不能被放弃，但总的来说是处于从属地位，而且也没有重要到足以再作为俄国外交政策中的决定性因素。因此，维持西藏的"中立"地位即英俄两国均不得干涉西藏内政于当前形势下符合俄国的利益。

1906 年 6 月，双方在俄国圣彼得堡展开谈判。英国大使尼科尔森率先提出英国关于西藏问题的基本意见[②]：

（1）俄国（如同英国已经这样做了）承认中国对西藏的宗主权，承诺尊重西藏的领土完整，并绝对不对西藏内政进行任何干涉；

（2）根据上述规定，俄国承认英国由于地理位置的关系，特别关心西藏的对外事务不得受任何大国的干扰；

（3）英俄两国政府各自承诺不派代表前往拉萨；

（4）英俄两国政府同意，不为他们政府本身或其臣民在西藏谋求取得铁路、公路、电报、开矿或其他特权；

（5）英俄两国政府同意，西藏的税务，无论实物税或货币税，都不得抵押或让与两国政府或其臣民。

---

① 亨利·赫坦巴哈等：《俄罗斯帝国主义——从伊凡大帝到革命前》（Russia Imperialism from Ivan the Great to the Revolution），吉林师范大学历史系翻译组，译，385 页，北京，三联书店，1978。

② 《阿瑟·尼科尔森爵士致葛雷爵士电》（1906 - 06 - 08），（英）外交部档案，第 371 组第 177 卷，第 311 号附件。

伊兹沃尔斯基认为英国政府提出的第二条款表述的意思和范围含混不清，他希望英国清晰地解释所谓"干扰"的内在含义是什么，同时，如果俄国对于英国基于地理上的关系承认其在西藏的特殊利益，那么，英国政府亦应当乐于承认俄国在西藏基于宗教因素而产生的"精神利益"。此外，伊兹沃尔斯基亦提出对案六条作为双方谈判的基础①：

(1) 未来俄国与达赖喇嘛的关系应如何处置；

(2) 俄国官员进藏的原则；

(3) 科学地理使团入藏问题；

(4) 关于"西藏"一词含义的解释；

(5) 关于 1904 年藏印协约规定之英国派往拉萨贸易官问题；

(6) 蒙古问题应纳入这次谈判中。

经过 14 个月的谈判，双方于 1907 年 8 月 31 日正式签订《西藏协定》。从英俄协定的内容分析，令人惊讶的是，尽管双方提出的上述问题都非常重要，然而，从现有所公开的一些档案文献可知，英俄两国并未就这些问题展开拉锯式旷日持久的谈判，为使双边谈判顺利进行，某些问题或被暂时搁置一边，或部分达成协议，双方竟然没有就其中某一个问题进行深入探讨并解决之。无论是伊兹沃尔斯基，还是尼科尔森都不愿意就上述某些问题深入细节，他们看起来背负着同一个使命——就双边在西藏关系上达成暂时谅解，为建立两国同盟奠定基础。似乎英、俄双方都对解决目前双边关系较为关注，而对未来则缺乏探讨的热情，或者说，此次关于西藏问题的谈判屈服于双边关系的长远利益之下。

_____

① （英）外交部档案，《关于拟议中的英俄西藏协定的通讯备忘录》（1907 - 04 - 18），第 314 号。

尽管双方在某些问题上的处理还存在漏洞，此外双方还就一些问题并未达成谅解，问题可能会随之而来，但不可否认，协议的结果与英、俄事先的心理期望大致相符，双方都对协议的最终达成较为满意，它的签订为双边同盟关系的建立提供了条约基础，这符合此期双方的政治利益。对于英国而言，俄国在西藏的影响已被削弱到最低点，俄国人利用达赖喇嘛的计划势将破产，这样俄国对英属印度的威胁就消除了。尽管协议中规定英国不应对西藏内政进行干涉，但却承认了英国基于地理原因而拥有的"特殊利益"，此外，英国人孜孜以求地在英属印度和俄国亚洲势力范围之间构筑一个缓冲区的目标终于实现，这亦让他们颇为满意。俄国人同样对这一协议充满期待，俄国人十分清楚地了解这一点："英国人是为了在欧洲追求极为重要的政治目的，在必要的情况下将要放弃在亚洲的某些利益仅仅是为了维持对他们十分重要的同我们的协约而已。"[①] 这个协定为俄国合理介入英属印度对藏政策提供了条约保证；双方关于外蒙古问题的讨论，为俄国人提供了这样一个撒手锏——一旦俄国人在中国西部的野心得不到满足，它即可借此向英国施压，这也在一定程度上抑制了英国对外政策实施的灵活性。

伴随着英俄《西藏协定》的签订，西藏的"中立化"的政治位置被英俄两国私下确定下来。需要指出的是，从英俄《西藏协定》的内容分析，俄国承认了英国因地理位置而产生的"特殊利益"，而英国亦承认俄国在西藏的"精神利益"，所谓的西藏的"中立化"及"自治"仅仅是一个虚构的神话，西藏政治地位的确立服膺于英俄两国利益的需求之下。

（四）英、俄对达赖喇嘛的角逐

1904 年荣赫鹏远征以来，达赖喇嘛逃离西藏，远赴库伦。英

---

① 沙查诺夫于 1910 年 10 月 8 日给驻德黑兰公使伯克列夫斯基—科吉尔的机密信。原文是按希伯特编辑的《本肯多尔夫伯爵外交通信集》（柏林，1928 年，第 1 卷，365 页）所载的。

属印度加紧对西藏上层进行拉拢和分化,试图扶植一批亲英分子,以取代达赖在西藏的地位。他们首先把班禅喇嘛作为主要目标,进行了一系列阴谋活动。早在 1904 年秋,英国驻江孜商务委员鄂康诺就潜往扎什伦布,企图挑拨班禅与达赖之间的关系,笼络暂时代理全藏事务的班禅。1905 年,英印政府鼓动班禅入印。到 1906 年初,英印政府又在印度搞了个"佛教集会",会上推举班禅为"公所大总管"。(《张荫棠奏牍》)同年 10—11 月,英印政府驻锡金政治专员(政务官)贝尔非法窜到扎什伦布,目的仍是企图挑拨班禅与达赖之间的关系,诱使班禅投靠英国,扩大英国在西藏的政治影响。此后,英国利用英国商务委员常驻江孜和留兵江孜的条件,"时至后藏煽惑",继续与班禅系统的官员进行往来。尽管班禅本人始终没有落入英国的圈套,但班禅属下的个别官员却开始"隐恃英援",要求清政府改变划定的达赖班禅两大系统的领地范围,扩大班禅系统的领地,给驻藏大臣增添了新的难题,也为达赖、班禅两者关系的前景蒙上了阴影。①

　　1906 年伊始,英国与俄国就达赖回藏问题进行了交涉。正如前述,俄国在与英国的交涉中,一直强调其在西藏的基于宗教而产生的"精神利益",而这种所谓精神利益的实现很大程度上是依靠以德尔智为首的俄国代理人与达赖喇嘛的良好私交。从这一层面出发,达赖喇嘛长期出藏不归是不符合俄国人的政治利益的。因此,俄国政府一直寻求与英国人就这一问题达成谅解,准允达赖回藏。当俄国人甫一提出这个问题,英国人的回答是:俄国人必定知道我们反对让达赖喇嘛返回拉萨,正如同你们反对班禅喇嘛在印度所受欢迎一样。在英国人看来,"由公众承认其(达赖喇嘛)神圣的性质,以及由俄皇对他表示敬意将起到一种

---

①　兰姆:《麦克马洪线》第 1 卷,29 页,伦敦,1966;《张荫棠奏牍》卷一,第 13 ~14 页,卷二第 11、13、27 页,卷五第 3 页;贝尔:《西藏之过去与现在》,牛津大学,76 页,1968 年。

通行证的作用"，俄国的政策旨在巩固俄国在蒙古的影响，为此需要一个受人尊崇的佛教团体的教主作为代理人，在这方面，"达赖似乎并非不愿起这种作用"；"倘若他返回拉萨，那几乎不用怀疑，他将竭力使自己对俄国人有用。同时可以想象，班禅亦将扮演某种对英国有用的角色"。① 英国人利用班禅作为反证，坚决反对达赖回藏。

为此问题，英印政府向清政府提出交涉。据 1906 年 2 月 28 日张荫棠奏牍中称："印陆军总统与棠私言，达赖通俄，我英自有办法。韩税司探称印政府派前经入藏之马敦和，日间赴藏查勘进兵路途，似此情形，英人进取之心已决，拟请设法阻止达赖，勿令回藏，抑或令其留京，以杜衅端。"（《张荫棠奏牍》）4 月 20 日张荫棠致电外务部，报告与英之陆军总统吉治纳的谈话内容时又称："吉云：俄人所派德尔智与达赖私通，甚为秘密，贵国应将达赖监禁。"9 月 23 日，张荫棠致外务部电又称："班禅与达赖仇隙已深，班禅久堕英煽惑术中，难保达赖回藏时不借端构衅……现值埠事未妥，春丕兵未撤之时，可否缓接回藏，以免牵动全局。"（《张荫棠奏牍》）清政府据上情况，不得不电令陕甘总督升允，制止达赖返藏。

英国一方面对清政府施加压力，阻止达赖返藏；另一方面又与俄国就达赖问题进行协商。1906—1907 年的英、俄协商中，俄国人多次强调，有关俄国佛教徒臣民和达赖的关系问题应得到明确的解决，要割断俄国佛教徒臣民和他们的精神首领之间的所有联系将是不可能的。对此，英国人以退为进，指出，英国政府原则上不反对达赖喇嘛回藏，但他们担心达赖返回拉萨后会使局势动荡，而且，在他的行动导致与这个国家发生一次战争后，不可能再对他有任何信任，也不可能保证他不再挑起另一次冲突。俄

---

① 《斯普莱灵莱斯先生致葛雷爵士电》（1906 – 04 – 10），（英）外交部档案，第 371 组第 176 卷，第 307 号。

国人对此颇为无奈，从俄国利益立场来说，达赖之于俄国毕竟只是一块蛋糕上的一粒小樱桃，而与英国协议的签订则意味着更多利益，俄国没有理由为了一粒小樱桃而导致整个协议的流产。基于这种信念，权衡利弊后，俄国外交大臣向英国提出妥协：在研究了达赖喇嘛的情况和他的为人后，得出结论，即为了英、俄双方的利益，让这个人返回拉萨是不适宜的。同时他还提议：为了消除对俄国政府在有关达赖喇嘛问题上的态度的一切怀疑，希望两国政府应相互同意不采取任何行动促使其回藏，而让中国政府按其意愿行事。① 这一结果是英国所期望的，因为对中国方面，英国早就施加了压力，"中国政府方面并不愿意达赖喇嘛回藏"。

当达赖游离在外的时候，清政府趁机加强了对西藏的整顿。这引起了达赖及西藏上层集团的不安和反对。此间，西藏地方政府曾秘密派遣藏军进驻川边，煽动当地土司、头人反对改革，并阻止赵尔丰入藏。英、俄两国对此动向密切关注。当 1908 年达赖喇嘛从五台山至北京觐见之时，两国公使都希图利用达赖对清廷在西藏进行改革的不满和恐惧，力图诱使达赖投向自己。俄国驻华公使廓索维慈与多尔吉相互配合，在北京对达赖进行拉拢。1908 年 10 月 14 日，达赖到仁寿殿觐见，多尔吉随其进殿。多尔吉还经常出入俄国公使馆，与廓索维慈秘密商谈。在达赖离京后，还派多尔吉从北京携带他给沙皇的亲笔信及礼品再次赴俄求援。

然而，尽管沙俄费尽心机对达赖进行拉拢，但是，达赖对内外交困的俄国已逐渐失去了信心。相反，却逐渐转向了原本是不共戴天仇人的英国。早在五台山的时候，达赖就已经与朱尔典取得联系，试探英国对他返藏的态度。朱尔典不置可否，唯含混表示："英国政府对于达赖回藏问题之见解如何，渠尚不得知，唯

---

① 《尼科尔森爵士致格雷爵士电》（1906－07－18），（英）《外交部档案》，全宗第535 号，第 8 卷，第 26 号文件。

达赖出走期间，藏、印关系确有发展。"① 较之原来明确的反对态度有巨大改变，为达赖的回归留下了余地，也为达赖依靠英国留下了"希望"。达赖到京后，英国急忙把熟悉中国事务的殖民司官员庄斯敦、印度政府西藏事务官鄂康诺、精通藏文的印度人达斯及当时的哲孟雄王子等，都派来配合朱尔典，以诱使达赖及其亲随改变对英国的态度。② 1908 年 10 月，朱尔典拜会达赖时达赖表示："过去发生不幸之事并非本人初意，深望今后藏、印两方永保和平友好，并请将此意转达英皇。"朱尔典答称："英政府亦极望与西藏建立和平友好之关系。"③ 这表明英国与达赖之关系发生了质的变化，惟因如此，英国政府通过朱尔典向英国外务部表示英国政府不拟阻挠达赖喇嘛重返西藏。④

由于英国态度的松动，以及清廷内部局势的变动，达赖喇嘛于 1910 年返回西藏。此间，达赖喇嘛与驻藏大臣联豫关系恶化，加之川军入藏已成定局，达赖喇嘛于 1910 年 2 月出走印度，请求英国给予其保护。五年之间，西藏局势发生了天翻地覆的变化。达赖喇嘛和他的亲随突然转向了曾经极度仇视的英国，这让深谙藏、印局势的英国事务官贝尔都觉得不可思议。⑤ 英属印度政府从喜马拉雅地区利益考虑计，希望利用达赖改变西藏的国际地位，把西藏纳入英国的保护之下，在中国与印度间建立起一个"缓冲国"。印度总督明托主张优待达赖，必要时以之作为筹码，换取中国的让步。他对达赖喇嘛的前途作了如下估计：达赖出走，西藏将长期动荡，最终中国人不得不请他回藏，英印正好可乘机要挟中国。因此，"达赖来到印度将会是我们手中的一张好

---

① 荣赫鹏：《印度与西藏》中译本，306 页，拉萨，西藏社会科学院资料情报所编印，1983。
② 李威廓：《国际政治中的西藏》，159 页，纽约，1931 年。
③ 《英国议会关于西藏文书》，5 240 帙，169 ~ 170 页，1910。
④ 《英国议会关于西藏文书》，5 240 帙，161 页，1910。
⑤ 贝尔：《西藏之过去与现在》，109 页，牛津大学，1968。

牌"①。对于达赖，英国政府似乎对他仍然并不十分信任，印度事务部大臣莫利在给明托的信中称："缓冲国的设想十分好，它好像是一种很有说服力的信条，是一种比与一个更强大的、更高度组织起来的邻国打交道更有利的状况"，但是，"在当前，从英国的全球战略整体利益来说，还不能立即实施扶植达赖、建立对西藏的保护关系的'缓冲国'政策"。他还以轻蔑的口吻说："正如他在北京像中国表明那样，达赖喇嘛是一个令人讨厌的动物，让他自作自受去吧!"② 1910 年清政府宣布撤销达赖地位后，英国尽管提出抗议，但事后并没有就达赖问题表示正式干预，即为明证。

英国政府的态度让达赖极为沮丧。达赖昧于国际局势，在求英无果的情况下，转而致信俄国，请求帮助。达赖在致俄国沙皇信中说："我本应将这些非同一般的情况告知陛下政府，但为形势所迫，我只得踏入英国属地"，"请求俄国政府会同英国政府，或独自提请中国恢复他的权利，如果不能做到这一点，达赖喇嘛请求把问题提交国际会议"。③ 俄国接达赖信，正值"当时有某种疑云掠过英俄协定"，俄国与英国在领海边界问题谈判上出现分歧，在摩洛哥危机上互有猜疑，尤其在四国银行对中国贷款问题上俄国对英国深为不满。以外交大臣尼拉托夫为首的一部分军政大臣试图篡改达赖信件，增添达赖提出"英、俄两国在拉萨设领事"和"派遣科学考察队"的请求，试探英国的态度。④ 尼拉托夫认为，如果英国反对，俄国则乘势做出让步姿态，并"让英国人意识到我们放弃自己的打算正是一种让步"，"我们准备向达赖提出适当的建议正是对英国政府的一种友好表示"，这样英国政

---

① FOR 535/13，no. 46，明托致莫利，1910 年 3 月 12 日。
② 《莫利信函》D. 573/5，莫利致明托，1910 年 6 月 30 日。
③ 陈春华，等译：《俄国外交文书选译（有关中国部分 1911. 5—1912. 5)》，52 ~ 54 页，北京，中华书局，1988。
④ 《俄国外交文书选译（有关中国部分 1911. 5—1912. 5)》，53 ~ 54 页，北京，中华书局，1988。

府应当在某些问题上给予俄国"友好的"回报。① 俄国驻英大使本肯多夫则认为,俄国必须在亚洲与英国保持团结一致,切莫给俄国的政治地位造成损失。本肯多夫提议:(1)达赖来彼得堡,势必要讨论其未来地位,直接干涉西藏事务,将损害英、俄关系,必须拒绝达赖这一要求;(2)与达赖书信往来及派科学考察团将被视为俄国恢复在西藏之政治活动,破坏英、俄协议。因此,不能派科学考察团,也不单独与达赖交往,达赖来信及俄皇回信均须通报伦敦内阁;(3)给达赖一封"亲切而又委婉的信",给予其精神上的安慰。②

尼拉托夫最终采纳了本肯多夫的提议,1911 年 10 月俄国外交部拟就了一封给达赖的安抚性回信。信中俄皇对达赖的处境表示同情、关注,安慰达赖这只是暂时性的,他的命运将会好转,并说俄国政府对西藏问题的发展特别关切,对西藏在各项现行条约范围内捍卫自己合法权利的意图十分同情,还告诫达赖"在西藏事务上奉行同英国亲睦的政策,是达到此目的的重要条件之一"③。

至此,英、俄两国基于各自国际战略利益的考虑,暂时放弃了对达赖喇嘛的操控和利用。尽管如此,考虑到达赖喇嘛在佛教徒中崇高的地位和影响力,达赖滞印不归仍为英国带来了莫大利益,这表现在以下两个方面:(1)正如英印政府所设想的那样,只要达赖一日不归,他都可以成为英印要挟中国政府的"一张好牌",在某些既得利益上屈服于英印;(2)从长远看,达赖滞印两年与英印政府交往日深,日后的内政外交无不打上了英印政府的烙印,为英印控制西藏提供了便利。总体而言,这场围绕达

① 《俄国外交文书选译(有关中国部分 1911. 5—1912. 5)》,61 页,北京,中华书局,1988。
② 《俄国外交文书选译(有关中国部分 1911. 5—1912. 5)》,59~64 页,北京,中华书局,1988。
③ 《俄国外交文书选译(有关中国部分 1911. 5—1912. 5)》,202~203 页,北京,中华书局,1988。

赖的博弈中，俄国受制于地理位置和国家实力、国际战略环境变迁等因素，成为一个失败者，达赖与俄国的关系渐行渐远。

综观这一时期英、俄对西藏的角逐，由于天然的地理位置关系，英国人一直占据主导位置。此间，英国一直致力于绕开清政府，与西藏地方政府直接交往，为实现西藏"中立化"和保持在中国虚弱的宗主权地位下的"西藏自治"而努力，而俄国则着重利用西藏来巩固自身在蒙古地区的地位。从角逐过程来看，英国在与俄国的角逐中处于强势地位；然而从实际效果来看，似乎俄国更占优势。英国政府致力于确立西藏的"中立化"自治地位，然而，由于清政府的坚决反对，1906 年双方签订的北京协定并没有达到英国人的期望，这样一来，英国在英俄协定中所确认的"宗主权"就不具备合法性，随之而来的某些条款更不具备实际操作性。相反，俄国人利用英俄协定，限制了英国对藏政策，并为其随时过问英国对藏行动提供了条约保障。

四、清政府的战略回应

晚清政府在与近代世界的对峙中，逐步认识到清朝仅仅是近代世界中的"万国之一"，为此，它不得不放弃原有的天下观，对近代列强在边疆的渗透做出切合实际的应对。这种认识反映到实践中，则是：一方面，从外交上与列强展开交涉；另一方面，则是强化其与边疆地区的关系，推行新政。

（一）清政府对俄英在新疆角逐的回应

近代以来，伴随着清朝统治的衰落和外国势力的入侵，新疆社会原有的政治经济利益均衡状态被打破，以军府制为主导的治新政策的弊端日益凸现，逐渐丧失了对新疆社会政局的有效控制。1864 年的新疆回民大起义是这一弊端的集中大爆发，清朝在西北边疆的统治面临严重危机。

尽管在清政府的努力下新疆重新归于清政府的统治，但较之

1759 年清政府统一新疆时的情形已经有了很大变化。左宗棠就指出，"今之与昔事势攸殊，俄人拓境日广，由西而东万余里，与我北境相连，仅中段有蒙部为之遮阂。徙薪宜远，曲突宜先，攸不可不豫为绸缪者也"。（《左文襄公奏稿》）显然，新疆不再像乾隆年间那样仅仅是清王朝一支政治力量的独舞，它现在已处于清、俄、英三个帝国相交的三岔路口上。俄国已经在经济上控制新疆，但它力图获得更多；英属印度的探险家们正通过帕米尔和喀喇昆仑山口揳入南疆，——新疆被英属印度认为过于靠近它的北部边境了。清政府在新疆面临着前所未有的复杂局势，其在新疆的统治随时都有可能崩溃，因此不得不小心筹划以应对再度出现的统治危机。

1. 危险的平衡：对英印的容忍与联合

当新疆地区事实上已经成为俄、英两国政治大角逐的场所时，清政府对此做出的回应是：尽量引导英国在新疆势力的增长，用以抵制俄国在新疆的渗透，希图在新疆维持均势，形成一个脆弱的政治的平衡。与同期在东三省大张旗鼓地展开朝野讨论实施联美外交"以夷制夷"的外交政策的可行性不同，清政府在新疆与英国的联合显得小心翼翼，这主要源于清政府对近代西方列强贩运的西方条约体制以及俄、英两国在中国长期侵略带来的心理恐惧。近代以来，俄国趁中国衰落之际，趁火打劫，通过一系列条约抢占中国领土和攫取大量特权；并且，新疆地邻俄国，俄国在此有"特殊的利益要求"以及领土要求，源于这种刻板印象以及现实中俄国在新疆的渗透，清政府是不企望与俄国联合的。对于英国，自 19 世纪中期以来，英属印度开始向中国西部地区渗透和扩张，它屡屡在中国的西部边界进行挑衅与侵略活动，企图打通通向中国西部的通道，获取它所谋求的政治、经济与军事利益，这无疑对清朝在新疆的统治构成了极大威胁，因此清政府对于新疆的英国势力亦保持极大的警惕与排斥。不可否认，清政府对于在新疆的节节丧权是难以容忍的，并试图将俄、英势力排挤出新疆；但是，由于实力的差距以及外交策略的乏术，它不能指望单凭自身的力量维护其在新疆的统治和统一。此等情形下，在俄、英之间权衡，两者选其一作为自己的战略伙伴用以制衡另一国家，或者扶持一个在新势力相对弱小的国家以平衡另一强大实体，是清政府可以考虑的方式。基于这样一种"以夷制夷"的理念，清政府最终选择了英国，容忍英国势力进入新疆以抗衡俄国在新疆的势力扩张及其领土要求。为何选择英国作为联合的对象呢？这主要是基于以下几个方面的原因：第一，两者有相近的目标。如前所述，英国在新疆的扩张主要是基于一个重要的政治目标，即保护英属印度不受俄国的威胁。因此，英国人在新疆没有领土要求，肯定也不会希望新疆成为俄国人独占的势力范围或被吞并，这与清朝要维护其在新疆的统治在一定程度上是切合的。第二，英国在喀什噶尔利益的开拓者马继业的个人魅力。马继业本人拥有中国血统，精通汉语，熟知中国文化，明白如何与中国人进行交往。在与中国官方和地方绅士打交道的时候，非常注意官场礼仪，这博得了更多的地方官员和绅士的尊重与信赖。以至于马继业的上司、克什米尔驻扎官向英属印度政府表示："在我看来，马继业先生是唯一能够凭借其才能和个人影响来应付时局的人。"[1] 马达汉也对马继业褒扬有加："他从母亲那里承袭来的中国血统以及他在这里的长期活动，把他紧紧地与这个国度连在了一起。当你看到在你前面的这位自制力强、完美无缺、皮肤黝黑的人物，并听他以同情和深情的口吻讲述这个泥土房子的社会及其特殊的情况时，你就会明白，他是这个国家（中国）的坚定的一分子，比任何一个欧洲人更坚定。他对中国、中国人及其历史情况的了解，远远胜于任何一个欧洲人。他从不大吹大擂，只是在喀什噶尔全面地、执著地为英国或者说主要为

---

① Skrine, C. P. and Nightingale, P., Macartney at Kashgar, London, Methuen&CO., 1973. p. 146.

印度的利益服务。在与自然造成的巨大困难作斗争中，他只能一步一步地逐渐接近遥远而模糊的目标。"① 第三，英国驻喀什噶尔领事馆把维持当地社会现状、维护新疆地方政府统治的稳定、努力避免南疆社会动乱作为自己行动的方针。辛亥革命前夕，英国驻喀什噶尔领事馆主持处理了三件重要事情：首先，彻底解决南疆存在的债务问题；其次，于1909年解决了南疆地区因前年干旱造成的粮食危机；最后，解决了新教育政策给南疆带来的社会危机。上述三件事情的圆满处理，让清政府对英国在新疆势力的发展充满好感，并认定其为自己可依赖的对象。

辛亥革命前夕，即英国驻喀什噶尔领事馆建立前后，英国逐步改变了最初与俄国竞争中的劣势地位，在政治、经济等方面都取得了不少成就。这从一定程度上遏制了俄国在喀什噶尔的扩张。然而，应该看到，马继业获取领事地位以前及其以后，尽管他对中国有一定的好感，并在许多问题上都能作出有利于中国的决定，但是英国的利益始终是放在第一位的。正如他在一份报告里所说："中国官员对礼节的重视超过了对实质性问题的重视，面子在他们那里胜过一切。我尽量适应他们的礼节，并不是认为我们的礼节有何不妥，而是要在他们那里讨论一切实质性问题，这些看来烦琐的中国礼仪有着神奇的作用。"② 即使他在与中国官员和地方绅士的交往过程中，也是存在目的性的——马继业在喀什噶尔的情报来源非常广泛，这一点连他的俄国对手都自叹弗如，他自己与中国社会上层的关系起了很大作用。马继业通过与中国地方官员的合作，获取了相当大的便利，他可以援引帝国主义在华的治外法权、援引英属印度法律，强行与中国官方共审涉及英属印度属民事件，并且大力在新非法发展侨民，纵容侨民在

① 马达汉：《马达汉西域考察日记（1906—1908）》，38 页。
② 崔延虎：《英国驻喀什噶尔首任总领事乔治·马嘎特尼（马继业）评述》，载《新疆大学学报》，10 页，1998（2）。

新的恶行，从而导致了新疆社会的动荡，危及中国主权。

2. 内部行政机能的重组

此期清政府在新疆内部行政机能的调整体现在两个方面：其一是建立行省，其二是实施新政。

1884 年 10 月，清政府正式任命刘锦棠为甘肃新疆巡抚，魏光焘为甘肃新疆布政使，标志着新疆省正式建立。建省后的新疆行政管理体制和统治制度表现出以下几个方面的特征：

第一，郡县制在新疆得以全面推行，新疆行政管理体制逐渐趋同于内地。刘锦棠折中谭钟麟和左宗棠提出的建省方案，提出：新疆与甘肃形同唇齿，势难遽然分离，所以，新疆不应单独设立总督，应设巡抚一员，受陕甘总督节制。下设三道：镇迪道、阿克苏道、喀什噶尔道，伊犁将军仍然保留，专辖伊、塔边防，不再总理全疆。在具体实施过程中，经刘锦棠、魏光焘等历任巡抚奏请改设、添设，各级行政建制不断完善，至光绪二十八年，新疆省地方建制日渐齐备，"全省设道四、府六、厅十一、直隶州二、州一、县二十一、分县二"（《新疆图志》）。

第二，为统一事权，适当削弱伊犁将军权限。在清朝前期的新疆行政体系中，伊犁将军为全疆最高行政长官，统领全疆军政与民政。随着郡县制在全疆的逐步推行，伊犁将军的地位显得颇为尴尬。刘锦棠指出，"今既建省设官，则伊、塔无容独异，盖同此边疆，必须联为一气，而巡抚统辖全境，尤应并计兼筹。若以伊塔一隅之地，划疆而理，不特事涉分歧，而恐形势扞格，贻误必多"（《光绪朝东华录》）。因此，为统一巡抚事权，避免政出多门，刘锦棠等奏请将"伊犁将军改为驻防，裁撤参赞大臣，改设驻防营制之副都统，伊犁、塔尔巴哈台等处地方文武，均请归新疆巡抚管辖"，（《光绪朝东华录》）伊犁将军则专事署理旗营、蒙哈藩部事宜，以及突发的交涉事宜。这样，巡抚的地位得以彰显，成为全疆军、政最高长官，伊犁将军成为只管伊、塔地区军队的驻军长官，同时，由于各地郡县的建立，原各级驻军大臣没有存在的必要，也先后裁撤。

第三，伯克制被取消，回王权力被削弱，改设乡约。1864 年的农民起义中，各地王公伯克受到沉重打击，接着又遭受地方割据势力的倾轧和阿古柏政权的排挤、压制。除了善于钻营的尼牙斯之流外，其他各王公伯克都遭灭顶之灾。清政府在恢复对新疆的统治之后，只有哈密亲王所部"回众尚多，差堪自立"，其他王公伯克都已经"家产荡尽，衰败没落"。（《刘襄勤公奏稿》）清政府趁机废除了广大回疆的伯克制度。

乾隆年间，清廷在新疆实施军府制度，州县制、伯克制和札萨克制混同治理，可以被认为是历代传统治边政策的延续，体现了"因地制宜，因俗施治"的特色，在一定时期里符合新疆社会政治稳定的需要。而近代新疆的行政建制——由原来的军府制演变为单一的郡县制——标志着清朝治新政策的转型。这种转型更具重要意义。

首先，新疆建省推动了新疆社会生产力的恢复和发展。取消伯克制，各地伯克王公的土地收归国有，原来被束缚在这些土地上的燕齐，开始以佃农的身份租种政府的土地，按例纳赋，增加了新疆的财政收入，减少了新疆地方对内地财政协饷的依赖性，为新疆社会发展及抵制外来侵略提供了物质基础。其次，新疆建省以及其后实行的郡县制摒弃了军府制度行政建制不统一的缺陷，军政大权统于巡抚，在一定程度上结束了那种人为地将新疆分为两部分进行管辖的不合理状况。最后，这种事权上的统一和责任的明确，为抵制俄、英两国侵略新疆提供了政府支持，增强了新疆地区捍卫国家领土主权的能力。而且，新疆建省削弱了新疆地方民族上层势力的政治独立性，消除了个别反动势力分裂新疆的隐患，有利于维护祖国统一。

当然，也应该指出，新疆建省是清政府面临客观形势作出的一种明智抉择，但是，这种治新决策的转型过程中由于统治者的价值取向以及阶级局限性，使得郡县制的行政管理推行过程中存在诸多不彻底因素：其一，保留伊犁将军，导致军府与抚署的权力之争贯穿清廷治新之始终；其二，伯克制和札萨克制并没有彻底清除。特别是由于军抚之争，互相掣肘，使得新疆地方政府在与英、俄交涉过程中难以形成合力，屡屡陷于困境。

如果说，新疆建省在一定程度上是为了抵御俄、英两国在新疆的政治经济侵略，那么清末新政在新疆的实施则同样体现了这种历史使命。清政府于1901年1月颁诏变法，拟在全国范围内实施"新政"。是时，在新疆推行新政最为得力的是伊犁将军长庚。他在给清光绪帝的奏折中称"新疆应办事宜：一练兵，二藩牧，三商务，四工艺，五兴学"（《清德宗实录》）。在光绪"认真筹办，务收实效"（《清德宗实录》）的旨意下，长庚在伊犁创办新军，设立学校，筹办工厂，安设电灯电话。与此同时，甘肃新疆巡抚得旨在全疆全面推行"新政"。

清末新疆新政的内容涵盖政治、经济、军事、文化等各个领域。政治上，调整行政建制和整顿吏治，筹设咨议局。新疆建省以来，至新疆新政实施之期已过18年，期间"土客回缠，生齿日众。边境安逸，岁事屡丰。关内汉回携眷来新就食、承垦、佣工、经商者络绎不绝。土地开辟，户口日繁"（《新疆巡抚饶应祺奏稿》）。原有的行政建制已经不再适应变化了的情况，有些州县所辖区域过于宽广，以至于弊端日显，增设行政建制已成为必要。经新疆地方奏请，新政期间，共添设三府，改一直隶州、一州，增一通判，九县、两县丞，各县增设一典吏。由于建制完备，官员分地而理，"庶民事可就近经理，地利可逐渐垦兴，边防亦益增严密"（《新疆巡抚饶应祺奏稿》）。随着行政建制的调整，新政期间，新疆地方本着"为政以收拾民心为主，而得民以澄清吏治为先。新疆地处极边，民心之向背，动关疆圉之安危"①

---

① 联魁：《奏为特参贪劣不识各员请旨惩处以肃吏治而苏民困折》，转引自马大正，吴丰培，主编：《清代新疆稀见奏牍汇编》，拉萨，新疆人民出版社，1997。

的紧迫感，对吏治也进行了一定的整肃。

经济上，广开利源和创办实业。清末新政期间，新疆在经济上注重农、蚕、林牧、渔等多种经济全面发展。在奖励实业、广开利源的名义下，大办实业，开设厂（场）矿，设立公司，振兴商务，发展通讯业，一批官办、商办、官商合办的实业公司、工艺局场应运而生。

军事上，编练新军和实行警政。为编练新军，新疆设立督练公所。长庚为在伊犁创办新军，特从湖北调来一营新军作为骨干，加上各地招募的士兵，编成一个新军混成协。1906年，新疆巡抚联魁也积极改练新军，名为新疆陆军。与此同时，为编练新军，输送军官，新疆设立武备学堂和武备速成学堂。为了推行警政，迪化建立法政学堂和巡警学堂，并将新疆督练公所附设的将弁学堂毕业生改编为警察队。新军的编练和警政的实施，使得近代的军队和警察制度得以在新疆推行，就其实效来看，一方面它使得清政府的国家机器得以强化；另一方面，对保卫边疆不受外来势力侵犯、安定社会也具有一定的作用。

文化上，创办学堂和选派留学生。清末新政期间，新疆总计创办学堂606所，教师764名，学生16 063名，成绩颇为显著。从学堂的性质上看，有官立、公立、私立之分，其中官立是主要的。从学堂的种类上看，有师范、实业、专业、普通之别，其中普通学校的数量最大。[1]就总体而言，新疆在创办学堂和普及教育的过程中，有一个很鲜明的特点，即注意外语人才的培养，开设俄文、英文等课程，而且注意选派留学生出国学习，这和新疆与俄国、英属印度接壤，外交事务频繁不无关系。

清政府在新疆推行新政之际，给新疆财政增加了巨大困难。新疆"近办新政，需款浩繁"，不得不"开办亩捐、草捐及杂项各捐"（《政治官报》）。与此相适应，捐税的增加，必然加重新

---

① 赵云田：《清末新政研究》，226页，哈尔滨，黑龙江教育出版社，2004。

疆各族人民的负担。杨增新在追述这段历史时，也不能不承认这一事实：清政府官吏在新疆"借办理新政之名，阴行贪黩之实，有一县每年开支经费巨万者，究其所办之事，徒有虚名，毫无实际"，以致当地百姓"畏避差徭，争投外籍"（《补过斋文牍》）。然而，也应看到，新政在新疆的实施，也不是一无是处，独有虚名，它在一定程度上启迪了民智，推动了新疆社会生产力的发展，加强了新疆军备力量，整合了新疆社会民力，有利于抵制英、俄两国在新疆的渗透和扩张。

（二）清政府对俄国之外蒙渗透的战略回应

清末俄国对外蒙古的既定政策是在经济上加强对外蒙古的掠夺和控制，在政治上则表现为隐性的渗透。此间清政府与俄国就外蒙古问题不曾存在重大的外交交涉。但清政府对俄国人在外蒙古的深层动机的认识还是很清楚的。为保全外蒙地区，维护大清国土完整，清政府一方面在外交上做出应对，另一方面拟在外蒙古推行新政，以图救亡。

1. 外交回应

此期清政府就毗邻俄国的外蒙古边疆，积极关注俄国对外蒙古政策的变化，并进而提出相应的外交应对举措，主要表现为以下几点：

第一，积极就外蒙与俄国边界事务展开交涉，并设立相关机构，以专一事权。诚如前所述，辛亥革命前十年左右，俄国对外蒙政策从总体来说较为平和，此间清政府与俄国驻库伦领事就外蒙古问题之交涉主要集中在俄人在外蒙圈地造屋、税收征收协商及卡伦界务等方面。① 清政府驻库伦官员对此基本上能够应付裕如，相机因应。与此同时，驻外蒙古官员还根据与俄国交涉的实际需要，因地制宜，因时变通，先后在科布多改稽查俄商局为洋务局，于乌里雅苏台设立中俄通商事务局，"以免窒碍而裨交涉"②。

第二，关注俄国内外情势变化，从而拟定相关政策。1905 年俄国爆发革命，库伦办事大臣延祉敏锐地觉察到这一点，并遣章京存福就近打探俄国情形。③ 日俄战争以后，俄国实力衰退，集中精力经营外蒙一隅，左绍佐对此就有深刻认识："臣观俄日未战之前，东北边防重于西北。俄日既和之后，西北边防更重于东北。今和议已成，边防益紧矣"，并提出对策："臣以为欲备西北，必先经营西北之蒙旗。"（《前给事中左绍佐奏西北边备中药拟请设立行省折》）

第三，查办卡伦，在外蒙沿俄国边界添设委员，保持外蒙边

---

① 1901 年 5 月壬午，科布多办事大臣瑞洵等奏：俄人造屋，有关界务请示办法。得旨：著再查探实情，相机妥慎因应。（《清德宗实录》卷四八三，页 11）1904 年正月辛丑，科布多参赞大臣瑞洵奏："俄人在阿拉克别克和扣盖房、丈低、自立鄂博，并拟筑城，已力予诘阻，议允暂停候查。请饬外部照会俄使，催办勘界，并派大员前来，与俄官定期会办。"得旨："著外务部迅速查核办理。"（《清德宗实录》卷五二六，页 14 下）1907 年正月丙申，库伦办事大臣延祉等奏："遵旨派员随同朋楚克车林查阅库东境，并无俄人设卡盖房情事，惟间有游历俄人私栽木桩数处，已饬一律拔去。"下外务部、理藩部知之。（《清德宗实录》卷五六九，页 2）

② 1902 年 6 月甲辰，科布多参赞大臣瑞洵奏："科布多商务日殷，拟请改稽查俄商局为洋务局，仿照内地办法，以免窒碍而裨交涉。"1902 年 11 月乙丑，乌里雅苏台将军连顺等奏："拟在乌城设立中俄通商事务局，拣员承办，以专责成。"从之。（《清德宗实录》卷五〇七，页 7 下）1902 年 11 月乙丑，乌里雅苏台将军连顺等奏："拟在乌城设立中俄通商事务局，拣员承办，以专责成。"从之。（《清德宗实录》卷五〇七，页 1）

③ 光绪三十一年十一月二十三日库伦办事大臣延祉电：称祉密前闻俄国不靖，当轧章京存福就近详察。时据覆称，因该邮政局增价，俄皇不允，以致电线、铁路停工，又据电局委员顾保恒禀称：探得俄皇因裁议，素与东役众人不（ ）相率抗违，哈尔滨一路存兵甚多铁路停工，无粮接济，恐将生变等语。刻下恰克图及东西卡伦以内地方均称安谧，仍令章京存福缕探，随时具报，俟报到再电陈。祉。（全国图书馆文献缩微复制中心：《清外务部收发文依类存稿》，34 页。）

疆军队配置。清季末年，裁汰城防营，节减国帑成为清廷既定国策，然于外蒙古地区，库伦办事大臣丰升阿等奏："驻扎库伦防营关系重要，拟请毋庸裁减。"（《清德宗实录》）清政府从外蒙古涉外实情出发，准奏丰升阿所请。1907 年，时任驻库伦大臣延祉请示朝廷，在索果克、霍通淖尔两地增设委员，得到清廷应允。（《清德宗实录》）在"俄人每以越界侵占为能，得步进步，已成惯伎"的情形下，外蒙古每卡伦都增加了士兵戍守，结果"俄只对垒相持，究未深入"。（《散木居奏稿》）正是通过加强卡伦的驻守兵力及严格执行卡伦的巡查制度，清政府有效地维护了外蒙边防的安全。

任何事物都有它的两面，在认识到清政府对俄国对外蒙政策做出积极的外交回应的同时，也应注意，在外蒙古地区，此间清政府驻库伦办事官员整体素质不高，且清前期积弊太深，以至于在与俄国进行交涉的过程中屡屡陷入被动。比如，在 1905 年间，库伦办事大臣延祉与俄国驻库伦领事就日本人草政吉和七浦烩进入外蒙游历、居住此一交涉案件中可知，俄领事古字名四科以"库伦地方，除中、俄外，他国人不准居住，今有日本人来此居住，与约章不合"为由，向驻库伦办事大臣延祉提出照会。而驻库伦办事大臣以延祉为首的官员们竟然对原有中、俄关于库伦相关条约内容不明就里，更为糟糕的是，库伦衙门"所存约章不全，所谓库伦不准他国居住一节，无从查考"，有基于此，延祉不得不"先电请指示，以便遵循"。[1] 由于信息的滞后，它不可避免地使库伦地方官衙在与俄国驻库伦领事官员的交涉中陷于被动。又如宣统三年间，中、俄双方就修订《中俄伊犁改订条约》案进行交涉中，最初，清政府寄希望修约以废除俄国在外蒙古的治外法权和免税特权，然而，俄国态度强硬，"俄使辄借蒙古新

---

[1]　全国图书馆文献缩微复制中心：《清外务部收发文依类存稿》，25 页，北京，新华书店北京发行所，2003。

疆等处历年交涉未结各案，指为不遵守约章，叠奉俄国政府命来诘问"。由于清政府在国力上处于弱势，外务部不得不在交涉中做出让步，"凡关于通商各事宜，均应逐加详酌，彼此有所商改，必求取益防损，如有未能解决之问题，即仍暂照旧约办理。盖商务虽较前兴旺，究竟边陲与腹地不同，只当揆度时宜，未便过事强争，以免有妨两国睦谊"①。

2. 清朝内部关于筹蒙新政的动议

19 世纪中后期以来，中国边疆地区持续出现的边疆危机微妙地改变了清朝统治者的思考方式。到 19 世纪末，边疆地区及其毗邻地区不再被认为仅仅是柔远之夷和朝贡地方，而是被提高到一个更加重要的地位，即维护内地安定和国家生存所依赖的"屏障"。然而边疆大多数地区地广人稀，面对外国的渗透和控制尤显脆弱。就外蒙古形势而言，据一位清朝官员所分析，自治对于他们来说是难以想象的：

> 蒙人昧于形势，一部分人仍希望获得自主。这就像幼雀夸耀自己能够自由飞翔，抑或幼兔吹嘘自己能跑一样。它们当然不能逃出穷凶恶极的猛禽和凶恶的老虎的魔掌；或许，最终内讧的结果只会导致雀巢倾覆、兔穴被毁之情势。②

外蒙古毗邻俄国，清政府对俄国人在该地区的出现深感焦虑，关于对外蒙古地区的经营和筹划与巩固边防和抵御外来势力的威胁这两者之间的关系，当时许多朝臣的奏疏中都有所反映。内阁代奏中书章启槐就曾指出："外患日亟，请先整顿内外蒙古，以固疆圉……倘使蒙古为俄人所有，则密迩强邻，其患不在边

---

① 金毓黻，等撰：《宣统政纪》，卷五三，页 23 下～25，中国台北，中华书局，1987。

② hsu nai-lin, chou-pien chu-yen,（repr. Taipei, 1969），p64.

境，而在腹心矣。"（《内阁代奏中书章启槐请整顿内外蒙古折》）时人多担心，中国将会陷入"瓜分豆剖"的境地，这种危险尤其在边疆地区表现更为明显。清朝统治者，无论是居庙堂之高的中央政府官员，还是处江湖之远的边疆官吏，对于当前外蒙地区形势多提出了自己的见解，其中多数人坚信解决边疆问题的关键在于实行新政。正是基于这一理念，光绪三十二年（1906 年），清政府派肃亲王善耆到蒙古地区进行考察。善耆回京后，即提出了经营蒙古地区的八条措施，有屯垦、矿产、马政、呢碱、铁路、学校、银行、治盗等项。他认为这些举措应当"一面集资，一面兴办"（《清德宗实录》）。

在清政府派员考察蒙古地区的前后，朝廷大员、封疆大吏、蒙古王公等亦随之响应，纷纷提出了筹蒙对策如附表：

附：清廷朝臣筹蒙计议一览

上奏人	筹蒙要点	出　处	备注
乌里雅苏台将军连顺	以外蒙古为例，从无民可治、筑城糜帑、生计不便、耗增俸饷、自坏藩篱等方面，提出"蒙古部落，碍难改设行省"。	中国第二历史档案馆：《清朝理藩部档》1523 卷宗，第 195 号；并见《清德宗实录》卷五一四，光绪二十九年四月丁未。	明确反对建立行省。得旨："所奏是。"
科布多参赞大臣瑞洵	"北路游牧地方，改设行省有害无利：一曰隔阂、二曰蠹扰、三曰疑惧、四曰苦累。应毋庸议。"	《清德宗实录》卷五一八，光绪二十九年六月庚辰。	明确反对在外蒙地区建立行省。

续表

上奏人	筹蒙要点	出　　处	备注
给事中左绍佐	"西北空虚，拟请设立行省。"他认为："欲经营蒙旗，莫先于事权归一，欲事权归一，莫要于设行省。"	《清德宗实录》卷五五〇，光绪三十一年十月庚子。	主张设立行省。
内阁代奏中书钟镛	"蒙古事宜十四条"，包括建议会、移建理藩院、变通理藩院官制、行殖民政策、一八旗兵饷于蒙古、复围猎之制、借债筑路、设银行、铸造银铜元、兴矿产之利、屯垦之利、森林之利、榷盐之利等。	《清德宗实录》卷五五五，光绪三十二年二月庚子。	
肃亲王善耆	"遵旨考查蒙古事宜，谨陈经营之策：一、屯垦；二、矿产；三、马政；四、呢碱；五、铁路；六、学校；七、银行；八、治盗。并豫计应筹款项，一面集资，一面兴办，请饬筹议施行。"	《清德宗实录》卷五六四，光绪三十二年七月辛亥。	
热河都统廷杰	"遵议西北全局，以改设行省为要，改设行省以人民财赋足敷分布为要。今若划分三省，恐形逼窄，宜依据左绍佐原奏，以承德、朝阳两府两盟之地，再隶以张、多独三厅，围场一厅及察哈尔迤东各旗地为热河省，以为畿辅左臂；以丰镇右翼四旗，并归绥道属之归化、萨拉奇、托克托城、和林格尔、清水河五厅、武川、五原、东胜三厅，而隶以乌伊二盟、阿拉善一旗为绥远省，以为畿辅右臂。俟整理就绪，再将乌科各城一律改设。"	《清德宗实录》卷五七五，光绪三十三年六月庚申。	在此，廷杰提出，须在内蒙古地区实现行省建制的基础上，才可在外蒙古实行行省体制。

续表

上奏人	筹蒙要点	出　　处	备　注
科布多帮办大臣锡恒	"敷陈阿尔泰情形，酌拟办法：一、添设局所；二、加给崇衔；三、招练马队；四、开垦荒地；五、创立公司；六、分设学堂；七、筹办电线；八、振兴工艺；九、由部派员专办交涉。"	《清德宗实录》卷五八三，光绪三十三年十一月丙午。	寻奏："原奏各节诚此时必需之举，应请照准。"
翰林院代递编修朱汝珍	"请派蒙王、藏僧及殷实商民为资政院议员，以固人心而安边圉。并于内地设蒙、藏语学堂，于蒙藏设汉文学堂，以通内外之情。"	《清德宗实录》卷五八六，光绪三十四年正月庚戌。	
喀喇沁札萨克部落都楞郡王贡桑诺尔布	"敬陈管见八条：曰设立银行、曰速修铁路、曰开采矿山、曰整顿农工商、曰豫备外交、曰普及教育、曰赶练新军、曰创办巡警。"	《清德宗实录》卷五八六，光绪三十四年正月癸卯。	
库伦办事大臣延祉	"蒙古风气未开，拟设蒙养学堂专习满、蒙、汉语言文字。"	《清德宗实录》卷五八五，光绪三十四年八月己巳	
科尔沁亲王阿穆尔灵圭	"整顿蒙疆宜先勘修铁路。"	《宣统政纪》，卷二七，宣统元年十二月庚寅。	
乌里雅苏台将军坤岫	提出在外蒙古札萨克图汗、赛因诺彦辖地，"拟设立新政领办处一所，如考察学务、整饬巡警、监督商会、督理禁烟等事，凡有应行新政，皆归该处办理。"	《宣统政纪》卷二九，宣统二年正月辛亥。	

续表

上奏人	筹蒙要点	出　　处	备注
归化城副都统三多	"西北各边，蒙民不识汉文，交通不便，请编设半日学堂，以开蒙智等语"，"请选内外蒙古各部落各旗王公一次勋旧子弟，资质聪慧、年富力强者，送入陆军贵胄学堂附班肄业，以宏造就"。	《宣统政纪》卷五	
绥远将军贻谷	"防边之本在实蒙，实蒙之本在垦地。"	《蒙垦陈诉事略》	移民实边、开旗放垦。
科尔沁亲王阿穆尔灵圭	"今日蒙古之危机，正以其与各国势力之关系渺不相涉，斯与俄人以单独进行之机势也，为改变机势，乃始足以保全蒙古，则莫如举他国之势力，引而灌输其间。夫势力之灌输最捷而最易者，莫过于借债之举，则能于旦暮之间，使他国之财力倾泻贯注于境内，生至密至切之关系……唯实行此策，为应以蒙古之名义募借，即以蒙古之财产或土地作抵。至借款之额，则多多益善，不为限定若干，而要必以之兴办蒙古实业，勿移作他项政费。实业之类别，或农或工，或商或矿，各视其地之所宜，而要以移民垦荒为主业。如此而推之，则一变荒寒贫瘠之境，为繁殖富庶之区。尽破一国独据之谋，为列强牵制之局，转移之间，绩效立见。"	《借外资实行兴业社治等条陈自强办法》，故宫博物院明清档案馆军机处录副奏折，民族类蒙古项，第256卷，第2号。	以夷制夷，门户开放。

据上表可知，此间清廷朝臣、蒙古王公等针对外蒙古情形提出了各种实施新政之措施，总结起来不外乎以下五个方面：（1）进行行政体制改革，比如在中央改革理藩部职能，在外蒙建

立行省，设立议会等；（2）移民实边，发展实业；（3）编练新军，加强边防；（4）发展外蒙古教育，改良蒙古文化，以通内外之情；（5）以夷制夷，门户开放。

具体分析到各朝廷大臣、边疆大吏和蒙古王公提出的各项举措，可以看出，他们对在外蒙古实施的新政的期望值各有不同。以朝廷大臣为一派，如左绍佐、钟镛等人，他们拟用内地行省的标尺来衡量外蒙地区，希图在外蒙古地区一举设立行省制度，从而一劳永逸地解决蒙古问题；而作为边疆大吏，如时库伦办事大臣延祉、驻科布多帮办大臣锡恒、乌里雅苏台将军连顺等，对于外蒙古情形稍有了解，认为无论改设行省，或移民实边，或积极垦殖等，都不适合外蒙古实际情形。从延祉上奏之条陈中可知，他虽未明言反对新政，但说明在外蒙古推行新政，有碍难实行之处。与此同时，科布多帮办大臣锡恒亦上奏，指出在蒙地推行新政存在一定困难。乌里雅苏台将军连顺则明确提出反对在外蒙古地区建立行省制度；而以阿穆尔灵圭、贡桑诺尔布为首的蒙古王公，作为地方既得利益者，在认识到清末新政在外蒙古地区的实施已成为不可扭转的趋势时，尽管不敢公开鲜明地对之提出异议，但从其言行来分析，似乎可知他们对清末新政在外蒙古实施之底线是，绝对不可设立行省。

不可否认，这一时期，清廷内部极为重视对外蒙地区的筹划和经营，一方面是因为此间新政在全国已经成为一种风尚，另一方面则应是俄国对外蒙古地区的觊觎。清廷试图以振作外蒙古，并通过一系列筹蒙政策实现外蒙古与内地的经济、政治“均质化”，作为对俄国在外蒙古的渗透的一种回应，这本身具有一定积极意义。更为重要的是，它还考虑要在基于文化认同的基础上实现外蒙与内地的文化“均质”化。正如 1909 年十月壬辰，东三省总督锡良所奏：“蒙古接壤东三省，屏蔽东北，利害攸关，闭塞既深，强邻日迫，非溚其智识无以救亡图存。惟是言语未能一致，教化难以强同，欲求输入新知，不得不授以中文科学。中文繁杂，蒙文简单，义例有难赅括，不得不证以满文。查有已革奉天蒙古右翼协领荣德，深习满蒙文言，中学亦俱有根底，爰委令译成蒙满汉文教科书四册，发给蒙边各学。俾因类以博取，由浅以入深，知患至之无日，不学之可忧，相与奋发争存，庶民智日开，边圉日固。"[1] 一般意义而言，内地相对于边疆在文化这一层面上永远充满优越感，传统的"华夷之辨"思想的流传正是建立在这一认识层面之上。考虑发展对边疆地区的教育，以实现内地——边疆文化的均质化，在理论上具有一定的操作空间和实际意义。

3. 清末新政在外蒙古的实施

承前所述，无论延祉或是锡恒，以其身在库伦及阿尔泰，对蒙地实际情况，较一般朝臣多有认识，因而婉转说明在外蒙古不宜推行新政。但清政府似乎并不认同，仍在催促实行新政，至宣统元年十月，延祉以病请辞驻库伦办事大臣职务，朝廷遂以三多为驻库伦大臣，积极推行新政。

三多于宣统二年三月（1910 年）署任驻库伦办事大臣，即筹划推行外蒙古新政，从其具体实施内容来看，其框架范围仍然未能超出前期朝议中各派所持之建议。

行政管理体制上，宣统二年十二月二十七日，三多以筹办宪政必司法独立，收回治外法权为借口，拟裁去部派领催五名，理刑员一员，腾出经费，设立各级审判检察厅，剥夺了蒙古封建王公的司法审判权；此外，三多在清末宪政高潮中，亦对此有所关注，设置了宪政筹备处。如三多所说，"虽边方僻陋，筹备宪政未能如内地各省克期集事，然库伦为西北屏蔽，风气闭塞，民智未开，非宪政成立断难救弊起衰，以争存于优胜劣败之世。迭经督同印房各员外察地方之情形，内顾公家之财力，按照筹备清

---

[1]　金毓黻，等撰：《宣统政纪》卷二，页 2，中国台北，中华书局，1987。

单，择要举行"①。可以这样认为，作为一个边疆大吏，三多还是力图尽其所能，发愤振作，以期有所作为。但在清之末世，个人的努力远远无法超越这个时代，三多筹办蒙古宪政的唯一成果只限于将朝廷颁布宪政实施之上谕供奉于万寿宫，唯流于形式，以资纪念而已。

经济上，以遴选官员接管哲布尊丹巴呼图克图仓务为契机，加强了对外蒙王公、喇嘛的控制。为筹集新政所需款项，三多在库伦想尽方法增加捐税，并先后设立车驮捐局（三年正月初一）、木植薪炭捐局（三年四月初一）。② 此外，清政府于 1910 年正式宣布废除对蒙古地区的封禁政策，取消了过去颁布的一切禁令，鼓励内地民人携家眷移民蒙地垦殖。清政府在内蒙古实行移民实边的同时，也曾考虑在外蒙古进行屯垦。光绪二十八年（1902年），外蒙古科布多所属阿尔泰地区兴办五处官垦。宣统三年（1911 年）库伦办事大臣三多设立垦务机构，准备在外蒙古进行移民实边。只是由于时局的发展，或者未能进行，或者半途而废，又或者成效不著。

军事上，三多请旨设立库伦兵备处，编练新军，以替代原有宣化防军、巡防步队，并将图车两盟关于军界之事及台站卡伦各官兵一并归该处节制，只加派两盟副将军各一员为该处会办，"俾一事权而资襄赞"。

文化教育上，三多目见库伦仅有蒙养学堂一所，拟添设半日学堂两所，以期普及教育，开通风气。允许蒙汉民人之间互相婚姻，蒙古人可以学汉文，取汉名。

从已有发掘材料可知，于办理外蒙新政过程中，中央政府对外蒙古情形还是有所了解的。清政府上谕中曾明确指出："边远

---

① 《奏为改建库伦万寿宫等因一摺》，宣统二年十一月十六日。转引自全国图书馆文献缩微复制中心：《库伦奏议》，333 页，北京，新华书店北京发行所，2004。
② 《奏为卡伦官兵循例放赏等因一摺》，宣统三年四月二十七日。转引自全国图书馆文献缩微复制中心：《库伦奏议》，497 页，北京，新华书店北京发行所，2004。

省份，未经设治及甫经设治，人民稀少，地方与腹地情形显有不同。应办各事有不得不分先后缓急者，准由该督抚等据实奏明请旨裁夺。"根据这一宗旨，三多在筹办蒙政中，如他自己所说，"不敢操切以图功，不敢畏难以贻误，总期因循渐进，默化潜移，则成效可期，知识自启"①。

三多对推进蒙古新政不遗余力，同时也注意蒙古情形，对蒙古情形亦有所体恤。按向例，喀尔喀四部每年须派兵丁百名赴科布多种地。该处之官马差人及北路八台乡导等差均由喀尔喀四部派充。然宣统二年，"近来该四部落连遭灾歉，人口凋零，牲畜无几"，"喀尔喀四部落借贷俄债已百有余万，在蒙众为公家所迫，不惜为饮鸩止渴之谋，而疆臣以时势为衡，实不免厝火积薪之惧"。随后，三多奏请朝廷豁免外蒙古四部于科布多各项差使。②

尽管如此，由于新政期间用人不当，且未能得到外蒙古王公喇嘛的真心拥护，新政对外蒙地区造成了极大破坏。加之宣统二三年间，蒙古地区气候条件恶化，对蒙古牧民之生产和生活造成了重大影响和灾害。据三多奏稿称："蒙地困穷，实有岌岌可危之势，夏秋之交，图盟则患多雨，车盟则患干旱；迨交冬季，又屡降大雪，天寒地冻，牲畜均难上膘。"③这种自然的天灾与新政之人祸交集在一起，使得外蒙边疆之形势的发展与清政府之初衷背道而驰，外蒙古上层势力开始与清政府产生隔阂并形成离心之势，转而投向俄国的怀抱。

---

① 《奏为库伦筹备宪政并案汇报等因一摺》，宣统二年十二月二十七日。转引自全国图书馆文献缩微复制中心：《库伦奏议》，404~405页，北京，新华书店北京发行所，2004。
② 《奏为肯恩豁免喀尔喀四部落代当科布多差使摺》宣统二年十二月二十七日。转引自全国图书馆文献缩微复制中心：《库伦奏议》，439页，北京，新华书店北京发行所，2004。
③ 《奏为循例具报地面情形等因一摺》，宣统二年十二月二十七日。转引自全国图书馆文献缩微复制中心：《库伦奏议》，455页，北京，新华书店北京发行所，2004。

据《外蒙古近世史》记载："三多位任未久，中央各机关催办新政之文电，交驰于道，急于星火，而尤以内阁及军谘府为最。于是设兵备处，设巡防局，设木捐总分局，设卫生总分局，设车驼捐局，设宪政筹备处，设交涉局，设垦务局，设商务调查局，设实业调查局，设男女小学堂。除原有之满、蒙大臣衙门、章京衙门、宣化防营、统捐、巡警、邮政、电报各局外，库伦一城，新添机关二十余所。所有机关之开办经费及经常应需之费，悉数责令蒙古供应，（由）蒙官取之于蒙民，蒙民不胜其扰，相率逃避，近城各旗为之一空。"[1] 至此，外蒙古新政从最初的末世狂欢演变成一场歧路秕政。

（三）清政府对俄英在西藏角逐的回应

毋庸置疑，清政府对西藏的重要的战略位置和独特的宗教影响力尚有清醒且深刻的认识。事实上，当西藏沦为英俄角逐之地的时候，清政府和西藏地方政府对此均有所察觉。清政府对此作出的回应是：一方面，对外坚持中国在西藏的主权地位，并采用各种途径宣示之；另一方面，加强对西藏地方行政制度的改革，在西藏内部实施新政，加强对西藏的政治控制，此外还实行川滇边务改革，为藏务改革提供坚实后盾。

1. 外交上的努力

英印军队第一次入侵西藏后，英俄两国开始在西藏展开角逐。清政府拟施展其惯用的"以夷制夷"安全战略，坐观虎斗、徐图用之。1896 年的《中俄密约》可视为清廷这一外交政策的最初实践，而 20 世纪初盛传清政府与俄国就西藏问题达成谅解亦恐非空穴来风。此间清政府主观认为，引导俄国在西藏势力的增长，可以抵制英印对西藏的侵略，并在西藏维持力量均势，形成一个脆弱的政治平衡。可接下来发生的事件让清政府感到羞辱。

---

[1]　陈崇祖：《外蒙古近世史》，第一篇，页 5。陈箓《止室笔记》也有相同记载。

1904 年至 1907 年间，英、俄两国先后缔结《赫威底赦令》和《英俄协定》，就西藏问题达成妥协，承认各自在藏利益。时人评论："俄人暗结藏番，喉以中国势弱，力难保藏，可借俄兵以御英，假道伐虢，是其故智。"① 可谓一针见血。通过两大列强签署一纸约定来保证自己的独立和主权，即西藏的命运并非掌握在自己的手中，而是掌握在它的那些所谓"保护人"的手中，清廷失望、羞辱之情莫可名状。于此等形势下，清政府不得不考虑开始追求独立的外交政策，依靠自身的力量维护自己在西藏的主权。

第一，主动谈判，利用条约维护国家主权。

当 1904 年藏、印《拉萨条约》签订的消息传开以后，举国舆论哗然。《外交报》认为："西藏之事权，则握之我驻藏大臣。此次英人而欲得西藏，孰从而得之，必得之于驻藏大臣与达赖喇嘛之手矣。故英、藏之约，非得驻藏大臣与达赖喇嘛押署，即不足凭。而此次订约，达赖喇嘛已逃匿不见，仅由其寺之他僧为之署押；而我之驻藏大臣有泰，则并未署押。是今所谓英、藏之约者，不过英人与数土人所订之一私约而已，不能视为国际上之确凭也。况究而论之，即使有泰实已署押，亦不足凭。因有泰者，乃平常之驻藏大臣，非临事之特派专使也。我国既未命之以全权，即英人不得视之为代表。彼之署否，何济于事？而达赖喇嘛者，虽为黄教之传衣大弟子，然实为我金奔巴瓶中所掣签而得之人，即与我所派者无异，亦不得越我主权，而以其土地私以与人也。达赖喇嘛之署押与否，亦无关于西藏之存亡。是此二人者，即使署押，亦不足恃，而况其本未署押哉。"②

英国内阁当然也知道《拉萨条约》是一个非法条约，倘若没有中国中央政府的批准，即是毫无国际法依据的。因此，在得知

① 《蜀学报》第四册，1896 年 6 月（光绪二十四年四月下旬）。
② 《外交报》，第九十三期（甲辰第二十四号），1904 年 10 月 23 日（光绪三十年九月十五日）。

《拉萨条约》后，它就指示与清政府外务部商议进行中、英谈判。此间清政府首先电令有泰勿得以中央政府名义在条约上签字。接着于1905年1月任命外务部侍郎唐绍仪为全权代表，率参赞张荫棠、梁士诒等赴印度加尔各答，与英印政府谈判，以挽回主权。唐绍仪对谈判的基本立场是坚持中国对西藏的主权，取消《拉萨条约》中所包括对中国主权侵害和英国对西藏保护关系的条款。当英印代表要求唐氏在《拉萨条约》上签字时，他严正指出，中国对西藏有完全的主权，英国与西藏地方订约根本无效，应重新议定。随后，唐绍仪提出一个草案，主要内容有：原条约加诸西藏地方政权的责任概由中国政府承担；英国对藏交涉只通过中国中央政府，如对于1893年的修改由中、英政府进行，而不是由《拉萨条约》所说的由英国与西藏地方政府进行，赔款亦由驻藏大臣派人至春丕交付；英国保证不干涉西藏地方事务，不兼并西藏土地；《拉萨条约》第九款中规定的禁止事项同样适用于英国，唯有中国享有这些权利而不受此约束。英国代表费利夏提出反建议：英国承认中国对西藏的"宗主权"（suzerainty），中国承认英国在西藏的特殊利益。根据费利夏的解释，西藏不同于中国其他地方，中国与西藏只是附属国与宗主国的关系，而不是领土主权的问题。这一提法即暗示，中国与西藏不存在实际上的管辖与被管辖关系，而只是一种在礼仪上的、虚构的神话。中方代表坚决反对英方关于宗主国的谬论，认为宗主权系指属国、保护国之意，并且"宗主权"只是"主权"的一部分，而中国之于西藏，适用主权（sovereignty）一词，并胪列大量事实予以辩驳。①

纵观加尔各答谈判，中、英双方争执的主要问题是关于"宗主权"与"主权"的提法。费利夏在提出"宗主权"的同时，还多次散布所谓"西藏自治国家"的谬论，称西藏是一个"自治国家，自己管理行政，自己征收赋税，自行与邻国缔结条约"。

---

① 何藻翔：《藏语》，18～19页，上海，广智书局，宣统二年。

　　显然，"宗主国""自治国家"之说是为寇松所鼓吹的"建立缓冲国"的政治目的服务的。唐绍仪曾一针见血地指出："彼必强我为上国，以为将来扶持西藏独立之基础。"① 有基于此，中方代表在这一问题上据理力争，不肯相让，加尔各答谈判陷入僵局。于此等形势下，1905 年 11 月，英国单方面中止谈判。

　　此后，由于急切就西藏问题与俄国达成谅解，英国不得不重开与中国的谈判。双方在北京进行协商，以唐绍仪提出的草案为基础，在对个别词句进行修改后，于 1906 年 4 月达成《中英续订藏印条约》。该条约虽然没有明文写上中国在西藏拥有"主权"的字样，但已寓意在各条款的行文中。条约排除了原《拉萨条约》把中国暗列为"外国"的含义，中国承担起不准他国干涉藏境及西藏一切内政的责任，这就表明中国中央政府是西藏唯一合法外交代表，对西藏负有指导、管辖、监督之权力。可以这样认为，《续订条约》排除了原《拉萨条约》中包藏的改变西藏地位，使之成为英国保护下"缓冲国"的政治阴谋，确认了中国对西藏的主权。清外务部评论：该条约"虽认拉萨条约为附约，其正约五条看似平淡，实煞费苦心，于拉萨条约已失之权利暗中收回不少……拉萨定约而后，西藏已非中国所有，赖北京一约仅仍维持"（《边防大臣赵尔丰致外务部沥陈筹办藏务为难情形请如数拨款函》）。此间亦有外国评论家认为："北京条约在一定程度上收复了一直以来中国未曾在西藏获得的权利，对于北京政府来说，这是一次成功的外交。"②

　　第二，在不同场合宣示中国在西藏的主权地位。

　　于西风东渐之背景下，清政府相关官吏对国际法的理解和应用越发熟稔。当清政府于对外交涉中由于国力的羸薄逐渐处于弱势的情形下，开始懂得利用相关国际法准则维护自身的权益，争

---

①　何藻翔：《藏语》，22～23 页，上海，广智书局，宣统二年。
②　H. E. Richardson：Tibet and Its History, London, 1962, p. 94.

取外交主动。这一点在西藏问题上表现颇为突出。

当《拉萨条约》签订的消息传开的时候，清政府立即援引国际法的相关条款，质疑《拉萨条约》的合法性，然后通过相关渠道表达了愿意一力承担《拉萨条约》中强加给西藏地方的责任的愿望。在赔款问题上，清政府电寄驻藏大臣有泰："前因英兵入藏，议由藏赔款，分三年交付。现在藏中番情困苦，财力维艰，朝廷实深轸念。所有此次赔款，共计银一百二十余万两，著即由国家代付，以示体恤。"（《清德宗实录》）这种先入为主、愿意承担责任的态度，让西藏僧俗莫名感动，据有泰代奏西藏商上电称："此次奉到谕旨，代偿赔款，阖藏僧俗钦遵之下，莫不欢欣鼓舞，长跪北向叩谢天恩。似此逾格鸿慈，更属难以图报，惟有齐集三大寺僧众在三宝佛前常川诵经，恭祝皇太后大皇帝万福万寿，国泰民安，以冀仰答高厚于万一。"（《有泰奏牍》）这在一定程度上稳定了西藏地方人心，增加了西藏地方政府对中央政府的信任感和向心力。另一方面，清政府的这一宣示亦向国际上其他各国表明了一种态度：西藏乃是中国管辖下的一个地方政府，基于国家对地方的关系，清政府有责任承担因西藏地方而引起的相关责任。

1908 年，达赖喇嘛进京觐见。张荫棠对此颇为关注。在其上奏条陈中，他提醒清政府："此次达赖觐见礼节，闻各国使臣甚为注意，如皇上起迎，赐达赖坐，虽旧制有此，不妨稍为变通，参酌各国使臣及蒙古王公觐见仪注，皇上不必起迎，达赖跪拜后，起立奏对数语，即时宣退，以示严肃。俟陛见之后，或即恩赐燕享，再行赏坐。或派亲贵及蒙古王公陪享，亦不失优待之典。达赖体制，旧甚尊崇，王公大臣均不亲谒，现今时势似不宜仍沿旧制，赏赉不妨优隆，体制亟应裁抑，当未陛见之先，应使人授意，令其拜歇邸枢，以尽属藩之礼，且无论与何项汉官相见，均应以宾主礼相待，不得仍前抗踞，此亦对主国所宜然，而有系于各国注视也。"(《张荫棠奏牍》)清政府采纳了张荫棠的建议,未按五世达赖入京旧例接见,在跪拜礼仪规格上,要求达赖喇嘛跪见光绪,以示两者之间的臣属关系。同年 11 月,清廷颁发谕令:加封达赖喇嘛为"诚顺赞化西天大善自在佛",按年赏给仓廪讫银一万两,"达赖受封后,即著回藏","到藏以后,务当恪遵主国之典章,奉扬中、朝之信义,并话导番众,谨守法度,习为善良。所有事务,依例报明驻藏大臣,随时转奏"。(《清实录》)从这一上谕来看,清政府首先宣示了中国之于西藏是主国与属地的关系,因此中央政府对西藏的主权毋庸置疑;其次,即达赖不得越权上奏条陈,须得经由驻藏大臣,这不仅维护了驻藏大臣在西藏的权威,同样也体现和强调了中央政府对西藏地方的上下关系。再次,清政府从封号上着手,将达赖喇嘛原有的"西天大善自在佛"封号改封为"诚顺赞化西天大善自在佛",以"诚顺"二字的增添表明达赖对清廷的政治隶属关系。

2. 整顿西藏内政,实施新政及推动川滇边务改革

1904 年以来,英军侵入拉萨,这使清政府深受欺辱,也使清中央政府深刻认识到"西藏为我二百年番属,该处地大物博,久为外人垂涎。近日英兵入藏,迫番众立约,情形叵测,亟应思患预防,补救筹维,端在开垦实边,练兵讲武,期挽利权而资抵御"(《清实录藏族历史资料》)。于是,"期挽利权"成为西藏新政追求的目标。迨张荫棠提出《新治藏政策大纲十九条》之时,这种目标表现更为直观。他说:"我国整顿藏事,迟早皆应举办。今事机迫切,尤为刻不容缓……所有一切内政外交,均由我国派员经理,并次第举办现办新政,收回治权。"[①] 于是,当藏事败坏,伊于胡底之际,"查办藏事""西藏新政"便在这种目的的驱动之下拉开了序幕。

第一,推动川滇边务改革。

---

① 吴丰培,主编:《清代藏事奏牍》,北京,中国藏学出版社,1 304页,1994。

　　清末川边，即四川省和西藏邻近的藏族居住区，大约为今四川省甘孜地区和西藏自治区昌都地区之范围。清政府推动川边改革的主要目的是为了以此为基地，"保藏固川"。(《清末川滇边务档案史料》)

　　清末川滇边务改革大体经历了三个阶段。光绪二十九年七月到光绪三十年十月为开始实施阶段。此间四川总督锡良为首的四川官员在巴塘地区试办屯垦，并对打箭炉、察木多两地的行政建置给予适当调整，突出两地在川边地区的核心位置。第二阶段从光绪三十年十月到光绪三十二年六月，为深入实施并遭受挫折阶段。驻藏帮办大臣凤全推动改革，以及清政府平定凤全巴塘被戕事件是这一阶段的主要事件。上述两个阶段的成效是有限的，这主要是基于两个方面的原因：第一，此间清政府对藏政策还处于调整之中，未能形成明确的政策目标，这表现在川边改革中，即是中央政府对川边改革比如对当地土司、头人的态度首鼠两端，迟疑不决。决策者的摇摆在一定程度上影响了执行者的实际效果。第二，这一时期，川滇边务改革的意义未能得到四川大多数官员的认同，在后期配套措施和保障方面还存在许多问题，改革难以深入下去。

　　1906 年 6 月，清政府循宁夏、青海例，设置川滇边务大臣，以赵尔丰为首任。从光绪三十二年六月到宣统三年四月，赵尔丰任川滇边务大臣期间，川边改革进入了全面展开的第三阶段。这一时期，清政府为保证川滇边务改革的顺利进行，做了以下工作：首先，事权专一。清廷简放赵尔丰为川边大臣并兼署驻藏大臣职，这表明清政府将西藏事务与川边事务作为一个整体加以考虑，对此给予了充分重视，此外，为维护其权威，特赏其尚书衔，这是以前边务大臣和驻藏大臣所没有的；其次，正如清廷上谕所说，"固川滇之门户，保西藏之藩篱"，目标明确，态度坚定；再次，川滇边务与四川、西藏三地互通声气，连为一体，互为声援。

此间，赵尔丰完成了川边向西的推进，川、藏边界从北向南依次在类乌齐、恩达、八宿、桑昂、杂貐一线。需要强调的是，清末川边经营其性质本为一个主权国家内地方行政边界的变更。而且，清朝官员的主观动机是为了加强行政，巩固中央政府的地位，遏止帝国主义潜在的侵略威胁。尤其在杂貐地区，有着非常及时的国防意义。从其效果来看，此间川滇边务改革，通过改土归流、建置府县、废除土司制度、取缔寺庙干预政治的特权，加强了清政府对川边地区的直接统治，抵御了英、俄的渗透。然而，虽然川、藏边界性质属于国内地方行政边界，但在当时特殊的历史背景下，它是一条应被谨慎对待的边界。清朝官员用改变行政边界的办法来对待西藏问题是揠苗助长、扬汤止沸的做法，表现了其对从整体上解决西藏问题的缺乏信心。从主观上讲，它没有考虑和尊重西藏地方的意见，引起西藏地方的疑惧，从而与中央政府的分歧进一步加大；从客观上讲，它使得长期以来川藏早已存在的稳定边界——宁静山边界自动失去法律意义和约束力，川藏边界从此成为未定案。民国以后，川藏间的很多纠纷都有边界争议的阴影存在。

第二，查办藏事，澄清吏治与西藏新政的实施。

如果说，川滇边务改革是为保藏创造一个良好的外部环境或者说是大后方的话，那么，清政府对西藏内部的改革则是为了直面英、俄的咄咄气势，加强对西藏的控制。西藏革新的标志，始于张荫棠查办政事。

1906 年 10 月，张荫棠抵达拉萨，开始其西藏革新的历程。张荫棠查办藏事的主要政绩如下：其一，整顿吏治，惩治腐败。对驻藏大臣有泰及其驻藏下属昏庸误国、贪赃枉法、鱼肉百姓等劣迹的揭发，促使清政府下令将有泰及刘文通等七人革职查办，全藏百姓拍手称快。其二，颁布新政大纲即《治藏刍议十九条》；

其三，翻译发行《训俗浅言》和《藏俗改良》。就在张荫棠大刀阔斧、锐意新政之时，1907 年 5 月，清政府应英印政府之请，着张荫棠赴西姆拉谈判修订《西藏通商章程》事宜。由此，张荫棠革新藏政除设立了交涉、督练、财政、盐茶、路矿、工商、学务、农务、巡警九局，制定了各局办事章程外，其余诸项改革仅停留在思想层面，未能深入到具体实践。

张荫棠的政改方略终未能全部实施，究其根本，"乃为政日浅，积习难除，故未克有所成效。且其所订章程俱仿西欧之法，殊失因地适宜之意义"（《清德宗实录》）。英国人贝尔后来谈及此事，亦指出："此最高委员（张荫棠）所行改革，不适合拉萨大多数官吏之脾胃，故彼等行之颇为困难而不纯熟，但西藏人大都视彼为抵抗英国侵略之干城，彼又新立开发西藏之规划，故初得众心，其后计划未有结果，彼又喜干涉旧习俗，于是众望渐减。"[1] 就张荫棠政改的核心目标而言，除了维护中央在西藏的主权这一积极诉求外，实际上还有另外一个目标，即夺取达赖的政权，完全归驻藏大臣掌握，以汉官代替藏官。对此，可见于张荫棠于 1908 年上光绪帝之奏折。文中，他明确提出，通过革新藏政，"则政权归我掌握，达赖特为从属耳"（《清德宗实录》）。可以想象，这种做法必然会遭到西藏上层僧俗的反对与抵制。尽管这次政改并没有达到预期的效果，但不可否认，通过此次政改，清中央在西藏地方的主权以法律的形式得以确认，并得到国际社会的承认。

联豫在张荫棠所提出的筹藏新政的基础上加以调整，以"固我主权"为宗旨，付诸实践。今人吴丰培在《联豫驻藏奏告跋》中指出："联豫为清代驻藏大臣最后之一人，从光绪三十二年至民国元年四月始离拉萨，在藏时间较久。值达赖离藏之际，收回中央在藏主权，举办各种新政，颇有改革之意……其所办理事

---

[1]　贝尔：《西藏之过去与现在》，201 页，牛津大学，1968。

项，如练兵、通商、兴学、设警、创办电线诸项，多为张荫棠赵尔丰之主张而创设。"联豫的新政，是从政治、军事、经济、外交和文教五个方面着手进行的。政治方面，宣统二年十一月十一日，联豫以"以一政权，而资治理"为由，奏请裁撤驻藏帮办大臣，改设左右参赞。所设左参赞驻后藏，设专门衙署及办事人员，禀承办事大臣旨意办理亚东、江孜、噶大克三埠事务，清廷准奏。其次，革新驻藏大臣衙门组织，设立幕职，分科办事，以专责成。其三，裁撤粮员，改设理事官及驻地委员。经济方面，改革币制，铸造新币，固我主权。办埋邮政，"设建西藏电线……议接收英线，以固主权"（《清德宗实录》）。外交方面，积极自办税关，筹设驻外领事官。根据《中英会议藏印条款》（1893年）、《中英续订藏印条约》（1906年）、《中英修订藏印通商章程》（1908年）规定，西藏开放亚东、江孜、噶大克三埠通商。联豫认为："开埠设关，本属一事……开埠之后，不设税司，恐将来外人有所借口，其出入货物亦不能按约稽征，转贻后患。"（《清德宗实录》）为此，光绪三十四年（1908年），正式开办亚东、江孜两关。设员管理，分办各事。三关自开办以后，掌管货物进出口稽查、征税、裁判、巡警、工程、外事及其他事务，责权重大，已超过了海关的职权范围。此外，拟设驻印领事官，一方面是为了保护华侨，另一方面是防止英人与西藏直接交涉，故奏请在印度加尔各答设领事一名，"既以保护侨民，且以探听消息"，"我设领事官，则藏商一并归我管辖保护，亦可明我于西藏之主权"。（《清德宗实录》）军事方面的革新为清末筹藏新政的要旨。挽回主权，则须军权在握。主要有以下措施：其一，编练新军，设督练公所。其二，创设巡警总局。

此外，清政府在西藏加强法制建设，着力收回治外法权。1908年《中英修订藏印通商章程》第六条规定："一俟查悉中国律例情形及其审断方法及一切相关事宜皆臻妥善，英国即允弃其治外法权。"张荫棠、联豫顶着西藏地方政府消极对抗和英国干涉、破坏的压力，在西藏大力改革司法审判体系，建立新型的审判机构——裁判所，无一不服务于"收回治外法权"的目的，无一不忠实于"固我主权"的目标。这是那个时代西藏新政的主旋律，是十分值得赞赏的。清廷通过立法使中央政府与西藏地方政府之间的政治隶属关系得以强化，并通过立法使这一系列制度法律化、固定化，有利于维护国家的统一。

（四）对此期清政府之战略应对的简单评价

列强对中国边疆的争夺所引起的心理影响虽然是缓慢地积累而成，却是灼然可见的。帝国主义作为中国近代史的一个主题，对边疆的冲击显而易见，它诱发了清朝统治者对如何维护边疆主权的深刻思考。一方面，清政府逐渐意识到自己仅仅是"万国之一"，由此而产生一种近代国家意识，并以此来处理大清国家与其他近代国家的关系，这表现在边疆问题上，则是逐渐对边疆交涉采取积极态度；另一方面，"苟齐其家，其谁能侮之？"这是传统儒家思想的一句至理名言，深受传统儒学教化的帝国官绅们对此深信不疑——尤其是当外交上陷于困境的时候——中国的力量必定来自内部。根据这一逻辑推理，解决新疆问题的力量也应来自中国的内部。

如果说，清代前期对边疆的治理可称之为"边疆民族自治"模式，则在清末这一施政方针发生了变化。当晚清末世，清代前期形成的"边疆自治"模式，日益难以适应外来势力的渗透，更无法确保边疆的安定和国家领土完整。随着边疆危机的不断加深，国防压力的日益加重，民族关系的疏离，清政府改变了前期的治边方式，借实施新政之机，推行边疆与内地的"均质化"政策，加强对边疆地方的直接控制，以确立中央集权统治。从实施效果来看，新疆、蒙古、西藏虽同处边疆地区，但由于地域、民族、特点各异，清前期的"均质化"程度不同，所以，在清中后期推行"均质化"的结局也不尽相同。借新疆回民大起义之除旧布新良机，新疆的"均质化"最为成功，最终确立了行省体制，清末新政期间，外蒙古和西藏地区屡有筹设行省之议，无奈来自边疆地方的阻力过大，未能切实施行，"均质化"程度远不及新疆。事实上，"均质化"的政治遗产的多少也决定了以后新疆与蒙、藏地区的不同的政治走向。

综观辛亥革命前夕蒙、藏、新之政治局势，当英、俄或通过直接侵略或通过政治代理人进行渗透之际，清政府对此颇有认识，在"固我主权"的自觉意识之下，从内政、外交两个方面加强了对边疆的政治控制，宣示了其在蒙、藏、新边疆的主权地位，应该说还是具有一定成效的。然而，也应该看到，清政府对边疆政策的制定和实施是建立在列强对边疆渗透的一种被动回应上，因此，在相关政策的制定和实施过程中，不免具有武断性、暂时性和功利化倾向，这就在一定程度上影响了中央政府与边疆地方的关系，造成了两者之间的疏离。

第三节　清末边疆地方主义的"政治化"倾向

辛亥革命前夕，清政府以推进边疆与内地"均质化"为手段，以"固我主权"为目标，试图加强对边疆民族地区的直接政治控制，自我修正了前期的"民族地方自治模式"的治理方式。这反倒激化了中央——边疆地方的矛盾，边疆地方主义像野火一样蔓延开来。

一、西藏宗教地方主义政治化倾向

地方主义作为一种思想意识或社会行为，长期以来是客观存在的。有清一代，西藏地方自五世达赖喇嘛以来，就与清朝统治者发生关系。清朝中央政府与西藏之间的关系表现为宗教上的供施关系，政治上的隶属关系，这一点毋庸置疑。但作为一个地处边疆一隅的地方，西藏地方与中央政府除了表现为政治上认同——对清朝的绝对忠诚外，其地方主义也是存在的。纵观清朝中前期，西藏地方主义之表现的一个突出特点，即西藏地方的行政管理蕴涵着浓厚的宗教性，或可称之为宗教地方主义。这一时期，以达赖喇嘛为代表的西藏地方利益拥有者依靠清朝政府的支持奠定了黄教在宗教上的领袖地位。此间，西藏地方与中央政府存在的纠葛也主要体现在发于微端的宗教仪制上的争执。自顺治以来，一直延续到嘉庆时期的关于驻藏大臣与达赖喇嘛关系的调适问题即是此期西藏宗教地方主义的具体表现。

如果说，清代中前期西藏地方主义的特质体现在宗教性，那么，进入清朝中后期，这种地方主义的特质发生了变化，西藏地方政府不唯要求宗教上的特权，更在政治上形成利益诉求，于是，西藏地方主义表现出政治化的倾向。

清末以来，随着清朝国势的衰落和英、俄两国对西藏的渗透，中央政府对西藏的掌控愈发力不从心，自是琦善任驻藏大臣以来，西藏地方政府先后获得了独立的财政权和军事权，西藏地方主义政治化倾向渐趋高涨。1895 年十三世达赖喇嘛亲政，身兼法王藏王两职、总理西藏政治宗教两端事务以后，这种趋势更为明显，西藏地方与清朝中央政府的政治对立更加尖锐。达赖喇嘛亲政后不久即条陈理藩院和总理衙门，将 1888 年第一次抗英战争中藏军战败之原因，归咎于驻藏大臣的不作为。达赖喇嘛指控驻藏大臣罔顾西藏情势，要求今后遇有紧要事件，准由达赖喇嘛直接奏报理藩院处理，并请旨另赏印信；又驻藏大臣处事不公，则请朝廷另派京员来藏会办。此外，达赖喇嘛恳请清廷将亚东税收赏给西藏，以济军粮，并请施恩将驻藏大臣直辖的三十九族及喀拉乌苏八旗归西藏管辖。达赖喇嘛又提请，西藏兵源充足，但器械不足，想要制造，又无工匠，希清廷赏赐大小枪械火药铅丸等，或派匠赴藏制造。① 以上各条涉及西藏地方政治、经济、军事等各个方面，表明了达赖喇嘛对于西藏地方事务强烈的自主愿望。此种思想在时任边务开导委员何长荣递交四川总督的一份报告里也可以反映出来。该报告指出②：

> ……光绪二十年以前，商上事务归第穆呼图克图掌办，达赖喇嘛未尝干预一切公事，驻藏大臣尚可译行，甚至加以申斥，前大臣升泰赴边阻战，尚能创设亚东关者，盖事权犹在也。今则达赖自行掌办商上事务，以清静恭修之人，忽而干预公事，其毫无始见可知。且其体制与驻藏大臣平行，先有一不受笼络之心，所任噶布伦等半皆私人，罔识大体，平日高居山寺，驻藏大臣不易见之，即见之彼亦傲睨自若，默无多语，公事但凭译咨来往，稍拂其意，咨亦不答。

从内地政治走向来看，清末地方主义的政治化倾向是与宪政运动轨迹相平行的，而这一特性在西藏地方表现并不明显。此间，地方自治思潮并不是影响西藏地方主义政治化的催化剂。宣统元年，随着内地宪政运动的高涨，这种思潮亦传至西藏。清政府颁布上谕，限令各地方限期举办宪政。此间，驻藏大臣联豫递陈《西藏宪政骤难筹办摺》，对此持反对意见③：

> 就现在国势民气二者观之，非从速实现宪政，无以抵浮言而定国志，是预备立宪，实已万无可缓。惟藩属与行省诸多不同，亦不得不详加审慎。
>
> 查西藏教化政俗，不惟与内地各省不同，即与内外蒙古

---

① 牙含章：《达赖喇嘛传》，153～155 页。
② 牙含章：《达赖喇嘛传》，141～142 页。
③ 吴丰培，编：《联豫驻藏奏稿》，87～88 页，拉萨，西藏人民出版社，1979。

亦异，地为藩属，人则异种。年来夜郎自大，隐怀异心，私议增兵，遇事抗拒，其不度德不量力一种悖谬之行，竟不可以情理喻。惟兵力足以制之，或可相安无事。若一旦改立宪政，微论彼族程度未足，且恐其莫测理由，不善体会，于彼既无所利，于我反失主权，大局所关，岂敢贸然行事。夫藩属之人民，未有甘心帖服于主国者，而主国之相待，亦不能与本国人民一律，盖其情其势，均不得不然，非有厚薄于其间也。

……若于西藏筹备立宪，不惟时有未至，其难亦有数端。藏俗素崇黄教，未以熟习经典者为上流，喇嘛之数，多于士民。一切财利政治，多操自喇嘛之手，其士民亦惟知奉佛，于治国之大经大法，既不讲求，即民间之疾苦，亦从未过问，如此而欲其指陈地方利害，筹计地方治安，彼固茫然无所知，此咨议局之难于筹办者一也。

藏民蹈常习，故简陋自安，惯处于专制之下。且地广人稀，类皆零星散处，迁徙无定，毫无团体，更无城镇、乡之可言。自治为宪政之要点，似此情形，安能望其自治？此自治之难于筹办者又一也。

西藏幅员广几五六千里，穷荒僻壤，户口畸零，从事调查，殊难周编，势不能不借各番官之力。然番官居心叵测，若一经调查，则更心怀疑惑，梗阻横生，此户口之难事调查者又一也。

西藏虽为我完全之领土，然所设藏官，不过驻藏大臣及各粮员武员数人而已，州县既未设立，则区域亦难划分，选举与被选人员，实亦无从酌定。且喇嘛亦不能充选举员及被选举员，此选举之难于筹办者又一也。

联豫在此条奏稿中胪陈西藏不能骤办宪政四条，经过周密调查和审慎考虑，因而是符合事实的。一方面，他认为西藏政教合一，喇嘛位居至崇，办理宪政人才无从寻觅；另一方面，他也担心筹办宪政这一新事物会引起西藏地方的进一步疑虑，恶化中央——地方关系，此外，他非常担心地方自治思想的引入反而会导致西藏地方与清中央政府的日渐疏离。基于上述理由，联豫建议清朝中央政府：对于西藏政治，"似宜逐渐规划，不可太骤，当先编练新军，以期震慑，开筑道路，以利交通，广设学堂，以普教育，渐增官职，以资治理，既以化其旧习，即以导其新知。俾明宪法之源流，粗具自治之能力，知时局之日迫，非立宪无以自存，待其时至，然后因势利导，与之更始，逐年筹备，须布宪法，庶免窒碍难行，同跻郅治之域"（《联豫驻藏奏稿》）。此间，联豫主张对西藏地方实施严格武力控制，至于筹办宪政，让与西藏地方"自治"的方略，自然与其治藏既定方针大异其趣，因而被搁置一边也在情理之中了。

晚清末季，西藏地方政府与中央政府的矛盾进一步加深，这主要表现为以下几点：

第一，英属印度进一步加强了对西藏的渗透。1904 年的第二次藏印战争中，时任驻藏大臣有泰，在整个战争中采取了完全与西藏地方政府对立的立场，让西藏地方政府甚为不满。较之清朝前期在西藏地方抵御准噶尔及廓尔喀的入侵，其后果自然是进一步加深和扩大了西藏地方与清政府的矛盾。

第二，清政府以在西藏实施新政为契机，加强对西藏地方政治的直接控制。此间，又先后两次放逐达赖喇嘛，革斥其封号，进一步激化了西藏地方与中央政府之间的矛盾。清政府再次采取了一个激化矛盾的举动，即下令革除十三世达赖喇嘛的名号，欲以九世班禅取代达赖喇嘛全藏宗教领袖的地位。并且，清政府利用达赖出走西藏的机会，趁机整顿西藏事务，加强对西藏地方的政治控制。不可否认，清政府派遣张荫棠查办藏事，经营川滇边，实施西藏新政，其出发点是为了有效地维护中国在西藏的主权地位，不无积极意义，但是在新政的具体实施过程中，由于地方官员过于武断的处事方式而缺乏与西藏地方的有效沟通，使得西藏地方与中央政府的矛盾日益彰显。

第三，清廷内部在边疆及少数民族地区改设行省的议论引起西藏地方的怀疑。联豫虽然不主张立即建立行省，但其理由是清廷在西藏的兵力尚不足以震慑，一旦布置妥当，还应武力建省。当前则一面敷衍西藏地方，一面为建省作准备，"明则与之委蛇，暗则密为策划。去年练新军改设理事官之奏，亦系为改设行省之张本"，"俟数年后，我果能展其权力，然后再正其名，未为晚也"。① 联豫虚与委蛇，并不能消除西藏地方的疑虑，他们认为一旦川兵入藏，必行建省之实。

第四，赵尔丰在川滇边的军事征剿造成恶劣影响，且未能以全局为重处理好与西藏的关系。赵尔丰在川滇边平乱中滥杀无辜，焚毁寺庙，这些也给改革蒙上了血腥的外衣，毒化了汉、藏关系。当清廷拟任命赵尔丰为驻藏大臣之时，西藏地方忧心忡忡，极力反对，上奏清廷指斥赵尔丰"独专弄权，欲置藏人于水火"，要求"另简贤员驻藏练兵，共计大局"。（《赵尔丰川边奏牍》）清廷虽收回成命，但仍下令川军入藏。藏人遂认为清廷仍在西藏武力推行改革。照锡良、绰哈布的设想，川滇边务大臣辖地只为"打箭炉西至巴塘、贡噶岭，北至霍尔五家"（《清末川滇边务档案史料》）。但是，赵尔丰不断扩大川滇边范围，其中不少为原西藏辖地。1910 年边军西进掩护川军入藏，赵尔丰欲尽收边军所至之地为川滇边属地，奏请朝廷"以乌苏江以东属边，以西属藏"。赵尔丰所收之地，如察隅、波密已经被英人窥伺图谋蚕食，进兵预为布防是必要的，但他以"英人未一日忘藏，将来如有利益均沾之事，必将索前后藏，凡藏属之地，皆将入其范围，

① 吴丰培，编：《联豫驻藏奏稿》，48～49 页。

早收回一处，即将少失一处"为由，把乌苏江以东尽归川滇边，则极大地伤害了西藏地方。(《赵尔丰川边奏牍》) 西藏地方对此极为懊恼，上书清廷责问："是此西藏非大皇上百姓，不然何任意攻剿，直言投诚?"(《赵尔丰川边奏牍》)

据上所述，此期西藏地方与清朝中央政府的矛盾已不是仅仅停留在双方在宗教利益上的纠结。事实上，由于英、俄两国对西藏的政治经济渗透，清政府为"固我主权"，从主观上加强了对西藏的政治控制，而这种政治控制损害了西藏贵族的既得利益，反过来却使中央政府与西藏地方的矛盾日益激化。并且由于这种矛盾的激化，反而将西藏上层既得利益者推向了英、俄的怀抱。清政府及其西藏利益代言人驻藏大臣在两次藏、印战争中的表现让西藏地方政府对其极度失望，此等情形下，以达赖为首的西藏僧俗上层贵族在内外交迫的缝隙中选择一个依靠，并先后联俄投英，也就不足为奇了。此外，英印政府在以武力打开西藏门户的基础上，加强了对西藏的经济侵略。据光绪二十四年《国闻报》报道说：在西藏地区，"印度之卢比、洋钱各处皆能行用，东自打箭炉，西至靖西与聂木拉各地皆出入无少窒碍"。甚至远在西藏东部的朱倭、麻书、孔撒、白利、东谷五土司向驻瞻对藏族官员交纳守碉费时，都是用印度卢比进行支付，足见英国经济渗透西藏经济程度之深。

从本质上说，英国在西藏的经济渗透，从另一角度上看，也是一种物质文明注入的表现。西藏僧俗上层之社会心理随着英国的武装侵入和经济渗透产生了某些变异。由于藏印贸易日渐频繁的缘故，西藏僧俗贵族内部出现了分化，一部分投资于藏、印贸易的贵族的财富积累明显增加，在政权中的势力也越来越大，而另一些贵族则江河日下，在政权中的地位呈下降趋势。利之所在，人之所趋。受藏、印贸易巨大利润所诱惑，西藏僧俗贵族插手其间，他们的经济利益越来越直接或间接地与藏、印贸易联系起来，他们的政治态度亦随之越来越倾向于英国方面。这种政治态度的转变表现在实践中，即是与清朝中央政府关系愈发疏远，而对于英国则从原来的"男死女绝"的抗争转向投靠英国。由于此等买办贵族在西藏地方政府中身居要津，他们利用职权进行破坏国家统一的活动，其影响颇著，西藏地方主义政治化倾向趋于恶性膨胀。

二、外蒙古王公贵族地方主义的政治化倾向

清朝中前期，清政府在外蒙古地区通过建立以盟旗制度为核心的"边疆民族自治"管理模式，保证了朝廷任命各旗札萨克和授予领地的权力，从而加强了对外蒙古各部的统治，同时也保障了蒙古贵族的利益，使其有权继续管领属民和封地，具有一定的自主权。应该说，这一制度设计在一定时期内对巩固国家统一和保持外蒙古地区社会安定具有积极的作用。这一时期，外蒙古地方各盟旗王公贵族，在"满蒙同盟"的旗帜下，对清朝统治保持了高度认同。此间，外蒙地方主义的表现主要体现为对各蒙旗既得经济利益的追逐和对清政府世袭爵位的邀赏。如是观之，这一地方主义之表现恰在一定程度上反映了外蒙古边疆地区对清政府统治的政治认同。

清季以降，上述局面随着俄国对外蒙古地区的软渗透发生了改变。清朝统治者基于对外蒙古边疆防御的担心，对其治理政策进行了调整。

一方面是，从矫饰的礼节上着手，疏远并限制哲布尊丹巴呼图克图，以宣示清政府对外蒙古的主权地位。如乾隆二十七年（1762），派诺木浑为驻库伦办事大臣时，曾规定晋见哲布尊丹巴呼图克图当行跪拜礼；但驻藏大臣会见达赖喇嘛时，则平起平坐。两位大臣之间，既是平等，但有如此差别做法，揆清廷用意，似在刻意利用政治力量拉抬外蒙古地区活佛哲布尊丹巴的地位，用以削减达赖喇嘛在外蒙古地区的影响力。然而，1840年以

降，哲布尊丹巴从未受到清帝召见。至八世哲布尊丹巴呼图克图时，驻库伦办事大臣英奎认为朝廷所派驻藏、驻库伦办事大臣地位既是平等，则晋见达赖喇嘛与哲布尊丹巴呼图克图的礼节不应有所差别，于是奏准驻库伦办事大臣晋见哲布尊丹巴应即免行跪拜礼，仅互换哈达，哲佛须起座相迎。[①] 清廷此举自然招致哲佛、堪布喇嘛及商卓特巴的极度不满，哲布尊丹巴曾提请清廷撤换英奎，清廷不允其请，由是外蒙与清廷埋下心结。宣统二年（1910），在喇嘛与库仑大臣冲突事件中，清廷对哲布尊丹巴特使揭请罢免库仑大臣三多的要求置之不理。可以这样认为，如果说，清康雍乾时期统治者为了笼络蒙古王公，对喇嘛教采取百般的扶持政策，那么自嘉庆、道光以来开始疏远喇嘛教，对哲布尊丹巴呼图克图态度亦日益冷淡。

另一方面，清政府还试图实施以放禁、开垦、设治为核心的新政，加强对外蒙古地区的直接控制。而对于边疆民族而言，它可能会产生另一种镜像。参与新政的一些蒙古贵族认为，蒙古民族的衰亡的原因在于基层社会的衰退，而基层社会正是由那些民族意识淡薄、经济窘迫、盲目迷信佛教的群众构成。所以，他们就试图通过学校教育唤醒民族意识，通过改善生活方式和生产方式，构建新的基层社会。以蒙古王公贡桑诺尔布为例，他积极响应并实施新政，且创办了"贡王三学"。他在阐述其筹办"贡王三学"之动因时曾作如下表述："我身为王爵，位极人臣，可以说没有什么不如意的事，可是我从来没有像现在这样高兴。因为亲眼看到我的旗民子弟入了学堂，受到教育，将来每一个人都会担起恢复成吉思汗伟业的责任。"[②] 由此可知，贡桑诺尔布等蒙古王公积极在蒙古地方推行新政的宗旨，在于期待恢复成吉思汗的

---

① 李毓澍：《外蒙政教制度考》，页 419，中央研究院近代史研究所专刊，民国 31 年。

② 贾荫生：《崇正学堂》，《赤峰市文史资料选辑》第 4 辑，页 61～62，赤峰，政协赤峰市委员会文史资料委员会编印，1986 年。

伟业，重现蒙古民族与蒙古帝国的荣光。1906 年前后，练兵处官员姚锡光在视察"贡王三学"后，提出一个重要问题："蒙古部落虽分，户口亦寡，而其各旗之札萨克仍隐然有君国子民之资格，则今日之兴学设教，其为各部札萨克代教其部民乎？抑为我国家养成国民，同任赋税，同执干戈，相与浑化于无迹乎？此一至大之问题也。"[1] 并对"贡王三学"的办学宗旨提出了置疑："至蒙古学堂，则率以提倡兵操为主，而其授课所引譬，暇日所演说，则时以恢复成吉思汗之事业，牖其三百万同胞以相鼓舞，而我朝圣武神功，阒未一闻，则其心盖可想见。"[2] 恰如姚氏所议，从民族国家整合的视角来评判的话，如果过于强调民族的或地域的特色，则国民统一性势必被弱化，这显然与清朝政府构建民族国家的立场背道相驰。

与此同时，在大部分蒙古王公贵族们看来，新政的实施以及由此带来的治理方式的转变，与他们的既得利益相抵触。在俄国人的唆使下，外蒙古王公贵族对清朝中央政府表达了极度不满。他们先是通过各种途径上书朝廷，要求禁止在外蒙地区实施新政，此路不通后，又派遣使团前往俄国圣彼得堡，请求俄国支持，以制止清朝中央政府在外蒙古地区之种种措施。较之清朝前期较为静态且以维护中央——地方关系为圭臬的外蒙古地方主义，清末外蒙古地方主义政治化倾向颇为浓厚，且这种政治化倾向是以疏离中央——地方关系为嚆矢。

辛亥革命前夕，外蒙古地方主义的"政治化"倾向，可从一份 1911 年 8 月中旬赴俄使团在与俄国政府进行商谈时，外蒙古王公致俄国沙皇的信件中得到直接反映。这封信中，外蒙古地方主义向沙皇表达了对清朝政府的种种不满，并对外蒙古之将来做了

---

① 姚锡光：《筹蒙刍议》，光绪戊申（1908 年）秋仲京师寓斋铅印本。
② 姚锡光：《筹蒙刍议》，光绪戊申（1908 年）秋仲京师寓斋铅印本。

设计，相关内容如下①：

    1. 关于王公们的爵位继承问题，以及高级官员的简放问题，满汉官吏只是在获得王公们大量银两的时候，才会允许他们袭爵。有大量的王公和官员都因为没有及时地贿赂而不能及时地继承他们应得的头衔，并因此而推迟多年才得到继承。

    2. 一直以来，满洲皇帝赏赐大量的贡物如丝绸、谷物及其他物什给蒙古王公。一些满汉大臣将这些赏赐品全部夺走，并威胁我们，我们除了抱怨没有其他办法。

    3. 蒙汉民之间的争讼，蒙民总是受到压制，他们的财物也被剥夺，有些人甚至因此而受到不公平的对待或被流放。另一方面，如果汉民惹上官司，却总能逃脱惩罚。反之，蒙民惹上麻烦，满汉大臣们会在着手去彻查真相之前就会严惩无辜的蒙民。诸如此类的不公平现象已经达到极致。

    4. 由于受到不公平的压制，大批无辜的蒙民被迫逃离蒙旗。满汉官员以鼓励他们逃离为托辞从各蒙旗收取数以千计的银两。据此，满汉大臣严厉限制当地（蒙古）官员的行为，尤显不公平。

    5. 狡猾的中国官员用欺骗的手段占领西藏，迫使达赖喇嘛出走。现在中国官员再度按照他们的意愿压迫藏人。因为那是我们黄教的圣地，这使得黄教的尊严受到严重伤害，表明汉人并不在乎宗教。这一行为清楚地表明汉人邪恶的意图，即试图将西藏的灾难在蒙古复制。因此，整件事是令人遗憾和危险的。

    6. 他们以在蒙古实行新政为借口，大量从内地移民至

---

① Urgunge Onon and Derrick Pritchatt, Asia's First Modern Revolution: Mongolia Proclaims Its Independence in 1911 (E. J. Brill, Leiden, The Netherlands. 1989). pp10~13.

喀尔喀的事实表明，首先，蒙古人的传统游牧生活受到了破坏；其次，证明他们试图加强对北部边疆的控制。这件事情迫在眉睫，也是导致蒙人怨恨的缘由。

7. 驻库伦官员赞同殖民的目的在于用汉人取代蒙古士兵及恶化俄、蒙之间的关系。多年以前，中国曾在呼伦贝尔地区的十几个台站将蒙兵撤回，并用中国士兵替换。因此，中国人存心挑拨俄、蒙关系。

8. 中国人曾经讨论向蒙地移民，并筹议在此建立行省。很显然，他们试图将权力转移到满汉官员的手中以削弱蒙古王公们的权力。

9. 最近几年里，大量汉民成群结队地从四面八方涌入库伦。如果这些汉民忽然团结起来反抗蒙古人，并杀害喇嘛及他们的门人，这将成为一场灾难。

10. 自从我们臣服于满洲王朝以后，贪婪的汉民一直以来以较高的价格将他们的货物卖给蒙民，又用较低的价格收购我们的牲畜和原材料，还通过放贷收取高额盘剥。结果，蒙人的血汗都被他们榨干。更为过分的是，在新政的名义下，中国人通过向各种物品收税将蒙古置于万劫不复之境地。

11. 最初，蒙汉通婚受到禁止。但是，随着新政的实施，这种婚姻受到鼓励。这不仅仅打破了蒙古族的传统习惯法，更是中国人邪恶意图的明证。我们蒙古人怎么能臣服于这等无知的政府呢？

12. 尽管当前我们并没有训练大量士兵，但是，如果我们能够得到大量军火，则没有理由害怕驻扎在蒙古的区区几百士兵。然而，目前中国人正在加紧在蒙古秘密训练军队，一旦中国派遣大量军队进入蒙古，我们就无法与之匹敌。有鉴于此，我们希望贵国立即派遣强大的军队来帮助和保护我们。

13. 关于我们赴俄求援的事情，中国政府可能会知晓。如果我们不采取保护性措施，可能会在库伦遭受厄运，这将对团结全蒙古人民起到负面作用，因此，我们渴望得到贵国的保护。

14. 大量汉民的增加和中国军队的集结，以及农业在蒙地的扩张，不仅仅给我们蒙古人带来灾难，也会对贵国造成不利。因此，我们详细地向你通报了这一情况，希望你会乐于听闻。然而，我们蒙古人仅能做到内部团结，贵国却与许多国家建立了良好的外交关系。

15. 至于清朝中国的内地疆域，狡猾的中国人正在制造骚乱并试图号召进行革命。因此，在中国人建立一个异己的政府之前，俄国和蒙古应该建立友好的关系。我们希望你能洞察当前局势。如果我们不能利用这一机会建立良好的关系，很多事情可能无法实现，我们亦将因此而后悔。

16. 汉人品性不好，容易背叛……无论他们身处何地，善于制造麻烦是他们的特点。如果汉人在喀尔喀边疆殖民，可能最终会侵犯贵国。这也必将会给蒙古人带来无休止的和毒药般的磨难。

17. 我们将一致推举受万众尊重的博格达汗为伟大的汗。接着我们会建立一个属于我们自己的国家。我们不得不依靠贵国的支持，并坚信能够得到贵国的支持——我们希望能与你同甘共苦，永远和谐相处。如果可能的话，请对此意见给予仁慈般的审视。

18. 我们可否互相信赖，并坚信像蒙古一般的小国依靠如贵国一般的大国取得独立并缔结一款秘密条约的可能性？

19. 我们认为，缔结一款秘密条约是可行的。我们是否可以讨论一下相关条款的内容？比如怎样处理俄国在蒙古的贸易？如何修筑铁路、开设银行、成立学校和训练军队等事宜？

　　20. 我们正在考虑如何将中国贸易从库伦驱逐出去，从而让俄国人取而代之。由于贸易与蒙民生计联系紧密，因此，我们训示我们的使团就利用俄国卫队保护俄国贸易一事与您展开交谈。您是否会以一颗仁慈之心对此做出评论？

　　据上述内容可知，这一时期，外蒙古王公对清政府的抱怨无外乎新政实施以来的设治、移民、屯垦问题，以及蒙汉通婚、放贷等问题，这些措施导致了外蒙古王公的政治、经济特权地位的丧失，因而，直接引发了他们对清朝统治的不满。此间，由于夹杂着俄国政府的背后支持，这让外蒙古王公贵族们对脱离清朝统治充满了期待。正是在俄国的煽惑与清末新政的双重诱因下，此期外蒙古地方主义表现出了强烈的疏离中国的政治倾向。

三、新疆区域地方主义之发展

　　清朝前期，新疆地区的行政体制为军府制，在此体制下，新疆地方主义在政治上之表现主要为新疆地方民族与管辖官吏之间的利益诉求，至新疆设立行省以来，各地方缠回王公受到打击，一蹶不振，这种地方主义转化为新疆地方各区域之间为争夺利益的区域地方主义，这其中，尤以新疆巡抚与伊犁将军之间的区域之争为著。

　　新疆建省前，伊犁将军总统全疆。建省以后，伊犁将军失去了这一地位，新疆巡抚则接管了这项权力，而历来由皇室宗亲或八旗要员担任的伊犁将军对此多有不满。此期，新疆巡抚对新疆其他地方的营制实施"勇"改"标"的同时，也在努力对伊犁地区的营制实行改革，目的在于将全疆的军队都置于巡抚的管辖之下。这自然会与伊犁将军产生了一定的冲突。从建省伊始至晚清末造，将军体制下的伊犁和行省体制下的新疆省之间的行政与军事关系虽然在刘锦棠之后并没有出现大的波澜，但两者之间似乎总存在着一种微妙的角力，军府既然存在，它同抚署之间的权力争夺就不可能消失。①

如前所述，1885 年新疆建省之时，清政府已经意识到了伊犁将军和新疆巡抚的平行设置不利于统一事权，并可能在遇到紧急事务时难以便宜处理，平常的政务中也会两相推诿，遇事敷衍，互相掣肘，因此而确立了新疆巡抚在新疆的最高行政长官的位置。但这种状况在辛亥革命前夕，确切地说，是在新政实施的过程中得以改变。光绪三十二年，清统治者为巩固皇权，调令曾在伊犁任将军十年之久的长庚再度赴伊犁充任将军之职，但与以往不同的是，这次他受命节制"所有新疆地方文武以及兵饷一切事务"②。不仅如此，在伊犁将军志锐到来后，它再度定位了伊犁将军的至高权威。③

这种行政机能的反复，人为地削弱了清朝在新疆的统治。当时，长庚对两地的矛盾有形象的比喻："文武有两姑为妇之难，地方生政出多门之弊。"④ 袁大化也曾对伊犁将军与新疆巡抚之间的矛盾感到担忧，指出两地"人民既判，土地遂分，而政治亦因之阻格，遂有一剖不可复合之势"⑤。当时，一个途经新疆的英国人亦指出，"他们（巡抚与将军）的管辖权经常是重叠的"，并预言"驻伊犁的满族将军和驻乌鲁木齐的新疆巡抚直接对蒙古西部和新

① 关于军府、抚署之争，详情可参阅周卫平：《清代新疆官制、边吏研究》，54～58 页，北京，中国社会科学院研究生院，2007。
② 长庚：《盘存新疆司道各库存各款由》，中国第一历史档案馆馆藏军机处录副奏折缩微胶卷第1 707号。
③ 详情请参阅《宣统政纪》卷五一，4、6～8 页；卷五一，67 页上。伊犁将军志锐先后奏请增兵、扩大涉外特权，清廷应允；同时清廷授予志锐兵部尚书衔，附近地方文武官员均归伊犁将军节制考查。
④ 王树枏，编：《新疆图志》，卷一〇六，上海，上海古籍出版社，1992。
⑤ 金毓黻，等撰：《宣统政纪》，卷六〇，宣统三年八月戊戌。

疆进行分别管辖的办法，必定是使中国人日益衰弱的一个根源"。①

　　这种行政区域平行管辖的矛盾中所表现出来的区域地方主义在新疆辛亥革命爆发的前夕表现出来。宣统三年十月丁酉（1911年 11 月 23 日）志锐电奏："边军待饷孔亟，请将阿尔泰前领修城银十九万两，先行拨给伊犁，一俟协饷到伊，再为陆续扣还"，"边军待饷甚迫，因饥哗溃，志锐一人不敢当此重咎，乞速如数早拨"。② 清内阁受此挟吓，着照所请。志锐奏请不过两天，塔尔巴哈台参赞大臣鄂勒浑又电奏："塔城改练军队，推广屯工，需款孔亟。请将阿尔泰所存修城银两借拨一半应用。"③ 清内阁居间左支右绌，只好电寄额勒浑："此项银两前经志锐奏请拨用，著该大臣电商志锐，酌量匀拨，以应要需。"④ 清内阁似乎忘记在协调伊、塔两方利益之外，阿尔泰修城款项更涉及阿尔泰驻军常年京饷的发放和军备的修饬。这种有意无意地"忽略"自然引起既得利益者阿尔泰辖地的职掌科布多办事大臣忠瑞的不满。忠瑞在发给内阁的奏电中就伊犁将军志锐所奏"事有缓急，边重为要，伊较阿重，不待烦言。部给既非正饷，例应存储，擅挪干禁。至垫军粮，阿军有限，粮亦无多，况屯聚即为军粮，焉事多采。阿事不实，尽人能道，因人受过，窃不谓然"等语逐条进行驳斥，表示最多只能匀出二三万两白银接济伊犁，过多协饷只会致使阿尔泰军营"明年无饷为惧，谣言蜂起，难保不酿成事端……倘阿营因惧生变，忠瑞岂敢独当？"（《开缺科布多办事大臣忠瑞致内阁请代奏电》）

　　从伊犁将军志锐与科布多办事大臣忠瑞的相互攻讦中可知，

---

①　印度部致外交部函的附件：《柏莱乐少校自札山至喀什噶尔的旅行》。转引自胡滨，编译《英国蓝皮书有关辛亥革命资料选译》，167 页，北京，中华书局，1984。

②　金毓黻，等撰：《宣统政纪》，卷六五，宣统三年十月丁酉，页 6 上。

③　金毓黻，等撰：《宣统政纪》，卷六五，宣统三年十月己亥，页 10 下。

④　金毓黻，等撰：《宣统政纪》，卷六五，宣统三年十月己亥，页 10 下。

此时的新疆大局业已败坏，地方政府内部机制的运转也已脱节，地方行政机构之间缺乏协调，各级官僚力图避重就轻，逃避责任。不得已，自身本已处于风雨飘摇中的清廷内阁来电申斥双方："阿尔泰修城银两，前据志锐再三奏请拨借，谕令度支部查核办理，曾经部商忠瑞匀拨二三万两，以济伊犁之用。乃志锐、忠瑞仍各存意见，互相龃龉，殊属不知大体，当此时局危急，务当和衷共济，以免贻误。"① 由于清内阁的严词申斥，忠瑞于1912年1月10日同意拨银三万两"以济伊急"。然而，略感讽刺的是，此时伊犁已为民军所有，志锐亦早在伊犁起义的风暴中身殁。此等情形下，清内阁准额勒浑所请，将拨给伊犁银两如数解往塔城。然而，当解银途经迪化时，袁大化复请就近留用，清廷不得不再次重复前伊、塔故事，责令其与额勒浑妥善商办。

因一笔为数不多的饷银而引发的新疆各地方行政机构之间的龃龉攻讦，一方面表明清政府业已失去对新疆地方行政机构的控制能力；另一方面，说明清朝在新疆的地方行政机构之间原有的稳定协调功能逐渐丧失，各平行机构各自为政，表现出来的区域地方主义使清政府在新疆的统治更显脆弱。

清末新政期间，宪政运动一度波及新疆地区，但这一潮流从未唤起新疆地方官绅的以宪政运动为目标的地方主义政治诉求，也就更难以谈得上形成实际上的地方自治之政治行为。

光绪三十三年（1907年）九月，清政府颁布上谕，要求各省在省会设立咨议局，作为地方的咨议机关，"采取舆论之所，即将来议院之基"。光绪三十四年五月，新疆拟成立咨议局，并遴选官绅承充议员。同年七月，宪政编查馆将咨议局一律改称咨议局筹办处，俟一年内筹办处就绪，咨议局成立后，即将筹办处裁撤。据此，光绪三十四年十月，新疆咨议局改为筹办处；宣统元年（1909年）三月，咨议局筹办处附设新疆全省调查户口所，设

---

① 金毓黻，等撰：《宣统政纪》，卷六七，宣统三年十一月癸酉，页13下。

总监督布政使一员，制定调查户口细则十七条。宣统元年七月，咨议局筹办处还附设省城自治后研究所，设所长一员，讲员两人，"以开自治之知识，养自治之能力"。宣统元年（1909 年）九月初一日，新疆咨议局正式成立，设议长 1 名，副议长 2 员，常驻议员 4 员，议员 23 员，满营专额议员 1 员，并制定《议事细则》25 条，《旁听规则》14 条。[①] 为筹办地方自治，宣统二年三月新疆咨议局筹办处附设新疆全省地方自治筹办处，按照清政府的规定，新疆各府、厅、州、县亦分别设立调查处、自治研究所、议事会、董事会等机构。

咨议局的设立和地方自治在新疆的推行，从一开始就带有浓厚的强制性和主观性的官僚主义色彩，不容民间置喙。据《新疆图志·民政六篇》称：

> 迭奉明纶，进行宪法，虽新省缠回错处，语言文字，衣服饮食以及性情心术各不同，而不能仿各国治理属地之特别法，如英之于印度，法之于安南，日本之于台湾，而惟英之殖民制度为尤详。故仅就新民之程度，因其习俗而施之，又不越乎定章之范围。先之以调查研究，渐广自治之心思；继之以议事董事等立选举之方法。凡有关于宪政之要端，于势之可行者举之，不能者暂缓之，以待其后。而于咨议局筹备处责令办理地方自治，一应筹备事宜，继又设自治筹备处以资擘画，而利推行。实足见朝廷孜孜求治与民更始之至意也。

清末立宪在新疆实施过程中，由于内外忧患，官吏对此敷衍塞责，流于形式，影响有限。新疆地方大吏着重强调新疆与内地情势殊异，立宪运动必须在政府的既定章程范围内渐次推行。如

---

① 王树枬，编：《新疆图志》卷四十五，民政六，上海，上海古籍出版社，1992。

宣统三年闰六月二十日甘肃新疆巡抚袁大化奏称："新疆边远，款绌人稀，强邻逼处，诸部易离，极宜先其所急，以固根本，再逐渐推及文明。"① 其后，袁氏又在其《筹边策》中强调："倮人聚地阔，货财充裕，以次军政、学务、巡警、审判、选举、自治各要政，自不难款集事举，完善立臻；否则，不务其本，专事虚名，不惟于事无补，必致官民俱困，穷极变生，事所恒有。"新疆咨议局在制定的章程里亦有规定，议员"不得发狂悖之论，扰乱人心，违者从重惩治"②。这说明，清末新疆地方自治及各机构的设立，实际上是为了挽救垂死的统治遵旨而成立的，最初，专事虚名而不务实际，不过借此笼络人心，希图维护摇摇欲坠之政权而已；至后来，随着清政府面临革命风暴之紧张形势以及财政上的窘境，它连形式上的粉饰也抛弃了。

如果说，对于内地各省而言，清末的宪政改革和地方自治运动是保守的清政府与同样保守的地方绅士为互利而互相合作以期在一个正在变化的世界中保持他们的政治权力的企图，那么，清政府在新疆的立宪改革连这种最低限度的权利也未曾让与地方绅士。清末宪政改革和地方自治从一开始就不符合新疆社会发展的进程，绝非新疆社会实际需要的产物。另外，它只是统治者运用国家机器强制推行的产物。所以与内地相反，它没能获得新疆社会各阶层的呼应，影响寥寥，其开展的意义仅仅在于使新疆民众获得一个新奇而空洞的理念。

小结　近代国家模式下清政府
对边疆的统合及成效评价

当传统的王朝国家面临近代世界的冲击时，清朝统治者越发觉

---

① 金毓黻，等撰：《宣统政纪》，卷五七，页22下。
② 王树枏，编：《新疆图志》卷四五，《民政志》六，《地方自治》一。

得难以应付。清政府最初认识到这一问题的迫切性是在两次鸦片战争以来，边疆地区面临多次危机的情况下发生的。在围绕塞防——海防之争及新疆建省的议论中，以李鸿章和左宗棠各为一方代表的两个阵营里，多数官僚都加入了争论。海防论者主张保持明朝以来的中国——中华世界，认为在不得已的情况下放弃新疆也未尝不可，曾国藩本人也持此论。而塞防论者则不仅要恢复乾隆帝征服新疆的祖宗之伟业，更要在新疆普及教化，通过在新疆建省，从而使之内地化——中国化。这场围绕是否放弃新疆的争论，实际上可以归结为：维持中国的"何处"？中国的整合从"何处"着手？

在以往的清朝的世界观里，皇帝的德治被想象成由中心向外逐渐变疏的同心圆式的世界，清朝把直辖设治区与藩部都视为自己的版图，但是，直辖区域和藩部之间的界限是不很明确的。在整合过程中，清朝首先将以往版图的分界线绝对化为国境线（即将模糊的虚线变为清晰的实线），进而在其内侧"东南弦月"的半圆里，中央权力不分亲疏，均匀地覆盖全部，并且还延伸到西北弦月的一部分——新疆。其后，在历经甲午战争和失去外围的属国后，清朝通过在东北设立行省，在西藏、内外蒙古、新疆等边疆地区推行新政策等筹措，其权力开始逐渐覆盖其他原本控制较弱的边疆地区，摸索着建立近代国家的途径。

就其构建近代国家的过程来看，从根本上说，清朝的版图整合和传统的德治明显有别。传统的中华世界的教化方式是，对于汉族社会频繁的移动性、流动性而造成的居住区域扩大，以教化的深化而加以追认。即便是在版图之内，不接受教化者也一任其置于化外，只要没有构成对汉族社会的危害，即可"以夷制夷"。相反，清朝的新政策乃是不承认未教化者，试图通过积极主动的政治措施来达成普遍的教化。清朝在边疆地区的政策变更的直接契机，就是面对外来列强提出的近代性的领土主权要求，它发现传统的版图统治已经无法解决新的问题。

可以看到，在与近代世界的对峙中，清朝在以传统的文化至上主义为理念，积极将教化推行到整个疆土的过程中，教化的内涵已经逐渐偏离了传统。这种内涵的转变表现在理论和实践两个方面：首先，它在维护与边疆地区的关系上发现，他越是想以传统为据保持双方的特殊关系，反而越陷入需要借助近代"权力"的境地，同时在与近代世界的对峙中，认识到清朝仅仅是近代世界中的"万国之一"，为此，它不得不放弃原有的天下观，提出以国家化为特征的近代整合，即构建近代国家。其次，上述认识反映到实践中，则是强化其与边疆地区的关系，推行清末新政，旨在将原有的开放式的中华世界的末端——边疆地区的柔软结构"闭合"起来，因而可以把这种整合视为积极推行的对边疆地区直接统治的一环。

此外，清朝在对西方近代国家的认同与移植基础上建立近代国家形态。如果说，中国传统的国家形态，主要由皇帝制度、宰辅制度、郡县制度及乡绅制度构成，清朝统治者改变传统国家形态并构建近代国家形态的首次尝试便是清末"预备立宪"。1908年公布的《宪法大纲》宣布："君主立宪政体，君上有统治国家之大权，凡立法、行政、司法皆归总揽，而以议院协赞立法，以政府辅弼行政，以法院尊律司法。"与《宪法大纲》同时颁布的还有《九年预备立宪清单》。规定要做的工作有：筹办咨议局，办理城镇乡与厅州县地方自治，建立资政院，编订民律、商律、刑事与民事诉讼等法典等等。1911年辛亥革命爆发后，清廷又匆匆颁布《宪法十九信条》。清政府以《宪法大纲》为依托，并依靠《宪法十九信条》提升议院地位，抑制君权，推动中国新的政治重心的构建，对于国家和社会基层的整合，对于近代社会的成长及传统社会向近代社会的转变，发挥了重要作用。惜乎这次尝试尚未完全成形，便因清朝统治的崩溃而夭折了。

综观清末新政以来中央政府对边疆地区的治理，以"固我主权"为宗旨，具有"国家化""集权化"的特点，这一进程对于边疆的民族关系产生了重大影响，它从制度上破除了历代王朝在处理与边疆民族关系上的传统思维模式，在处理中央政府与边疆民族关系问题时，注重边疆的法制建设，始终坚持用行政化和制度化的方式来处理边疆民族关系。尽管清朝在观念上并没有完全脱离传统王朝以朝贡为依据的"文化边疆"概念，但是，其治理边疆的"国家化"进程在客观上利用国家法律制度的清晰性来代替传统朝贡理论的模糊性，为传统的文化边疆的概念向近代民族国家边疆概念的转变起到了积极作用。

　　然而，还应该看到，清廷对边疆治理的观念和政策的转变，很大程度上是对外来侵略势力的一种被动回应，因而，在其政策的制定和实施过程中，具有一定的武断性、功利性和游离性，这就不可避免地在实践中产生消极影响。用制度变迁理论来加以解释，历史制度主义认为，制度起源于既存的制度偏见所引发的潜在冲突；或者旧的制度在新环境下所面临的危机，从而引发出原有制度之下的政治主体产生改变现存权力的企图。在为建立新制度而展开的斗争中，既存制度在引发出冲突的同时，已经将一部分置于有利地位，而将一部分置于不利地位。[①] 政治制度的变迁有三种类型：制度的功能变化、制度的演进和制度的断裂。其中，制度的断裂，即是在社会经济环境的剧烈变化引出了巨大的新冲突，原有的制度又在路径依赖的作用下进入闭锁状态失去调适功能而不可能容纳这种冲突时，就会导致原有的制度断裂。清末中央政府在西藏、蒙古地区实施新政所引发的中央集权与边疆地方主义的对抗即是这种制度变迁类型的一个较为典型的例子。由于清王朝面对外来侵略和内部动荡试图作出反应时，受到现存传统结构和政治制度的限制，使得现存的制度结构不能应付他们在当前环境中所面临的特殊国际、国内紧急局面，反而导致了清

---

① 何俊志：《结构、历史与行为——历史制度主义对政治科学的重构》，225 页，上海，复旦大学出版社，2004。

朝中央政府在边疆民族地区既存的行政和军事机器的崩溃。这种制度变迁的实际效果反映在实践中，则是中央集权主义与边疆民族地方主义对抗的升级，由于得不到边疆地方政府的拥护，清末边疆新政只是停留在政策层面，难以为继。更为严重的是，由于矛盾的激化，旧有的"地方自治模式"也因此陷入瘫痪，清政府中央政权与边疆地方的关系日渐疏离。当时就有人指出："以人民而论，则只有民族的思想，而无国家之观念。斯弊也，汉人有之，满、蒙、回、藏人亦然。惟其热于民族的思想，故常起内乱，惟其无国家之观念，故不能为秩序的结合。夫内乱也，无秩序的结合也，均为有国者之所忌，准之我国今日之时势，则尤为最忌者也。盖内乱一次，国本即动摇一次，而外人觊觎之心又亦进一次，而国家之权，亦逐次损失而不已。"① 这种边疆民族地区基于本民族的利益及传统而形成的民族认同与清政府试图整合的国家认同的背离，产生的负面影响亦不可等闲视之。

需要指出的是，边疆民族地区不同于内地各省。一般而言，边疆民族众多，宗教信仰复杂，同时又与相关国家领土或势力范围接壤，地缘政治方面孤悬外逸，社会历史层面游离漂动，文化心理层面带有多重取向。当清朝中央政府对边疆地区实施的巩固主权的措施归于失败之际，并激化了中央——地方矛盾的时候，边疆民族地区很容易受到来自外来力量的牵引，传统乡土性地方主义的政治化倾向意图更为明显，严重者甚至脱离国家主权范围。

---

① 东京《大同报》，第五号，1908 年 1 月 1 日。

第二章 辛亥革命对中国边疆的冲击

□ 1911 年辛亥革命爆发，这对新疆、外蒙、西藏造成了强烈的政治冲击。在『驱逐鞑虏，恢复中华』口号下引发的辛亥革命的冲击下，边疆上层之政治心态发生了重要变化，并且，不同的边疆上层会做出相应的举动以契合自身的利益。

第二章　辛亥革命对中国边疆的冲击

前　　言

从 1901—1911 年，经过十年的改良，清政府已经陷入了难以自拔的困境。清统治者发现，它的种种改革正在失去控制——它愈改革，权威愈少；但它改革愈少，它要求保持正统地位的可能也愈少。显然，这绝非它所能预料到的。清朝统治者开始企图遏制这种趋势，于是在 1911 年，它决定采取新的行动——宣布"铁路国有化"，借此大借外债扩充军队。这样反倒导致了它末日的来临——1911 年 10 月 10 日武昌起义在一种偶然性和必然性的交织中爆发。

辛亥革命爆发以来，各省独立行动中表现出浓厚的排满色彩。以武昌起义为例，首义的鄂军都督黎元洪的布告反映了革命者浓郁的"排满"民族主义的立场。全文如下①：

中华民国军政府鄂军都督黎布告

今奉军政府令，告我国民知之。凡我义师所到处，尔等

---

① （英）埃德温·丁格尔：《辛亥革命目击记》，54～55 页，北京，中国青年出版社，2002。

勿用猜疑，我为救民而起，并非贪功自私。拔尔等于水火，补尔等之疮痍。尔等前剌受虐，甚于苦海沉迷。只因异族专制，故此弃尔为遗。须知今满洲政府，并非吾汉家儿。纵有冲天义愤，报复竟无所施。我今为此不忍，赫然首举义旗。第一为民除害，与民戮力驰驱。所有汉奸民贼，不许残孽久支。贼昔食我之肉，我今寝贼之皮。有人激于大义，宜速执鞭来归。共图光复事业，汉家中兴立期。建立中华民国，同胞其勿差池。士农工商尔众，定必同逐胡儿。军行素有纪律，公平相待不欺。愿我亲爱同胞，一一敬听我词。

黄帝纪元四千六百零九年八月二十日

　　军政府成立后，又用黎元洪的名义发出《告全国父老书》和各项布告文电，改元为黄帝纪元四千六百零九年，设台祭祀黄帝。在《告全国父老书》中，动辄以"十八省""汉族""汉人"为号召，痛斥满人则云"我十八行省之父老兄弟诸姑姊妹，莫不遭逢淫杀"，号召各民则云"是所深望于十八行省父老兄弟，戮力共进，相与同仇，还我邦基，雪我国耻……期于直捣黄龙，叙勋痛饮，则我汉族万万世之光荣矣，我十八省父老兄弟其共勉之"[①]。大约同一时期发布的《布告海内人士电》则称："为十八省亲爱父老兄弟诸姑姊妹报二百六十年之仇……我汉人四万万之生命，死活在此一举，成则与十八省亲爱父老兄弟诸姑姊妹再享万万世世之福，否则堕于地狱中永无超生之日矣……今日之举，是合十八行省诸英雄倡此义举。"[②] 据此可知，在辛亥革命爆发初期，军政府片面追求"一个民族、一个国家"的民族国家理论，以在十八省建立汉族国家为号召，还没有更多民族团结和国家领

---

① 张国淦：《辛亥革命史料》，100 页，北京，龙门联合书局，1958。
② 中国史学会主编：《近代史资料丛刊·辛亥革命》（五），138 页，上海，上海人民出版社，1957。

土完整的考虑。

更有甚者，《辛亥革命稀见史料汇编》收有以中华民国军统领黎元洪名义发布的《中华民国军第十三章檄告天下文》，其后半部分内容如下："……又尔蒙回藏人，受我华之卵育者二百余年……尔若忘我汉德，尔恶不悛，尔蒙人之归化于汉土者，乃蹀足謦欬，与外蒙响应，军政府则大选将士，深入尔阻，犁尔庭，扫尔闾，绝尔种族，筑尔尸以为京观。"这段文字是以发表于1907年《民报》增刊《天讨》上章炳麟撰写的《讨满洲檄》为底本，略加改动而成。较之章氏原文，其改动之处主要有：（1）原文"又尔满洲胡人"改为"又尔蒙回藏人"；（2）原文"尔胡人之归化于汉土者"改为"尔蒙人之归化于汉人者"；（3）原文"与外胡响应"改为"与外蒙响应"。由此可见，这一改动令人震惊，竟然将原文只是针对满人的"天讨"，扩展到以满、蒙、回、藏四族为假想敌，较之章氏檄文所表达的种族民族主义更加狭隘偏颇。

武昌起义成功之后，全国各地纷纷宣布独立。起义各省的文告，内容惊人的一致，基调都是民族主义，而且贯穿其中的是为汉族报仇雪耻的满汉对立或者华夷有别的观念。仅以思想观念最为开放的江苏（包括它管辖下的上海）为例：上海《军政府布告》，"满政府者，乃马贼之遗孽，凡我汉族同胞必当仇视者也……共讨满贼，报我汉族之仇，共建共和民国。"江苏都督府的大旗上写的是"中华民国军政府江苏都督府兴汉安民"①。

此期，辛亥革命的风暴同样对边疆产生了冲击。上述的浓厚的种族主义革命范式对边疆地区的政治心态和政治性格产生了重大影响。

在本书的第一章，我们探讨了晚清时期列强对边疆的渗透，

---

① 郭孝成：《江苏光复纪事》，载中国史学会主编：《辛亥革命》，第七册，3 页，6 页，上海，上海人民出版社，1957。

以及在此形势下，清政府从近代国家模式构建的角度对边疆进行整合，然而这种整合并未取得预期的效果，反倒激起了边疆地方主义的政治化倾向，由此导致边疆地方与中央政府的离心。

在本章，我们要追问：以辛亥革命爆发为契机，当内地各省纷纷宣布独立，脱离清朝统治的时候，边疆各地区的政治是如何应对、运作的？并在辛亥革命的冲击下，与内地各省相比较，它表现出怎样的政治性格？从国家认同的角度来考量，此期边疆地方政治性格是否与新的国家构建运行的轨迹相吻合？

本章的内容是这样安排的：首先，以叙述的手法对此期辛亥革命在各边疆地区发生的过程进行解明；其次，着眼于边疆辛亥革命与内地辛亥革命之异同；最后，考察此期边疆各阶层对民族国家之理解程度。

这样，第一、二、三节，我们将聚焦于辛亥革命对新疆、外蒙古、西藏之政治冲击。早在辛亥革命前夕，边疆地方业已与清朝政府开始疏离。本节旨在解明：在"驱逐鞑虏，恢复中华"口号下引发的辛亥革命的冲击下，边疆上层此间会做出何种举动以契合自身的利益？

第四节，将对此期边疆各阶层的政治心态予以分析。政治心态直接影响到对国家的认同度，在此，一个问题被提到案前，即辛亥革命前夕革命党人作为排满的一个技术性工具"驱逐鞑虏"口号是否值得重新考量？这一技术性工具的应用对边疆政治实态造成了何种影响？这都是本节需要解决的问题。

第一节 新疆——巨变后的"塞外桃源"

武昌起义胜利之后，"各省独立之檄，喧传道路"，"西安难作，警报稠至"，新疆"省城大震"。① 全国高涨的革命形势，促进了新疆各族人民的觉醒，辛亥革命风暴一触即发。

一、从迪化起义到伊犁起义

以刘先俊为首的迪化革命党人利用这一有利时机相继组建民军攻击部、防卫部和机要部，分别担任作战、治安和联络任务，迪化革命起义由革命宣传进入革命组织阶段。

这时，迪化"流言四布，居民数惊，以为变在旦夕"，纷纷持帖到钱庄兑换现金，"途为之塞，津商八大家门首，拥挤尤甚"。匿名揭帖声言将以某日起事，商人也至抚署告变。② 巡抚袁大化十分惊恐，一面下令全城戒严，一面宣布"敢有暴动者，是乱民也，杀无赦"。在这个紧要关头，革命队伍内部出现叛徒，"秘泄事机""开单秘报"③，将革命党人名单和起义计划提供给巡抚衙门。袁大化先发制人，捕杀了民军统领陈守堂、唐晓云等人。刘先俊发觉起义计划泄露，不得不临时改变计划，仓促决定提前起事。1911 年 12 月 28 日晚，刘先俊等率领百余起义军，以左臂缠白布为记，假作巡夜士兵，进攻协署，夺取枪械，直攻抚署东营。但在进攻抚署东营时，由于"袁兵大至，张兴怡受伤"和抚署东营"欲为内应"的士兵受到管带的镇压，民军一开始就处于出师不利的境地，不得不放弃进攻抚署东营的计划。④刘先俊领导的迪化起义，虽经 16 个小时的浴血奋战，但终因寡不敌众而惨遭失败。这次起义中，革命党人及其民军阵亡、被杀者达 80

① 钟广生：《辛亥新疆定变纪略》，载中国史学会，主编：《近代史资料丛刊·辛亥革命》（七），442 页，上海，上海人民出版社，1957。

②④ 钟广生：《辛亥新疆定变纪略》，载中国史学会，主编：《近代史资料丛刊·辛亥革命》（七），442 页。

③ 据《迪化民军起义分类一览表》记载：汉奸符西恒、肖炳南、张嗣业、陈有余、熊鹤年等秘泄事迹。初九日辰刻，汉奸符西恒开单秘报，是日午刻陈守堂遂被袁大化兵捕获。防卫部南关兼洋街防卫长赵耀南"被陈有余报案，于十一月初七日捕获"。

余人，被监禁 12 人，递解回籍、交地方管束的有 10 人。刘本人亦被捕获受戕。迪化起义的失败是必然的。首先，革命党人对清军在新疆的力量估计不足。革命党人在迪化的准备工作过于仓促，从刘先俊来到迪化至革命党人发动迪化起义，前后仅两个多月的时间，要想在这短短的两个月时间撼动清廷在新疆两百多年的根基谈何容易；其次，尽管革命党人在迪化的宣传工作取得了一定成效，获得了一些商民的同情和哥老会党的支持。这也是革命党人的人力和财力的主要来源。然而，应该看到，他们之间内部矛盾重重：1910 年"王高升纵火案"使得商民与会党之间心存芥蒂，革命党领导人之一田昔年枪杀会党成员，使得哥老会与革命党人之间亦存有嫌隙。革命党人在短时间内并没能协调好三方之间的矛盾，这就为起义的失败埋下了伏笔。

袁大化镇压了迪化起义，但不能挽救清朝在新疆的封建统治。就在迪化起义后不久，革命党人发起了更大规模的伊犁起义。迪化起义的消息传到伊犁时，"人心为之振奋"，伊犁革命党人一致认为时机已迫，不得再事蹉跎。革命党人迅速建立起义指挥部，在联络军界、商界和宗教界各派人士的同时，密遣党人分赴伊宁、绥定、塔尔奇、霍城等地联络军民，待机而起。1912 年 1 月 7 日晚，伊犁起义爆发。伊犁革命党人按照事前部署，分五路进攻南库、东城门、将军署、副都统署和北库。由于新满营在北库负隅顽抗，久攻不下。革命党人遂利用前任伊犁将军广福和现任将军志锐之间的矛盾，由杨缵绪登门邀请广福出面调停。新满营慑于民军威力，借机"停止抵抗，愿听缴械"①，交出北库。至此，伊犁起义宣告胜利。革命党人于 1 月 10 日正式成立新伊大都督府。推举广福为都督。

伊犁起义虽然取得了胜利，但新疆其他地区仍在清朝统治之下，巡抚袁大化依然效忠清廷，视伊犁革命党人为肘腋之患。因

---

① 邹鲁：《新疆伊犁举义》，载《近代史资料丛刊·辛亥革命》（七），430 页。

此，接下来，伊犁革命党人面临着两个重要问题：一是巩固伊犁革命成果和推行民主共和制度；二是继续推动革命在全疆的发展和统一新疆。

巩固伊犁革命成果和推行民主共和制度，事关辛亥革命胜利能否在新疆全境徽定，因而是伊犁革命党人面临的首要问题。为此，革命党人一开始就在伊犁推行民主共和制度，"清除专制旧习"，成立新伊大都督府。大都督府成立以来，采取各项措施，以期巩固革命胜利果实。首先，革除清朝旧制，推行资产阶级的民主制度。他们命令废除清朝的酷刑，颁布《苛捐告示》，减轻人民承担的赋税，废除缠足令和给官员的跪拜礼，禁止赌博，提倡"剪发易服"。发布《广征人民请愿书约章十条》，设立"投书柜"，改革时政。实行民族平等宗教自由政策，倡导民族平等和民族团结；其次，整顿社会秩序，安定人心，巩固革命成果。镇压反革命，处决一批清朝反动官吏和出卖革命党人的叛徒，清除政治隐患；其三，提倡生产，恢复交通，安定商民，并积极恢复与俄国的贸易往来。

二、新、伊对抗：从战争到和谈

伊新大都督府成立以后，关于统一新疆和继续发展革命的问题，成为摆在伊犁革命党人面前一个重要的议题。为此，革命党人立即着手编练军队，扩大武装力量，组建东进支队，以便东进攻取迪化，扫除清朝在新疆的封建残余势力，统一全新疆。在当时的历史条件下，民主共和制既然是进步的，符合历史潮流的，那么，在统一新疆这个问题上，用"民主的统一"代替专制的统一，当时也是一个历史进步。

东进支队由前敌总指挥李辅黄任支队长，徐国桢为东进支队司令，准备和袁大化进行决战。袁大化是顽固的保皇派，他对伊犁起义有着刻骨的仇恨，反对与革命起义军"和平了结"，主张用武力扑灭革命。他建议清政府"调集各军，听候攻讨"①；自己则积极备战，加强精河防线。迪化清军和伊犁民军的战争发生在1912年1月下旬，双方动员军队近万人，主要战场在精河、沙泉子、固尔图一带。中经数次战斗，伊犁民军屡次取胜，迫使清军节节败退。始由五台退至精河，又由精河退至沙泉子，再由沙泉子退守固尔图，清军伤亡达一二千人。然而恰在此时，伊犁民军骑兵团长钱广汉临战投敌，民军中计被围，几乎全军覆没，清军复据有沙泉子。不得已，杨缵绪亲率军队由伊犁至精河前线，指挥三路大军全力反攻，清军大败。伊犁民军乘胜追击，收复沙泉子和固尔图，其先头部队进抵乌苏郊外，形势大好。

然而，就在此时，全国的革命形势骤然变化。1912年2月12日，清帝正式退位。次日，袁世凯声明赞助共和。孙中山宣布辞去临时大总统职务，临时参议院选举袁世凯为大总统。3月12日，"清帝逊位诏至，国体共和"，袁大化不得不"遵旨承认"。②3月15日，中央临时政府电令新疆将巡抚改为都督；27日，又"电令速停战事"③。这时，适逢袁大化与伊犁民军作战中连续失利，他被迫同意与伊犁临时政府停战议和。伊犁军政府认为，假如与袁大化再战不仅难于获胜，而且伊犁的守旧势力有死灰复燃之势——是年4月，伊犁察哈尔蒙古总管鄂尔泰、副总管苏木彦等受煽惑先后发动暴乱，他们害怕封建势力的抬头会使新疆的革命大业功亏一篑；同时，由于袁世凯总理全国局势，今后新疆局势难能乐观，只要袁大化下野，伊犁革命势力即可伸展到迪化，即便在全疆扩展革命势力也不为难事。基于此，贺家栋致电袁大

① 金毓黻，等编：《宣统政纪》，卷四二。另参见《新疆起义清方档案》，载《近代史资料丛刊·辛亥革命》（七），451 页。
② 张开枚：《辛亥新疆伊犁乱事本末》，载《近代史资料丛刊·辛亥革命》（七），435 页。
③ 张开枚：《辛亥新疆伊犁乱事本末》，载《近代史资料丛刊·辛亥革命》（七），437 页。

化，同意和谈，并表示"栋俟事定，当随广帅引退让贤"①。

新、伊双方宣布于 1912 年 4 月在塔城停战议和，双方围绕两个重要议题进行了激烈争论。② 经过三个多月的谈判，双方最终于 7 月 8 日达成和议条件 11 款。在和议条款中，双方确定迪化为新疆首府，公举杨增新为都督，主持新疆军政；撤销新伊大都督府，"以归统一"③；设立伊犁镇边使署，以取代新伊大都督府行使伊犁管辖权。至此，新疆资产阶级革命运动宣告结束，革命党人领导的伊犁武装起义在某种程度上以失败而告终。

三、哥老会戕官运动与哈密农民起义

迪化起义和伊犁起义是由革命党人直接领导和发动的资产阶级辛亥革命运动，在它的影响下，全疆地区还爆发了由哥老会组织的戕官运动和受压迫农民自发的武装起义，成为新疆辛亥革命有机组成部分。

就在新、伊双方对峙的同时，伊犁革命党人和迪化袁大化清朝残余势力都视南疆为战略要地。袁大化视南疆为保饷源、卫新疆的一个战略基地；革命党人认识到迪化政府运转所需款项全赖南疆支持，若使南疆独立，则迪化饷源断绝，清朝残余势力必将祸起腹心，束手待毙。因此，双方在南疆争夺异常激烈。

伊、新战争之际，革命党人派土人焦述恩、侯光德等人间道出俄境，以达喀什噶尔，游说喀什地方官员，并积极联络哥老会，配合伊犁民军作战。（《汤烈士事略》）哥老会在南疆有着较为雄厚的基础，除原有会众外，迪化起义失败后一部分哥老会员

① 张大军：《新疆风暴七十年》，77 页，中国台湾，兰溪出版有限公司，1980。
② 其一，"分治"还是"合治"的问题。伊犁代表主张新疆分而治之，划天山为界，天山以北归伊犁临时政府管辖，天山以南归原新疆政府管辖，杨增新的代表主张"统一治理"，不但原伊犁地区和原新疆政府管辖地区合治，而且塔城、阿尔泰亦统一由新疆政府管辖。其二，在省议会未成立之前，由谁主持行使军政职权的问题。
③ 杨增新：《补过斋文牍》，丙集上，4 页，中国台北，文海出版社，1965。

被发配到南疆"填补兵额"，这更加强了哥老会在南疆的影响力。革命党人一度游说喀什地方官员，希图南北响应，夹击袁大化率领的迪化清军。其间，袁大化为稳住喀什道台袁鸿佑，特向北京政府保举袁鸿佑为新疆都督，自己则无心恋战，企图全身而退。喀什道台袁鸿佑左右观望，犹豫持重。1912 年 5 月 7 日，正当袁鸿佑准备前去迪化接任新疆都督之际，哥老会首领边永福和魏德喜，率领一干哥老会员杀死袁鸿佑夫妇，这就是著名的喀什噶尔戕官事件。[①] 南疆哥老会在革命党人的鼓动下，从 1912 年 4 月 13 日到 5 月 7 日，在阿克苏、焉耆、库车、轮台、巴楚、喀什噶尔等地发动一系列戕官事件。

各地的戕官事件，使迪化等地一日数惊，许多前清官吏惶惶不可终日。但是，这种戕官运动虽能一时慑敌，却不能除根。正如列宁所指出的那样：恐怖主义者的任何暗杀活动都帮助不了受压迫的群众。[②] 哥老会采取刺杀个别官吏的恐怖手段，虽然直接威胁着一部分官吏的生命，但却不能摧毁清朝在新疆的统治。而且，应该看到，哥老会作为生计无着的游民结社，主要是通过贩运鸦片、开场聚赌、贩卖人口、强占码头等方式解决其成员生计问题的，"其头目追求本身的生活更甚于哥老会的生存"（《中国的形势及秘密结社》），因此，在戕官运动的过程中可能存在着一些无组织无纪律的为谋求私利而动机不纯的现象，这不可避免地使哥老会的戕官运动的革命性打上大大的折扣。

1912 年 2 月在哈密北部山村库勒伊地方发生反哈密亲王的起义。这是一次在辛亥革命影响下的新疆维吾尔农民起义。辛亥革

---

① 关于袁鸿佑被戕案，就笔者查证，目前存在两种不同的说法：一为袁鸿佑因死心塌地效忠清廷，激怒哥老会会众而引火烧身；一为袁鸿佑在主张共和之际，引起喀什提督焦大聚的不满，遂煽动哥老会将其杀害。第一种为主流观点，第二种观点是笔者查阅湘籍参军汤殿恒资料时有关他的吊唁中查得。两种不同的观点涉及对袁鸿佑的评价，本文暂不作结论。
② 列宁：《游行示威开始了》，载《列宁全集》，第 16 卷，357 页，北京，人民出版社，1988。

命一方面给农民带来希望，认为在哈密的封建制度可以取消；另一方面，伊犁、南疆等地的革命、诛杀贪官污吏的事实也给他们以启示：王公大人不是神圣不可侵犯的。起义领导者铁木尔提出的口号是：拒绝给王府服无偿的劳役，而愿做普通人民，向当地官厅完纳粮税。① 起义最后在杨增新的分化瓦解手段的策动下，农民起义军与哈密王达成和议六款，起义以失败而告终。

四、"新秩序"的构建：杨增新主政

早在伊新战争中，杨增新暗存观望之心，"前方战事激烈，袁令其带队前往，而杨反按兵不动，徘徊于迪化，佯待出发"②。拒绝派遣回队赴前敌助战，使得杨增新保守而不保皇的政治立场暴露无遗，遂为袁大化视为一巨大威胁。这可能成为日后袁大化舍近求远保荐喀什道台袁鸿佑继任新疆都督的重要原因之一。袁鸿佑在伊新战争中对袁大化鼎力支持，并且效忠清朝，据杨增新观察③：

> 又新伊战事未停之先，袁故升道奉文加征赋税。去岁解饷一批，本年二月又解银二十万两。各界误会，谓新伊开战，全由袁故升道接济饷糈，戕害同胞。
>
> 去岁腊底，已得彼国（俄国）公使电告十二月二十五日清帝逊位之事。至壬子年二月间，袁故升道于交涉文牍仍置宣统年月。

杨增新在伊新战事未判、局势仍不明朗的情形下，注意与袁大化为首的守旧派官僚阵营划清界限，同时，以五营回队为代表的回族势力集团为依靠，成为一支新兴的保守派政治力量的领

① 包尔汉：《新疆五十年》，24 页，北京，文史资料出版社，1983。
② 张大军：《新疆风暴七十年》，35～36 页。
③ 杨增新：《补过斋文牍》乙集二，《电呈查喀什戕官一案免究并优恤袁故督文》。

袖，游走于各种政治势力之间。

民国元年五月，袁鸿佑遇害于喀什任所，新督之争风波再起，舆论皆谓新疆局面若非"派得力军人前往主持"则难以收拾。从伊犁方面来说，他们当然不愿意看到这种结果，于是通电反对。袁大化逆潮流而动，"不洽舆情"，其政治生命已随清朝的覆灭而彻底葬送，流连新督之位已不可能。当此之时，杨增新脱颖而出，走到了政治前台。革命党人对于杨增新的认识停留于表面，讥谤其"秃笔"一支，唯知滥招回队以自卫，先为鄙夷，继则轻视，认定其较袁大化更易摆布。在迪化方面，袁大化仍然想依靠杨增新的中立，假意推举其出任新疆都督，自己则退居后台，把持军政，遥控全局。袁大化用心所在，于民国元年五月二十二日北京政府文告当中一览无遗①：

> 袁鸿佑在喀什噶尔被戕，已任杨增新为新疆都督，惟南疆一带幅员过广，民族众多，亟宜速筹镇抚，以靖人心，而维大局。前任都督袁大化尚在新疆，着派令督办南疆剿抚事宜，所有省垣及南疆军队均准节制调遣，迅将应办各事宜会同杨增新妥为办理。

或谓此非袁大化本意，实为北京政府之安排。但是杨增新在其致革命党人贺家栋的一篇电文中道破天机②：

> 养电敬悉，袁帅辞职后，本拟即日起节入关。乃以南疆戕官案警频仍，省城因之谣传纷起，险象环生。前经临时省议会及商会招集会议，以省城根本重地，若稍有动摇，恐变出他种状态，全疆糜烂，必更有不堪设想者。是以公同电恳

---

① 张大军：《新疆风暴七十年》，78 页。
② 杨增新：《补过斋文牍》丙集上，《电伊犁代表贺家栋从速开议文》。

政府暂留袁帅，藉资震慑，已奉大总统电令照准，以顺舆情。

其时，迪化仍处于袁大化掌控之下，所谓"舆情"完全可能出自袁氏授意，也恰好说明袁、杨之间的矛盾已经激化。伊方于"养电"中，与杨增新就袁大化留任一事进行"沟通"，意在协调立场，以便采取一致行动加以应对。杨增新则以巧妙的方式将袁大化留任内情通告伊方，并且以服从中央为借口，机敏地从斗争漩涡里跳脱出来，置身事外。其时，伊犁革命党人与袁大化早已势同水火，他们很快便利用报刊对袁大化展开猛烈抨击，甚至公开指责政府的各种任命。[1] 袁大化面对各方面的压力，已然穷途末路，不得不于五月七日，"天尚未明，……启节东行"，杨增新则"于是日接印视事"，真正掌控了迪化政权。[2]

1912 年 7 月和 9 月，新伊大都督府与新疆省政府先后达成"和议条款十一条"和"新伊组织协议二十条"。据此，杨增新把持全省军政大权，并开始构建新疆社会"新秩序"。

（一）确立近代新疆行政体制

1912 年 3 月 10 日，袁世凯在北京受职，就任中华民国临时大总统。为统一全国各省职官名称，新疆巡抚被改为新疆都督，袁大化就任新疆第一任都督。新伊和谈后，杨增新主持新疆军政大局，正式成立新疆都督府，并就任新疆都督。新疆都督府的人员配备，就其政权阶级构成来说，由封建官绅和革命派两方面的政治力量联合组成。掌握实权的当然是以杨增新为首的旧官僚。杨增新主政后，新疆遵照中央政府指示，实行省、道、县三级组织。民国初年，新疆省以下的道属只有迪化、阿克苏、喀什噶尔

① 张大军：《新疆风暴七十年》，79 ~ 82 页。
② 杨增新：《补过斋文牍》甲集下，《电覆甘肃省议会暨马云亭、周本斋两君详叙新疆戕官情形文》。

三道。民国三年、五年、八年，伊犁、塔城、阿尔泰先后归属新疆后，杨增新增设伊犁、塔城、阿山三道，为了便于管理，民国九年又增设焉耆、和阗两道。至此，全疆共设 8 道，59 县和 7 局（即县佐）的行政建制。这样，原来在行政区划或某些管辖权限不尽属于新疆省政当局的阿尔泰、伊犁、塔城，统归新疆省政府划一管理。① 不可否认，在此过程中，杨增新主观上怀有争权夺利、扩展自身势力的需求，而近代新疆的行政区域却也因此定型。

新疆大都督府成立后不久，新疆省议会正式成立。首届省议会分 8 个地区进行选举，产生 40 位议员。省议会成立后，每年按期召开会议，仿照内地按照法定程序选举和补选省议员、国会议员，并且引导议员根据省情提出议案，相机办理。然而，应该看到，省议会是前清时期新疆咨议局的延续。由于内忧外患、财政匮乏，前清新疆咨议局"酌量变通"办理宪政，立宪政治力量较内地极为薄弱，缺乏起码的政治参与热情和政治利益诉求，辛亥革命期间，也没能成为一支独立的政治力量参与角逐。正是基于此等现状，杨增新自省议会成立之时就控制和利用省议会为自己主政新疆提供方便。新疆省议会虽然在一定程度上成为杨增新个人独裁统治的工具，但作为新疆政治迈向近代化的主要标志之一，代议制亦具有一定进步性：其一，地方代议制较之新疆代议制之滥觞——清末新疆咨议局，从选举方式上去除了"委派"的方式，具有一定民主气息；其二，从议员出身看，新疆籍议员数

---

① 1914 年 2 月，伊犁镇边使撤销改为镇守使，权限仅限于统辖军队，并"归新疆都督节制"，"遇有重大事件，均须秉承都督"，至于地方事宜，另由道尹和四领队官管辖，"与镇守使两不相涉"（《电呈伊犁镇边使广福出缺请照前次命令改镇边使为镇守使文》，《补过斋文牍》丙集上）；1916 年，塔城参赞大臣撤销，改设塔城道，行政首长改为道尹，原有"将军一切职权，统归新疆都督"（《电呈伊犁官制应俟广镇边使身后再行办理文》，《补过斋文牍》丙集上）；1918 年阿尔泰办事长官撤销，原为中央直辖之阿勒泰"所辖区域归并新疆，改设阿山道尹一缺，所有该长官原管之蒙、哈等事务，均由该道尹巡旧接管"（《补过斋文牍》丙集上）。

量增加，少数民族议员数量也增多；其三，在议会运作上，较之前清"酌量变通"的咨议局，省议会定期召开常会，多少发挥了代议制的作用，比前清咨议局更制度化。

上述措施的实行，标志着近代行政体制在新疆的进一步确立，客观上整合了新疆有限的社会资源，有利于抵制俄、英渗透，促进了新疆地区近代化进程。

（二）加强对社会的控制

杨增新主持军政之始，全疆形势仍处于危机和动荡之中。伊犁革命党人分庭抗礼，南疆各地哥老会戕官夺权如火如荼，哈密、吐鲁番农民起义声势日壮。境外俄、英势力虎视眈眈。又逢北洋政府突然断绝每年额定解拨新疆的"协饷"，全省财政陷入困境。面对如此严峻的政治、社会与财政危机，杨增新施展种种权术和政治手腕，加强对新疆政治、社会的控制，从而渡过了危机。对于伊犁革命党人，杨增新采取分化瓦解手段，或用调虎离山，以高官厚禄委派革命党人分赴天山南北各地任职，或以重金收买及暗中胁迫等方式，将革命党人骨干遣回内地，乃至最后将坚守在伊犁的革命党人领导冯特民、李辅黄等行刺暗杀。至1913年底，伊犁革命党人已完全瓦解。进而变更前清伊犁、塔城和蒙古、哈萨克各部隶属于伊犁将军的旧制，将原有伊犁将军一切军政大权统归新疆都督。对南疆哥老会，则冠以"会匪"之名，大肆镇压，对于哈密、吐鲁番农民起义，先用招抚手段分化瓦解起义队伍，进而将起义领袖铁木耳和穆依登杀害。对于外蒙分裂势力出兵入侵阿勒泰，杨增新以为唇亡齿寒，阿勒泰势在必保，所以集中兵力，于1913年7月连续两次击败俄、蒙军队的侵犯，取得阿勒泰保卫战的胜利。对于俄、英两国在新疆的政治、经济渗透，杨增新认为唯关外交，积极交涉，维护新疆主权。至于应付协饷断绝后的财政危机，杨增新主要是通过招民垦荒、发展农业生产和节省各项开支来缓解财政困难。

辛亥革命以后，杨增新只用了两年左右的时间即将新疆变成了他的一统天下。尽管近代行政体制在新疆得以确立，但用人行政仍以杨增新为首的前清旧官僚主导着，所谓的"新秩序"，只是杨增新利用内地军阀混战的社会动荡形势，在新疆形成弱兵割据、闭关自守、偏安一隅的"桃源胜地"。

第二节 外蒙古——俄国庇护下的"独立"

辛亥革命的影响同样波及外蒙古地区。此期，以哲布尊丹巴为首的外蒙古王公、喇嘛们，乘内地局势混乱之际，迅速作出了应对，依托俄国的支持宣布"独立"。

一、库伦乱事与外蒙古"独立"

清王朝自 1906 年开始在内外蒙古实施新政以来，蒙民被迫承担一切财政负担，以至于怨声载道；此外，外蒙古的王公喇嘛们作为边疆地方的既得利益者亦对新政某些举措心存不满，认为新政对他们独立的政治结构和生态环境是一个威胁。因此，基于这样一种危机感，为外蒙古独立运动和积极的反清"独立"埋下了伏笔。

这其中，一个关键性的因素当然是这场运动的领导者的个人魅力和政治倾向。他们害怕最近清廷政局上发生的一些变化（即汉族官僚主持朝政），并对由汉族官僚强加在蒙古地区的改革反应强烈。这种反应从其本身而言证明了他们仅仅是一个追求保持传统自治和原有社会结构的统治阶级吗？这一时期的外蒙古的王公贵族既得利益集团，应该着重指出，尽管他们是以倡言独立为目标的，但是，他们自身也清晰地认识到在极端保守和落后的蒙古社会进行改革是必要的。然而，他们绝不会同意将蒙古人的利益牺牲在改革的祭坛上，特别是，当他们认识到这场改革的主导者是由他们认为是代表汉人利益的官僚主持的时候，他们更加不能容忍这种改革进行下去。外蒙古王公喇嘛坚信，唯有将所有蒙古人联合起来并重塑蒙古的政治统一，他们才能成功地应对并处理好这场"危机"。

1910 年三多就任库伦大臣期间，积极推行新政。这为以哲布尊丹巴为首的外蒙古上层既得利益者创造了一个机会。是年初，土谢图汗和车臣汗的盟长，以及哲布尊丹巴呼图克图的宗教机构沙比衙门的首脑额尔德尼商卓特巴，联名向库伦办事大臣和乌里雅苏台将军上递呈文，以反对新政为名，在蒙古人中制造对清朝统治者的怨恨和不满情绪。他们在呈文中说："我们可怜的、为各种赋税弄得一贫如洗的盟旗和沙比的台吉和阿拉特们，已经到了他们再也无法支持的地步了。历次颁布的命令，没有一个对蒙古人是有利的。因此，我们大家希望能让我们仍按古老的方式生活下去。"① 总之，自从 1909 年或 1910 年来，新政就成了王公和喇嘛们私下议论的话题。

这种政治危机积聚起来，至 1911 年夏，最终演变为一场密谋独立的实际行动。宣统三年六月十五日，外蒙古哲布尊丹巴呼图克图及少数王公在一次密会中，作出了派员赴俄求援的决定。此后不久，杭达多尔济、车林齐密特等人，携有哲布尊丹巴呼图克图签名之函件密赴彼得堡，向俄国人请求援助。信中提及，蒙古人"臣服于满洲皇帝且和平共处"已达两百多年之久，但是，"最近一些汉族官僚攫取了清廷的政治权力并将这一地区带来疑虑和骚乱"。哲佛在信中接着说道，"我们绝不能忍受这一想方设法将蒙地变为耕地的新政策，因为一旦它成功实现的话，则不可避免地毁掉我们传统的生活方式"，"我们追随满洲皇帝，那是因为他是一个虔诚的喇嘛教信仰者，并具有一颗仁慈之心，但是，从最近一些年来我们所遭受的苦难而言，现在看来这一切已经流

---

① 那楚克多尔济：《喀尔喀史》，126 页，乌兰巴托，1963。

于空谈而无事实根据"。① 从上述内容来分析，这封信指出建立在传统的满蒙关系基础之上的外蒙古地区既有的社会秩序和稳定，由于汉族官僚的掌权及清政府权力结构的变化，尤其自新政实施以来，正面临着一场严重的危机。呼图克图活佛为摆脱这场危机，拟求助于俄国，信件中哲布尊丹巴呼图克图极尽献媚哀求之词②：

> 俄国人民之伟大万能沙皇，威强而仁慈，保护黄种民族，乃为美德之化身；如我跻互相协助，将不失固有之地位，黄种民族将发扬光大，永保和平。但据许多国家之经验，弱小民族，如得强大民族之支持，将转弱为强。语云：强大国家扶助弱小国家，伟大之沙皇，其以哀怜慷慨之心，考虑我等之处境，我跻请求援助与保护，若大旱之望云霓也。

就在杭达多尔济等人赴俄求援之际，中国国内形势发生重大变化——武昌起义爆发，内地各省纷纷宣布独立。杭达多尔济等人觉得这是一个绝好机会，遂于 11 月中旬匆匆赶回库伦，密谋宣布外蒙古"独立"，并组成以杭达多尔济为首的"临时总理蒙古国务衙门"。11 月 30 日，杭达多尔济向清朝政府驻库伦大臣三多递交最后通牒，该书札略为（《清末民初中蒙之分合关系》）：

> 为札饬事，照得我蒙古自康熙年间，隶入版图，不为不厚。乃近年来，满洲官员对我蒙古欺凌虐待，言之痛心。今内地各省既皆相继独立，脱离满洲，我蒙古为保护土地宗教

---

① Dindb, A Brief history of the Mongols, (Ulan Bator: Mongyol keblel-n quriy-a, 1934), pp. 4～15.

② David Dallin《俄国侵略远东史》一书所引 Novyi Vostok 所用资料，转引自刘学铫：《清末民初中蒙之分合关系》，蒙藏委员会专题研究丛书，26 页，2002。

起见，亦应宣布独立，以期万全。现由四盟公推哲布尊丹巴
呼图克图为大蒙古独立国皇帝，不日即御极，库伦地方已无
需中国官吏之处，自应即时全部驱逐，以杜后患。合此饬三
多，札到该三多即便懔遵，限三日内带同所有文武官员，暨
马步兵队等，赶速出境，不准逗留。如敢故违，即以兵力押
解回籍。此饬。

据此可知，该札宣布"将蒙古全土自行保护，定为大蒙古独
立帝国，公推哲布尊丹巴为大皇帝，不日登极"，要求三多立即
出境。三多试图劝服蒙古，并向来署的蒙古王公陈述利害："如
以本大臣办事不洽蒙情，宁将予一人置诸锋刃，不可受人愚弄，
将蒙古送于他人之手。抑或不愿内地官吏管辖，如欲改为自治，
本大臣立刻即为电奏请旨，但不可倡言独立。"[1]

外蒙古王公等不听，并于 12 月 1 日凌晨，外蒙古叛乱集团勾
结一支俄国卫队，包围了库伦办事大臣署衙，逼迫三多限三日内
出境，三多的卫队也由"俄兵收械解散"，行辕"由俄兵会同蒙
古看管"。同时，"局、所、衙、署，如印务处、兵备处、电报局
等，均以俄、蒙兵守之。街上秩序渐乱，俄兵荷枪巡行"(《蒙古
风云录》)。三多见大势已去，只得电奏朝廷实情，并取道恰克图
经西伯利亚返回内地。据中文史料记载："在农历十月十四日，
三多见蒙人无加害之意始由领事馆雇车数辆，逃至恰克图。恰克
图署任章京见三多至，再三挽留，不令其去，三多坚执不从，遂
乘俄国火车，逃归奉天，旋又逃至天津。"

驻乌里雅苏台将军奎芳，见三多业已离开外蒙，遂于 1912
年 1 月逃回内地。同年 5 月，库伦军队五千余人，在俄国支持下，
由海山、马格萨尔扎夫和俄国间谍丹必展灿喇嘛带领军队进攻科

[1] 梁鹤年：《库伦独立始末记》，见陈箓：《蒙事随笔》，161 页，北京，商务印书馆，1918。

布多。科布多守军与俄军和外蒙军队激战数十天，直到 8 月 6 日，科布多城失陷，参赞大臣溥润及其他官员、居民七百余人，亦被俄兵押解出境。至此，以哲布尊丹巴为代表的外蒙封建上层控制了外蒙古全境。

随着三多的出走，库伦局势大乱。据库伦华商报告，"现在情形，既无官员统率弹压，商民无主，大相惊异"，"蒙古独立，现无端绪。刻虽尚安，奈抢劫频仍，谣言四起，库伦无兵，所以众华商民异常惊惧"，无奈之下，不得不请求哲佛及俄国驻库伦领事官员保护华商生命财产。[①] 在俄国领事馆的斡旋下，以及从库伦贸易秩序稳定的立场出发，哲布尊丹巴答应允为保护。并规定其诉讼仍归商务公所主持，地方民事则改派蒙官署理。至此，库伦局势稍稍稳定。

1911 年 12 月 1 日，外蒙古正式宣布"独立"，定国号为大蒙古国，哲布尊丹巴呼图克图于 12 月 28 日正式登极为"大蒙古国"皇帝，年号共戴，设总理、副总理，下设内务、外务、兵部、刑部及财政五部，其人选为[②]：

> 总理大臣——车林齐密特
>
> 内务大臣——车林齐密特（兼）
>
> 外务大臣——杭达多尔济
>
> 财政大臣——察克都尔扎布
>
> 刑部大臣——那木萨赖
>
> 兵部大臣——达赖王棍布苏伦

---

① 郭孝成：《蒙古独立记》，载《中国近代史资料丛刊辛亥革命》（七），288 页。
② 另据唐在礼、唐在章《蒙古风云录》一文称：总理为海珊、内务大臣为崔达喇嘛、外务大臣为杭达多尔济、财政大臣为图什公（即察克都尔扎布）、军政大臣为达赖贝子（即达喇嘛）、司法大臣为那木萨赖公。此外，还有（苏）格列科夫、（蒙）锡林迪布等编《蒙古人民共和国通史》（北京科学出版社，1958 年版）称：总理大臣为车林齐密特，内务大臣车林齐密特、外务大臣杭达多尔济、军政大臣达赖王、财政大臣贡布苏龙（亦即棍布苏伦）、司法大臣那木萨公。

此间，哲布尊丹巴宣布将库伦改名，由原来的"Ikh Khree"（大库伦）改为"Niislel Khree"（首都库伦），寓意"大蒙古国"的建立。[①]

二、外蒙古"独立"与内蒙古之内乱

当库伦乱事、外蒙古宣布独立之际，内蒙古亦受其影响而发生了动乱。动乱首先波及俄国图谋已久的呼伦贝尔地区。自19世纪末修筑中东铁路以来，大批俄国人陆续涌入呼伦贝尔地区，肆意圈占土地，砍伐森林，采煤淘金。清政府为此曾与俄国多次进行交涉，但一直未能得到妥善解决。俄国进而在哈尔滨专门设立"蒙务机关"，以笼络呼伦贝尔蒙旗上层人物。辛亥革命爆发后，俄国人即趁机活动，秘密召开会议，煽惑呼伦贝尔蒙旗上层"主动独立，响应库伦"。哲布尊丹巴登极后，也曾派人赴呼伦贝尔参与谋划"独立"之活动。

1911年12月，额鲁特旗总管胜福、陈巴尔虎旗总管车和扎、索伦旗总管成德等人在俄国驻呼伦贝领事乌萨蒂的支持下，调集各旗兵丁千余人，用俄国援助的武器组成"大清帝国义军"，以反对共和为名，举兵叛乱。1912年1月，叛军进入呼伦贝尔，占领官署，强行驱逐地方官员。随即成立了隶属于库伦政府的"呼伦贝尔自治政府"，宣称恢复前清时期的副都统衙门。至4月份，呼伦贝尔自治政府在俄国的支持下，迫使黑龙江地方当局与其达成协议，中国军队撤离额尔古纳河上游地区。至此，呼伦贝尔全境被以胜福为首的伪政权所控制。胜福等占领海拉尔宣布独立之后，就委派佐领达木定苏伦等人前往库伦，呈送表示归附哲布尊

---

① Urgunge Onon and Derrick Pritchatt, Asia's First Modern Revolution: Mongolia Proclaims Its Independence in 1911. Copyright 1989 by E. J. Brill, Leiden, The Netherlands. p16.

丹巴政权的文书。哲布尊丹巴遂于 1912 年 5 月封授胜福为贝子、呼伦贝尔统辖大臣，封授车和扎为辅国公、呼伦贝尔协办大臣，并颁铸了银印。此后，胜福集团还曾向库伦"中央政府"上缴赋税。宣布独立的呼伦贝尔在形式上成为"大蒙古国"的组成部分。

哲布尊丹巴集团宣布独立后，一再向内蒙古各盟旗发布《檄文》《告示》，煽动各旗蒙古王公起兵独立，归附库伦政府。如库伦第一次《檄文》中称："现值南方大乱，各省独立，清皇权势，日就凌夷。国体变更，指日可待"；"我蒙古亦应联合各盟，自立为国，以便保我黄教，而免受人权力压制之苦。自应协力同心，奋勉图维"。[①] 不久，库伦又发布第二次《檄文》："现南路敌人，行将举兵来伐，即应妥为防守，以固疆土。凡交界关卡之处，须不时细心巡查，免贻祸患。相应飞咨喀尔喀连界之锡林郭勒、乌兰察布、伊克昭盟长等，及阿拉善王查照，传饬所属各旗传谕各游牧蒙各沙毕奴仆等，如何定居？黄教如何扶持？各情形具闻，当奉法旨。非图独立，断难生存。"[②]

库伦政府后又颁布《致内蒙古王公八项优待条件》，其条件为[③]：

> 一、凡内蒙古王公归顺者，仍袭现职，年俸皆加倍赐给，由库伦政府支取。
>
> 二、凡王公以下皆晋升一级，其年俸由库伦政府支给。
>
> 三、各旗政费及军费，若有不足，库伦政府予以适当补助。
>
> 四、各旗若有改革之处，库伦政府竭力援助。

[①②]　上海经世文社辑：《民国经世文编》，第十八册，2～3 页，民国三年。
[③]　柏原孝久，滨田纯一：《蒙古地志》（日文版）上卷，1 540～1 541 页，日本东京富山房，1919。转引自内蒙古社科院历史所编写组：《蒙古族通史》，1 139 页，北京，民族出版社，1991。

五、内蒙古人民也可充库伦官吏，得与外蒙古人享有同等权利。

六、一切租税均与外蒙古一律，不加偏重。

七、库伦政府有维持内蒙古治安之责，若民国加意压迫，政府必派兵保护。

八、以上各条，由呈归顺库伦政府之日起生效。

在外蒙古库伦政府的鼓动下，内蒙古先后有 35 个旗的王公曾对库伦"独立"表示响应和支持，致使内蒙古也泛起"独立"的喧嚣。1912 年 8 月 20 日，哲里木盟科右前旗札萨克郡王乌泰从本旗招募兵丁三千余人在葛根庙举兵叛乱，分路向洮南府及各县衙、村镇发动进攻，同时发布了后人称之为"东蒙古独立宣言"的告示，全文如下①：

> 自中国革命、库伦独立以来，本郡王严守中立，并不附和活佛，但求保全本旗之权利而已。近察中国情形，既废孔教，又主张在蒙古殖民。孔教一废，佛教何能保存？蒙人向以畜牧为业，中国若来殖民，是夺蒙人之生计。以上两事，皆于蒙古有绝大影响，是蒙人未享共和之福，而先受共和之害。本旗喇嘛及蒙民等一再会议，坚请宣告独立，万众一心，屡次要求。适值库伦大皇帝派员前来宣布德意，又得某国许允接济军火，竭力协助，是以宣告独立，与中国断绝交通。此为保全蒙古权利起见，别无他意。

与乌泰相约共同起事的科右后旗镇国公拉喜敏珠尔亦征调本旗武装，发兵攻取镇东等县城。自此，哲里木盟部分旗以及相邻

---

① 内蒙古档案馆：《关于"乌泰事件"档案选录》，"告示，1912 年 8 月 20 日"。参阅《盛京时报》，1912 年 9 月 10 日"告示"。

各旗的靖安、开通、醴泉、大赉、暗光等府县厅相继陷入战乱之中。昭乌达盟、卓索图盟的部分王公也潜往库伦，投向哲布尊丹巴集团。

内蒙古王公叛乱发生后，北京政府在对各旗王公进行劝抚的同时，调集东三省军队驰往镇压。经过一个多月的进剿，政府军相继攻占叛军屯兵驻防的瓦房镇、葛根庙等地，终将叛军击溃。乌泰、拉喜敏珠尔等人分别率残部逃往外蒙古。

库伦政府策动内蒙古王公响应其"独立"的图谋落空后，于1913年初，集结军队分三路大举南下，向内蒙古发动武装进攻。战火从乌兰察布盟西部到锡林郭勒盟东北部迅速燃起，并蔓延至西自包头、归绥以北，东至张家口、多伦、林西一线。外蒙古军队在其所到之处大肆掠夺寺庙、集镇，残杀居民，焚毁村落，致使大批农牧民逃亡，对内蒙古造成严重的社会、经济、生态祸患。

在国内舆论的压力下，北京政府命令热河、绥远、陕西等地驻军向进犯的外蒙古军队发起全面反击。1913年夏，热河驻军出击窜扰昭乌达盟地区的叛军，经数十次激战，于10月间收复昭乌达。归绥驻军出击阴山北麓，在百灵庙一带击溃叛军。至年底，外蒙古军队全部被逐出内蒙古。至此，内蒙古形势稳定下来。

三、清政府对外蒙古"独立"活动的应对

清政府于1911年12月4日得到三多电奏，才知道外蒙古业已宣布独立的消息。清廷对此大为震惊，并着手收拾残局。一方面，清廷以三多"事先既不能加意羁縻，临时又张皇失措，实属咎无可辞"之缘由将其革职查办①，并擢升原库伦帮办大臣鹏楚克车林署任库伦办事大臣，寄希望于其能以蒙古族人的身份晓谕

---

① 金毓黻，等撰：《宣统政纪》卷六五，宣统三年十月戊申，页35。

外蒙古诸王公喇嘛，徐图挽救危局。另一方面，清政府电寄鹏楚克车林，密授其处理外蒙事件方略。其内容如下[1]：

> 电寄库伦帮办大臣鹏楚克车林，现在朝廷实行君主立宪，原为保护内地人民、各藩属起见。哲布尊丹巴呼图克图暨商卓特巴等世受国恩，掌管黄教二百余年，为蒙众所敬仰，实由朝廷保护黄教之力。近因各省纷扰，要求独立，朝廷已分别镇抚，渐次平静。念该呼图克图等远居漠北，未悉情形，或为浮言鼓动，或为时势迫胁，不能自主于中，妄生摇动之举，殊负国家二百年尊敬黄教之德意。著派鹏楚克车林掌管库伦办事大臣印信，即剀切晓谕哲布尊丹巴等，使知朝廷实行改良政治，凡从前弊政，有不利于内外人民者，一概革除，以苏民困，毋得轻举妄动，为人所愚致生后悔。并由哲布尊丹巴将此旨宣布各部落王公及喇嘛等，俾众周知。

从上谕内容可知，此间，清政府试图以传统满蒙联姻之关系劝解外蒙哲佛等封建上层放弃独立。然而，清政府所采取的上述措施并未收效。鹏楚克车林深陷外蒙诸王公中，"活佛已不认其为蒙古大臣，所有一切公务，暂归劝活佛独立之杭达亲王办理"[2]，亦未能发挥其应有的作用，以至于此间清政府对外蒙古形势发展一无所知。于此种情形下，清政府不得不另谋他策。1911年12月21日，清政府内阁决定派遣车臣汗部落盟长札萨克多罗郡王多尔济帕拉木、科布多办事大臣桂芳为查办大臣，前往库伦了解情形，"著派将该处详细情形查明电奏。并将蒙众商民妥筹抚辑，设法维持以保大局"[3]。

---

[1] 金毓黻，等撰：《宣统政纪》卷六五，宣统三年十月戊申，页35。
[2] 郭孝成：《蒙古独立记》，载《中国近代史资料丛刊·辛亥革命》（七），289页。
[3] 金毓黻，等撰：《宣统政纪》卷六七，宣统三年十一月乙丑，页13下。

与此同时，清政府于宣统三年十一月丁亥（1912 年 1 月 12 日）再度就外蒙古问题发布上谕，其内容为①：

> 谕内阁："传谕哲布尊丹巴呼图克图。我朝崇奉黄教，信仰保护二百余年矣。尔哲布尊丹巴历辈以来，承先朝之宠遇，受蒙古之皈依，实由朝廷抚绥藩属，令其自由信教，故得以无量之资财，缔善缘而供香火。是尔等喇嘛僧众所享利益，皆国家之所赐也。乃闻倡言独立，殊堪骇异。尔哲布尊丹巴坐床已久，精通佛理，洞达安危，谅不至以一念贪嗔，轻开杀戒，或系被人播弄，尔受其祸，人得其利，甚非尔等之福。前曾降旨宣慰，尔哲布尊丹巴及喀尔喀四部人众，如有疾痛困苦，当为尔拯救之。如有政治不良，当为尔改革之。朝廷慈悲为念，宽大为怀，凡尔有众，偶因一时好事，被迫胁从，一经痛改前非，无不曲予矜全，恩施格外。"

据上述内容可知，较之前次晓谕库伦集团之内容，此期清政府作了更大让步，除对外蒙王公等进行理喻外，还明确表示，可以根据外蒙古实际情形改良政治，以图万全。这一时期，清政府面对内地各省革命党人的冲击，已经无暇分兵武力征讨外蒙古地区，在这种情形下，清政府唯有对外蒙古王公贵族们婉言相劝，也算是情理之中了。事实上，清政府派遣查办库伦事件大臣多尔济帕拉木和桂芳等人并未有机会进入外蒙，就被外蒙当局理阻却境。据多尔济帕拉木奏报清内阁电称②：

> 臣等奉命前赴库伦查办事件，曾经具摺陈明，原拟于上

---

① 金毓黻，等撰：《宣统政纪》卷六八，页 13 ~ 14 下。
② 金毓黻，等撰：《宣统政纪》卷六九，宣统三年十二月己亥（1912 年 1 月 24 日），页 10 ~ 12。

月二十八日起程，乃正在预备就途之际，准理藩部函知，据有库伦来电一通，系"共和会"具名。其电文内有"外蒙古四盟此次倡议，本为保种、保教、保全领土起见，现众志成城，大局已定，查办大臣不惟无事可议，并不容其来库"等语，措词甚为逆理。臣等准理藩部函知后，筹度再四，窃以库伦事件猝往查办，急切未能有效……臣等默察种种情形，安知库伦之事，非有俄人在内阴行操纵之计。且据库伦来电，已显有背叛之迹，若臣等前往申说大义，揆诸事势，恐非口舌所能胜。目下计划，不如一面先探蒙地实情，一面与俄使妥协商订，免致干涉。臣等现经酌定，臣多尔济帕拉穆，拟即请假带同随员、图什业图汗部落三等台吉西尔宁达木登，先回蒙古，侦察情形，随时知照。臣桂芳暂行留京，以便得信后筹划办法，如遇俄使重有要请，更可探其意向所在，再会同外务部设法与之磋议。总期相机迎拒，勿使俄人干预蒙事为要。俟办法妥定，臣等再到库会齐，诸事协同办理。现在时艰孔急，而蒙古地方，对内、对外措置尤难，似此从长划策，庶事前先有把握，临时免费周折。

由于帕拉木多尔济一行未能按照既定计划入库，也就宣告此次"查办库伦事件"的筹蒙方案基本流产。于此种形势下，帕氏提出与俄交涉，试图通过俄国居间调停，以期解决外蒙问题。此外，库伦邮局委员顾保恒也提出了解决办法[①]：

> 至蒙古一方面，活佛双目失明，夜郎自大。助逆王公仍系赴俄纳降之将军亲王二副拉珪为旭南无萨赖公，金厂出在该旗，贪利助逆。达赖贝子无知娃童。两盟长旅进旅退，茫

[①] 《库伦电局委员顾保恒致邮传部转内阁电》，宣统三年十一月初一日。军机处电报档。

无主张。此外尚无甘心从逆之人。所调蒙兵四千，尚无齐集之期，饷项尤无所出。委员已暗嘱商人，不准代为筹垫。此时国家应有谕旨，直寄蒙古新政府，严词诘责，谕令悔过自新。不听，则明春派大员出口，带精兵五六百名，随带机关炮数尊，多备饷械，并先汇库现银三万两，另由库招募壮丁数百名，俟派出大员到库，委员率壮丁迎接，既有精兵五六百名，而新招壮丁亦有接济之利器，不必大战即可光复。旧藩众论佥同，非委员一人之私言也。

就顾保恒当时所处环境而言，他当然希望清政府能够尽快出兵库伦，威服外蒙古。果真如此，不但于清政府重新树立其在外蒙之权威，于顾保恒等常驻库伦的非蒙官绅商民而言，则是一次救赎的机会。清廷踌躇再三，还是接受了帕拉木多尔济的建议，拟通过与俄国之外交途径解决外蒙古问题。

此间俄国表示愿意出面调停，其条件是，此种调停的目的在于缔结一项中蒙条约，以保证外蒙古自治。并且中国方面须承担以下义务，即不在蒙古驻扎军队，不以中国人开垦蒙地，不在蒙古设立中国行政机构，唯有在此种情况下，根据条约蒙古人应承认中国有宗主权，并允许中国驻扎官进入外蒙古。此外，外蒙古可能要修筑铁路，俄国希望取得修筑该铁路的优先权，特别是取得中国政府原则上同意，由俄国人修筑从库伦至俄国边境的铁路。[1] 清政府显然觉得这样的条件不可接受，表示"因担心其他大国亦提出同样要求"，故不能在俄国提出的原则上接受此项建议。在清政府看来，它不希望在俄国的调停下与外蒙古发生关系，唯指望派往库伦的桂芳在不受俄国干涉的情形下同库伦王公达成一项能满足其要求

<hr>

[1] 《外交大臣致北京代办世清电》，第2114号，1911年12月10（23）日，转引自陈春华译：《俄国外交文书选译——关于蒙古问题》，20页，哈尔滨，黑龙江教育出版社，1991。

的协议。当然，这对于俄国来说是不能接受的，此种情形下，桂芳不应指望俄国给予协助。① 略显讽刺的是，清朝统治者尚未等到双方达成一致意见的那一刻，大清帝国就已经成了陈旧的历史过去。

第三节　西藏——混乱中的"自治"

辛亥革命亦波及西藏地区。此时的西藏尽管距内地遥远，但它与四川相连，且西藏地区驻防的清军，除原来少数的绿营兵外，多是川军，因此"川省之乱，藏中受影响最大"。当武昌起义爆发，四川宣布独立之后，于1911年11月，驻守拉萨的部分川军发动了武装起义，并蔓延全藏。于是，西藏辛亥革命以一种始料未及的形式爆发了。

一、川军入藏与拉萨乱事

入藏川军是四川总督赵尔巽新组的一支新式陆军，系接替赵尔丰的边军而入藏的。清廷派遣川军入藏的缘由在1909年2月16日军机处致驻藏大臣联豫及四川总督赵尔巽的一则电谕中剖析得较为清楚②：

> 川督皓电奏已进呈，查藏番自去年攻打三崖后，始终并未退兵，扬言阻止赵尔丰进藏，其狂悍情形自系有恃无恐。惟赵大臣尔丰从前办事既为番众积愤，自未便仍令入藏，致使他族借口。然今日藏地情形，介在强邻之间，意存首鼠观

① 《外交大臣致北京代办世清电》，第4号，1912年1月2（15）日，转引自《俄国外交文书选译——关于蒙古问题》，21页，哈尔滨，黑龙江教育出版社，1991。
② 宣统元年春季《电寄档》正月二十六日致驻藏大臣、四川总督电，转引自冯明珠：《中英西藏交涉与川边藏情——从廓尔喀之役到华盛顿会议》，257～258页，中国台北，国立故宫博物院，1996。

望，必须设法经营，以保边围。前于光绪三十三年，联大臣
曾有详陈藏中情形一疏，所拟办法颇有斟酌，拟即采择试
办，但无兵不能弹压，多兵亦不相宜，拟先设兵三千人，由
川督挑选精锐川兵一千，饷须极厚，械须极精，并派得力统
领一员，带同营哨弁目数十员，率之入藏，归驻藏大臣节制
调遣，作为驻藏大臣本标之兵。其士兵两千人，由联大臣就
近选募，或照前奏募用三十九族之类及归化已久之番民，唯
哨弁长必须川中调来，如此则藏中僧俗可资慑服，而饷需不
致过巨，可期持久。赵尔丰即仍作为边务大臣，驻扎川境，
仍可遥为藏中声援。学堂即照联大臣前奏，先从底处办起，
其余开垦、开矿等事，从容量力筹办。

赵尔巽得旨后即挑选川军三营，分别由管带陈庆、张葆初、
陈渠珍统带；马兵 40 名，并备有新式机关炮一尊，由都司张鸿
升统带。全军共 1 700 余人，由知府钟颖统领。1909 年 8 月 6 日，
钟颖统率川军自成都起程入藏，期间受到藏军阻拦，直到 1910
年 2 月中旬，川军才陆续抵达拉萨。川军入藏后，分驻江孜、日
喀则、波密等处，用以震慑藏人，缉压藏乱。

驻藏川军成分颇为复杂，哥老会党拥有很大势力。此间，驻藏
川军设有袍哥公口二十处，总公口为郭元珍，时任钦差卫队戈什
长。郭元珍与驻藏大臣秘书何光燮、标部书记官范金、哥老会首领
叶纶三等为首的一部分驻藏清军，依靠哥老会势力，联络一气，影
响颇著。其时，钦差卫队管带王久敬因陆军皆为会党，不为所听，
不得不加入会党，以便掌控，惟其资格甚浅，"仅充老公，任人牵
鼻"[1]。要之，"袍哥之命令，甚于朝廷，动则杀戮，谁敢不

---

[1]　忧患余生，撰：《藏乱始末见闻记》，收录于吴丰培辑：《民元藏事电稿·藏乱始
末见闻记四种》，121 页，拉萨，西藏人民出版社，1983。

遵"①。以至于驻藏川军只知有头领而不知有长官，军队秩序糜烂不堪。

当内地辛亥革命全面爆发之际，川军在西藏已数月未领军饷，正是群情鼓噪之时。哥老会党领袖利用了这一不满情绪，以"索饷"为名，于1911年11月13日，在拉萨北清营所在的札什城起事。起事川军首先控制了兵备处和驻藏大臣库房各局所，并抢劫了拉萨兵备处的军械粮饷。翌日又洗劫了驻藏大臣衙署及拉萨市商贾，举兵备处书记官李治平、标部书记官范金为总参谋。11月15日夜，总参谋李治平命田得胜等率兵攻占驻藏大臣官署。是夜10时，"署外枪声顿起，东廊人行如细雨"，起义川军以"西垂"口号相约，直趋驻藏大臣官署，擒获驻藏大臣联豫，将其囚禁于札什城栈房。时任造币厂总办的钟颖闻悉此事，即率手下亲兵十余人前往，晓以利害，恳求释放联豫。由于钟颖平常注重以私人交谊维系人心，很得部下欢心，他的话使在场官兵颇受感动。乘众人犹豫之时，其部下射杀叶纶三，后又处死范金、李治平等人。11月21日，联豫得归驻藏大臣衙门。

拉萨起事以后，驻藏川军内部开始分化，所谓"勤王派""革命派"和"回川救难派"，各自为战，派系林立。此间，钟颖出面组织勤王军，以联豫为元帅，向商上勒索饷银十万两，牛马五千匹，定期回川救难。而当内地革命一经证实，官兵中的哥老会势力即倡言革命，乘机夺权。凡各营管带不入袍哥帮内的，概被罢免，由他们另举袍哥来充任，管带以下的官佐亦由本营袍哥另行自选。一时，被撤废的军官都纷纷加入袍哥，以图自保。官兵入会者，占全军75%。原来的军事组织无形中瓦解，人心浮动，莫衷一是。据《藏乱纪略》载：驻藏川军将领汪文铭、何光燮、郭元珍、胡元凯等人，创议响应四川独立，成立具有临时政

---

① 忧患余生，撰：《藏乱始末见闻记》，收录于吴丰培辑：《民元藏事电稿·藏乱始末见闻记四种》，121页，拉萨，西藏人民出版社，1983。

权性质的公议局，下设国政、财政、军政三部。以汪文铭为公议局局长，何光燮为民政部长，郭元珍为财政部部长，钟颖为国政部长。此外，另设大同保障总公口，由郭元珍负责。凡事由公议局及总公口议决施行。联豫、钟颖之印信被取消，空有"大臣""协统"之名，自然难以约束，于是拉萨"秩序紊乱，法纪荡然"，藏、汉人民痛不聊生。

当拉萨川军哗变之际，其他驻藏川军亦纷纷起事。此间，拉萨起事川军哥老会党中人联络驻江孜川军，树立大汉革命旗帜，返回拉萨，以资响应。江孜川军闻风而动，于 11 月 21 日开拔，直奔拉萨。联豫闻警后，于 11 月 28 日将驻藏大臣关防交给钟颖，逃居哲蚌寺避难。钟颖则许以乱军三个月粮饷，从而平定乱事，并将江孜川军重新编排入伍。不久，原驻波密的川军也闻风溃退西藏。当拉萨起事的消息传来的时候，波密川军人心浮动。时驻藏左参赞罗长裿正在波密处理波密藏乱善后事宜。其时，驻藏川军兵士，拥护共和者日众。联豫、钟颖皆为满人，军民乃瞩望于罗长裿，希望他能出面反正，充任西藏都督。[①] 罗长裿对此未予考虑。与之相反，他立即召集部下官佐紧急会议，认为必须平定拉萨兵变，维持西藏安定局面。时人对此间罗氏之行为作如下分析："彼自诩清室忠臣之后，憎恶革命，实畏东归。兼持联豫知遇，又与陈为乡人，思得其用，而素憎边军，不欲再入其境。"[②] 此番言论颇为中肯，从罗氏自身情感来说，他不太可能摆脱忠、义两字的束缚。当罗长裿意欲率部返回拉萨之际，招致军营内部持不同意见者反对，于回藏途中被戕。

正当驻藏川军纷纷溃退返回拉萨，各军首领在公议局争权夺势的时候，留守江孜的驻军被藏兵围攻的消息传来。于是，公议局决议出兵援救江孜，但军中乏饷，财政支绌，遂遣色拉

---

① 《后藏理事官雷霆上内阁总理说帖》，《盛京时报》，1913 年 7 月 3 日。
② 陈渠珍著，任乃强校注：《艽野尘梦》，78 页，重庆，重庆出版社，1982。

寺负责支应夫马、乌拉。该寺以汉兵与番边开战，不好从中参和为由拒绝支应。公议局无奈，便又决议先攻色拉寺，抢夺寺中钱财后再援江孜。1912年3月23日，军队开始围攻色拉寺。色拉寺为黄教三大寺之一，寺僧多时达五千九百余人，且多有武器。是时，另有一部分川军由谢国梁领导，站在噶厦一边，与钟颖统率的川军作战，直到拉萨二次和谈后才取道印度回中国内地。川军三日未克，反被寺中喇嘛所败，喇嘛乘胜还击，攻陷札什城，焚烧了清军衙署。噶厦政府也以川军杀戮过甚，号召全藏反抗，各地藏军万余人拥至拉萨，将川军围困城中。川军在无计可施的情形下，重新将联豫、钟颖请出主持大局。联豫、钟颖等分别惩办了何光燮、郭元珍等人，并将公议局和大同保障公口就地解散，以示惩戒和作为对藏人的交代。但此时乱局已成，藏人集结了自赵尔丰改土归流以来的不满情绪，掀起了壮阔的反汉活动，藏局遂不可收拾。

二、"驱汉运动"

驻藏川军的起事及其引起的糜烂藏局，自然引起流亡在印度的达赖喇嘛的注意。他在英国的支持下，由大吉岭迁居噶伦堡后，一方面秘密遣人给拉萨的孜本池门和仲泽降巴丹达等送去密令，要他们秘密组织军政部，准备军事行动；另一方面，于1912年1月暗遣亲英分子达桑占东潜回西藏，准备煽动和组织藏军，以驱逐驻藏川军和在藏汉人。

就在川军进攻色拉寺之际，达赖喇嘛通过噶厦发表《告民众书》，其内容如下[①]：

> 内地各省人民，刻已推翻君主，建立新国。嗣是以往，凡汉人递到西藏之公文政令，概勿遵从，身著蓝色服者，即

---

① 牙含章：《达赖喇嘛传》，240页。

新国派来之官吏，尔等不得供应，惟乌拉仍当照旧供给。汉军既不能保护我藏民，其将以何方法巩固一己之地位，愿我藏人熟思之。至西藏各寨营官，刻已召集，啜血同盟，共图进行，汉人官吏军队入藏，为总揽我政权耳，夫汉人不能依据旧约，抚我藏民，是其信用既已大失，犹复恣为强夺，蹂躏主权，坐令我臣民上下，辗转流离，逃窜四方，苛残恶毒，于斯为极。推其用意，盖使我藏民永远不见天日矣，孰使之，皆汉人入藏使之也。自示以后，凡我营官头目人等，务宜发愤有为，苟其地居有汉人，固当驱逐净尽，即其地未居汉人，亦必严为防守，总期西藏全境汉人绝迹，是为至要。

文告发布后，达桑占东秉承达赖喇嘛意见，组成一支万余人的"西藏民军"，于 1912 年 3 月向江孜驻防清军发起进攻。时江孜驻军因部分早已撤回拉萨，力量单薄，加之粮饷、弹药十分缺乏，又得不到拉萨驻军的及时支援，遂被藏军围困，相持不下。4 月初，英国驻亚东商务委员麦克唐纳赶赴江孜，出面调停。麦氏建议由西藏支付 9 250 卢比，以换取江孜驻军的 144 支枪及弹药，并由藏方负责相关支应乌拉，护送江孜驻军离藏赴印。双方于 1912 年 4 月 3 日达成协议，驻江孜川军在得款后撤离江孜，由印度转海道回国。[①] 接着达桑占东又指挥藏军相继包围驻日喀则及亚东清军，麦克唐纳以同样的手段，强迫清军交出武器，两地清军均取道印度返回中国内地。驻防帕里的川军也继起效尤，据麦克唐纳《旅藏二十年》记载："所有在帕里的中国军队，不久便来到春丕谷……驻亚东的西藏商务委员皮西代本和中国司令官交相畏惧，后来我将他们聚在一处，使他们互谈，最后讨论到这一点，就是中国人要卖给代本三十枝来复枪和一些子弹，几经争

[①]　麦克唐纳：《旅藏二十年》，孙梅生，译，64～73 页，北京，商务印书馆，1935。

论，才议定每支枪价，计售五十印度卢比，至于子弹，全不取费，当交钱时，中国人才将枪械交出，并且离开西藏，前往印度。"①

亚东、江孜、日喀则、帕里等后藏清军被遣返后，达赖喇嘛遂决定自噶伦堡返藏。1912 年 6 月 24 日，英印政府护送达赖喇嘛返藏。当经由亚东时，达赖喇嘛会见了麦克唐纳，并向其表示，此行回藏，当努力与驻藏汉军达成交涉，若不成功，希望英国能出面调停。此后，达赖来到帕里。此间达赖并没有径返拉萨，而是停留在浪卡子宗的桑顶寺策应全局，因为自 4 月以来的藏军与驻拉萨川军之间的冲突尚未解决。

时驻拉萨川军形势严峻。据驻江孜临时海关监督史悠明报称："藏番驱杀汉军，激战异常激烈，沿途邮目邮夫悉被番军杀毙，各处关隘渡口亦被番军扎断，无论何人，往来盘诘，搜查甚严，当江亚后藏汉官兵民未出亚东关时，文信早已不通，今江、亚、后三处汉人业已被逐尽净，番军不容一人复入其境，欲通西藏消息，诚属难乎其难。现达赖喇嘛已于本月（6 月）24 日由噶伦堡回藏督战，拉萨蛮兵，近已增至数万，围攻汉军益急，官兵被困已久，粮食断绝，子弹将罄，援兵未至，士卒日以马肉充腹，实有累卵之急。"② 于此情形下，联豫、钟颖二人不得不委曲求全，在廓尔喀驻拉萨代表噶卜典的调停下，致函达赖喇嘛请派员赴拉萨谈判。达赖乃派伦钦强秋、色拉寺擦娃池巴佛、紫仲尼丹增坚赞等三人为代表，前往拉萨进行协商。

拉萨谈判前后经历两次。首次于 1912 年 8 月 1 日，双方在得到英国授意之廓尔喀驻拉萨官员的调停下，几经协调，最终达成

① 麦克唐纳：《旅藏二十年》，孙梅生，译，71 页。
② 《蒙藏事务局咨称据江孜关监督史悠明禀陈拉萨军务吃紧请促川军兼程进援电》（1912 年 8 月 10 日），吴丰培辑：《民元藏事电稿·藏乱始末见闻记四种》，20 ~ 21 页。

协议，签订和约四款①：（1）汉军枪弹交廓尔喀代表封存藏中，无汉、廓、藏三方出面不得擅取；（2）汉军全行退伍，由印度出国，其钦差、粮台、夷清各官，仍照旧驻藏；（3）钦差准留枪30枝，统领准留枪60枝；（4）汉兵出关后，所有兵变损失财产房屋，须照实议赔。据钟颖复民国政府电："况陆军已逾退伍期限，是以曲允其议，借退伍之名，作练兵之计，枪械封存；藏内乱首，分别惩办，我军退扎江、靖，借候援应。"② 此间川军缴械实出于无奈，但他另有打算，准备以退为进，驻扎后藏等待川滇援军。就这样，驻拉萨川军被迫交出武器，大部于9月1日从拉萨起程，拟取道印度返回中国内地。根据和谈条件，作为中国政府驻藏办事长官及一小部分卫队仍有权驻扎拉萨，但噶厦仍迫令联、钟二人及其卫队离开拉萨。9月14日，藏方一意催促联、钟撤离。联豫以清朝覆灭，心灰意冷，日以死在西藏为惧，于是趁此机会匆匆离藏。此间，钟颖接中央政府来电告知其出任民国驻藏办事长官，"毋得遽离藏境，致蹈自弃疆土之咎"③。于是以奉有民国大总统令为由，拒绝离藏。这样，他与噶厦的矛盾再度激化。

9月21日，藏军再次围攻札什城，封锁通道。此次被围情况更为惨烈，川军坚持抵抗达两月之久，并设计夺得西藏三大寺重要官员的家眷以为人质。在"弹尽粮绝，实难支持，草根树皮及京之牛皮包亦食尽"，而援军"久无音耗"的情形下，驻藏川军只得再度请廓尔喀代表出面调停。此次协商双方达成和解条例十

---

① 吴丰培辑：《民元藏事电稿·藏乱始末见闻记四种》，127～128页，拉萨，西藏人民出版社，1979。
② 《马师周电政府转联豫钟颖等电藏事如何筹办请速复并请拨银十万两》（1912年9月7日），见吴丰培辑：《民元藏事电稿·藏乱始末见闻记四种》，20～21、36页。
③ 《国务院电转联豫钟颖等万勿离藏》（1912年9月16日），见吴丰培辑：《民元藏事电稿·藏乱始末见闻记四种》，58页。

款①：（1）汉人由藏河南岸撤离。（2）汉人衙署由西藏派人看守。（3）前次所夺枪炮、子弹及此次所存之枪炮，一律封存雪里库房，由汉、藏、廓三面盖戳封锁，非由三面启封不得动用。（4）第穆寺僧众遵照达赖前次来文办理，不能伤害性命。（5）一面收枪，一面即行离藏。（6）沿途乌拉粮秣柴草，藏方均需供应敷用，不得迟误。（7）百姓出藏所需之乌拉，则需出价购买，每骑 5 两，每驮 3 两。（8）陆军出藏后，在藏汉人之生命财产需照常保护。（9）汉人出藏日期不得逾一九一三年四月初十日。（10）汉人出藏需由藏、廓派人护送。

议和条款签字后，川军及拉萨汉人始得食物供应。据当事者记载："十月初六收枪既毕，次日番边始派贩卖食物者数人到钦署前陈列。汉人蜂屯蚁聚，前往购买，争给钱文，番商应接不暇，遂用棍乱击，以致先给钱者未得物。军民意在得食，亦皆容忍，长官派人弹压，亦一无甚效力，诸物一时卖尽。莱菔半筐竟卖至洋钱六十余，牛肉四腿竟卖至川元四百余枚。盖汉人不尝此味半年余，故丑态毕露至此。"②

钟颖及其卫队等被迫从拉萨撤走，跟随者另有一部分家眷和害怕受到迫害的喇嘛。临行前，噶厦政府及三大寺代表对川军极尽骚扰，以盘查搜检枪支为名，将其随身携带之物尽行夺去。而所谓藏、廓派人护送汉人出境者，实为监视，更如押解。此间，尽管民国政府国务院电令钟颖："当以领土为重，慎毋遽离藏境，致碍大局。"③但在噶厦的一再强令下，钟颖及其川军仍被迫离藏。此后，钟颖亦曾有意逗留在春丕附近的靖西，以保持中央政府与西藏地方政府之联系。

---

① 《民国二年三月十一日收江孜关史悠明电》，转引自冯明珠：《近代中英西藏交涉与川藏边情》，286 页。
② 忧患余生，撰：《藏乱始末见闻记》，收入吴丰培辑：《民元藏事电稿·藏乱始末见闻记四种》，130～131 页。
③ 《北洋政府蒙藏院档案》，1045 号。

　　川军撤离藏境后，达赖喇嘛于 1913 年 1 月返回拉萨。在此期间，达赖喇嘛发表了一个文告，这就是"水牛年文告"。文告重申了达赖的驱汉政策，宣布凡是汉人递到西藏的公文、政令概不遵从。并惩办了"亲汉"的藏族人士，如原摄政第穆呼图克图所在的丹杰林寺再次遭到查抄、封闭；曾帮助过钟颖的哲蚌寺大堪布元典喇嘛也遭暗杀。而对驱逐清军有功人员，达赖不吝封赏，如达桑占东不仅受封了噶伦察绒的田庄、农奴，并被封为札萨，委以重任。

三、川边局势与川滇出军援藏

　　辛亥革命对西藏的冲击，不唯藏中局势大乱，川边情形亦岌岌可危。自赵尔丰川边改革以来，革除藏僧土司苛政，深得边地康民人心。然而，一部分既得利益者暗自潜伏，声息相通，等待时机反戈一击。当拉萨变乱的消息传来之际，达赖密檄川边各地喇嘛、僧徒及各寨营官，驱逐边军及当地汉民，西康藏区的局势随之糜烂。自 1912 年 4 月以来，川边原有设置流官诸县如乡城、定乡、稻坝、公嘎岭悉数被陷。6 月间，定乡藏兵攻陷江卡、乍丫，江卡守兵除八人逃出外，四棚守兵尽数阵亡。这一时期，南敦僧番得西藏地方政府军火接济，相继叛变，复进陷稻城、三坝、南墩等处，拘道坞守吏。时川军驻打箭炉者，有一镇二标，唯因饷缺军不固，坐视不能相救。7 月间，理塘、河口、盐井均被攻陷，巴塘、昌都被围数重，炉城大震。巴塘哨弁刘锡章、盐井委员张世杰均逃入滇界阿墩。据谢彬所著《西藏问题》一书载称："达赖喇嘛同时更令川边藏番乘机宣布独立，未几，川边各地果纷起而响应之，于是，赵尔丰、傅嵩秋等多年经营扶持之势力，遂一朝瓦解。而理塘攻陷，知县被杀，盐井降附，汉兵逃散之报，纷纷传于北京矣。其时，川边全境未被藏番攻陷者，南路仅有炉定、康定、巴安三县，北路仅有道孚、瞻化、炉霍、甘孜、德格、邓柯、石渠、昌都八县而已。"

此间，云南局势底定，迤西总司令李根源建议出师援藏。他在致蔡锷信中指出："川乱以来秩序破坏，一切布置权行销灭，蛮烽复炽。而川军把持西藏，不许他省代谋，别具私心，不顾大局。但川边关系，乃川滇两省，祸不独在川。拟请中央，迅派大员为川滇边务将军，筹办一切。"蔡锷据实电告民国中央政府，请求办法。国务院即电令川、滇捐弃前嫌，迅速选拔得力军队，联合进藏。① 1912 年 8 月 11 日，川军进入西康。入藏川军进展顺利，计出关不过三月，打箭炉、理塘、巴塘、昌都等地得以收复。至 12 月间，进入西康的川军与自云南进入西康的滇军，已在澜沧江会师。尹昌衡并向北京政府提出了进兵西藏的军事计划，准备直进拉萨。

此间英国政府对川滇军入藏一事，颇为忌惮，迭电民国政府，提出照会，表示坚决反对。中央政府在英国的压力下，以国库空虚，民国政府未经列国承认为由，电令尹昌衡驻防川边地区，应守前清末年界限，所有军队不得逾越江达以西。② 9 月 16日，内务总长赵秉钧在参议院解释对藏政策：拟承认达赖，遵守对英条约。③ 复据达赖等致函蒙藏事务局总裁贡桑诺尔布函称：前因教务，由京入藏，振兴藏务，竭力整顿，嗣以革去名号，暂居大吉岭。去冬川省事起，藏中至今未靖，意欲维持佛教，请转呈妥商等语。④ 中央政府乃在 10 月 28 日，以"现在共和成立，五族一家，前达赖喇嘛诚心内向，从前误解自应捐释，应即复封

① 《国务院电蔡锷请派兵会同蜀军进藏镇抚》（1912 年 5 月 18 日），见吴丰培辑：《民元藏事电稿·藏乱始末见闻记四种》，11 页。
② 《国务院电尹昌衡勿令川军轻进藏境》（1912 年 10 月 1 日），见吴丰培辑：《民元藏事电稿·藏乱始末见闻记四种》，83 页。
③ 郭廷以：《中华民国史事日志》，第一册，60，62 页，中央研究院近代史研究所编印。
④ 蒙藏院档案：《大总统恢复达赖喇嘛封号令》（1912 年 10 月 28 日）。转引自：《西藏地方是中国不可分割的一部分》，456 页，拉萨，西藏人民出版社，1985。

为诚顺赞化西天大善自在佛，以期维持黄教，赞翊民国"①。明令恢复达赖名号，以期"同我太平"。

然而，达赖只是缓兵之计，并非真心悔过。1913 年 4 月 1 日，藏兵复进巴塘、江卡、察木多、乍丫、盐井等地，但被川军击退。② 此外，达赖喇嘛还自嘉裕桥以西，密布碉卡，节驻重兵，且遣使四处活动，伺机出没。此等情形下，尹昌衡乃决计持重，派刘瑞麟镇守昌都，西遏藏军，南控江卡；顾占文驻扎巴安，南防盐井，东控乡、稻；朱森林镇守理塘，西援顾军，南防稻坝；刘筱廷驻扎甘孜，镇守北路，有事互为救援，无事坚守不动。在巴安、炉定、雅江、道孚、理化、怀柔、定乡、盐井、长度、察雅、邓柯、同普、义墩、德荣、贡县、甘孜、炉霍、白玉、丹巴、稻城、贡嘎、武成、宁静、科麦、石渠等地重置知事加以管辖。至此，西康局势稍稍安定。

第四节　清朝祚灭与边疆民族归属感的迷失

——对蒙藏边疆与新疆的比较研究

辛亥革命爆发以后，清廷统治摇摇欲坠。这一时期，边疆民族地区尤其是蒙藏地区的政治心态发生了重大变化。一方面是，由于蒙藏地区与清王朝最初都是基于传统的宗教关系结为一体。在蒙藏上层分子看来，他们与清朝统治者是同盟者的关系，他们对中国的认同是建立在对清王朝的认同的基础之上，一旦清政府崩溃，则这一同盟就失去了存在的意义；另一方面，辛亥革命前夕革命党人宣扬的"驱逐鞑虏"论所表达的种族民族主义思想让蒙藏民族上层分子心有余悸，他们认为辛亥革命胜利必将进一步

① 《政府公报》，第 181 号，152 页，北京，印铸局发行，民国元年十月二十九日。
② 郭廷以：《中华民国史事日志》，第一册，87 页。

褫夺封建王公贵族们的既定特权。有基于此，边疆民族上层对于本民族未来的政治走向作了思考，并作出了抉择。由于基于不同的民族——国家理念，此间边疆民族的归属感从整体来说，摇摆不定，表现迥异。

在主张满蒙同盟的蒙古族上层人物中，思想结构比较复杂。这大致可分为两派。一部分封建王公主张拥戴清政府，维护君主立宪；另一部分封建上层分子则利用民族主义的幌子，发动维护封建专制特权的"民族独立运动"。

以贡桑诺尔布、阿穆尔灵圭为代表的蒙古王公，为君主立宪派。他们都是清王朝的世代忠良，并与清朝联姻或为额附，为了维护其特权地位，他们力图维持现状。当清鼎民革之际，针对革命运动中存在的种族民族主义倾向，贡桑诺尔布等蒙古王公对下鼓动蒙古族群众对"驱逐鞑虏"的恐惧情绪，对上渲染蒙古地区制度、信仰、风俗、文化与内地的区别，认为：蒙古王公贵族，"自束发总角，虽各司其地，各子其民，亦惟是率其土地人民以受统一于大皇帝，不知其他也。近以江南纷纷独立，全蒙几见噬于强邻，库伦几沦为异类。故代表等痛心疾首，期复旧观"①。与此同时，驻京蒙古王公还以内外蒙古十盟一百三十五旗的名义，致电南北议和的南方总代表伍廷芳，表示反对共和，声称："只知有君主，不知何所谓共和，更深惧诸君子少数专制之共和"，"如诸君子固执己见，鹜虚名、速实祸，以促全国之亡，则我蒙古最后之主张未便为诸君子宣布"。另外，他们还组织了勤王队，于 1912 年 1 月 15 日入京，分驻各处，并向理藩部呈递了勤王书，表示勤王队伍愿归军咨府调遣，而且军队粮饷不要朝廷接济，由各蒙旗自己筹集。他们还联合各蒙旗及甘肃、陕西、青海、绥远等处反对共和势力，发表通电称："如朝廷允认共和，即行宣告

---

① 《辛亥革命》（上），300 页，上海，上海人民出版社，1957。

独立，与中国断绝关系，以为君主立宪之援助。"① 他们竟以断绝关系相威胁，表示了对共和的深恶痛绝及对君主的忠贞不贰。而且，当他们看到部分满族亲贵赞成共和时，非常愤怒，立即致函各亲贵，大肆痛骂满族亲贵"卖官鬻爵，不以宗社为忧，畏死贪生，竟以亡国为乐"②。

当清帝宣布退位的消息传开后，贡桑诺尔布向北京日本正金银行借银三万两，用于与日本泰平干丝签订购买枪支弹药合同，规定在南满铁路的铁岭车站交货。③ 此后不久，贡桑诺尔布就与巴林左旗亲王扎噶尔，偕同由日本留学回来的蒙古族青年金永昌和在北京的蒙古青年吴恩和等返回喀喇沁旗王府招兵买马，约定"取得武器后，即行起义"。当时，贡桑诺尔布在召集的旗王府负责官吏会议上宣布其"独立"计划时说："这几年来开办学校，训练军队，振兴实业，这一切都是为了蒙古族的独立做准备工作。现在清朝颠覆，民族肇造，外蒙独立，正是我们行动起来的好机会。如果再拖下去，就要前功尽弃了。"④ 与此同时，巴林左旗亲王扎噶尔与清室肃亲王善耆等，共同策划建立"满蒙独立国"，由日本军方资助饷械，后只因日本军部运送武器不密，阴谋败露，遂使此一"蒙古独立"计划亦告破产。

而另一部分封建王公，以外蒙古诸王公为首，因不满于清廷的新政策，与清廷的关系早已处于貌合神离的状态。早在辛亥革命爆发之前，外蒙古以哲布尊丹巴为首的少数封建王公集会于库伦，密谋独立，并派遣使团前往俄国寻求"保护"和"支持"。辛亥革命爆发以后，哲布尊丹巴等封建王公在俄国人的支持下，

---

① 《蒙藩反对共和之举动》，载《大公报》1912年1月22日。
② 《蒙古王公痛骂亲贵》，载《大公报》1912年1月20日。
③ 吴恩和，邢复礼：《贡桑诺尔布》，载《内蒙古文史资料》第一辑，106页，呼和浩特，内蒙古人民出版社，1962。
④ 吴恩和，邢复礼：《贡桑诺尔布》，载《内蒙古文史资料》第一辑，108页，呼和浩特，内蒙古人民出版社，1962。

赶走清政府驻库伦办事大臣三多等行政官吏，并于 1911 年 12 月宣告外蒙古"独立"。接着，又派遣喇嘛大员分头前往内蒙古各盟旗散发檄文，策动内蒙古封建王公蚁附库伦，进行武装叛乱。此间，以达喇嘛为首的一部分蒙古王公中的狂热民族主义分子曾要求内外蒙古联合一体，共同组成一个统一的"大蒙古独立国"。

这一时期，对于大多数蒙古族上层分子来说，围绕国家——民族问题提出的"满蒙同盟"论是支配一般蒙古王公贵族思想的基本观点。当隆裕太后宣布清帝退位后，持"满蒙同盟"论的蒙古王公认为：作为藩属的蒙古民族与蒙古地区只是依附于清王朝的，一旦清王朝覆亡，藩属关系也就自然而然地解除了。这种观点虽然没有得到理论化、系统化，但在蒙古封建上层社会具有十分广泛的影响，并且在日益高涨的"驱逐鞑虏"的浪潮中得到加强。当革命爆发后，蒙古族中的知识分子大多被煽起了民族主义思想热情。时陆军贵胄学堂蒙古族学生王宗洛的思想颇具代表性。早在辛亥革命前夕，他就借雍和宫暗中聚会蒙古队里的同学，宣传革命，"但偏重于蒙古民族独立方面"。在他看来，"现有的中国政治，无论哪一个党派，也是汉民族的'驱逐鞑虏'的活动，与蒙古民族没有多大的利益"，因此，为维护蒙古民族利益计，当"听到外蒙古宣布独立，哲布尊丹巴当了蒙古皇帝的消息时，就企图赴外蒙古从事蒙古民族独立的活动"。[①]

上述这种政治归属的迷离感，同样存在于西藏地方各阶层当中。在西藏地区，当达赖返回西藏之后，召集了一次各宗奚地方头人代表会议，征求大家对西藏今后内政外交方针的意见。据英国人贝尔《西藏之过去与现在》一书称：1912 年，达赖返回西藏后，下令前后藏各县派四名代表陈述彼等对于外交、内政所需改革之意见……其所讨论之问题……西藏应与何国或若干国为友？

---

① 王宗洛：《辛亥革命点滴见闻和对我的影响》，载《内蒙古辛亥革命史料》，84～85 页，呼和浩特，内蒙古人民出版社，1979。

……对于第一问题，会议形成三种意见：（1）与英为友，因其距拉萨最近；（2）与任一强国为友，而依附之，不轻舍此就彼；（3）与中国为友，彼兵强人众，若汝非确得别国扶助西藏，则中国后将报复。三种不同意见的形成表明，对于西藏未来之政治走向以及如何处理与中国内地关系的问题上，西藏上层分子内部仍存在较大分歧，亦表明他们对西藏未来的政治归属感到迷离。

民国建立以后，西藏地方接到袁世凯批准蒙藏局呈请恢复其名号的总统令，曾致电杨芬询问："蒙藏局系何等衙门，处若何地位，何以辄能复还封号？达赖封号乃前清皇帝所革黜，仍需由清帝复还。且皇帝为明智弘善之嘉班阳（藏人称皇帝为嘉班阳，出自佛经）不敢违背，请报大总统筹划。"① 由此也反映了达赖喇嘛等留恋帝制、怀疑共和的思想。此间，以达赖喇嘛为首的西藏上层分子将西藏与清政府的关系定性为纯粹的宗教供施关系。在他们看来，随着清廷的覆亡，那么维系西藏与中国国家关系的唯一纽带亦即断裂。基于这种认识，达赖喇嘛于1913 年 3 月间致电民国政府，略谓西藏之土地、人民、政事，当照第五世达赖时代办理。当时有报刊对此作了精辟分析："所谓第五世达赖时代者，即有清尚未入关以前……英人亦未窥伺西藏，故西藏主权完全无缺。嗣列有清藩属，其情况遂与今日大异焉。"（《中华学生界》）

但据英国驻拉萨政务官员查理·贝尔观察，尽管达赖喇嘛主张与中国脱离关系，但在西藏上层中仍有一部分人对中国充满好感。归结其原因，查理·贝尔认为："西藏之官吏僧侣人民中，有左袒中国党，自无容讳，盖自然之亲近，及两国联合之久，有以致之耳……在农民中，也时闻其盼望中国复来……西藏虽倾向

---

① 《姚锡光代呈赴藏宣慰员杨芬报告致袁世凯呈》，见《元以来西藏地方与中央政府关系档案史料汇编》，第六册，2 379页。

自主，尚不欲其在政治上联合已久之中国完全分离。"①

无可否认，当辛亥革命爆发，清朝覆灭之际，蒙藏边疆民族地区，从整体来说，对中国国家之认同度渐趋式微。在这种脆弱的国家认同和缺乏归属感的焦虑情形下，中央政府和边疆民族上层对中国国家的认同度及其对本民族成员的政治引导看来十分重要。遗憾的是，一方面，革命党人领导的辛亥革命在发起的过程中以"汉族建国"为标的，其行为充斥着种族民族主义倾向；另一方面，此间蒙藏一部分民族上层分子以维护本民族之"民族利益"为借口，利用本民族成员被唤起的民族主义情绪，反向攫取政治权力和保护个人既得利益。于此情形下，蒙藏边疆地区陷入脱离中国主权的政治危机。

然而与蒙、藏情形略有不同的是，新疆地方并没有因为辛亥革命的冲击而丧失对中国国家的认同。此间，以杨缵绪为代表的革命党人分析了利害关系：（1）新疆满营力量强大，其他满、蒙各旗练兵若联成一气，与我抗衡，伊犁革命前途将会遭遇极大困难。（2）伊犁仅占全国极西一隅，东有新疆巡抚袁大化，陕甘总督长庚等，兵力颇为雄厚，东南有青海、西藏，东北有蒙古，劲敌众多，"若不采取稳妥之办法，伊犁一隅尚难保，何能再图东进？"② 基于上述考虑，伊犁革命党人注重团结伊犁各族群众，消除民族隔阂。为发动起义，革命派在各民族中做了许多工作，消除了边疆民族对汉人的不信任，并将一批同情革命的回族上层绅士团结在革命党人的周围。这期间，先是革命军联合了回族、维吾尔族的一部分人参加革命，进攻满兵；后因满、蒙势力强大，最后协商和平解决，"组织汉、满、蒙、回、藏五族共进会，宣布五族共和之意义"。杨增新掌控新疆政权以来，对边疆民族的

---

① 牙含章：《达赖喇嘛传》，246～247 页。
② 杨逢春：《伊犁辛亥革命概述》，载《辛亥革命回忆录》（五），516 页，北京，文史资料出版社，1963。

重视更是有加无已。如民国二年间，外蒙军进犯阿尔泰境，阿属乌梁海、新和硕特、新土尔扈特诸部落，均遭蹂躏，各部驮马牛羊，多被抢去，损失极大。新疆土尔扈特盟长亲王密西克栋固鲁于5月下旬率所属三苏木南投于新疆。新疆当局上报中央，颁给抚恤金，计土尔扈特贝勒银两千两，新和硕特一千六百两，乌梁海两千两。各部首领均极感戴，亲至新疆，趋谒杨增新，以示内向之心。① 总的来看，杨增新对中央政府的一贯做法是"认庙不认神"，不管是谁做总统，他总是例行公事，派出国会议员，到各部走动。并且，新疆地区政府机构的构架，基本上与其他地区政府机构相同。新疆的统治者之所以采取这种方式，是因为中央政府是它们统治权力合法性的唯一来源。否定中央的权威，他们的统治也将失去合法性。在中央政府不稳定，国内政局动荡不安的大环境下，杨增新的这种措施是保证新疆不卷入内地动乱的旋涡，保持新疆相对稳定的明智之举。

综观辛亥革命以来新疆、外蒙古、西藏等边疆地区各地方统治者的政治态度及民族政治心态，大概可分为两种：一种以新疆为代表，对新生政府和中国国家保持了高度认同；另一种以蒙藏为特例，此期蒙藏民族对民初政府和中国国家之认同意识模糊，态度游离。分析这两种政治心态之产生的内在原因，笔者以为有以下几点：

1. 政治生态继承性的差别。前清时期，蒙藏边疆地区一直作为清朝的藩属而存在，其政治制度多建立在政教合一的传统王公制度或宗教制度之上，尽管清末政府曾试图参照近代国家模式对之进行整合，即从原有的开放式的柔性治理结构转换为闭合的刚性管理模式，但未克成功。这样一来，从他们的立场来看待其与清政府的关系，他们自认为与清政府的关系仅仅是建立在同盟关系基础之上的政治隶属。而新疆地区则自建省以来，直至清末

---

① 曾问吾：《中国经营西域史》，578页，北京，商务印书馆，1936。

新政，中央通过派遣官吏对之实行垂直管理。正是这种基于政治生态继承性的差异，给辛亥革命以来的蒙、藏边疆与新疆的政治性格的差异埋下了伏笔。

2. 边疆政治领导者的个人魅力。如前所述，蒙藏地方由于历史政治遗产的继承，辛亥革命以来，对两地区政治走向起主导作用的仍是蒙藏王公、贵族和上层喇嘛。此期他们从个人利益出发，唤起本民族成员的民族主义情绪，以此攫取个人政治权力。而新疆地区，无论是以杨增新为代表的前清旧官僚，或是以杨缵绪为代表的伊犁革命党人，都深受传统儒学教诲，华夏中心观对他们影响至深，即便会有对个人权力的迷恋，但对国家认同这一重要立场之态度是极为明确的。此期，无论是杨增新或是伊犁革命党人从一开始就意识到新疆是一个多民族聚居地区，非常注重引导边疆民族的政治情绪和民族情感。这在一定程度上遏制了新疆各民族对国家认同度的迷离和下降。

3. 地缘政治。从地缘政治的角度来看，西藏、外蒙古地区分别毗邻英属印度和俄国。早在辛亥革命前夕，英、俄两国就已经分别将其视为既得势力范围，两国不但通过双边条约使这种关系得以确定，而且还与其他国家协调立场，得到认可。因此，基于这种因素，自辛亥革命以来，英、俄目击中国内政的不稳，当然更乐意"承担更多的责任"。而新疆地区，地处英、俄两国势力范围之间，历来就是英、俄角逐之地。从国际政治理论角度来看，如果蒙藏地区为单极结构之地，新疆则是两极结构之地，一般而言，处于两极结构的地区较之单极结构更为稳定——由于英、俄两国在新疆政治军事的平衡，亦使新疆维持了一个脆弱的平衡。

小　　结

到此为止，我们探讨了辛亥革命对边疆地区的冲击。其结果，当内地各省在革命的冲击下纷纷脱离清朝统治，宣布独立的时候，蒙、藏、新边疆地区也对此作出了回应。一方面，以蒙藏地区为代表，在上层王公贵族喇嘛的引导下，宣布"独立"或"自治"；另一方面，在新疆地区，以杨增新为首的旧官僚将革命党人排除出新疆，掌控新疆地方政权，他们对中央明确承认新疆为中华民国之领土不可分割的一部分，对内部则实行"嘉峪关外唯我独尊"的军阀统治。

在第一、二、三节中，我们分别就辛亥革命对新疆、外蒙古、西藏的冲击过程予以论述。于新疆地区，受内地革命的影响，革命党人刘先俊最先在迪化发动武装起义，但由于其准备不充分，且迪化旧官僚势力强大，最终以失败而告终。伊犁革命党人接着在伊犁响应，由于领导人注意民族政策，引导当地民族情绪，起义一度取得了成功。在袁世凯政府的协调下，新伊双方进行和谈，最终杨增新攫取了新疆地方政权。

在第二节中，考察了外蒙古王公对辛亥革命的应对。当内地辛亥革命爆发之际，外蒙古哲布尊丹巴在俄国的扶持下，将清朝驻库伦官员尽数驱逐，宣布成立"大蒙古国"。此间，一部分外蒙古王公在泛蒙古主义思想的引导下，希图将内、外蒙古连为一体，遂南下骚扰内蒙古各地。

在第三节中，阐述了西藏地方贵族对辛亥革命的回应。在第一章中，我们了解到，清末政府先后两次革去达赖喇嘛的封号，这造成了西藏地方与清末政府的隔阂。当内地辛亥革命爆发后，拉萨发生动乱，达赖趁机从印度赶回西藏，控制了西藏地方政权。在英国政府的支持下，达赖喇嘛宣布西藏"自治"。

第四节对此期蒙藏地区与新疆地区边疆民族的政治心态作了探讨。从中可知，以辛亥革命为契机，蒙藏边疆民族在上层既得利益者的引导下，其政治归属感整体迷失，对中国国家的认同度有所下降；而新疆地区则在原旧官僚和革命党人相对开明的民族政策的指导下，保持了对中国国家的一贯认同。这其中原因可包括以下三端：（1）政治生态的继承性差异；（2）上层领导者的个人魅力；（3）地缘政治的差异。

第三章 列强对边疆政策之调适

☐ 列强对近代中国边疆政治走向的引导如影随形。本章考察了英、俄在新疆、外蒙古、西藏的政策调整及其原因，并试图揭明在近代民族国家构建的视野下，列强政策之调适对边疆政治性格的影响。

第三章 列强对边疆政策之调适

前　言

在本书的第一章中，我们考察了清末列强对边疆的渗透。原来，19 世纪中后期以来英、俄两国就分别自新疆南部和西部对其进行渗透，并且通过英、俄协议，在一定程度上使双方就新疆问题达成默契，即双方放弃对新疆赤裸裸的干涉，各自在对方所能容忍的限度内在新疆展开政治、经贸竞争。于西藏地区，英、俄两国同样展开了角逐，由于天然的地理位置关系，英国人一直处于主导地位。此间英国一直致力于绕开清政府，与西藏地方政府直接交往，为实现所谓的"西藏中立化"和"西藏自治"而努力。但由于清政府的反对，1906 年中、英双方签订的北京协定并没有使英国得偿所愿，而俄国则采用和平的政治和经济渗透手段，利用英国军事入侵西藏造成的紧张局势，向西藏地方欺骗游说，使其在政治上倒向俄国。而在外蒙古地区，俄国人自日、俄战争以后，逐渐重视对这一地区的经营，加强了渗透的力度。

一般而言，列强对边疆的渗透的影响是双重的。一方面，它从边疆地区获得经济利益；另一方面，它在对边疆地区进行的政治、军事渗透过程中，进而从思想层面对边疆民族产生重大的影响，比如在外蒙古地区，俄国通过拉拢杭达多尔济等统治者上层，向外蒙古王公宣扬泛蒙古主义思想，从而影响其对中国国家的认同。清末政府对此做出了应对，并从近代国家整合模式的角度着力经营边疆，但在如何协调与边疆民族上层既得利益者的关系这一层面上出现了问题，直接导致了边疆民族地区的离心。

在本书的第二章中，我们探讨了辛亥革命对边疆的冲击。在对此期边疆政治实态的考察中，依稀可以感觉到列强对边疆政治走向的引导如影随形。由此是否可以研判：民初边疆地区的政治性格在某些层面受到此期列强对边疆政策的调适的影响。但是，对于这样一个影响边疆政治性格的重要因素，仅仅浮光掠影地介绍似乎很难看清其本来面目。因此，本章中，将就以下问题进行追问和解明：（1）面对辛亥革命以来边疆局势的变幻，列强对边疆政策有何调整？（2）这种调整的背后动因是什么？（3）此期列强对边疆政策的调整对民族国家构建中的近代中国产生了何种影响？

对于上述课题的研究，当前学者关注不多。在先行研究中，有关辛亥革命时期列强对边疆的研究，更多的着重于对此期边疆侵略活动的阐述，而从政策变化层面考察列强对边疆的态度及其背后的动因则略显单薄。至于另一问题，即列强对边疆政策调整对近代民族国家整合之中国的影响，目前研究尚处于模糊状态，亦未能解明。

本章基于上述研究状况，将分四节展开论述。首先，在第一、二、三节中，将分别就列强在新疆、外蒙古、西藏的政策调整及其原因进行阐述；接着，在第四节中，将在近代民族国家构建的视野下，就列强政策之调适对边疆政治性格的影响进行考察。

第一节 俄、英两国对新疆政策的调整

一、俄国对新疆政策的调整

1912 年伊犁起义的爆发是俄国驻宁远领事吉雅科夫始料不及的，他匆忙向俄国驻北京代办谢金通报"请求沙皇政府派遣哥萨克军队进入伊犁地区，加强领事馆卫队兵力"①。然而，1 月 8 日新伊大都督府成立后，立即照会俄国驻宁远领事馆，声明对俄国侨民生命、财产予以保护。1 月 9 日，吉雅科夫立即向谢金报告："伊犁革命党遵守秩序，俄国侨民安然无恙，无需派兵入伊。"② 但谢金并未向彼得堡呈诉这一事实，而是致电外交大臣沙查诺夫请求"派遣驻扎尔肯部队占据与我利益攸关之宁远"③。事实上，为维护俄国在伊犁地方的利益，俄国陆军大臣早在 1 月 7 日就提出必须以"优厚条件征召"两团免役哥萨克骑兵，并对谢米列钦斯克省的部分军队进行动员。④ 部分政治投机家的狂热并没有激发彼得堡立即下定直接出兵新疆的决心。此后不久，沙查诺夫致电陆军大臣苏霍姆利诺夫⑤：

---

① 莫斯科中央国家军事档案馆，全宗，2000，案卷 568，页 349。转引自李琪：《从俄文档案看辛亥革命时期沙俄对新疆的侵略》，115 页，《中国边疆史地研究》，1999 (3)。

② 莫斯科中央国家军事档案馆，全宗，2000，案卷 568，页 361。转引自李琪：《从俄文档案看辛亥革命时期沙俄对新疆的侵略》，116 页，载《中国边疆史地研究》，1999 (3)。

③ 俄罗斯对外政策档案馆，信件宗，案卷 108，页 794（1912 年元月 9 日，谢金给俄国外长沙查诺夫的秘密电报）。转引自李琪：《从俄文档案看辛亥革命时期沙俄对新疆的侵略》，116 页，载《中国边疆史地研究》，1999 (3)。

④ 1912 年 1 月 7 [20] 日第 4934 号函陆军大臣苏霍姆利诺夫致外交大臣沙查诺夫电。转引自陈春华，等译：《俄国外交文书选译（有关中国部分 1911. 5—1912. 5）》，264 页，北京，中华书局，1988。

⑤ 1912 年 1 月 15 [28] 日第 40 号函外交大臣沙查诺夫致陆军大臣苏霍姆利诺夫电。转引自陈春华，等译：《俄国外交文书选译（有关中国部分 1911. 5—1912. 5）》，263 页，北京，中华书局，1988。

1月10日第2842号函敬悉，您在该函中谈及为保卫我国在伊犁地方的利益需要训练俄国部队的人数问题。我曾指出：目前似无必要建立与去年我国向中国政府提出最后通牒时在扎尔肯所集结的同样规模的部队。理由如下：谅您记得，当时曾规定，倘中国的答复不能令人满意，则对伊犁地方实行军事占领，此种占领显然是长期占领。同时我们应估计到，中国中央政府的军队可能对我国的行动进行有计划的反击，当时该政府无疑是稳固的。现在情况已完全不同，我国部队的唯一任务是，在中国出现骚乱时保护俄侨的安全。中国革命在帝国全国范围内的进程丝毫未表现出排外的可能性。因此，我们应该料到，与其说会对我国部队有组织的进攻，莫如说会对俄国的臣民进行个别袭击。反之，甚至可以料到，投入过多的兵力将使居民产生怀疑，怀疑我国打算吞并伊犁。这将为鼓动者煽动仇俄提供有利条件。然而，派小股部队将被中国人视为常见的加强卫队……宁远最近发生的事件，同中国其他地区发生的事件一样，是各省军事防御能力在很大程度上已经瓦解的反映。内讧、财政困难、与中央缺乏联系，无疑是将军事上改革方面所取得的全部成就几乎化为乌有的因素……为了国库及当地臣民的利益，可以赞成适当减少在边境上训练的部队人数。

从沙查诺夫个人的观点出发，由于担心来自新疆地方的反对、帝俄在财政上的困难以及对中国驻新疆军队虚弱的防御能力的预判，他主张在形势未见明朗之前最好不要向新疆投入过多的兵力，以免让彼得堡陷入外交困境。这个时候，俄国政府并没有就新疆问题形成明确的外交政策，以至于沙查诺夫对苏霍姆利诺夫就边境屯兵数量的问题含糊其辞，只是要求其便宜行事。1月

26 日，俄国政府就新疆政策的确定召开内阁特别会议，会议决定由俄国驻北京公使向中国政府提出，要求该政府承认原中、俄改订条约的全部权利。特别会议还决定，若有必要进行武力示威，则应选择伊犁作为示威地点。该地方"位于中国边境，从谢米列钦斯克省极易进行攻击，该地方很富庶，北京政府对该地方很注意，对该政府来说，那是非常敏感的地方"①。为此，俄国内阁于 2 月 1 日召开会议，对在谢米列钦斯克训练一支部队、以备必要时调入伊犁地方的问题做了研究，并作出以下决议②：

> 中国目前形势表明，我们近期不需要向伊犁地方派出大批军队以完成某种政治任务。如该地方发生混乱，只需保卫该地方俄国臣民的安全。为此目的，一支能从突厥斯坦军区迅速进入该地方的小部队无疑足够了。在此种情况下，内阁认为，目前没有必要在谢米列钦斯克省专门建立一支征讨伊犁地方的部队。

至此，俄国对新疆政策逐渐形成一个轮廓，即在伊犁革命政府保证外侨生命财产的前提下，俄国承诺平行外交，"保持中立"，暂时放弃出兵伊犁的打算。

就在俄国内阁作出暂不出兵新疆的决议不久，新疆的局势发生了重大变化。4 月间，北京政府不察边事、不体事实，撤调伊犁革命政府都督广福等人职位，加强袁大化等新疆旧势力之权，导致内政不稳。俄国《新时代报》发表一篇文章，极力劝告俄国在新疆立即采取行动。那篇文章说："中国的本部的混乱虽然没

---

① 1912 年 1 月 13（26）日俄国内阁特别会议。转引自陈春华等译：《俄国外交文书选译（有关中国部分 1911. 5—1912. 5）》，264 页，北京，中华书局，1988。
② 1912 年 1 月 23 日（2 月 5 日）第 418 号函内阁总理大臣科科弗采夫致陆军大臣苏霍姆利诺夫电。转引自陈春华等译：《俄国外交文书选译（有关中国部分 1911. 5—1912. 5）》，268 页，北京，中华书局，1988。

有直接影响俄国的利益，但新疆的骚动威胁到整个边界。过去，中国在这些地区至少维持某种秩序，但现在，它的事情太多，不能把注意力集中于它自己的边境地区。"文章的结尾还说："蒙古和新疆需要政治顾问，我们必须派去。他们需要军事教官，我们必须提供。他们如果没有金钱，就不能够组织一个行政管理机构或建立一支军队，我们必须贷款。这两个地区都很富庶，足以对所借款项提供充分的担保。时间很紧迫，俄国外交在创造有利于它自己的条件方面缺乏技巧。既然如此，那些条件已经自己出现，我们还需要做的一切事情就是利用这些条件。"① 新疆局势的变动，以及国内政治喉舌的鼓噪让俄国政府考虑改变原定对新疆政策。1912 年 4 月 15 日，沙查诺夫致电内阁总理大臣科科弗采夫称②：

　　　　近来伊犁事件已经发生逆转，对当地我国臣民至为危险。杨缵绪将军所部在当地举事，反对满清（此处尊重原文，下文同）王朝，宣布拥护武昌革命政府。该部已被新疆巡抚袁大化所派部队击溃。袁部驻宁远指日可待，这可能引起各种骚动和暴力。何况杨缵绪将军认为必须将其士兵开进他们至今未进过的宁远城。因该地方无人管理，卡尔梅克人已行动起来，他们已切断与特克斯的交通。喀什噶尔当局担心杨缵绪部进犯喀什噶尔，封锁了穆苏尔山口。因此等事件，俄国贸易已遇到困难，俄国臣民的生命财产处于危险之中。鉴于该地方处于此种无政府状态，我认为现下有必要以

---

① 1912 年 3 月 12 日第 144 件英国驻俄国大使布坎南爵士致外交大臣格雷爵士函。转引自胡滨翻译：《英国蓝皮书有关辛亥革命资料选译》，235 页，北京，中华书局，1984。

② 1912 年 4 月 2 [15] 日第 323 号函外交大臣致内阁总理大臣科科弗采夫电。转引自陈春华等译：《俄国外交文书选译（有关中国部分 1911.5—1912.5）》，404 页，北京，中华书局，1988。

加强领署卫队为名，派两连哥萨克骑兵进驻宁远。上述军队到达伊犁地方，除对该地方闹事的半野蛮部族产生巨大的影响外，亦将使我国驻宁远领署代理领事有机会要求将可能引起巷战的中国士兵撤离该城，并为俄国商队派遣卫队，保证商队自由通过起事游牧民族占据的地区。

从中可知，俄国政治投机者针对新疆局势的变化以及自身利益的需求，俄国新疆政策几经反复和调整，最终以维护侨民利益和保护通商路线的畅通为借口，确定了对新疆的武装入侵政策。1912 年 4 月 27 日，200 名哥萨克骑兵自突厥斯坦穿越中国边境，5 月 8 日进入伊犁。5 月 10 日，中国北京政府提出抗议，要求沙俄立即从中国领土撤兵，俄国驻北京外交公使克鲁宾斯基却以"俄国政府有权采取措施保护领事馆、俄民与商业利益"[1] 为由，拒不撤兵。至此，俄国重演 1871 年强占伊犁之故技，重新回到趁火打劫、武装侵略以获取利益的老路子上来了。

在俄国出兵入侵伊犁后的一个半月，即 1912 年 6 月 22 日，又以同样的借口派遣 750 多名哥萨克步骑兵侵入喀什噶尔，分七处驻扎在疏附县城北门外。并一度扬言要派一部分军队到"叶尔羌与和田等其他城市去保护俄国侨民"[2]。俄国军事入侵喀什的第三天，又一手制造了震惊中外的"策勒村事件"。诸多研究成果认定，"策勒村事件"的直接起因是俄国乡约色依提倚仗在华特权和俄领事馆的支持，强迫策勒村村民加入俄国国籍，"谁不服从，便被投入监禁"，由此激起民愤。俄国驻喀什噶尔领事索科夫在这一事件处理中推行强权，不顾事情真相，报告沙皇政府要

① 俄国对外政策档案馆，中国卷宗，案卷 136，页 189。转引自李琪：《从俄文档案看辛亥革命时期沙俄对新疆的侵略》，载《中国边疆史地研究》，116 页，1999 (3)。

② C. P. Skrine and Pamela Nightingale, *Macarteney at Kashgar*, *New Light on British*, *Chinese and Russian in Sinkiang*, 1890—1918, Methuen & Co. Ltd. P207.

求出兵镇压中国抗俄群众，以武力干涉要挟中国政府，必须在俄国领事馆监控之下对"策勒村事件"进行法庭审判。最后，中俄双方达成《中俄策勒村协定》规定：中国政府赔款银7.0406万两；喀什道尹王炳堃、和田知事唐允中均被免职并罚以巨款；熊高升判处12年徒刑，其他哥老会成员押解乌鲁木齐，40名中国穆斯林押送大阿图什矿场，均在俄国领事馆监督之下服刑。[①] 事件处理的结果表明，强权政治乃是俄国制定针对中国边疆政策的基本原则。

辛亥革命爆发后，俄国唆使外蒙军队进攻科布多。科布多陷落后，1913年7月，俄国与外蒙古联军即进攻阿勒泰。杨增新认为唇亡齿寒，阿尔泰势在必保，所以集中兵力，于1913年7月连续两次击退俄蒙军队的侵犯。俄国于9月间派遣1500多名侵略军进驻阿勒泰地区；10月与11月又胁迫阿勒泰办事长官帕勒塔签订《临时停战条约草案》和《中蒙军队停战协定》。通过上述条约，阿勒泰便成为俄国的实际控制区。消息传出，全国舆论纷纷向北京政府提出严重置疑，迫使袁世凯政府将帕勒塔撤职，宣布所订条约无效。然而，俄国军队就此长期驻扎阿勒泰，直到俄国十月革命胜利后才予以撤离。

俄国在新疆进行军事、政治侵略的同时，进一步加强对新疆的经济控制。1911年辛亥革命爆发后，中国内地对新疆的贸易受到严重冲击，无论是关内地产货物（如绸缎、茶叶、瓷器等）还是一些西方国家的进口商品（如印花布、杂货等），都停止了对新疆的输入。新疆商品货物价格持续上涨，与1911年前相比，一对瓷花瓶的价格由20卢布上涨到25卢布；一匹宁绸（约40

---

① 俄国对外政策档案馆，驻北京使团卷宗，案卷233，页368～369。转引自李琪：《从俄文档案看辛亥革命时期沙俄对新疆的侵略》，118页，载《中国边疆史地研究》，1999（3）。

尺）的价格由 38 卢布上涨到 45 卢布。① 新疆各类物资缺乏、物价上涨的局面为俄国进一步扩展对新疆的贸易提供了绝好机会。自 1911 年起新疆对俄贸易额增长幅度逐年加大，至 1914 年达到顶峰。新疆与俄国贸易在中俄贸易中所占比重也日益增大。1895 年，中俄贸易总额为 4 661.4 万卢布，其中新疆对俄贸易额为 759.3 万卢布，约占中俄贸易总额的 16.3%。1914 年中俄贸易总额为 11 845 万卢布，其中新疆对俄贸易额为 2 525.8 万卢布，所占比重上升到 21.3%。新疆对俄贸易的迅速发展，使俄国商品大量倾销新疆。据新疆省政府统计，1914 年全疆人口总数为 2 242 844 人，按当年俄国输入新疆货物价值 1 105.6 万卢布计算，新疆男女老幼每人均摊 4.93 卢布（约 8.9 两白银）俄国商品；如果按当年新疆对俄出口货物总值 1 420.2 万卢布计算，每人均摊对俄出口商品值 6.33 卢布（约 11.4 两白银）。两个数据均居全国各省区对俄贸易人均数首位。②

二、英国对新疆外交政策的延续

辛亥革命在新疆爆发以来，清朝在新疆的统治趋于瓦解。这一情况使英国内部关于对新疆采取何种政策发生激烈争论。英国的目标仍然未变——尽可能使俄国人远离印度平原，不过，在一部分军政人员看来（尤以常与俄国在中亚交涉的英印政府官员为主），清朝在新疆统治的崩溃以及新疆的内乱，那就意味着英国在实现目标的方法上应当有所改变。英印政府早就预设俄国人会趁新疆内乱吞并新疆，因此自始至终地将俄国纳入其政策构建中的首要位置，密切关注俄国在新疆的进展，直到现在看来已经迫

---

① 1912 年《帝俄驻国外工商事务领事代表的报告，中国伊宁》抄本，转引自厉声：《新疆对苏（俄）贸易史（1600—1990）》，141～142 页，拉萨，新疆人民出版社，1993。

② 厉声：《新疆对苏（俄）贸易史（1600—1990）》，142 页，乌鲁木齐，新疆人民出版社，1993。

在眉睫，难于避免。英印政府感到英国在该地区的政治地位和经济利益受到严重威胁。为了抢先一步，当时的英印总督哈丁勋爵主张实施"前进方案"。他竭力向伦敦建议：为了预防俄国吞并新疆，英国应当要求中国承认一条把阿克赛钦不但划在俄国之外，而且要划在英国领土之内的边界。[①] 因为只有这样，才能切断喀拉喀什河的河源和从新疆通过阿克赛钦到西藏的通道，也因此才有可能杜绝俄国通过新疆对西藏和英属印度的渗透。

尽管英印政府官员对俄国在新疆的一举一动极为紧张，并发送给英国外务部以强烈的干预信号，但这并没有影响到来自伦敦的决策。从英国的利益立场来看，俄国在新疆所获取的权益如果仅限于新疆一隅，而不扩张到印度，那就不会有很大的麻烦；但是，俄国在新疆获得的利益，不应大到足以使英国在新疆的地位受到威胁的程度，也不应当使新疆现有的政治结构和格局受到致命的伤害。同样，在俄国未就新疆问题作出激烈反应的时候，英国决不能抢先对新疆提出领土要求，否则，这只会引起俄国在新疆的大肆扩张。由于俄国与新疆的天然地理位置关系，英国不可能从中得到比保持现状更多的利益。况且，从英国驻俄外交大使布坎南传来的信息，并不像英印政府所设想的那样严重——俄国人多次向布坎南承诺不会出兵改变新疆现状。因此，这一时期英国对新疆政策保持了自辛亥革命前夕以来的延续性——以抵制对新疆赤裸裸的侵略和干涉为前提，与俄国在政治、经济领域展开竞争，攫取政治、经济利益。

当俄国接连出兵伊犁和喀什噶尔的时候，英印政府和英国驻喀什噶尔领事馆坐不住了。由于顾忌英国在南疆地区拥有巨大的政治和经济利益，俄国出兵喀什噶尔之前与英国政府和英属印度政府取得联系，通知英国外交部长格雷，俄国"已准备出兵喀什

---

① 1912 年 9 月哈丁致克鲁函。See A. Lamb, *The China-India Border, the Origins of the Disputed Boundaries*, London 1964. p109.

噶尔"①。很快英国驻喀什噶尔总领事马继业便要求英印政府出兵喀什，但这种要求不符合英国既定政策的宏旨，英国政府给予拒绝。马继业随即又向英国和英印政府提出，要抵制俄国在新疆的扩张以及为英国在新疆的利益论，必须大力发展在新侨民，以扩大英国在新疆的政治影响力和增强英国在新疆的政治基础。他认为，如果英国在南疆的侨民过少，将来在英国对新疆怀有某种"期望"时，就会缺乏必要的基础。② 而这种"期望"显然是指英国对新疆从未停止过的觊觎之心。马继业的这一提议并不与英国政府对新疆政策的大体框架相悖理，且的确对维护英国利益和抵制俄国在新疆的影响力具有一定的功用，因而得到了外交部的首肯。为便于马继业继续在新疆发展侨民，英国政府授予他一个"上海租界英国最高法院助理法官"的头衔，奉命对新疆的"英国人"进行登记。1914 年上半年，马继业主要忙于侨民登记工作，他甚至通知那些在北疆的要求加入英国籍的人到喀什噶尔进行登记。根据他的记载，从 1914 年初到 3 月 18 日共登记了 514人；至 6 月 27 日突破 600 人，7 月 31 日达到 651 人，次年 4 月 9日则达到了惊人的 822 人。③ 由于在登记时，通常都是将证明书发给一家之长，而这些家庭中的所有成员便都可以据此成为英国属民，因此马继业在这一时期所发展的英国侨民数目，实际上远远超出这个数字。

马继业发展侨民虽未发生像"策勒村事件"那样的情况，但不可否认，越来越多的"英籍侨民"成为动荡中的新疆的一个隐患。他们在经济上利用免税特权，对新疆进行货物倾销和经济掠

---

① 俄罗斯国家历史档案馆，全宗，561，案卷 569，页 70（1912 年 5 月 22 日沙查诺夫给肯多尔夫的秘密报告）。转引自李琪：《从俄文档案看辛亥革命时期沙俄对新疆的侵略》，117 页，载《中国边疆史地研究》，1999（3）。

② C. P. Skrine and Pamela Nightingale, *Macarteney at Kashgar*, *New Light on British*, *Chinese and Russian in Sinkiang*, 1890—1918, Methuen & Co. Ltd. p236.

③ Kashgar Dairy, April 9, 1915. 转引自贾建飞：《马继业与辛亥革命前后英国在新疆势力的发展》，载《中国边疆史地研究》，72 页，2002（1）。

夺，致使新疆人民"民生凋困，社会不安，亦引起排外而怨内"①；在政治上则利用俄国势力在新疆逐渐削弱之机，加强对新疆的渗透，进行分裂新疆的活动。英属印度政府不仅通过各种渠道给在新疆的这些所谓侨民提供武器，还聘请或雇用土耳其人、阿富汗人及其他一些伊斯兰国家的人员潜入新疆，打入清真寺，冒充阿訇，以讲经为名大肆宣扬大突厥主义和大伊斯兰主义。1918 年库车所谓的"英侨"买买铁力汗聚集人众企图在伊斯兰封斋日以"杀尽汉人，收复领土"为口号发动叛乱，即是英国"侨民政策"恶果的最初反映。这种政治上的渗透在辛亥革命时期的新疆并没有表现出多大的影响力，但在新疆以后的历史发展中，人们可以看出这对新疆的稳定和中国的主权造成了多大的恶果。

三、俄、英对新疆政策分析

综观辛亥革命以来俄、英对新政策及其对新疆的侵略活动可知：这一时期，俄国改变了辛亥革命前夕的守成战略，趁新疆内乱之际不惜以武力攫取在新疆的既得利益；英国基本上延续了辛亥前夕的对新政策，尽管在手法上未有很大变化，但从力度上有所增强，继续加强对新疆的政治、经济渗透。并且两国在此期间围绕侨民政策和扩侨活动展开了激烈竞争。

俄国对新疆的武装侵略是这一时期俄国对新政策的一个重大变化。如前所述，俄国对新疆的武装侵略并不是从一开始就得以确立，它经历了一个曲折的过程。从俄国政府现已公布的档案资料来分析，俄国在新疆辛亥革命爆发之初，基于自身的财政困难、战略重心的转移、对英国的忌惮以及害怕出兵引起新疆民众的反抗等诸多因素，对新政策表现得比较克制。这一时期，俄国在中亚和新疆最重要的目标还是追逐经济利益，有基于此，一个稳定的新疆是俄国所需要的。然而，随着新、伊冲突的爆发，新

---

① 张大军：《新疆风暴七十年》，30 页。

疆局势陷入全面混乱。不仅新疆对内地贸易陷入瘫痪，而且由于战争的需要，新、伊双方各自加强武力戒备，俄国与新疆的主要贸易通道亦被割裂，这极大地影响了俄国对新疆的贸易，并损害了俄国在新疆的经济利益。在这种形势下，俄国悍然出兵以维护俄国对新疆贸易孔道也在情理之中了。不可否认，俄国对新疆的武装侵略与其天然的侵略性的本质有极大关系，但是俄国在新疆的经济利益的逐渐丧失肯定是俄国出兵新疆的一个重要缘由。因此，笔者以为，辛亥革命期间，俄国对新政策转变的一个契机即是新疆内部局势的动乱对俄国贸易利益的影响，这从根本上颠覆了新疆辛亥革命初期俄国政府抱有的理念。

这一时期，英国对新疆政策延续了辛亥革命前夕的风格。英国对新政策的稳定性可以被认为是英国政府和英国外交政策的成熟表现。同时，也应认识到，英国在华利益的 3/4 集中在长江以南，总体上，为维护英国在华利益，它不得不保持中立和克制，因此也犯不着在新疆激起中国政府和新疆地方势力的强烈反对而损害更广泛的利益。基于这种理念，尽管英印政府和马继业为首的英国在新疆利益代言人强烈要求与俄国一道出兵新疆，伦敦方面仍然坚持既定政策。不改变新疆政治现状和领土现状是英国对新政策的政治底线，至于利用新疆内政的混乱，加强对新疆的政治经济渗透的力度的政策它是不会反对的。这一时期英国对新政策和侵略活动也正体现了这一点。

新疆辛亥革命期间，英、俄两国对新疆的政策走向相向而行：英国基本因循，俄国表现冒进。这种战略方向的错位必然导致两国在新疆角逐利益的时候很多时候处于不同立场，难以协调。俄国为了保障经济利益不惜改变新疆政治现状和领土现状，这正是英国最为忌讳的；同时，英国为抵消俄国在新疆扩张的影响，加速非法发展侨民，并一度将触角伸向俄国的特殊利益范围北疆，这必然会引起俄国的反感。两国在新疆的明争暗斗不可避免。对身处其境的两国外交官员来说，新疆的竞争是不符合两国利益的。为此，马继业曾向英国外交部递交一份关于建议英国与俄国达成一项关于新疆问题的协议备忘录，主要议题如下[①]：（1）俄国不为其自身，也不支持其属民及第三国属民在中国新疆境内谋求带有政治和商业性质的特权，诸如修筑铁路和公路、开办银行和电信实业，交通、保险，开采矿产的特权。（2）大不列颠国王自身不寻求、也不支持她的属民或第三国属民在新疆省境内位于天山北部地区，如伊犁、乌鲁木齐、塔尔巴哈台地区谋求带有政治和商业性质的特权，诸如修筑铁路和公路、开办银行和保险事业、交通运输、采矿等方面的特权。（3）俄国政府应该允许英国属民及受到英国保护的人员，包括阿富汗人，在他们获得英国驻喀什噶尔总领事签发的护照，并由俄国驻喀什噶尔总领事签证后，由新疆经伊尔克什坦和杜尔忒特口岸进入俄国突厥斯坦；俄国方面应准许这些人员，只要他们遵守俄国当局可能提出的限制性条件，有在俄属突厥斯坦自由活动、选择居住地、进行贸易活动的自由。（4）英国政府应该允许俄国属民及获得任何俄国领事馆证明他们受俄国保护的人员，在他们持有俄国驻喀什噶尔总领事馆签发，并有英国驻喀什噶尔总领事签证的护照后，从新疆省经喇昆仑山口、拉赫及斯利纳噶尔的习惯贸易通道前往英属印度，只要他们遵守英印提出的限制性条件，有在英属印度自由活动，选择居住地，进行贸易活动的自由。（5）俄国不得以向中国提出要求领土赔偿的形式，直接或间接地对大不列颠印度领土上的坎巨提王公在大不列颠的支持下，在这一地区行使主权的措施。上述要点集中反映了马继业对英国保持在新疆的战略利益的看法。辛亥革命以来，他为实现上述建议进行了艰苦努力，但此时俄国正处于十月革命的前夜，马继业希望与俄国就上述条

---

① 崔延虎：《英国驻喀什噶尔首任领事乔治·马嘎尔尼评述》，载《新疆大学学报》，60 页，1998（2）。

款达成协定以共谋新疆利益的努力最终落空。

第二节　俄国对外蒙政策的调整

一、对外蒙政策演变的背景与依据

1911 年 7 月，外蒙古王公会议决议将派使团前往彼得堡，就俄国保护外蒙古一事正式提出请求。俄国驻库伦代理领事拉弗多夫斯基第一时间将此信息报告了俄国外交大臣尼拉托夫，并向哲布尊丹巴呼图克图强调，在未得到俄国政府的正式答复之前，外蒙古最好暂勿派出使团。此间尼拉托夫也主张，当前"不论帝国政府对蒙人运动持何态度，我意，此刻我们尚不具备利用这一运动为我国利益服务之条件，代表团之到达不合时宜"①。

尽管俄国政府对外蒙使团赴俄持保守态度，但在杭达多尔济的带领下，外蒙古使团于 7 月 29 日秘密到达圣彼得堡。在此等情况下，断然拒绝外蒙使团将之驱逐出境显然不符合俄国在外蒙的长期利益，俄国政府遂决议私下与外蒙使团商议，"设法使此事符合我国愿望。在此种情况下，此事或许在即将举行的俄、中谈判中能使我们得到好处"②。为了明确此间对外蒙古政策，俄国政府于 8 月 17 日召开了远东特别会议。会议认为，为了避免削弱俄国在西方列强中的影响和重点解决中近东问题，"帝国政府在蒙

---

① 《代理外交大臣致内阁总理大臣科科采夫函》第 828 号，1911 年 7 月 17 日（30 日），转引自陈春华编译：《俄国外交文书选译——关于蒙古问题（1911 年 7 月—1916 年 8 月）》，2 页，哈尔滨，黑龙江教育出版社，1991。

② 《科科弗采夫复尼拉托夫函》第 3529 号，1911 年 7 月 21 日（8 月 3 日），转引自《俄国外交文书选译——关于蒙古问题（1911 年 7 月—1916 年 8 月）》，3 页，哈尔滨，黑龙江教育出版社，1991。

古①问题上不主动发表意见，不承担以武力支持喀尔喀蒙人脱离中国之义务，而是居间调停，通过外交途径支持蒙人捍卫独立之愿望，勿与其宗主国君主清朝大皇帝脱离关系"②。8 月 19 日尼拉托夫将这个决定通知了驻华公使廓索维慈，指示他同清政府就外蒙古问题进行交涉："喀尔喀目前之运动及派蒙古代表团赴圣彼得堡，使我国有理由向北京政府指出，蒙古与我国交界，那里发生骚乱不能不使帝国政府感到忧虑，并迫使我们在边境上采取相应措施，此等措施势必导致蒙人中反华运动之发展。"③ 按照俄国政府既定政策之精神，廓索维慈于 8 月 29 日向清政府递交照会，要求清政府在外蒙古立即停止移民、练兵和整顿吏治等，"否则俄断不能漠视，势必至在交界等处，筹对付办法"④。

显然，从此间俄国政府的立场出发，它认为在目前形势下不宜对外蒙事务做过多干涉。这一时期，俄国政府试图利用外蒙古使团赴俄求援一事，向清政府施加外交压力，以为即将开始的中俄关于通商条约的谈判之策略手段。

就在俄国就外蒙政策作出上述决议后不久，武昌起义爆发，中国内地与外蒙古局势发生重大变化。俄国对外蒙古地区局势的发展极为关注。10 月 13 日，尼拉托夫电告廓索维慈："目前俄国的注意力必须集中在近东的发展，所以无力（在中国）进行任何积极活动，但是，俄国应该利用清政府由于南方革命运动所面临

---

① 本书所引文献多处用到"蒙古"一词，系指"外蒙古地区"。关于这一用法，可参阅《中俄蒙恰克图会议录》第十六次会议，俄国专使所作解释：外蒙古代表当知俄国政府向来以"蒙古"二字作"外蒙古"解释，……且"蒙古人民"一语又是专指喀尔喀，即外蒙古之人民。

② 《远东问题特别议事录》，1911 年 8 月 4 日（17 日），转引自《俄国外交文书选译——关于蒙古问题（1911 年 7 月—1916 年 8 月）》，5 页，哈尔滨，黑龙江教育出版社，1991。

③ 《尼拉托夫致廓索维慈电》第 1046 号，1911 年 7 月 27 日（8 月 9 日），转引自《俄国外交文书选译——关于蒙古问题（1911 年 7 月—1916 年 8 月）》，3 页，哈尔滨黑龙江教育出版社，1991。

④ 金毓黻，等撰：《宣统政纪》，卷五八，10 页，中国台北，中华书局，1987。

的困难，使中国承认俄国在蒙古的既得利益。"① 俄国政府所说的"无力进行任何积极行动"显然与事实不符。这一时期，俄国政府依靠驻库伦领事私下帮助外蒙诸王公筹建蒙军，并为其提供武器，为外蒙古宣布"独立"提供了强力后盾。此外，它还利用清政府内外交困的窘境，迫使清政府放弃在外蒙古所实施之新政，并提出有损中国利益的关于修订通商条约提案的应案。

当外蒙古在俄国政府的暗地支持下与清政府之关系越发疏离的时候，俄国政府及时抓住了这一形势的变化，反向利用清政府在外蒙古之困境与之进行交涉。1911 年 12 月，俄国政府向清政府提出愿意为中、蒙关系之发展进行调停。其条件是，此种调停之目的在于缔结一项中、蒙条约，以保障外蒙古"自治"，并且，该条约应该包括中国方面承担义务，不在外蒙古驻扎中国军队，不向蒙地移植中国人，不于外蒙古设置中国行政机构。在上述前提下，根据本条约外蒙应承认中国宗主权，并允许中国驻扎官进入外蒙古地区。② 惜乎当时清政府陷入内乱，自顾不暇，遑论遣使与俄国就外蒙问题进行交涉。此间，清政府仅针对外蒙古独立问题发表几通上谕，复遣桂芳前去库伦查办事件，也因库伦政府阻拦未能进入外蒙。所谓的俄国调停和中蒙协议的幻想也就作罢。

二、"两步走"战略之实施与《俄蒙协议》

1912 年 4 月 13—27 日俄国国家杜马会议召开。从会议进程来看，当时俄国社会各界对俄蒙关系之发展，尤其是对外蒙古

---

① 《代理外交大臣致驻北京公使廓索维兹电》第 1 482 号，1911 年 9 月 30 日（10 月 13 日），转引自《俄国外交文书选译——关于蒙古问题（1911 年 7 月—1916 年 8 月）》，13 页，哈尔滨，黑龙江教育出版社，1991。

② 《外交大臣致驻北京代办世清电》第 2 114 号，1911 年 12 月 10 日（23 日），转引自《俄国外交文书选译——关于蒙古问题（1911 年 7 月—1916 年 8 月）》，20 页，哈尔滨，黑龙江教育出版社，1991。

"独立"问题产生严重分歧，形成两极观点。以时任外交部长的沙查诺夫和国家杜马代表的历史学家 П. Н. 米柳科夫为首的一派，主张俄国应站在外蒙古和中国之中立位置，极力反对俄国参与外蒙古事务，而以奥洛夫省代表沃洛吉莫洛夫为首的另一派则认为必须将外蒙古合并到俄国版图。

沙查诺夫指出，俄国作为一个欧洲国家，应积极参与在欧洲和近东的外交事务，反对"俄国在亚洲的扩张行为"。他认为外蒙古尚不具备独立发展的条件，因而反对将外蒙古从中国分离出来，"隔断蒙古人与中国的联系意味着俄国必须承担帮助蒙古建国的任务，这是一个需要投入大量资金和人力资源的异常艰苦的庞大工程……应该按照喀尔喀人的愿望，保留他们的社会制度，尊重中国政府的决定，恢复他们在蒙古地区的威望"[1]。А. Н. 库罗巴特金将军则提出了与此相反的建议。他在此期出版的《俄中问题》一书中，着重介绍了中国移民西伯利亚俄国边界地区的情况。进而指出，中国政府是在外蒙古地区进行有计划的移民，其最终结果是："中国人利用他们的土地，使蒙古人越来越穷，使其丧失经济自由与基础……最后把蒙古变成中国的一个省。"在此情形下，他提出俄国应该帮助蒙古人，"使漠北蒙古免受中国移民向此迁移的影响，使蒙古人彻底摆脱他们的迫害"。具体举措是，把蒙古收归到俄国政权之下，让外蒙古合法自治，如此一来，俄国的边界线就可以延伸到荒漠戈壁，"俄国和中国之间以荒漠隔开，这样就完全可以避免以后俄国与中国的武装冲突"[2]。

1912 年 5 月以来，外蒙边疆地区局势之发展进入一个新阶段。此间日俄第二次密约已经达成协议，而俄国与英国各自就西

---

① Государствнная Дума//соэыв. Стенограф. отчет, 1912, сессияу, ч. 3, засl04, Спб, 1912, с2168~2169.

② АпКуропаткин: рРусско-китайский вопрос. 1913г. с. 107~110, 129~130.

藏、外蒙古问题也正在积极接触，有望很快达成谅解。在外蒙古内部，自 1911 年辛亥革命以来，库伦政府已经巩固了它的统治，并对整个外蒙古地区及内蒙古的一部建立了有效的控制。俄国驻北京公使世清在分析了当前中国整体局势及国际关系后，提议对外蒙古问题采取一种较以前俄国仅限于调停更富侵略性的计划。于此背景下，俄国政府接受了驻北京公使的建议，拟抛弃此前对外蒙古政策，开始寻求解决外蒙古问题的其他可行的替代方案。

1912 年 7 月，俄国以最后通牒的形式向北京政府提出在三个限制性条款的框架内就外蒙古问题进行谈判。① 对此，中国政府最初表示同意俄国居间调停，随后却改变了政策。袁世凯政府基于国内舆论压力，严正申明不予参与。在俄国人看来，中国政府似乎不想通过俄国政府来恢复其在外蒙古之权利。此间，中国政府一方面抵制俄国在外蒙古的特殊影响，一方面，试图利用呼图克图与喀尔喀王公之间的内争，以消除其自治独立计划并将其置于自己统治之下。除此以外，俄国政府更担心中国政府通过宣布在外蒙古地区实行"机会均等、门户开放"计划，将其他国家之力量引入蒙地，以损害其在外蒙古之地位。"因为，此种措施可能导致在此间产生外国人之商务利益及中国人过于集中，甚至可能导致蒙古内部制度的根本改革。"② 事实确实如此，有一段时期，孙中山即主张联日制俄，以收回外蒙。当 1912 年 8 月 26 日孙中山在北京会见国务总理陆徵祥时，就提出"联络外交"问题，陆氏请他"亲往日、美一行，俟日、美承认（民国），各国不待要求，自可一律办理"。11 月 16 日他又密电袁世凯："华日联盟，大有可望，假以半年至一年之期，当可办到。故俄蒙之

---

① 即中国"不得将兵队派驻外蒙古，及安置文武官员，且不办殖民之举"等三项举措。

② 《内阁会议记录——关于同库伦呼图克图及喀尔喀王公缔结协约问题》，1912 年 8 月 2 日（15 日），转引自《俄国外交文书选译——关于蒙古问题（1911 年 7 月—1916 年 8 月）》，44 页，哈尔滨，黑龙江教育出版社，1991。

约，万不可承认，当出以最强硬之抗议，使此问题延长时日，则必有善良之结果。"又称，"俄蒙之举，不过一二好大喜功之徒，欲乘我之不备，以博功勋，实非俄政府之本意。故对此事，以牵延为第一办法。"应当承认，孙中山"联日制俄"计划是不现实的。日方与俄订立第三次密约，不可能与中国订立联盟。他对日俄关系也似不太了解，甚至公开表示"近日盛传之日俄协约，实属子虚，万不可听"①。

基于上述想象中的担心，俄国政府于8月15日召开了部长特别会议，以确立解决外蒙古问题的新政策。会议认为，在外蒙古问题上奉行消极观望政策是危险的，当前解决外蒙古问题的最好办法是俄国与库伦当局缔结一项双边外交协议，其要点应包括：俄国政府允许捍卫喀尔喀之自主制度，不允中国军队进入蒙古，不许中国人向蒙古移民；另一方面，应使喀尔喀统治者承担义务，不订立违反上述原则之任何条约，并保证俄民及俄国贸易在蒙古范围内自由拥有俄中历次条约规定属于他们的一切权利与特权。此外，俄国政府还要求库伦政府当局保证：俄民在蒙古有权获得不动产；不得使外国人及中国人在蒙古享有比俄国人更多的权利。②内阁大臣尼拉托夫对上述政策之实施的意义特意做了阐述："经验表明，对我国而言，预先在蒙古取得政治上之优势影响，要比在文件中阐述广泛的条约权利重要得多。倘若我国在蒙古之地位不十分巩固，则地方当局可随时寻找机会对条约权利作最狭义、最不利于我国之解释。"③

从俄国政府立场而言，它试图与蒙古直接交涉并缔结俄、蒙协议，其政治意义在于"使中国政府深刻地认识到俄国正欲与外蒙古单独签订协议的事实，以及其背后所包含的暗示适用于中俄关系"。

① 李吉奎：《外蒙古问题》，载《社会科学战线》，196页，1991（1）。
②③《内阁会议记录——关于同库伦呼图克图及喀尔喀王公缔结协约问题》，1912年8月2日（15日），转引自《俄国外交文书选译——关于蒙古问题（1911年7月—1916年8月）》，43~49页，哈尔滨，黑龙江教育出版社，1991。

总而言之，俄国认识到此时中国政府对于外蒙古问题坚定的立场，并认识到此时还不是由俄国出面调停解决中、蒙关系的最佳时机。于是，它决定先与外蒙古王公直接协商，并试图利用与外蒙古谈判中获得的优势地位作为杠杆迫使中国政府改变既定强硬立场。

根据俄国既定之政策，1912 年 10 月初，驻库伦代表廓索维慈同库伦当局进行秘密谈判。库伦当局的代表为内阁总理大臣那木囊苏伦、外务大臣杭达多尔济、内务大臣车林齐密特等。谈判过程中，以车林齐密特为首的蒙古民族主义者提出了许多限制沙俄特权的要求，其中包括不得在外蒙购买土地和经营高利贷生意等，并说这种生意使外蒙古大受其害。廓索维慈在提出俄国方面的缔约草案的同时，拒绝接受库伦当局的缔约条件，声称俄国承认外蒙"自治"，必须以满足俄方要求为先决条件。俄方提出的缔约草案，不仅要分割中国，控制外蒙古，还触犯了外蒙古许多王公喇嘛的封建特权。车林齐密特就指出："现在所谓俄蒙条约，对于蒙人并无实利可言，只将蒙人置诸铁砧之上，铁锤之下，任意敲击而已"，"勒令蒙古无条件接受俄国要求"，无非是欲"使蒙古成为布哈拉和高丽第二而已"。[①] 达喇嘛亦质疑俄国所拟俄蒙协议草案："此种文件是否能够给蒙古带来真正独立，蒙、俄关系是何种关系，是否保护关系？"达喇嘛继而质问："内蒙古及科布多、乌梁海、呼伦贝尔等地方均已承认库伦政府之统治权，此等地方为何未列入协约？如此分割蒙古并不公正，因此等地方均有蒙古人居住，他们正遭受中国压迫，也渴望独立。喀尔喀诸王公有责任关心他们的命运，否则便会受到谴责，谴责他们背叛民族利益。"[②] 廓索维慈的答复是，俄国亦很想将全部蒙人结为一体，但目前实施此项计划会遇到严重困难，内蒙古在地理、政治方面均

---

① 廓索维慈：《库伦条约之始末》，王光祈，译，63 页，北京，中华书局，1930。

② 《对蒙谈判全权代表致外交大臣紧急报告》第 1 号，1912 年 9 月 24 日（10 月 7 日），转引自《俄国外交文书选译——关于蒙古问题（1911 年 7 月—1916 年 8 月）》，74 页，哈尔滨，黑龙江教育出版社，1991。

与中国有较多联系，且部分地区已经"汉化"，内蒙古王公对中国有好感并打算与北京妥协即是明证。至于科布多地方，那里中国政权依然存在，谈论它还为时尚早。[①] 眼见廓索维慈不肯做出让步，达喇嘛遂提醒俄国人："（北）京政府正要求与库伦和解，并且表示，只要不断绝中蒙关系，中国准备做更大的让步，此事将通过即将来库的那彦图进行交涉。蒙古政府感到进退维谷，因为它必须在俄中两国间做出抉择。"[②]

事后，廓索维慈在向沙查诺夫报告中说："蒙人提出了许多过分要求及部分无理要求。在蒙人向我们提出之要求中，有些绝对不能接受。这些要求看来是达喇嘛提出的。他从一开始就持不友好不调和态度，并竭力阻挠谈判，倘有可能，则将谈判引向破裂。在此间他反对我们最激烈，他鼓动与中国订约，反对与俄国亲善，并谴责我们想沽名钓誉，企图奴役蒙古。不久前我在领署召开过一次会议，对蒙古所持不同意见进行磋商，达喇嘛在会议上明显表现出反俄情绪。"[③] 此间，廓索维慈探知，呼图克图及诸王公确曾接到中央政府及专使那彦图从北京发来的电报，内中对外蒙同俄国缔约提出警告，请求放弃独立，并允诺给予种种优惠。[④] 同时，他还联想到"不久前中国人派军队前往西藏，或是中国人在科布多地方采取措施，均是明显的迹象，即中国开始奉行更积极、更坚决之政策，其目的在于将业已脱离中国之地方再

---

① Ibid., No. 61, p. 57, Apr. 3, 1913; Also No. 84, p. 73, Miller to Sazonov, Aug. 24, 1913.

② 《对蒙谈判全权代表致外交大臣紧急报告》第 1 号，1912 年 9 月 24 日（10 月 7 日），转引自《俄国外交文书选译——关于蒙古问题（1911 年 7 月—1916 年 8 月）》，74 页，哈尔滨，黑龙江教育出版社，1991。

③ 《对蒙谈判全权代表致外交大臣紧急报告》第 4 号，1912 年 10 月 2 日（15 日），转引自《俄国外交文书选译——关于蒙古问题（1911 年 7 月—1916 年 8 月）》，95 页，哈尔滨，黑龙江教育出版社，1991。

④ Ibid., No. 37, p. 38, The Russian Minister in Peking to Sazonov, Nov. 12, 1912.

次置于自己权力之下"①。基于这种认定，廓索维慈建议对库伦政府施加压力，迫使其尽快与俄国签订一项旨在保护俄国特殊利益的协议。

1912 年 10 月 24 日，俄国驻库伦代表廓索维慈向俄国外交部递交了俄蒙协议草案。俄国外交部对条约中的某些文字提出异议，建议修改。沙查诺夫指出："所拟草案将蒙古变成脱离中国，在对外关系方面受到俄国保护之独立国，因此，不能接受该草案。以前我们未声明承认蒙古脱离中国，于今我们认为声明承认蒙古脱离中国并无裨益，因为这种承认与中国领土不可侵犯之原则不符。"② 基于俄国政府的指示精神，1912 年 11 月 3 日双方签订《俄蒙协议》。单从协议之内容来看，相关条款之内容是非常模糊的。比如，就库伦政府的地位与名头来说，在俄文本中，提及"蒙古政府""蒙古政府官吏"和"自治组织"，然而在蒙古文本中则变成了"蒙古国"和"一个自决的、自主的组织"。毋庸多言，双方对协议中的某些条款内容的理解是不一致的，存在着明显的分歧。然而，正是在这种情况下，为何这一协议最终得以缔结？或许可以这样理解：对于外蒙古库伦政府来说，它试图利用这一双边协议标示自己是一个真正意义上的主权国家；它还寄望于继续利用这一协议获得更多主权国家的认同。从俄国政府的立场来说，这一协议仅仅意味着为解决外蒙古问题迈出了坚实的一步。对于协议中的某些认识上的偏差，俄国政府毫不在意，在它看来，呼图克图政权仍然还需要俄国的保护加以维持，只要这个前提继续存在，俄国政府就可以随时对外蒙古施加压力获得它想要的结果。俄国最关注的是在这次协议中得到条约保证的经

---

① 《驻北京公使致外交大臣紧急报告》第 50 号，1912 年 6 月 9 日（20 日），转引自《俄国外交文书选译——关于蒙古问题（1911 年 7 月—1916 年 8 月）》，35 页，哈尔滨，黑龙江教育出版社，1991。

② Orange Book, 1914, No. 17, Letter from the Imperial Minister of Foreign Affairs to the Diplomatic Agent in Mongolia, Oct. 14（27），1912.

济利益，以及此一双边条约是否能对民国政府产生震撼性效果。

需要特别指出的是，当俄国政府与外蒙古地方签订协议之时，特意强调要外蒙地方以库伦政府的名义、而不是以呼图克图及喀尔喀诸王公的个体名义立约。[①] 这从一个侧面反映了俄国人的狡诈。因为，从国际法的角度去理解，个人与国家所订的条约，本身的法律效力值得怀疑，同时它还不具备继承性和延续性，在俄国人看来，一旦在任呼图克图下台，而下任呼图克图则有可能借此否认历次与俄国所订条约；相应地，如果与俄国签约对象为库伦政府，只要这一傀儡政府仍然存在，从法理、条约的范本来说，则具有永久性，不用担心人亡而约废。

对于这一时期俄国对外蒙政策，可从俄国外交大臣沙查诺夫致驻华公使世清之电文一窥全貌。他说："因我国在喀尔喀之地位尚未确定，我们才不得不同实已存在之蒙古政府往来。我们希望，中国人之理智无疑将使他们认识到必须同我们就蒙古问题达成协议。目前我们并未承认蒙古完全脱离中国，我们仅答应蒙人在维护自治（有权不许中国向蒙古派官、派兵、移民）方面将给予协助。因此，我们希望中国政府在赞同本协约大纲及两方顺利、全面解决蒙古问题方面不会遇到障碍。不言而喻，倘若我们这种愿望不能得到满足，则我国在蒙古的利益将迫使我们在巩固已存在之蒙古政权方面进一步采取行动。"[②]

由此可以看出，此期俄国尽管乐于维持外蒙古事实上的"独立"地位，但反对"蒙古国"基于一种国际法意义上的主权国地位而出现，为俄国在国际政治环境中之灵活外交转圜计，它只愿意担保外蒙古"自治"之地位。此外，俄国与外蒙签订双边协议的一个重要目的，即是因此作为一个向中国政府讹诈的工具，迫

---

① 《对蒙谈判全权代表致外交大臣函》，1912 年 9 月 28 日（10 月 11 日），《帝国主义时期的国际关系》第二辑，第 20 卷，下册，第 991 号文件。

② Orange Book, 1914, No. 26, Letter from the Imperial Minister of Foreign Affairs to the Russian Ambassador in Peking, Oct. 24, 1912.

使中国政府与俄国政府就外蒙问题达成双边协议，以保障其在外蒙古地方的政治经济利益。事实上，它比其他任何国家都清楚，《俄蒙协议》从国际法意义上来说是没有法律效力的，因此，唯有求得中国政府的条约保障，才能够切实取得其在外蒙古的特权地位。

三、中俄交涉与中俄蒙协议

就在俄国与外蒙地方展开秘密谈判的同时，俄国并未放弃与中国政府就外蒙问题直接交涉的努力。库朋斯齐于 1912 年 10 月 15 日在会见陆徵祥时，要求中国必须尽快同俄国就外蒙古问题达成协议。针对俄国的要求，陆徵祥明确指出，缔结协约违背中国人民与众议院之意愿，这种协约有损中国主权。恰此时，中国政府获悉俄国与外蒙双边绕开中国政府进行秘密谈判，对此问题，中国代表向俄国政府提出抗议。俄国代办廓索维慈的答复是："我们事先已通知中国政府，倘若俄、中两国关于蒙古问题之协议推迟签订，则我们将不得不同蒙古政府进行事务往来。因中国政府继续回避同我们磋商蒙古问题，故授命廓索维慈探明我们进行上述公务来往之背景。我们并不想承认蒙古脱离中国而独立，但我们亦无可否认，此种独立实在已存在近一年之久，我们是否将承认这一事实，这将取决于中国。"① 俄国在维持外蒙古自治这一问题上狡词强辩，并进一步指出，决不容许以武力使库伦政府屈服于中国，亦不容许将外蒙古改为中国一个行省。它担心，中国政府在外蒙古设立行政机构时，就认为可借此取消俄人在改为行省之地区所享有的特权。②

事实上，随后俄蒙协议的缔结及双边关系的无限接近，的确让中国政府非常紧张，也达到了震慑中国政府的效果。1912 年 11

①② 《外交大臣致驻华公使电》，1912 年 10 月 16 日（29 日），转引自《俄国外交文书选译——关于蒙古问题（1911 年 7 月—1916 年 8 月）》，108 页，哈尔滨，黑龙江教育出版社，1991。

月 19 日，中国驻俄公使向俄国政府发表一项声明，要求俄国放弃俄蒙协议，并向外交大臣沙查诺夫担保，中国政府愿随后同俄国开议，解决外蒙古问题。俄国政府此时则乘机要挟中国政府，沙查诺夫告诉陆徵祥："此项建议为时已晚。"但是，他随之又虚与委蛇地指出："我们依然希望就蒙古问题同中国达成协议，且不打算伤害中国人之自尊心。我认为，帝国政府同中国政府可按照俄蒙协议之原则缔结协约，从该协约中可以找到摆脱目前困难并为双方所接受之解决办法。"① 并威胁说，在关于外蒙古问题之俄中协约问题上，任何拖延只能导致中国进一步失去同外蒙古之联系和扩大呼图克图政权之领土范围。此间，俄国以俄蒙协议为依恃，试图将中国政府与俄国的谈判的精神以俄蒙协议之精神为依归，进一步将中国嵌入困境，以期获取更多。

在上述背景下，俄中两国就外蒙问题的协商展开。双方几经会谈，遂于 1913 年 11 月 5 日签订中俄声明，并于同日换文，该声明共有五项：（1）俄国承认中国在外蒙古之宗主权。（2）中国承认外蒙古之自治权。（3）中国承认外蒙古人享有自行办理自治外蒙古内政，并整理本境一切工商事宜之专权。中国允诺不干涉以上各节，是以不将兵队派驻外蒙古，及安置文武官员，且不办殖民之举。惟中国可任大员，偕同应用属员暨护卫队，驻扎库伦。此外，中国政府亦可酌派专员驻扎外蒙古地方，保护中国人民利益，但地点应按照本件第五款商订。俄国一方担任各领事署护卫队外，不得在外蒙古驻扎军队，不干涉此境之各项内政，并不在该境有殖民之举动。（4）中国声明接受俄国调处，按照以上各款大纲及 1912 年 10 月 21 日（俄历）俄、蒙商务专条，明定中国与外蒙之关系。（5）凡关于俄国及中国在外蒙古之利益，暨各该处因现势发生之问题，均应另行商订。上述声明签订后，中

---

① Orange Book, 1914, No. 31, Letter from the Imperial Minister of Foreign Affairs to the Russian Ambassador in Peking, Nov. 6, 1912.

俄双方复于同日互换照会，声明四款，是为声明另件。要点如下：（1）俄国承认外蒙古土地为中国领土之一部分；（2）凡关于外蒙古政治土地交涉事宜，中国政府允与俄国政府协商，外蒙古亦得参与其事；（3）正文第五款所载随后商订事宜，当由三方酌定地点，派委代表接洽；（4）外蒙古自治区域应以前清驻扎库伦办事大臣、乌里雅苏台将军及科布多参赞大臣所管辖之境为限。惟现在无详细地图，而各该处行政区域，又未划清界限。是以确定外蒙古疆域及科布多、阿尔泰划界之处，应按照声明文件第五款所载，日后商订。①

当俄、中双方就外蒙古问题进行协商时，外蒙古诸王公对此惶恐不安，他们一方面担心俄国企图使外蒙古臣服，或做外蒙古之保护国；另一方面，则担忧俄国为了自身利益与中国缔结协约，在最后关头抛弃外蒙古地方，害怕俄国出卖自己的利益。1913 年 5 月 13 日，哲布尊丹巴呼图克图在会见廓索维慈时提出，"承认蒙古对中国之宗主权，承认由此而形成的局势不符合蒙人之利益"，并希望俄国支持外蒙古独立。廓索维慈虚伪地向王公们做出承诺："俄国希望蒙古独立，并对蒙古十分友好，并随时向哲布尊丹巴呼图克图透露中俄双方协商的进展。"② 然而，1913 年 10 月 26 日中俄双方声明交换文件中，却有条款宣布蒙古承认中国之宗主权，且声明另件宣布蒙古为中国领土的一部分。外蒙诸王公对此十分失望，并要求俄国政府作出解释。杭达多尔济悲观地认为："所谓宗主权之从属关系甚至可能使民国政府再次把外蒙古变成自己的行省。"③ 此外，由于外蒙王公拖欠中国银行巨

---

① 刘学铫：《清季民初中蒙之分合关系》，台北，蒙藏委员会 2002 年专题研究丛书，第 8 期，33~34 页。

② *Orange Book*, 1914, No. 55, pp. 54~55, Sazonov to Korostovets, Jan. 22, 1913.

③ 《驻蒙古外交代表密电》，1913 年 11 月 3 日（16 日），转引自《俄国外交文书选译——关于蒙古问题（1911 年 7 月—1916 年 8 月）》，198 页，哈尔滨，黑龙江教育出版社，1991。

额债务，此前他们曾天真地以为，完全脱离中国还意味着不再偿还所欠中国债务。[①] 俄国驻库伦特使亚·密勒尔对此的解释是，"俄国政府坚信喀尔喀完全脱离中国不可能实现，库伦政府合并内蒙古之企图并无意义，他们绝不赞成"。他最后向外蒙王公保证，随后中、俄、蒙三方进行谈判可望进一步为外蒙古争取权利。[②] 同时，作为对外蒙古诸王公经济上的补偿，俄国政府决定给予外蒙古地方财政援助。当然，俄国政府从自身利益出发，认为这样做既可以打消蒙古人关于俄国通过"11 月 5 日中俄互换声明文件"承认中国在蒙古之宗主权，抛弃外蒙古这种信念，又可以使蒙古人在经济上更加依赖俄国，进而在相关政治问题上与俄国的步伐保持一致。

由于中俄声明及其另件，遂有中、俄、蒙三方会议的召开。当时北京政府为了表明其慎重，特派毕桂方及陈篆两人为全权专使，更以蒙藏院参事陈毅为顾问、外交部金事王景岐及蒙藏院金事范其光二人为参赞，另有翻译数人，于民国三年九月开始，至民国四年三月（1914 年 9 月至 1915 年 3 月）在恰克图举行会谈。关于外蒙古现在及未来的政治走向，与会三方各怀目标。对于呼图克图政府来说，它希望建立一个包括内蒙古在内的统一的蒙古主权国家；北京政府认为外蒙古应该成为中国的一部分，并试图恢复其在前清时期的疆域版图；俄国则主张建立一个在虚无的中国宗主权之下的"自治"外蒙古政府。正是由于三方的政治构想存在着严重分歧，会议期间各方争执激烈，共举行会议 48 次，几经折冲，遂于 1915 年 6 月 7 日达成协议，签订《中俄蒙协

---

① Korostovets, op. cit., p. 218; Krasny Arkhiv, Vol. 37, p. 29, Miller to Sazonov, Dec. 2, 1913. 据俄国工商部驻外蒙古代表统计，蒙古诸王公所欠库伦前大清银行及其前乌里雅苏台支行债务总额为 688 000 库平两，约一百万卢布。最大欠债者有：土谢图汗部，欠 148 212 库平两；沙毕及活佛财产总管商卓特巴，欠 138 100 库平两；杭达多尔济亲王，欠 39 627 库平两；三音诺彦汗，欠 33 061 库平两。

② 《驻蒙古外交代表密电》第 303 号，1913 年 11 月 2 日（15 日），《红档》总第 37 期，21 页，第 11 号文件。

议》，共计 22 条。依据《中俄蒙协议》，外蒙古库伦政府遂由"独立"改为"自治"。

从恰克图会议的进程来看，它基本上是在俄国的引导下开展的。这是为何？前已分析，呼图克图政府的政治生命完全依赖于俄国政府的庇护，为了保证它的既得利益，它对于俄国政府提出的建议毫无选择余地，唯有应承。北京政府对于俄国人提出的建议也不得不给予重视，因为此间它不敢冒着完全丧失其在外蒙古地区主权的危险而与俄国人对抗，同时从国内外局势出发，中国政府内部尚不稳定，国际上还需得到俄国政府的承认，这就需要与俄国尽可能地保持良好的关系。

四、俄国对库伦当局关于内蒙古政策之反应

外蒙古自宣布独立并建立大蒙古国以来的一段时期，库伦内部可分为三大派系。达喇嘛为首的一派是狂热的蒙古民族独立主义者，他们认为要求摆脱中国维持民族独立，必须得到俄国人的支持，但同时须坚持一条政治底线，即绝不是在脱离中国后转而投向俄国人的怀抱，并要求排斥俄国在蒙地的特殊权益。显然，这与俄国既定政策是不相宜的，因而俄国对之颇为忌恨。以杭达多尔济为首的一派，则坚决亲善俄国，主张将俄国势力引入蒙地，用以抗衡中国政府。而三音诺彦汗则虚与委蛇，两面骑墙，并试图私下与北京政府代表进行交涉。正如廓索维慈所分析的那样，"在蒙古诸大臣与官员中并无出类拔萃之人。达喇嘛最精明强干，他对呼图克图及诸王公有颇大影响，反对和怀疑我们所拟之协约看来是他煽动起来的；杭达多尔济亲王一心主张与俄国亲善。他曾出使俄国，目的是想摆脱中国之统治，但这次出使使他的名誉受到损害；三音诺彦汗见风使舵，是个机会主义分子。其

他王公均无主见，他们将跟在上述人后面亦步亦趋。"①　基于这种认定，廓索维慈一直试图将达喇嘛排除出双边谈判中，并认为唯有杭达多尔济衷心拥护俄国，"要对呼图克图施加影响，大概只能借助于他"②。

辛亥革命以来，以达喇嘛为首的一部分蒙古王公中的狂热民族主义分子曾要求内外蒙古联合一体，共同组成一个统一的"大蒙古独立国"。此间，俄国政府对库伦当局这一立场是持否定态度的。在俄国人看来，"我们在中国人面前不可能像保卫外蒙那样保卫内蒙古。因此，内蒙古脱离中国可能轻易导致中国人以武力镇压内蒙古运动……在此种情况下，内蒙古事件可轻易对外蒙局势产生不良影响。而且看来，呼图克图之威望还不能十分牢固地将内蒙古合并过来"③。

据此可知，关于内蒙古问题，一方面，这其中不仅仅牵涉到中国政府方面的反对，同时还可能影响到日本方面的利益，以至于俄国政府数度警告外蒙呼图克图及诸大臣，重申切勿使外蒙古与内蒙古合并之忠告。另一方面，在俄国人看来，外蒙古王公与内蒙古地方王公取得联系，本身仅仅基于一种自发的朴素的泛蒙古主义思想的引导，而对于这种理念的表述及实施缺乏任何物质基础。比如，外蒙古本身财政非常紧张，一切体制运转所需财政全赖俄国政府支持。而与内蒙古王公的接触，使得他们不得不以有限的钱款供养逃往外蒙古地区的内蒙古人及土默特人，这让库伦当局的财政更加吃紧。事实上，外蒙古和内蒙古之间也存在矛

---

① 《对蒙谈判全权代表致外交大臣紧急报告》第 1 号，1912 年 9 月 24 日（10 月 7 日），转引自《俄国外交文书选译——关于蒙古问题（1911 年 7 月—1916 年 8 月）》，72～76 页，哈尔滨，黑龙江教育出版社，1991。

② 《外交大臣致对蒙谈判全权代表廓索维慈电》第 2190 号，1912 年 10 月 3 日（16 日），转引自《俄国外交文书选译——关于蒙古问题（1911 年 7 月—1916 年 8 月）》，97 页，哈尔滨，黑龙江教育出版社，1991。

③ 《远东司长致库伦领事吕巴电》第 1531 号，1912 年 7 月 30 日（8 月 12 日），转引自《俄国外交文书选译——关于蒙古问题（1911 年 7 月—1916 年 8 月）》，42～43 页，哈尔滨，黑龙江教育出版社，1991。

盾。密勒尔就在一份报告中指出，库伦当局对归附的察哈尔人、土默特人及内蒙古人态度傲慢、粗暴，总之，态度极为恶劣。土默特代表在离开库伦前曾拜访密勒尔，并向其抱怨，库伦当局抽取的捐税要比中国当局抽取的捐税多得多，且无任何章法。[1] 并且，他们对库伦当局对待他们的态度及其本身的工作能力持怀疑态度。此外，考虑到内、外蒙古王公、喇嘛传统存在的利益矛盾因素，内蒙古地区最大活佛章嘉呼图克图活佛是不愿意主动与外蒙古哲布尊丹巴活佛示好的，因为如此意味着主动放弃其在内蒙古地区的宗教权威和既得政治、经济利益。

此间，一部分外蒙古王公极力支持内蒙古乌泰叛乱，并试图从俄国政府手中购买武器以支援内蒙古叛乱。俄国对此业已洞悉，远东司司长科扎科夫在致库伦总领事吕巴电中提议："应向蒙人指出，即便向他们出售俄国武器也绝不是为了提供给内蒙古，因为中国人在军事上显然占有优势，向内蒙古提供武器并无益处，而是为了捍卫喀尔喀以及与喀尔喀毗邻之西蒙，为此，蒙古人可继续指望得到我国善意援助。"[2] 此外，俄国政府还担心，倘若俄国人提供之武器落入日本势力范围，这会给俄国和日本之间关系造成麻烦。[3] 事实上，当活佛请求俄国将供给之武器递交内蒙古时，俄国政府多次向他提出警告："活佛接纳内蒙古王公入喀尔喀，只能于他的事业不利，俄国不会捍卫内蒙古之独立。使俄国政府产生此种看法的政治局势并未改变，因此，供给乌泰

① 《驻蒙古外交代表兼总领事致外交副大臣尼拉托夫函》第 181 号，1914 年 6 月 29 日（7 月 12 日），转引自《俄国外交文书选译——关于蒙古问题（1911 年 7 月—1916 年 8 月）》，340 页，哈尔滨，黑龙江教育出版社，1991。

② 《远东司长致库伦总领事吕巴电》，1912 年 8 月 18 日（31 日），转引自《俄国外交文书选译——关于蒙古问题（1911 年 7 月—1916 年 8 月）》，52 页，哈尔滨，黑龙江教育出版社。1991。

③ 《远东司长致外交大臣函》，1912 年 8 月 25 日（9 月 7 日），转引自《俄国外交文书选译——关于蒙古问题（1911 年 7 月—1916 年 8 月）》，58 页，哈尔滨，黑龙江教育出版社，1991。

郡王武器也好，俄国出兵洮南府保卫蒙人也好，均还谈不到。"①
随着时局的发展，俄国政府似乎对提供乌泰叛军武器一事态度有
所松动，据俄国总参谋部管理总监工程兵将军维尔南捷尔致沙查
诺夫函称："关于向内蒙古乌泰郡王出手二千枝三英分口径步枪
及一百万发子弹问题，惟有出于政治考虑，才可能有决定意义"，
他最后还说，"在解决这些问题时，惟有外交部有充分权威。至
于陆军部，倘外交部认为，向乌泰郡王出售上述数量之枪支弹药
符合政治考虑，则该部在这方面并无困难"。② 从中可知，在向内
蒙古叛军出售武器这一问题上，俄国内部开始分化，以沙皇为
首，包括陆军部及俄国远东驻军对此持谨慎同意态度，而俄国外
交部基于多方因素的考虑，对这一问题犹豫不决，未作定论。而
就在之后不久，乌泰叛军被中国军队击溃，其本人也逃亡外蒙，
因此俄国向乌泰郡王提供武器一事只好作为罢论。

　　这一时期，俄国对于内蒙古问题的态度是，他们不归附库伦
政府，不宣布脱离中国，不给中国征讨内蒙古造成口实，于俄国
最为有利。当然，随着中国军队开入内蒙古平定乌泰叛乱，俄国
人认为内蒙古局势发生了变化。在俄国政府看来，中国政府以武
力镇压内蒙古运动具有政治意义，对此，外蒙会立刻有所反应，
目前之军事行动将使俄国贸易受到损失，"为俄民利益计，俄国
不得不制止这场斗争"。然而，具体采取怎样方针来制止中国军
队的行动，俄国政府另有打算。在他们看来，内蒙古东部地区事
件之意义对日本要比对俄国更加重大。日本政府完全可能出兵制
止该区骚乱。基于"涉及满洲之事，让日本先出面于俄国有利"
这一信念，俄国政府不准备立即着手干预此事，而是等待事势

---

① 《科科弗采夫致马尔蒂诺夫电》第 4793 号电，1912 年 8 月 16（29 日）。转引自
　《俄国外交文书选译——关于蒙古问题（1911 年 7 月—1916 年 8 月）》，56 页，哈
　尔滨，黑龙江教育出版社，1991。
② 《维尔南捷尔 9 月 12 日（25 日）第 3726 号函》，《帝国主义时期的国际关系》第
　二辑，第 20 卷，下册，第 641 号文件。

发展，期待日本先出面，然后再与日本协商，一同出兵内蒙古，这样"可指望中国人对我们的要求作更大让步"。[①]

五、对俄国在外蒙古政策的分析

英国历史学家科林伍德（Robin Crearge Collingwood）说，历史是历史学家在心灵中重温往事的一门学科。可是说实在的，心灵的记忆有时候并不可靠。有些事件可能被反复提起就越发凸显，而有的被忽略的事件仿佛根本就没有出现过似的，于是，历史就在这种有意与无意的强化或淡化中失去了它原来的模样。尤其是，那些本身就非常复杂的历史事件在当事人的记载中或后人的解读中，更难保持其历史的真实。显然，此间俄国对外蒙古政策即是如此，它本身就是游离多变的。但不管怎样，在此仅就笔者目力、学力之所及，对此期俄国对外蒙古政策进行了阐述，并尝试予以总结。

综观辛亥革命以来俄、中双方就外蒙问题展开的交涉，先是俄国为保证其在外蒙利益，主动要求与中国政府就蒙古问题缔结一项协议，中国政府对此不置可否，认为外蒙古问题是中国内政，无须与俄国缔结协议，此间，中国政府试图与外蒙诸王公直接交涉，规劝他们归依中国，认同中央政府，但未见成效；第二阶段，俄国见与中国政府交涉不成，便通过外蒙亲俄派影响呼图克图，直接与外蒙缔结协议，并取得了成效，尽管外蒙王公内部就缔结协议一事存在不同见解，中国政府也做了规劝的努力，但俄、蒙双方仍然最终缔结协定；第三阶段，在此情势下，中国政府陷于被动，不得不反向主动寻求与俄国就外蒙问题达成协议，俄国乘机讹诈中国政府，要求双方协议必须在《俄蒙协议》之框架及准则下进行，并要求外蒙古一方必须作为谈判成员参加协商，中国政府对此

---

① 《外交大臣沙查诺夫致内阁总理大臣科科弗采夫函》第 845 号，1912 年 8 月 23 日（9 月 5 日），转引自《俄国外交文书选译——关于蒙古问题（1911 年 7 月—1916 年 8 月）》，55 ~ 56 页，哈尔滨，黑龙江教育出版社，1991。

毫无对策，无奈应承。

　　从此期俄国政府对外蒙古政策的具体实施过程可以看出，它对于外蒙古的整体政治构想之基点未有变更，即一直坚守维持外蒙古"自治"这一政治底线。① 然而，这一时期，俄国人对外蒙古"自治"概念的理解有了新的变化。如果说，清季外蒙古"自治"一词仅限于各蒙古王公在清朝的统治框架范围内实行相对自治，然而，现在，外蒙古"自治"则意味着从以前的外蒙古王公的个体自治转向维持哲布尊丹巴呼图克图政权之地位。它暗示了"从王公个体对外蒙古的统治到一个由皇帝和宫廷组成的统一政权对外蒙古的管辖"的转变。并且，这种寓意上的改变与俄国政府试图利用国际法确立库伦政府的合法地位的行动相一致。而在此以前，俄国似乎一直在等待中国政府的回应，并在外蒙古问题上留有余地，即以保证其在外蒙古的主权为诱饵将其拉入一场中俄双边谈判，但是，此期俄国只允诺承认其在外蒙古的"宗主国"地位。这种对外蒙古政策术语上的改变，表明俄国对外蒙开始确立了一种更富侵略性的政策。在俄国政府看来，利用自己的力量对外蒙古的政治走向加以引导是必要的，但在方式上绝不可表现出暴力，更不可因此而挑战其他列强在亚洲的既得利益。以此为准绳，此间它趁中国政局混乱之际，利用更为积极的和灵活多变的外交策略加强了对外蒙古的直接控制。

　　总体而言，此期俄国对外蒙古政策所起的作用，恰如俄国历史学家米柳科夫在他的回忆录中评价的那样："在外蒙古问题上，

---

① Philip E. Mosely 在研究俄国 1911—1912 年对外蒙古政策时，曾做如下评价："俄国对外交没有一个清晰一贯的对外方针，它们对外政策更多的时候表现出一种随意性，甚至有些粗糙。"〔Philip E. Mosely，"Review：Russian Policy in 1911—1912"，*The Journal of Modern History*，vol. 12，no. 1，（Mar.，1940），p. 86.〕在该作者看来，俄国对外蒙古政策是游离多变的。这在一定程度上反映了俄国对外政策的特点，但同时也应看到，这不符合全部事实。在笔者看来，他混淆了"策略"和"原则"的区别，原则是既定的，策略则可以是灵活多变的。显然，俄国对外蒙古政策是有基本原则和政治底线的。

俄国充当了蛊惑、怂恿的作用。"① 并且，它在具体实施过程中，具有以下特点：

第一，政策具有灵活多变性。此间，国际局势风云变幻，俄国外蒙古政策的基调不太可能向壁墨守。如果以第三者的视角来观察，可能会表现为："（俄国）外务部自己也不知道他们想做什么，我们的政府一方面表现得似乎是想做些什么，另一方面又表现出不知道和害怕什么……"② 显然，仅用一个"侵略"词眼，难以概括这一时期俄国在外蒙古地区的全部行为。俄国政府及其驻库伦领事馆官员通过多种渠道收集外蒙局势发展的资料，并据此在具体决策过程中因时而变，占据交涉优势。

第二，对外蒙古政策具有务实性。俄国深谙此期外蒙古局势，并因此制定对蒙政策。此间，尽管库伦当局迫切希望依靠俄国的支持获得真正意义上的独立，俄国政府并未因在外蒙的特殊利益而失去稳定的政治心态，在综合观察国际及外蒙古局势的基础上，得出外蒙古只宜"自治"不可"独立"的结论；此外，对于内蒙古问题，俄国也是基于同样的视角断然否定库伦政府对内蒙各盟旗的征伐或控制。

第三，这一时期，俄国对外蒙政策遵循着三个原则：（1）中国政府之宗主权之下的外蒙古地区在库伦政府的控制下实行"自治"；（2）通过三个限制性条款保证外蒙古实行完全"自治"；（3）必须认识到，俄国在外蒙古拥有无可否认的经济权利和政治利益。

第三节　英、俄对藏政策的调适

一、英国对西藏政策的演变

英国政府和英属印度殖民政府极为关注西藏局势的发展，当

① п. н. Милюков：воспоминания. Том второй/1859—1917/. М. Современник，1990. с. 93.
② А. В. Бурдуков：В старой и новой Монголии. М. 1969. с. 333.

1911 年 11 月下旬川军拉萨起事、西藏局势陷入混乱的时候，英国政府第一时间获悉了这一消息。此间英国外交大臣格雷致电驻华公使朱尔典："应要求中国政府做出保证，维持西藏在中国宗主权之下的自治。"朱尔典提醒格雷："英国在中国拥有巨大的商业利益，英国在做出任何敌对中国政策的时候，必须考虑英国在这里还有这样一个'抵押品'。进一步说，中国正走在遭受列强瓜分的边缘，其他列强也许会在中国的任何一个其他地方挥起屠刀；但中国的分崩离析对中英贸易绝对是一场灾难。从这一点出发，英国对中国政府的政策不应过于苛刻。"他主张英国暂时应以"要求保持各项条约下的现状"为限，静观待变。格雷经过一番考虑后，认同朱尔典的观点——在当前形势下暂时不宜对西藏问题做出过多要求，但他强调英国应该对最近中国政府之行为作出反应，即应立即向民国政府声明：英国政府"不能接受共和国政府对西藏的立场"，反对"使西藏成为中国不可分割的一部分"。① 朱尔典据格雷电示精神，于 1912 年 5 月 24 日会见民国政府代理外交总长陆徵祥，对 4 月 21 日总统令"明确声明将西藏视为中国一行省"的说法提出正式抗议，表示这"改变了西藏的政治地位"。② 以此为圭臬，1912 年英国印度事务部官员索克堡拟定了新形势下英国对藏政策暨对中国政府之要求三款：其一，中国在西藏拥有宗主权，但无主权，可派驻藏大臣进驻拉萨，但不得干预西藏内政；其二，除驻藏大臣拥有纯属礼仪性的小型卫队外，中国军队不得驻扎西藏；其三，除驻藏大臣及其属员外，中国文职官员不得驻扎西藏。③ 从条款内容分析，西藏动乱初期，英国政府似乎仍能坚持辛亥革命前夕对藏政策，即着力维护西藏

① 《格雷爵士致朱尔典》（1912 年 5 月 22 日）见《外交部档案》，全宗第 535 号，第 15 卷，65 页。
② 《朱尔典致格雷》（1912 年 6 月 6 日），《外交部档案》第 535 号，第 15 卷，105～106 页。
③ 兰姆：《麦克马洪线》，第 2 卷，434 页，伦敦，1966。

的"中立化"地位，排斥中国政府在西藏的影响，但自身也不寻求公然去改变西藏之政治现状。英国政府对这一政策表示默许和赞同。

基于上述政策之精神，当达赖要求印度政府派遣英军护送其入藏的时候，英国政府指示印度政府给予回绝。当 1912 年 6 月 20 日达赖自噶伦堡返藏之际，英印政府向达赖喇嘛递交了一份《送别文告》，内称："只要条约义务得到充分的执行及西藏与印度的亲密关系得到维护，印度政府的希望是，维持西藏在中国宗主权下的内部自治，不受中国的干预。"文告内容表面上套用了 1907 年《英俄协定》中"宗主权""自治"等字句，与《英俄协定》并无多大歧义，说明此间英国政府仍然小心翼翼维护《英俄协定》，不敢直接插手西藏政事。

然而，随着西藏局势和周边形势的变化，英国迅速调整了对藏政策。当中国辛亥革命爆发以后，印度民族主义者为中国的觉醒而欢呼。印度著名思想家、诗人伊克巴写道："新时代，新天地，新的乐器奏出新乐章……沉睡的中国人民正在觉醒，喜马拉雅山的喷泉开始沸腾。"（《印度革命运动史》）英属印度政府对此极为担心，唯恐辛亥革命波及印度。恰在此时，俄国在外蒙古地区的侵略扩张日益得手，这更让英国人焦虑不堪。1912 年 10 月，《俄蒙协议》签订，在英国人看来，这一条约实际上让蒙古处于俄国人的保护之下。俄国在中国西部地区所获得的新的地位让英属印度感到不安。对于英属印度政府而言，俄国人在印度东北边境的侧翼西藏获得了一个具有统治性的优势地位，这让英国人重新唤起对俄国人扩张的紧张情绪。特别是 1913 年 1 月《蒙藏协约》的签订，彻底让英国人利用《英俄协定》维持西藏中立化的梦想幻灭，在他们看来，此时俄国人完全可以借蒙古保护人的角色直接与西藏交往，并确立其在拉萨的影响。[1] 如果俄国人

---

[1] Lbid.

的帮助被认为对永久性阻止中国人在西藏的影响较英国政策更为有效，那么，西藏地方政府对英国人的依靠必将失去基础，从而使英国人在拉萨并不稳定的声誉彻底褪去。正如印度事务大臣格克鲁文所说，如果西藏人认为英国人仅对他们若即若离，他们很可能会一头扎进俄国人的怀抱。于此情形下，朱尔典第一时间向英国政府报告了蒙、藏双方"在俄国人的指引下"展开的"非比寻常的军事行动"。作为回应，英国迅速调整了对藏政策。1912年7月11日，印度事务部向外交部提出："已经到了以明确形式陈述陛下政府的西藏政策的适当时候。"并草拟了对藏政策声明，外交部立即电询朱尔典。此间朱尔典没有表示异议，按照他的观点："中国现在已经完全失去了在西藏的位置，而且，除非英国加以干预，西藏会很快转向俄国人一边。"① 英国政府决定扩展其在拉萨之影响力的计划表明，英国试图通过 1907 年《英俄协定》追求所谓西藏"中立化"的政策彻底破产了。

1912 年 8 月 17 日，朱尔典向民国政府外交部递交了英国政府关于西藏问题的五点备忘录，该备忘录首先叙述 6 月份以来朱尔典与袁世凯间的会晤，随即宣称奉格雷指示，向中国政府宣布英国对西藏政策②：

一、陛下政府向来正式承认中国在西藏的宗主权，但从来没有，也不准备承认中国干预西藏内部事务的权力，如条约所规定，西藏应当在服属英国及中国权力之下，维持在西藏政权的控制之中，并根据 1906 年 4 月 27 日条约第一款采取必要措施以确保条约得到充分执行。

---

① PRO, Bell to Government of India, March 29, 1911, FO535, vol. 14; PRO, Jordan to Langley, Nov. 30, 1913, Jordan papers; PRO, Jordan to Grey, March 6, 1913, FO 535, vol. 15.

② 《朱尔典爵士致外交部备忘录》，见（英）《外交部档案》全宗第 535 号，第 15 卷，153 ~ 154 页，第 193 号文件附件。

二、基于上述理由，对于最近两年来中国驻西藏官员攫取这一地区行政管理权力之行为，以及 1912 年 4 月 21 日袁世凯总统令中所宣布的政令，即西藏被"视为与中国本土省份置于同一基础之上"，与该地区有关的"所有行政管理事务"将"归属内务范围"，陛下政府必须提出异议。

三、陛下政府对中国向拉萨派驻一个有适当卫队的代表，并向藏人就其对外关系提出建议的权力没有异议，但不准备默认在拉萨或西藏驻扎数目不受限制的中国军队。

四、陛下政府必须强行要求缔结一项以上述各条为基础的书面协定作为其承认中华民国的先决条件。

五、与此同时，所有通过印度的与西藏的交通将对中国人完全封闭，只有基于上述各条达成一项协议，陛下政府认为这些条件已经兑现，才能重新开放。

现有驻拉萨的中国军队不在此列，已通知袁世凯，现在驻拉萨的中国军队如果同意，可以自由经印度回中国。

英国政府"8·17 备忘录"歪曲了历次中、英有关西藏问题的条约规定，试图以"宗主权"剥夺中国对西藏的主权，图谋以承认民国政府问题为要挟，并以关闭印、藏边境为手段，实现英国的"缓冲国"计划。英国在抛出"8·17 备忘录"后不久，又编写了一份《关于印度东北边境毗邻国家的形势备忘录》。对于西藏问题，该文件指出："西藏名义上维持其在中国宗主权之下的自治国的地位时，实际上应处于绝对依靠印度政府的地位。看来这才是实质……西藏应当十分真诚地完全归属于英国的势力。"① 这表明英国对藏政策已经由幕后策划走向台前操作，开始直接干涉西藏内政了。

---

① 《关于印度东北边境毗邻国家的形势备忘录》，《外交部档案》，全宗第 535 号，第 15 卷，135～143 页。

二、英国绕开干预藏事之障碍的努力与英、俄的政治交易

当英国对藏政策作出调整，重复寇松时代的前进政策之际，它却在实际操作过程中遭遇到了问题。首先遇到的麻烦来自中国政府，1906 年《北京协定》第二款曾明确规定："英国允不占并西藏境及不干涉西藏一切政治，中国亦应允不准其他外国干涉藏境及其一切内治"，这在事实上承认了中国对西藏的主权地位。此间英国设若干预藏事，即是违背条约，因此，急于同中国政府就西藏问题签订一份新的条约为英国政府当务之急，英国人希望西藏政治回复到荣赫鹏远征之前的状况，唯有这样它才能合法地介入西藏问题。其次，英国政府对西藏问题的干涉与 1907 年《英俄协定》宗旨不符，不得不对沙俄的态度有所顾忌。至此，英国政府开始抱怨《英俄协定》的"条款使得陛下政府越来越感到难于按照我国的利益来调整陛下政府同达赖喇嘛的关系以及同中国人的关系"[1]。有基于此，印度事务部向英国外交部提议："现在最紧要的是，我们应当通过两项协议得到完全地行动自由，一是同俄国的协议，一是同中国的协议。"[2]当然，对于取得俄国的谅解，英国政府是首先要考虑的，毕竟，在它的战略视野里，中国政府并不值得重视。

英国对与俄国谈判的困难作了充分估计。按照列强政治交易的原则，俄国不会同意无偿进行《西藏协定》的修订。印度事务部曾建议英国外交部："告诉俄国，我们希望撤销 1907 年的协定，从而获得在西藏的行动自由，然后问俄国要什么样的交换物。"[3]由此可见，从一开始，关于西藏问题而展开的两国之间的会谈就充满了政治交易的色彩。

1912 年 9 月伊始，英、俄两国就修订《西藏协定》展开了协

---

[1][2][3] 《印度事务部致外交部》（1912 年 8 月 15 日），见《外交部档案》，全宗第 535 号，第 15 卷，134 页，第 177 号文件。

商。9月24日，英国外交大臣格雷在与俄国外务大臣的谈话中，提出"西藏在中国宗主权之下自治"，若发生"意外事件"时，"陛下政府或许不得不要求俄国对西藏协定中陛下政府的义务给予一定的宽容"。这是英国政府第一次正式向俄国表示：西藏协定现在对英国在西藏的行动是一种限制，英国政府随时可能解除西藏协定的束缚。沙查诺夫对此的回答是"（俄国）随时可以听取这一要求，不过要给予俄国若干补偿"①。此间格雷暗示英国可以给俄国的补偿是承认外蒙古为俄国的势力范围。沙查诺夫对此颇不以为意，他指出：关于西藏，英国对俄国受到一定协议的制约，然而关于蒙古，俄国对英国却没有任何类似的义务。此次会谈双方不欢而散。

1912年10月，《俄蒙协议》出台后，印度事务大臣克鲁文认为这是英、俄重开谈判的大好时机，他向英国外交部建议："俄国在蒙古的行动可以成为一项交易的基础，陛下政府通过此项交易可以获得在西藏的行动自由"，"必须毫不迟疑地建议俄国对英俄协定中西藏条款规定的我们的义务作一些放宽"。②此后不久英国外交部向俄国声称："陛下政府认为，俄国因其在蒙古的行动已经事实上间接地改变了西藏的形势，改变了西藏同邻国的关系，陛下政府对目前规定西藏问题的国际协定可能提出的任何修订，在一定程度上都将是这些改变所产生的后果。"③英国政府一方面在对俄国进行外交讹诈，另一方面则盘算着如何应对俄国可能提出的交换物。此间布坎南在给格雷的报告中，作如下提议④：

---

① 《外交大臣呈尼古拉二世奏折》（1912年10月15日）及附件，《帝国主义时期的国际关系》第2集，第20卷下册，第1034号文件及附件。
② 《印度事务部致外交部》，《外交部档案》，全宗第535号，第15卷，第296号文件，及第16卷，第123号文件。
③ 《外交部致印度事务部》（1914年2月12日），《外交部档案》，全宗第535号，第17卷，第31号文件。
④ 《布坎南致格雷》（1914年3月4日），《外交部档案》全宗第535号，第17卷，68页，第45号文件。

　　我倾向于认为，不管我们能提出的要求如何适度，我们一定要准备遇到沙查诺夫方面提出的某种反要求。因为我们不见得会不经讨价还价就得到我们所要的东西，我们最好是从超过我们最低限度要求的东西开始。沙查诺夫摊牌的时候，倘若我们发现价码超过我们愿意付给的，我们应当有一个讨价还价的范围，因为我们总可以撤回我们原来的某些要求。否则，我们若是一开始就提出我们的最低限度要求，我们面临的选择，不是照付要求的价码，就是完全放弃我们的要求。

　　这一时期，俄国人也在考虑应该从英国那里获取满意回报。1914年3月9日，俄国外交部致电驻华公使库朋斯齐，征询他能向英国要求什么补偿条件。库朋斯齐认为他"唯一可以举出英国应做出的补偿，是英国承认北满、蒙古和中国西部（喀什噶尔除外）划入我们的独占势力范围，英国承担义务：不妨碍我们在这些地区实施我们的计划，不在这些地区追求任何一种我们认为可能违背我们利益的目标"①。这一建议显然不符合俄国外交部的胃口，对于俄、英交涉，它希望利用西藏作为筹码换取更多利益。是年春夏之交，英国和俄国就西藏问题进行了一场激烈的外交交涉。俄国外交大臣对英国政府所谓的关于在西藏的商务代理仅仅基于一种"商业上"的关系的解释，嗤之以鼻。②他对英国人关于英国人的任何对藏政策都不会改变西藏现状的解释亦满怀嘲弄，并坚信英国政府正试图与西藏建立保护关系。最后，沙查诺夫对英国试图在拉萨建立英国代理人的做法持谨慎的同意态度，但须有一个前提，即英国政府必须同意俄国在赫拉特驻扎俄国官

---

① 《驻北京公使致外交大臣》（1914年3月11日），《帝国主义时期的国际关系》，第3集，第1卷，第430号文件。
② PRO, Buchanan to Grey, May 27, 1914, FO 535, vol. 17; pro, Buchanan to Grey, May 19, 1914, fo 535, vol. 17.

员。显然，这是英国政府所不能容忍的，数十年以来，英属印度政府孜孜以求的就是希望将俄国势力从印度防务的外缘排挤出去，如果同意俄国的要求，那么英国在西藏设立代理人乃至确立对西藏的保护关系之计划的影响就完全被抵消了，甚至可能入不敷出。缘此，英国外交大臣布坎南警告沙查诺夫不要提出过分的要求，否则两国"玉石俱焚"。[1]

在英国政府的强硬态度面前，俄国作了些许让步。1914年6月8日，布坎南向俄国外交部递交照会，照会主要内容如下[2]：

> 现在我授权通知您，我国政府同意以下诸项条件：
>
> 修改第10条，现在按照帝国政府所希望的意思表述。
>
> 第6条，陛下政府和帝国政府互换照会，保证未经事先对租让权问题取得协议，不为各自臣民在西藏谋求租让权，照会将随"条约"同时公布。
>
> 帝国政府以秘密照会保证不为俄国臣民谋求上述租让权，并且不反对陛下政府为英国臣民谋求可得到的租让权。
>
> 第8条，陛下政府以互换照会的办法，保证未经事先同帝国政府取得协议，不行使此条赋予陛下政府的权利。照会将随"条约"同时公布。
>
> 帝国政府方面则在秘密照会中保证不反对英国驻江孜商务委员在陛下政府认为必要时前往拉萨。
>
> 关于北部阿富汗，陛下政府拟与帝国政府共同作出声明，声明文本将同"条约"和其他各项照会同时予以公布。
>
> 俄罗斯帝国政府重新确认，它同意阿富汗在俄国政治势力范围之外的原则。

---

[1] PRO, Buchanan to Grey, May 17, 1914, FO 535, vol, 17.

[2] 《英国驻彼得堡大使致副外交大臣涅拉托夫》（1914年6月8日），《帝国主义时期的国际关系》，第3集，第3卷，第179号文件。另见（英）《外交部档案》全宗第535号，第17卷，175页，第171号文件附1。

陛下政府方面则保证不支持英国臣民在北部阿富汗申请灌溉工程和铁路的租让权以及追求经营商业和实业的优惠权。

上述照会是英国外交部对俄国政府开出的最后补偿价码,俄国对此基本同意。它表明俄国政府已经同意解除《西藏协定》对英国的一些限制,以互换秘密照会方式保证英国在西藏的"行动自由"。俄国所获取的"补偿",除了既定的将外蒙古独占为自己的势力范围之内以外,则是在北部阿富汗的一些经济利益。

就在与俄国进行政治交易的同时,英国亦加强了对西藏的侵略。此间英国的侵略干涉活动主要体现在以下几个方面:(1)以政治承认为条件逼中国政府放弃在藏主权;(2)公然干涉中国内政,在政治上干涉反对民国政府出兵西藏及不允中国在西藏设立行省,军事上侵占中国边疆领土,封锁西藏地方与内地间的通道和通信联络,于经济上则以英国财团贷款为诱饵,诱使中国政府放弃在藏之主权,并以政治贷款给西藏地方政府,诱使其脱离民国中央政府。① 总之,英国政府此间利用清朝末年清廷在边疆、民族政策上的失误和民初中国社会发生的剧烈变动,使尽各种方式,竭力挑拨西藏地方与中央的关系和汉藏民族关系,制造"西藏独立"闹剧,妄图迫使中国政府放弃在西藏的主权地位。

如前所述,英国要想肆无忌惮地对西藏进行干涉,必须要绕开两个条约的限制,其中之一即是与俄国修订《英俄西藏协定》——这一努力一直在进行,另一个就是与中国修订《中英续订藏印条约》,以使其在西藏的政治干涉和侵略活动合法化。"西姆拉会议"正是在这样一种背景下召开的。从 1913 年 10 月到 1914 年 7 月,中、英、藏三方代表进行了长达 10 个月的会谈。期间,英方诱使中国政府代表和西藏地方代表草签了由英国政府炮制的

---

① 卢秀璋:《论西姆拉会议——兼析民国时期西藏的法律地位》,82～98 页,北京,中国藏学出版社,2003。

"西姆拉条约"。1914 年 4 月 28 日，北京政府外交部电示中国代表陈贻范："执事受迫画行，政府不能承认，应即声明取消。"① 5 月 1 日，北京政府电驻英公使刘玉麟向格雷声明：陈贻范的草签，"未奉政府训令，乃属个人不正式之划行，当即电令取消"②。7 月 3 日，西姆拉末次会议上，陈贻范亦声明："奉有政府训令，令勿签押，并奉训令饬向本会声明：凡英藏本日或他日所签之约，或类似之文件，本国政府一概不能承认。"③ 这表明了中国政府的严正主权立场，拒绝正式签署"西姆拉条约"。尽管中国政府反复声明，英方代表麦克马洪和西藏地方代表夏扎仍然罔顾，非法地单独草签了条约的新稿本，并联合声明：承认业经草签的条约对各自政府具有约束力。④

三、英、俄对藏政策分析

综观辛亥革命以来英、俄对西藏政策及其对西藏的侵略活动可知：这一时期，英国对西藏政策较之辛亥革命前夕有了重大调整，如果说，革命前夕由于受制于《英俄协定》和《中英续订藏印条约》相关条款的束缚，仅限于保持西藏处于虚弱的中国政府宗主权控制下"中立化"，而不事直接干涉西藏内政的话，那么，辛亥革命以来，英国则趁西藏内乱和民国政府虚弱之机加强了对西藏的直接控制，甚至不惜用武力维持英国在西藏的"特殊利

---

① 《外交部关于声明否认西姆拉会议所签草约致陈贻范电》(1914 年 4 月 28 日)，北洋政府政事堂档案。转引自《中华民国史档案资料汇编》第三辑，872 页，南京，江苏古籍出版社，1991。
② 《中国驻英公使收到外交部电的译文》，见 (英)《外交部档案》，全宗 535 号，第 17 卷，119 页。
③ 《印度政府致克鲁侯爵》(1914 年 7 月 4 日)，《印度事务部》的附件，见 (英)《外交部档案》，全宗 535 号，第 17 卷，198 页。
④ 《格雷爵士致布坎南爵士》(1914 年 7 月 10 日)，《外交部档案》，全宗第 535 号，第 17 卷，第 203 页，第 208 号文件。关于西姆拉会议，以及西姆拉条约，卢秀璋在《论西姆拉会议》一文中从国际法及英国政府自身对西姆拉条约之态度两个方面作了阐述，指出：这是一个非法条约，不具备法律效力，因此西姆拉会议也是一次"流产的西姆拉会议"。

益"。俄国则基本上延续了辛亥革命前夕的对藏政策，它不是采用战争讹诈和军事入侵的手段，而主要采取和平的政治和经济渗透手段，但也有一个变化即它的目的不是蚕食西藏部分领土，而是乐于利用西藏作为一种诱饵，从英国那里获取适当的交易。

　　英国对西藏政策并不是一开始就得以确立的，从最初的犹豫观望，到中间的私下操作，至最后对藏政策的成型，期间多有曲折。很显然，英国对藏政策的考虑和制定是以俄国之外交动向为转轴。清末新政以来，英国政府一度认为清政府有能力维持其在外蒙古的主权地位，阻止俄国对外蒙古的蚕食。然而，清政府在外蒙古新政中的不作为激起了骚乱，为俄国向西藏的渗透提供了可乘之机。随着清政府在中国西部地区力量的衰退，至辛亥革命以来清政府在上述地区统治的完全覆没，俄国开始控制外蒙古，并将势力延伸至西藏。正如格雷和格里芬所分析的那样：辛亥革命以来，俄国找到了一条捷径，即通过在西藏的蒙古代理人，这让它能够绕开 1907 年《英俄协定》，寻求在西藏的扩张。[1] 俄国人在蒙古取得的"成就"迫使英国迅速调整其对西藏的"有节制的非干涉"政策。俄国人的扩张改变了英国的固有立场，它开始寻求一种将拉萨置于英国政治控制之下的途径。哈丁茨，曾经一度认为俄国在中亚的扩张只是一个迷信的英国人，此时亦不得不承认："既然俄国人的影响正在扩散，获取在拉萨的地位是英国政府当前首要考虑的事情。"[2] 此等情形下，英国对藏政策迅速作了调整，表现出寇松时代的强硬和"前进"态势，英国的目标是成为西藏的保护国，以阻止俄国人的渗透。因此，可以这样认为，辛亥革命以来，英国对西藏政策转变的一个重要契机即是西藏内部局势的动乱及俄国在外蒙古独占势力的确立，这从根本上颠覆了拉萨起事初期英国政府抱有的对藏政策理念。

---

① PRO, Memo. Regadrding Tibet Conference, Oct, Nov. 23, 1913.

② Cambridge University Library, Hardinge toCcrewe, Dec. 11, 1913, Hardinge Papers.

这一时期，俄国对西藏政策保持了难得的延续性。俄国对西藏政策的稳定性或可被认为是由于地理位置的原因，俄国基本无法从西藏获得直接利益。但这不代表俄国不寻求在西藏的利益，正如俄国外交部一份文件上所表述的那样："我国不应该反对英国对西藏政策的这种方针（直接干涉），因为这种方针在蒙古问题上给我们放开了手脚，并且使得我国和英国驻北京的代表有可能不是采取共同行动来同时解决蒙古问题和西藏问题，就是分头并进来同时解决这两个问题。"[①] 俄国人随时留意西藏局势的变化，在实现俄国利益的手法上不断翻新。当英国人在西藏蠢蠢欲动的时候，俄国寻求到了难得的机会，并插手其间，以交易换利益。

辛亥革命以来，英、俄对西藏的政策可被视为两条直线，当它们走到某个点的时候相交在一起，这个点就是英国试图将西藏纳入直接控制之下的决心，以及由此而来的寻求与俄国就有关《西藏协定》修订的努力，最后形成双方就西藏问题达成政治交易的需要。正是由于两国在西藏问题上存在一个共同的利益交叉点，双方就西藏政局的发展都有一个共同预判，因此英俄两国并没有在西藏问题上形成激烈对抗，而是私底下在谈判桌上进行肮脏的政治交易。

第四节　民族国家构筑视野下的列强
对边疆政局之影响评价

历史的辩证法功能无处不在。辛亥革命以来，英、俄对蒙、藏、新边疆地区政策的调适对此期边疆政治性格的消极影响自不待言。但也应看到，它在一定程度上具有"种瓜得豆"之功效，

---

① 《卡扎科夫 1912 年 8 月 31 日（9 月 13 日）报告》，波波夫《俄国与西藏》，载《新东方》，54 页，第 20—21 期合刊。

唤起了国人对边疆问题的关注，这亦不无积极意义。本节将在前述列强对边疆政策之调适考察的基础上，就以下两个问题进行追问：从近代民族国家构筑的角度探讨：（1）英、俄两国政策调适对蒙、藏、新边疆地区政治走向的影响；（2）在"寇深"之背景下，社会舆论的反应与检讨。

一、所谓的边疆"自治"："自治国"或"自治地方"

在前面章节阐述英、俄两国对蒙藏之政策调整的时候，笔者就指出，尽管辛亥革命以来，蒙藏地方试图依靠英、俄两国，脱离中国，实现真正意义上的"独立"，但从英、俄两国既得利益出发，他们不希望蒙藏建立一个独立统一的国家，唯希望在他们的支持和庇护下确立在中国宗主权之下的蒙藏"自治"。这种所谓的"中国宗主权之下"的"自治"与此期内地各省自治有何区别？其实质又是什么？在此拟作简略阐述。

一般而言，"宗主权"（suzerainty）是与"主权"（sovereinty）相对应的政治术语，它们是两个截然不同的概念，有着重大的原则区别。国家主权是一个近代概念，系指主权国家在其自己的领土范围内，按照它自己的意志，独立地决定它的内政和外交的最高权力，尊重一国的主权自然必须尊重它的领土完整和不得干涉它的内政。"宗主权"是西方殖民主义时代的产物，今天的国际公法已经废弃不用，其定义本身十分模糊。美国《布莱克法学词典》对"宗主权"的定义是："这是一个用以描述强国与属国之间关系的术语，非常含糊，没有明确的定义。"美国《韦伯新国际词典》的定义是："宗主国在各种程度上控制附属国的外交，但允许后者自理内政。"《美国遗产学院词典》的定义是："一个国家控制另一个国家的外交，但允许后者自理内政。"以上三个"宗主权"定义，第一个等于没有定义，第二、三个大同小异，或可用一国确立对另外一国"保护关系"以替代之。《辞海》

对"宗主权"做了较为详细的定义：它起源于封建社会，原是指"君主对其诸侯行使的支配权力，后来这种关系被渐渐扩大到国与国之间"。"上国使他国从属于自己，而干预其内政外交的权力被称为宗主权。前者称为宗主国，后者称为附庸国。""到资本主义时期，宗主权被帝国主义利用为推行殖民统治的一种形式。"一方面，"帝国主义强迫弱小国家成为它的附庸国，附庸国的外交权由宗主国行使，对内名义上是自主的，但实际上被宗主国所控制"；另一方面，"帝国主义为侵略他国，也否认该国对其一部分领土的主权，而只承认其有'宗主权'，企图以此削弱该国的主权，分裂其领土，便于自己霸占"。（《辞海》）简言之，"宗主权"即是在封建时期大国支配小国的一种特殊统治形式，后来便成为宗主国对它支配的附庸国的统治权力。附庸国在内政上有一定程度的自主权，而对外关系则受宗主国支配。据此可知，"主权"与"宗主权"的一个实质性区别即是：主权是指一个国家内部中央对地方的辖治，是中央与地方的关系；而宗主权更多的是用来表述一个强国与另外一个附属于它的弱国之间的关系，是国与国之间的关系。

尽管"主权"与"宗主权"是两个截然不同的概念，然而近代中国边疆地区尤其是蒙藏地区，随着英、俄两国渗入，宗主权被强行地用来指代这一时期的中国政府与蒙藏地区之间的关系。也正是在这一"中国宗主权"之背景下，辛亥革命以来蒙藏"自治"表现出与内地各省不同的特质。

在英国政府现有公布的档案文件中，最早提出中国政府在西藏宗主权这一概念的，可见诸1903年1月8日英印总督寇松致汉密尔顿之信函。当时，寇松就英属印度对西藏政策向印度事务部大臣汉密尔顿提议："我们认为，所谓中国对西藏之宗主权是章程上的虚构，这是政治上的装模作样，它之所以能够保持下来，仅仅是因为它对双方（即清政府与西藏地方政府）都有好处。"①
如果说，此期寇松仅仅是就当时西藏局势提出"中国在西藏之宗
主权"这一建议，或可将之称为一个杜撰的神话的话，那么
1904—1906 年间英、中双方修订《中英续订藏印条约》时，英国
政府则正式向清政府提出这一构设，妄图将这一杜撰神话变为技
术性的现实。时任清政府谈判代表的唐绍仪敏锐地觉察到了这一
阴谋，他在电呈外务部文件中特意指出："英国国家允认中国为
西藏之上国"，清政府必须在谈判中坚持"主国、上国之分"。②
唐绍仪断然拒绝了英国的"上国"即"宗主国"的谬论，坚持了
中国的"主国"即"主权国"的立场，维护了中国在西藏的主权
地位。

　　"宗主权"一词在中国领土的具体适用可追溯到 1907 年英、
俄《西藏协定》。双方协商中，英国提出五点要求，其中第一条
即是"俄国应当承认中国对西藏之宗主权"。俄国政府考虑到自
身将来可能在外蒙古会要求同等之要求，遂表示支持英国这一
"合理要求"。1907 年 8 月 31 日，俄、英两国全权代表正式签署
的《西藏协定》序言中明确规定："俄国政府和英国政府承认中
国对西藏之宗主权。"第二款条文中又提及"遵照承认中国对西
藏之宗主权这一原则……"英、俄两国背着清政府在条约中塞进
所谓的"宗主权"概念，这是他们妄图根本改变西藏地方同中国
中央政府关系的性质，将主权国中国变为"宗主国"，将中国的
地方行政区域西藏变为"附庸国"；归根到底是以此否定中国对
西藏的主权。就这样，国际政治文件中首次出现"中国对西藏之
宗主权"字样，所谓的神话终于还是变成了现实——尽管它是绕
开清政府的，且未得到清政府的法理认可。

---

① 《印度政府外交部致印度事务大臣汉密尔顿函》（1903 年 1 月 8 日），见《英国议
　会文书·关于西藏的文书》，第 1920 映，154 页，第 66 号文件。
② 何藻翔：《藏语》，第 18 页及 21 页；《萨道义爵士致兰斯多恩侯爵》（1905 年 8 月
　4 日），见《英外交部档案》全宗第 535 号，第 6 卷，83 页，第 67 号文件。

辛亥革命以来，英国对西藏政策的核心是"反对将西藏在严格意义上包括在中国本土之内"，要求"维持西藏在中国宗主权之下的自治"。这种在中国宗主权之下"自治"的实质是什么呢？随后英国外交部于1912年8月26日编写的《关于印度东北边境毗邻国家的形式备忘录》中一段文字为此作了最好的注脚："西藏名义上维持在中国宗主权之下的自治国的地位时，实质上应处于绝对依靠印度政府的地位。看来这才是实质……西藏应当十分真心诚意地完完全全归属于英国的势力。"① 在它看来，"英国虽承认中国于西藏有上邦（宗主国）之权，唯不能允认中国实行干预其内治"。其核心内容是反对将西藏在严格意义上包括在中国领土范围之内，借口维持西藏在中国宗主权下的自治，否认中国对西藏的主权地位。

此后，在西姆拉会议上，英国再度提出"中国在西藏之宗主权"一案。会议期间，西藏地方提出完全独立之要求，中国政府则坚决反对，希图规复其在西藏的完全主权，只愿意承认西藏在一个限制不严格的地区内的有限自治。英国政府此时以一个调停者的身份出现在中国政府与西藏地方之间，一方面"劝说"西藏地方放弃对"独立国"的要求；另一方面，则提议"中、英两国政府，同认为西藏为属于中国宗主权之国，并认为外藏有自治权，今为尊重该国领土之完整，所有外藏内政（包括达赖喇嘛的选择和就职在内）应由拉萨政府管理，中、英两国政府不加以干涉"。② 从英国之主张来看，它提议的中国对西藏之宗主权是以中国政府承认外藏自治权为前提的，同时，还应注意到，外藏所享有的这种自治权不是作为一个中国政府之地方由中国政府让与的，而是作为一个要求获得领土完整的"国家"而应得的。由此看来，英国政府所支持的西藏自治，是希图将西藏作为一个半独

---

① 《关于印度东北边境毗邻国家的形势备忘录》，《英国外交部档案》，全宗第535号，第15卷，135～143页。
② 《西姆拉条约》草案，第二款。

立国而获得的"国家自治"。此间，中国政府对于"宗主权"一词在西藏的适用基本认同①，但是中国对于西藏之宗主权下的自治至少应包括以下几个方面的内容：第一，西藏应承认为中国领土之一部分，西藏和英国不得图谋破坏这一关系。西藏与中国向有之关系一律照旧。第二，中国政府有权派驻藏办事长官于拉萨，并随带汉兵 2 600 余名驻扎西藏。第三，西藏外交、军政事宜，均须听中央指令。② 按照中国政府对西藏自治的理解，它应当是在中国政府监督和管理下的地方自治，与内地基本趋同。显然，由于中国政府、英国政府、西藏地方三方对于"自治"内涵之延伸各抱不同见解，而这种分歧的根源在于对宗主权之阐释的纠结。

这一时期，中国政府对"宗主权"的理解是："一国之内某处地方之完全主权受有一定限制而已。查世界历史先例，及法理完全主权之国，如愿将某项权利让与国内之某地方，使之成为自治之时，该国对于该地方愿弃去若干份之主权，而退居宗主权之地位，其范围之规定，纯粹出于原有完全主权之国以单方意思定之，以单方命令行之。"③

建立在上述理解之基础上，中国政府在西姆拉会议上提出中国对于西藏之应有宗主权的同时，又在中、俄、蒙恰克图会议上与俄、蒙两方就"宗主权"下的自治问题展开交涉。此间，中国政府认为，"现今中国政府愿意将此种单方规定之权利，公诸三方，讨论明白，确定宗主权之具体范围，已是极端让步"，"外蒙

---

① 关于这一点，可以从西姆拉会议的过程来看，当时中英双方就《西姆拉条约》草稿，基本达成一致，唯因为西藏划界问题产生分歧才流产。"中国对西藏之宗主权"属条约第二款内容，对于这一款内容中国政府没有提出异议，即是明证。

② 台北"西藏档"，西姆拉会议文件：The Chinese counter-proposals to the statement of Tibetan claims.《中国对西藏声明之驳复》（1913 年 10 月 30 日）。

③ 《中俄蒙三方恰克图会议录》（1914. 9—1915. 3）第七次会议录，转引自吕一燃：《北洋政府时期的蒙古地区历史资料》，52 页，哈尔滨，黑龙江教育出版社，1999。

不得因此遂以单独意见自定宗主权之界限，为承认宗主权之条件"。有基于此，北京政府提出，中国政府与外蒙古宗主权之关系应包括：（1）库伦活佛以及其他呼图克图、喇嘛、蒙古王公等封号，仍由大总统册封。觐见及年班典礼，悉照旧制。（2）蒙古盟长、副将军、札萨克等，由大总统任命之。（3）外蒙活佛、喇嘛等奉给廪饩等项，仍照旧例，一律给予，以示优待。（4）关于中、蒙历史上之旧制，不背此次条约者，均照旧办理。（5）驻蒙各办事长官、参赞与活佛来往接洽，仍照旧时体制。（6）办事长官对于库伦自治行政衙门及各盟旗，立于上级之地位。（7）外蒙活佛、王公等，对于中央政府及对于驻外蒙地方官吏之公文程式，均分别等级，查照内地各机关体制。（8）蒙边卡伦长官，仍遵照旧例，按期巡阅，或派员查勘之。（9）会盟事件及比丁册籍，均照旧例报明长官。根据上述宗主权之关系，外蒙地方自治权之权限包括：第一，外蒙自治事宜，他国人不得参与。第二，中国虽允不干预外蒙内政，但所办事宜应随时呈报长官。第三，库伦自治行政衙门，不得用政府名义及各部名称，主理各员，均得视为中国官吏，由外蒙选派，呈请中央政府任命。第四，（甲）所有订立国际条约之权，应完全归于中央政府。（乙）交涉事宜，应归中央政府，或中央政府所派官吏办理，外蒙自治各衙门不得直接受授。第五，（甲）外蒙如有内乱，中央政府得派兵保护。（乙）外蒙平时军事计划，及聘用外国人员佐理军务，须预先报告中央政府核准。①

外蒙古代表对此做出的回应是：第一，关于中、俄声明，承认外蒙古自治，甚为满意。第二，根据《俄蒙协议》，并根据中、俄声明文件第一、第二等条，以保存及承认蒙古国号，及可汗额晋名号暨年号为根据。此等意思，无论如何不能改变。第三，如

① 《中俄蒙三方恰克图会议录》（1914.09—1915.03）第六次会议录，转引自吕一燃：《北洋政府时期的蒙古地区历史资料》，48~49页。

蒙古对于中国宗主权之关系，为蒙古政府按照中、俄声明文件第一条及另件第一条，不得与各外国缔结有损于中国之联盟及订立破坏领土完全之条约，则蒙古政府当即准备承认中国在蒙古国之宗主权。除此两项外，无论何项宗主权之义务，一概不能承认。第四，蒙古政府认为，查照中俄声明文件第三条，以订立友谊协约，及关于工商等项事宜之条约，为自治外蒙古之专权。① 外蒙古地方所持立场是：既然中、俄声明承认中国对外蒙古仅有宗主权，那么外蒙应当是半主权国，断不能允将外蒙古自治降为地方自治。何况，"宗主权"应指一国与另一国之关系，这一概念断难用在自治地方或自治省份。② 俄国专使对外蒙古专使质疑同一问题作了进一步质询，指出，俄国对于外蒙古之意见，确系视为单离自治国，中国只有宗主权，故外蒙古当然有政府，在其领土及权力范围以内，行动自主，不受中国中央政府辖治。

据上三方争论的焦点，不在于是否外蒙古实行"自治"，而是在于以何种形式"自治"。中国政府主张，基于中俄声明文件，外蒙古应该是作为中国领土范围内的一个地方，实行自治；而俄、蒙则提出外蒙古应该作为一个独立国家实行"自治"。

从国际法的角度来考量，完全的自治构成国家主权的内侧，而独立则构成它的外层。③ 从这一层面来加以理解此期蒙藏地方的自治，可以知道，在英、俄的支持下，外蒙古、西藏都获得了自治，作为一种外交性和策略性让步，这种自治也得到了中国政府的认可。从这一大的层面来说，中央政府与蒙藏地方、中国政府与英俄之间是没有冲突存在的。那么，现在接下来的一个重要

---

① 《中俄蒙三方恰克图会议录》（1914.09—1915.03）第六次会议录，转引自吕一燃：《北洋政府时期的蒙古地区历史资料》，48~50页。
② 《中俄蒙三方恰克图会议录》（1914.09—1915.03）第九次会议录，转引自吕一燃：《北洋政府时期的蒙古地区历史资料》，56页。
③ 阿·菲德罗斯等：《国际法》，李浩培，译，上册，12页，北京，商务印书馆，1981。

问题是，这种自治究竟是以何种形式表现出来？它应当具体涵括哪些具体内容？在这些细节方面，无论中央与蒙藏，中国与英国、俄国，甚至蒙藏与俄、英之间都是存在很大分歧的。作为一个"自治"利益既得者，蒙藏地方僧俗贵族当然希望这种权限越宽越好，最好是完全的自治，进而实现独立；而中央政府基于蒙藏为中国领土不可分割的一部分之准则，它试图规范蒙藏地方的自治，即这种自治权应该基于一种中央集权制之下的地方分权形式，地方自治应该在中央政府的监管之下进行；英、俄两国则试图以一种所谓"调停者"的身份出现在中央——地方关系之中，试图从蒙藏地方和中国政府截然相反的要求之间找出某些共同点。为了导致妥协，缩小蒙藏与中国政府势不两立的要求之间的差距，它们主张用"自治"和"宗主权"来代替"独立"和"主权"。

综观辛亥革命以来蒙藏地方自治与独立活动，"宗主权"无疑是一个中国政府、边疆地方及英俄两国三方无法解开的死结。对"宗主权"的理解和解释决定了蒙藏以后若干年来的政治走向。承如前所述，事实上，"宗主权"本身就是一个模棱两可的概念，从国际法上还是习惯法上都无法探知其确切的内涵，更何况在当时仅仅是作为一种应急的工具更不可能心平气和地做出多赢的结论。或者可以这样说，自从英、俄两国将"宗主权"概念引入蒙藏边疆政治以来，自从中国政府确认接受"宗主权"界定中央政府与藏蒙关系以来，就注定了这场谈判必将是一场旷日持久的拉锯战，也最终决定了蒙藏地方必将利用这一概念抛弃中央政府所持的"地方自治"而行"自治国"之实。

二、社会舆论对边疆问题的呼吁与检讨——以西藏问题为中心

辛亥革命前后，英国之于西藏和新疆、俄国之于外蒙古和新疆，让社会有识之士感受到中国正经历一场前所未有的边疆危机。这一时期，诸多近代学术期刊和信息传播媒体对边疆问题给予了特别关注、报导和研究。他们以一种宽广的视角、先进的思想和方法审视中国边疆问题，不可谓不深入，其中亦不乏真知灼见。在此仅以西藏问题为例，略作阐述。

及时报道国外关于边疆地区的信息是这一时期各传播媒体的一个重要任务。《东方杂志》第1卷第4期（1904年6月8日）社说栏刊载了《论藏英交涉》一文。① 译文中谈道："西藏者，中国之一部，其外交事件悉经拉萨代表者之手，而取决于北京政府，故杨赫大佐之侵略西藏而伤达赖喇嘛之人民，不得不谓之有犯中国之主权，而大违万国之公法，非可以中国臣民妨害满洲铁道而俄国所以惩处之者为比例也（译者案：俄国亦严于惩人而宽于自解，与英国同病）。而他国于藏地有利害之关系者，莫如俄，俄之与藏境，地相接，彼英政府尝屡对俄国而保证其决无侵略西藏之野心，唯求英藏交涉有安固之基础而已。然观其所为，如杨赫大佐之远征，其欲于西藏扑灭俄国之势力，皎然而不可掩。俄国于此，当不认英国平和之使节，而以自保利益之政策抵抗之。前此事状，虽俄英间尚不至遽生纠葛，然使英国更进是而有非理之举动则俄国决不可置之不问，此实吾人所深望者也。"列强在处理国际争端时常常是为自己的利益所左右，很难说是出于正义的考量。此文是日本报纸介绍俄国关于西藏问题的看法，此时的日本和俄国正在瓜分中国的土地，他们还无力把侵略的魔掌伸向西藏，却装出遵守万国公法的样子，以正义者的口吻批评英国侵略西藏。正如该文译者所说的那样"俄国亦严于惩人而宽于自解，与英国同病"。不过这则报道却充分说明：俄、日在当时也都承认西藏是中国的领土，英国的侵略行为是侵犯中国主权。

《神州日报》1910年3月15号社论栏刊登了段世垣译的《日纸论西藏问题》："达赖喇嘛出奔，世人大为之惊骇。嗣复睹

---

① 译自日本明治三十七年六月七日《日本报》。

清廷废达赖喇嘛为庶人之上谕，世人益为之惊骇。据前日上海来电，知有增派姜桂题将军部下军队赴藏消息，清廷之激怒可以见其端矣。此事不但关于西藏即在清国亦为近年来一大事件，事之所以至于此者，其根本缘因由于清廷欲夺西藏行政权于达赖喇嘛之手，以巩固自国之支配权也。"译者对此作如下阐述："盖西藏之主权，决非达赖所有，而达赖之立又为我国所委任，于事实固彰彰也。今我欲缩小其权限或收回其权利，原属我国之自由处置，乃国法上正当行为，何得谓之夺夺之云者。已所有而强取之，谓如日之于韩是也。"①接着日本报纸分析了达赖之所以投靠俄国是因为清王朝不能保护西藏，并认为1907年的英、俄协约使得清王朝有了进一步对西藏行使主权的机会。译者亦进一步作了分析："该报所述，谓我国西藏主权俨若为英、俄协约所设定者，此逞意之谈，不中事理者也。西藏入我国版图已近三百年，既非新得之领土，则无英、俄协约以前，我国主权固俨然存在，将来英、俄协约期效经过之后，我国主权仍依然无变更。藏与英、俄逼处，一有事变，其责仍在我国，故我国为维持中、英、俄三国间平和，计改良治藏之策固不可缓。"接着日本报纸又分析到：清朝派兵可能导致宗教战争、英俄干涉。译者也都一一进行了批驳。

当1909—1910年川军入藏，清政府极力经营西藏之际，《外交报》转载日本《日日新闻》报道："惟有一事，为吾人所不可忽视者，则中国政府欲对向所放任之藩属国而实行其权力是也。夫中国既已自知满洲、蒙古之主权，则西藏乌容独异。故今次事件，不可不视为起因于中国自知西藏之主权。要之，此为华人觉醒之一证。其于国际，虽无直接之影响，而实为中国对于藩属国政策之进步，又为关于边疆防守之一事件，不无注目之价值耳。"该报刊通过此种方式向社会大众传递了此间国际上对清政府行为

① 东京《朝日新闻》社说《论最近西藏问题》，阳历3月2号。

的积极评价，以示对清政府加强对西藏控制的行为的赞赏。①

民国初定，社会各界人士十分关注边疆及其民族地位的确认、以及边疆经营等问题，并就此提出了相关对策。张葆彝在《民国宪法论纲》中特别提出，制定宪法时对于边疆少数民族问题应予关注。他认为，中国少数民族众多，但"同为国家组成分子"，那些居住在边疆地区的少数民族，虽与内地习俗不同，语言各异，但在法律上应平等一致，"不容稍存歧视"，将来"交通渐臻便利，迁徙任其自由，潜移默化，久自融洽"。② 达生对此持同一意见，并提出具体解决之办法，即实行民族同化主义。他在《经营西藏之借箸》中指出，"汉满问题消灭二百余年，近以一部人民鼓吹种族主义，遂大收革命之结果。脱令西藏持有种族主义者，出而鼓动藏民，不肯内附，则为西陲患者，又将如何。即令藏民不知种族主义，甘立于政府统治之下，蛮风恶俗，长此不变，不能与汉、满、蒙、回四族同其权利义务，政府又不谋所以同化之方，是厚于汉、满、蒙、回四族，而独薄于藏族，亦殊非一视同仁之道也。"③ 据上所述，他觉察到了边疆地区潜伏的分裂危机，以及近代民族主义在维护国家统一过程中的重要地位，正是基于上述缘由，他主张种族同化主义，消除民族歧义，解决蒙、藏问题。姑且不论这种观点是否具有大汉族主义倾向，但这种提出问题，并尝试从国家利益的立场去解决问题的态度值得肯定。此外，他主张从内政和外交两个方面加强对西藏的经营："外交之计划，重在修明条约，内政之计划，亟宜改建行省。"他对于外交问题之理解颇为深刻，并从国际公法的角度加以探讨，对西藏的政治地位给予了认定。最后他指出：

"外交以公法为依。然以公法论之，西藏之于中国究居何地

---

① 《外交报》第 273 期，1910 年 4 月 24 日，译自日本明治四十三年二月二十八日东京《日日新闻》。
② 《申报》，1913 年 7 月 2 日。
③ 《谠报》，第十期，1914 年 4 月 1 日。

位，此言外交者所宜详悉研究者也。今约而言之，其为说也有四。（一）纳贡国说。凡乙国纳贡于甲国，而其内政外交，甲国不与闻者，乙国即为纳贡国。如尼泊尔之于中国。定例达赖、班禅岁遣人进贡物一次，似与纳贡国无所区别，然政府派遣大臣驻扎藏地，一切政权悉操于驻藏大臣之手，虽进贡物犹之各省岁呈方物耳，故谓尼泊尔为中国之纳贡国则可，谓西藏为中国之纳贡国则不可。（二）被保护国说。大要不外三种。（甲）诸强国间就某一弱国互有利害关系，乃互相协议，置该弱国于某一强国保护之下，维持该弱国之独立，以防他国兼并。（乙）甲国因其国力微弱，乃受乙国保护，以便维持生存。（丙）文明国欲并吞野蛮国之地，或未开之国，而先以该国该地位被保护之国。是故于此三种之中，具有某一种要素者，始可谓为被保护国，否则不可谓被保护国。西藏既非各国协议置于中国保护之下，又非因国力微弱始受中国之保护，且为中国属土垂三百年，并吞之说尤为不当，然则西藏非中国之被保护国也明矣。（三）教皇说。是说殆以达赖喇嘛、班禅额尔德尼比诸罗马教皇业。顾天下黄教，虽总司以达赖、班禅二人，而以之与罗马教皇之同为教主则是，以之即视为东方之教皇则非。罗马教皇有权派遣公使，与各国政府相酬酢，而达赖、班禅对于外交，不惟不能派遣公使，即结国际契约，亦将归于无效，此其不能为东方之教皇者也。（四）一部领土说。自前清既设驻藏大臣而后，西藏不得谓之曰国。质而言之，西藏为中国之一部领土耳。何也？达赖班禅之呼必勒罕，则由驻藏大臣兼同吹忠掣签指定也，官吏则由驻藏大臣拔黜也，财政则由驻藏大臣稽查也，军政则由驻藏大臣支配也，外交则由驻藏大臣主持也，然则驻藏大臣无异于行省之督抚，达赖、班禅无异于川滇黔粤诸省之土司，所异者未设州县，以治军治民之事任用藏人耳。然断不能以任用藏人之故，遂谓西藏离中国而别为一国，犹之川滇黔诸省土司，不得离中国而称为一国。纳贡国说、被保护国说、教皇说三者，即已辞而辟之，而惟以一部领土说，定西藏之公法地位矣。夫西藏既为中国之一部领土，则宗主权自在中国，他国即不能无故侵入领土之内。故主持外交者，要必据公理，依公法，本旧约先例，而严重交涉，修明条约，务使主权不失，利益不丧。彼英人虽强，当无如万国公法何也。是在当道者深探法律善为操纵耳。"

上述言论从国际法的角度肯定了中国对于西藏的主权地位，这在当时所发之评议中颇引人关注，至今仍具有借鉴意义。陈去病《西藏改建行省议》① 则为解决西藏与中央关系问题提供了制度设计。他认为："为今之计，宜莫若尽复喀木故壤，断自旧雅州府境。凡雅州以东，则地属川，为四川省，如故制。雅州以西，则地属藏，为西藏省。设置郡县，如内地，建中立极，择区要之地，首辟之为都会，以都督驻守之。更相其冲繁，为川、滇、藏三边出入所必经者，亦经营之为陪都（例如江宁之有苏州），设巡按使以下官驻守之，俾成犄角，互相策应，而不至孤悬塞外，无所援助。夫如是，则川、滇、藏三边之防固，而东西内外邮传以通，汉蕃声气以是联络，中国之声名文物借以化被遐方，驯其野性，岂惟西藏前途之福，而中国边患亦庶几相纾欤。"

这一时期，舆论颇为关注中央政府对藏政策，并对此做出了评述。如1904年10月23日《外交报》之《论挽救西藏之策》（第九十三期，甲辰第二十四号）质疑1904年藏印拉萨条约的签订及清政府于其中的表现："英藏交涉……我政府始终不闻有一定谋，卒至失之而后已。于是论者以为此由于政府漫不经心，视西藏之存亡，犹秦越人之肥瘠，图穷而匕首见，乃以派一使臣为搪塞天下之举"，"故此次英藏之事，我政府诸公怵于西人之举事，不成不已。我自与之交涉，从无一事能违其意"。对清政府在拉萨条约中的不作为表示强烈不满。当清政府在西藏节节受挫，而对藏政策首鼠两

① 《夏星杂志》，第一期，1914年6月20日。

端之际,《新民丛报》1906年11月30日提出解决西藏问题"根本之计则在于刷新内政,充实国力"。同时还提出"全西藏首在厉名实,是仍为根本之论",接着指出:西藏,非仅吾之藩服,且以属地目之者也……我以西藏为属地,乃英人必强其干预外交,非直以国家资格视西藏,置中国于度外乎? 并指出,"夫建行省,则名义之优于混淆不明也,固有可以间执英人之口,且可免于英、俄两国煽惑"。当清政府派遣川军入藏受到藏人很大阻力时,温宗尧以卸任驻藏帮办大臣身份建言:"故就今日治藏而论,实大有可为之机。但须迅速、敏活,急起直追,而后可为,且需分别表里,善为操纵。在内之计划,则当兼程并进,不可无一日千里之心;在外之形迹,则当镇静、和平,不可无应付弥缝之术,不必遽改西藏之地为行省,而不可不以治行省之道治之;不必强西藏之俗同汉民,而不可不以爱汉民之心爱之。"总之,"宜宣威者,不可假借;宜布德者,不妨煦育"。①

其时,舆论对西藏的地位在认识上是一致的,即均申明其为中国领土的一部分,但在文字的表述上并非一致,这容易造成社会民众的理解和思想上的混乱。比如,天缪生在《西藏大势通论》里认为西藏"为我之外藩,至乾隆五十九年,确然内属",即为"我藩邦"。② 或被称为"藩属"③ "属地"④ "西南之屏藩"⑤ "川省之藩篱"⑥ "吾国本部以外之属地"⑦,更有报刊将西藏与中国的关系定为"藩服"与"上国"关系。⑧ 各媒体对西藏与中央政府关系的表述多有不同,固然是基于传统中央王朝与西

---

① 《外交报》,第289期,庚戌改良第23号,1910年9月28日。
② 《广益丛报》,第172号,第六第12期,1908年6月18日。
③ 《共和言论报》,第一期,1912年4月,《筹藏》。
④ 《新民丛报》,第92号,第四年,第20号,1906年11月30日。
⑤ 《广益丛报》,第173号,第13期,1908年6月28日。
⑥ 《广益丛报》,第175号,第六年,第15期,1908年7月18号。
⑦ 《广益丛报》,第192号,第六年,第32期,1909年1月1日。
⑧ 《广益丛报》,第229号,第八年,第五期,1910年4月19日,97、99页。

藏关系之流弊，但这种认识上的不一致容易对受众产生消极影响。比如，关于西藏与中央政府关系问题上，英国极力认定是宗主国与附属国的关系，用对应的汉文表述即是"上国"与"从国"的关系，这是清政府所不能接受的。1906年唐绍仪与英国代表在加尔各答谈判中极力坚持中国对西藏的"主国"（即主权）地位。尽管此间围绕这一问题争论激烈，但媒体和社会各界人士并未接收到相关信息，因此，在此后的行文中仍然出现此类"主国"与"上国"混淆使用的情形。这在一定程度上会在对外交涉中置政府于不利地位。

综观此间社会舆论对西藏等边疆问题的关注，主要集中在以下几个方面：边疆重大事件跟踪报道；近代边界沿革及边患问题研究；边疆治理研究；国外关于边疆问题的报道转载等。这一时期，社会舆论用自己的社会良心，以一种社会公器的责任感，构建了一个关注边疆、了解边疆、筹划边疆的平台，为社会大众树立了一面镜子，让更多的人开始关注边疆，培育了受众的边疆问题意识和主权意识；此外，社会舆论发挥的媒体应具备的监督政府行为的作用，对中央政府之对外交涉和筹边政策，给予相关报道，及时做出评议或建议；最后，此间社会舆论面对寇深之忧，颇具大局观和较强的政治意识，在维护国家主权方面表现出高度的一致性。

正像德福勒说的那样："媒介不仅直接地作用于个人，而且还影响文化、知识储存、一个社会的规范和价值观念。媒介提供了一系列概念、思想和评价，受众成员可以从中选择自己的行为方向。"① 这一时期，各种社会期刊、信息媒体以一种强烈的责任心和救世情怀去呼吁公众关心国家的安全与发展，促进边疆研究领域的深入，并使之普及大众。作为传播范围广泛的报刊《神州

---

① （英）丹尼斯·麦奎尔，（瑞典）斯文·温德尔著：《大众传播模式论》，祝建华，武伟，译，82页，上海，上海译文出版社，1997。

日报》《时报》《东方杂志》等，密切关注西藏问题，在公众中宣传国家统一的观念，揭露英、俄等国侵略行为，使公众通过传媒了解关于西藏的社会变革、风土人情，并在关于中国之于西藏主权问题上达成共识，这具有一定的进步意义。

三、简单评价

综上所述，辛亥革命以来，英、俄两国对蒙、新、藏等边疆地区之政策调整及其对边疆的侵略，产生了正负两个方面的影响。

一方面，就边疆地区本身而言，尤其在蒙藏地区，它们各自在俄、英两国的扶持下，先后宣布"独立"。此后，在一系列交涉活动中，英、俄两国将"宗主国"地位强加于中国之于蒙藏关系上。对"宗主权"的解释和理解，决定了蒙藏地方以后若干年来的政治走向。由此可知，列强的侵略作为一个重要因素，对于近代中国边疆民族地区的国家认同产生了恶劣影响。

另一方面，伴随着列强对中国边疆渗透的加强，此期中国社会舆论较之以往更加关注边疆问题。近代中国报刊、杂志等社会舆论起到了唤起民族觉醒的作用。救亡是近代中国政治发展的前提和重要内容，而要挽救近代以来中国的边疆危机，必须唤起民众对边疆危机的认识。前述近代舆论工具的危机意识，表现出普遍的忧国忧民的忧患意识。他们述说世界大势，指陈中国政治弊病，警示民族危机，高呼救亡图存。在维护国家主权方面表现出高度的一致性，亦在一定程度上强化了时人国家认同之意识。

小　结

到此为止，我们以辛亥革命时期英、俄两国对新疆、外蒙古、西藏之政策调适为中心，对此期两国在上述三个地区的政策调整的过程及其动因，以及对近代民族国家构筑视野下英、俄两国之于边疆干涉对中国边疆的影响进行了考察。其结果，当辛亥革命爆发之际，英、俄两国利用中国政局动荡之机加强了蒙、藏、新边疆地区的政治渗透或军事干涉，对近代中国民族国家的构筑进程产生了重要影响。

1. 英、俄两国对新疆政策的调整，本论在第一节予以讨论。这一时期，俄国改变了辛亥革命前夕的守成战略，趁新疆内乱之际不惜以武力攫取在新疆的既得利益；英国基本上延续了辛亥前夕的对新政策，尽管在手法上未有很大变化，但从力度上有所增强，继续加强对新疆的政治、经济渗透。并且两国在此期间围绕侨民政策和扩侨活动展开了激烈竞争。

俄国对新疆的武装侵略是这一时期俄国对新政策的一个重大变化。俄国对新疆的武装侵略并不是从一开始就得以确立，它经历了一个曲折的过程。从俄国政府现已公布的档案资料来分析，俄国在新疆辛亥革命爆发之初，基于自身的财政困难、战略重心的转移、对英国的忌惮以及害怕出兵引起新疆民众的反抗等诸多因素，对新政策表现得比较克制。这一时期，俄国在中亚和新疆最重要的目标还是追逐经济利益，有基于此，一个稳定的新疆是俄国所需要的。然而，随着新、伊冲突的爆发，新疆局势陷入全面混乱。不仅新疆对内地贸易陷入瘫痪，而且由于战争的需要，新、伊双方各自加强武力戒备，俄国与新疆的主要贸易通道亦被割裂，这极大地影响了俄国对新疆的贸易，并损害了俄国在新疆的经济利益。在这种形势下，俄国悍然出兵以维护俄国对新疆贸易孔道也在情理之中了。可以说，辛亥革命期间俄国对新政策转变的一个契机即是新疆内部局势的动乱对俄贸易利益的影响，这从根本上颠覆了新疆辛亥革命初期俄国政府抱有的理念。

这一时期，英国对新疆政策延续了辛亥革命前夕的风格。英国对新政策的稳定性可以被认为是英国政府和英国外交政策的成熟表现。尽管英印政府和马继业为首的英国在新疆利益代言人强烈要求与俄国一道出兵新疆，伦敦方面仍然坚持既定政策。不改变新疆政治现状和领土现状是英国对新政策的政治底线，至于利用新疆内政的混乱，加强对新疆的政治经济渗透的力度的政策它是不会反对的。这一时期英国对新政策和侵略活动也正体现了这一点。

2. 关于俄国对外蒙古政策的调整，在第二节中论述之。综观辛亥革命以来俄国对外蒙古政策及其对外蒙古的侵略活动可知：辛亥革命以来，俄国对于外蒙古问题的整体政治构想并未发生重大变化，即仍然坚守维持外蒙古"自治"这一政治底线。然而，这一时期，俄国政府对外蒙古具体政策则较之辛亥革命前夕的内敛保守之战略有了很大变化，在俄国政府看来，利用自己的力量对外蒙古的政治走向加以引导是必要的，但在方式上绝不可表现出暴力，更不可因此而挑战其他列强在亚洲的既得利益。以此为准则，此间它趁中国政局混乱之际，利用更为积极的和灵活多变的外交策略加强了对外蒙古的直接控制。

这一时期，俄国人对外蒙古"自治"概念的理解有了新的变化。如果说，清季外蒙古"自治"一词仅限于各蒙古王公在清朝的统治框架范围内实行相对自治，然而，现在，外蒙古"自治"则意味着从以前的外蒙古王公的个体自治转向维持哲布尊丹巴呼图克图政权之地位。并且，这种喻义上的改变与俄国政府试图利用国际法确立库伦政府的合法地位的行动相一致。许多年后，当年曾参与这一系列政治行动的俄国人对俄国政府这种对外蒙政策上的改变作如下阐述：这一改变意味着"从王公个体对蒙古的统治到一个由皇帝和宫廷组成的统一政权对蒙古的管辖"。而在此以前，俄国一直似乎在等待中国政府的回应，并在蒙古问题上留有余地，即以保证其在蒙古的主权为诱饵将其拉入一场中俄双边谈判，但是，此期俄国只允诺承认其在蒙古的"宗主国"地位。这种对蒙政策术语上的改变，表明俄国开始确立了一种更富侵略性的对蒙政策。

从辛亥革命以来俄国对外蒙古政策的具体实施过程中看，它具有以下几个特点：（1）政策具有灵活多变性。俄国政府及其驻库伦领事馆官员通过多种渠道收集外蒙局势发展的资料，并据此在具体决策过程中因时而变，占据交涉优势。（2）对外蒙古政策具有务实性。俄国深谙此期外蒙古局势，并因此制定对蒙政策。此间，尽管库伦当局迫切希望依靠俄国的支持获得真正意义上的独立，俄国政府并未因在外蒙的特殊利益而心态平衡，在综合观察国际及外蒙古局势的基础上，得出外蒙古只宜自治不可独立的结论；此外，对于内蒙古问题，俄国也是基于同样的视角断然否定外蒙对内蒙各盟旗的征伐。（3）这一时期，俄国对外蒙政策遵循着三个原则：中国政府之宗主权之下的外蒙古地区在库伦政府的控制下实行"自治"，通过三个限制性条款保证外蒙古实行完全"自治"，必须认识到俄国在外蒙古拥有无可否认的经济权利和政治利益。

3. 对于此期英、俄两国对西藏政策的分析，在第三节中予以探究。这一时期，英国对西藏政策较之辛亥革命前夕有了重大调整，如果说，革命前夕由于受制于《英俄协定》和《中英续订藏印条约》相关条款的束缚，仅限于保持西藏处于虚弱的中国政府宗主权控制下的"中立化"，而不是直接干涉西藏内政的话，那么，辛亥革命以来，英国则趁西藏内乱和民国政府虚弱之机加强了对西藏的直接控制，甚至不惜用武力维持英国在西藏的"特殊利益"。英国对西藏政策并不是一开始就得以确立的，从最初的犹豫观望，到中间的私下操作，至最后对藏政策的成型，其间多有曲折。从哈丁茨所发的一番言论可知，英国对藏政策的考虑和制定是以俄国之外交动向为转轴。辛亥革命以来，英国对西藏政策转变的一个重要契机即是西藏内部局势的动乱及俄在外蒙古独占势力的确立，这从根本上颠覆了拉萨起事初期英国政府抱有的对藏政策理念。

同期，俄国对西藏政策保持了难得的延续性。俄国对西藏政策的稳定性或可被认为是由于地理位置的原因，俄国基本无法从西藏获得直接利益。但这不代表俄国不寻求在西藏的利益，正如俄国外交部一份文件上所表述的那样："我国不应该反对英国对西藏政策的这种方针（直接干涉），因为这种方针在蒙古问题上给我们放开了手脚，并且使得我国和英国驻北京的代表有可能不是采取共同行动来同时解决蒙古问题和西藏问题，而是分头并进来同时解决这两个问题。"① 俄国人随时留意西藏局势的变化，在实现俄国利益的手法上不断翻新。当英国人在西藏蠢蠢欲动的时候，俄国寻求到了难得的机会，并插手其间，以交易换利益。

辛亥革命以来，英、俄对西藏的政策可被视为两条直线，当它们走到某个点的时候相交在一起，这个点就是英国试图将西藏纳入直接控制之下的决心，以及由此而来的寻求与俄国就有关《西藏协定》修订的努力，最后形成双方就西藏问题达成政治交易的需要。正是由于两国在西藏问题上存在一个共同的利益交叉点，双方就西藏政局的发展都有一个共同预判，因此英、俄两国并没有在西藏问题上形成激烈对抗，而是私底下在谈判桌上进行肮脏的政治交易。

4. 关于此期列强政策变化对近代民族国家构筑进程中的中国边疆的影响，在第四节中予以考察。辛亥革命以来，列强对边疆政策的调整及其对边疆的侵略，产生了正、负两个方面的影响。一方面，从边疆地区本身来说，尤其在蒙、藏地区，它们各自在俄、英两国的扶持下，先后宣布"独立"。此后，在一系列交涉活动中，英、俄两国将"宗主国"地位强加于中国之于蒙、

---

① 《卡扎科夫1912年8月31日（9月13日）报告》，波波夫《俄国与西藏》，载《新东方》，54页，第20—21期合刊。

藏关系上。对宗主权的解释和理解决定了蒙、藏以后若干年来的政治走向。事实上,宗主权本身就是一个模棱两可的概念,从国际法上还是习惯法上都无法探知其确切的内涵,更何况在当时仅仅是作为一种应急的工具更不可能心平气和地做出多赢的结论。或者可以这样说,自从英、俄两国将"宗主权"概念引入蒙、藏边疆政治以来,自从中国政府确认接受"宗主权"界定中央政府与藏、蒙关系以来,就注定了这场谈判必将是一场旷日持久的拉锯战,也最终决定了蒙、藏地方必将利用这一概念抛弃中央政府所持的"地方自治"而行"自治国"之实。由此可知,列强的侵略作为一个重要因素,对于近代中国边疆民族地区的国家认同产生了恶劣影响。

另一方面,伴随着列强对中国边疆渗透的加强,此期中国社会舆论较之以往更加关注边疆问题。本节以西藏问题为中心,探究了此间社会舆论对边疆问题的关心与关注。综观此间社会舆论对西藏等边疆问题的关注,主要集中在以下几个方面:边疆重大事件跟踪报道;近代边界沿革及边患问题研究;边疆治理研究;国外关于边疆问题的报道转载等。这一时期,社会舆论用自己的社会良心,以一种社会公器的责任感,构建了一个关注边疆、了解边疆、筹划边疆的平台,为社会大众树立了一面镜子,让更多的人开始关注边疆,培育了公众的边疆问题意识和主权意识;此外,社会舆论发挥的媒体应具备的监督政府行为的作用,对中央政府之对外交涉和筹边政策,给予相关报道,及时做出评议或建议;最后,此间社会舆论面对寇深之忧,颇具大局观和较强的政治意识,在维护国家主权方面表现出高度的一致性,亦在一定程度上强化了时人之国家认同意识。

第四章 民初中央政府对边疆情势之应对

　　民初，在『五族共和』号召下的国民统合潮流中，南京临时政府和北京政府对外蒙古、西藏、新疆予以统合，试图重构此诸边疆地方之国家认同。各边疆民族地区对此政策做出了截然不同的应对，此等反应可视为民初中央政府统合蒙藏新边疆地区之实效。

第四章　民初中央政府对边疆情势之应对

前　言

在序章中，我们曾探讨过，辛亥革命前夕革命派和立宪派围绕未来中国民族国家的构建选择了两条不同的道路。革命派从推翻清朝统治出发，结合传统的华夷观和西方的民族建国理论，提出了"十八省汉族建国理论"，而立宪派在争论中认识到了革命派"汉族建国"理论的缺陷，遂提出了建立多民族的近代民族国家理论。此两种理论之间的争执一直持续到辛亥革命的爆发。

革命派认为"中国是中国人的中国"，由此引发的另一个问题即是，"哪些人是中国人"。在这个问题上，西方的单一民族国家理论与中国的历史和现实枘凿不入，而革命派墨守这种理论，认识模糊不清，甚至是错误的。在他们看来，中华民国应当是西方民族国家理论所说的单一民族国家，而他们又误读了西方的民族主义，将民族等同于种族。不少革命派主张"合同种异异种，以建一民族的国家"[①]。从这一思想出发，在未来的国家构建中，汉族以外的其他民族要么被排除在外，要么被汉族同化："夫一

[①] 余一：《民族主义论》，载《辛亥革命前十年间时论选集》，第 1 卷，下册，486
页，北京，三联书店，1960。

国之中，数种杂处，不相为谋，而唯利是竞，其非福也明矣。于
是欲求解决之方，不出二途。其一即为同化……其一则为分离
……故革命者，所以解满汉之倾轧，或与割然分离，或遂相同
化，皆有利而无弊。"① 在相当长的一段时间内，孙中山的文章和
演说也强调恢复汉族政权，在未来国家设想中也没有提到其他民
族的政治地位，说未来的中华民国，"这便是民族的国家、国民
的国家、社会的国家皆得完全无缺的治理，这是我汉族四万万人
最大的幸福了"②。

　　章炳麟最初亦主张建立汉族国家，后来这一观点有所转变，
主张在汉族建国的旗帜下实现对其他民族的同化，他所撰写的
《中华民国解》对未来国家之地域及构成做出了设计。该文中，
他将族名、地域、国家三者合而为一，说："是故华云、夏云、
汉云，随举一名，互摄三义。建汉名以为族，而邦国之义斯在；
建华名以为国，而种族之义亦在；此中华民国之所以溢。"③ 实际
上把中华民国等同于汉族的国家。故章氏主张未来的国家当以
"先汉郡县为界，而其民谓之华民"，而对于他所说的"三荒
服"——蒙古、回部、西藏等民族区域，则稍后经营，使之同化
于汉族。未同化之时，设总督府及其下属政官，"兴其农业，劝
其艺事，教其语言，谕其书名"，待 20 年后，始可选其民入中央
议院，参与国事。

　　革命党人的民族主义，具有明显的二元论性质。一方面，通
过改造国家，来振兴中华民族，这是民族主义的国家主义本质；
另一方面，革命又必须通过"驱逐鞑虏"来实现，这是民族主义
的种族主义因素。在清朝贵族集团专制统治的特定历史条件下，

---

① 寄生：《革命今势论》，载《辛亥革命前十年间时论选集》，第 2 卷，下册，793
　　页，北京，三联书店，1963。
② 孙中山：《孙中山全集》，第 1 卷，331 页，北京，中华书局，1982。
③ 章炳麟：《中华民国解》，载《辛亥革命前十年间时论选集》，第 2 卷，下册，734
　　~743 页，北京，三联书店，1963。

以"驱逐鞑虏"为核心的"革命排满"口号被放大了许多，较之其国家主义因素来得更为强势。不可否认，这种表现较为强势的种族中心主义，起到了强大的社会动员作用，对于推翻清政府有积极作用，但对于建设一个多民族的新型民族国家而言，其功能却受到了质疑和挑战。辛亥革命前夕革命、改良派争论中梁启超所担心的种族中心主义所引发的分裂中国的危险此间开始浮于水面，而在辛亥革命期间，蒙、藏地方在英、俄两国的支持下先后宣布"独立"即是最好的明证。

1912 年 1 月 1 日，南京临时政府宣告成立。对于孙中山为首的南京临时政府来说，他们已经完成了从革命者到建设者的角色转变。这种转变过程，使得他们不得不换位思考问题。如果说，此前提出的"驱逐鞑虏"的口号，是为推翻清朝统治的应急，那么这种功利性的口号在建国以后则显得不合时宜了。从执政者的角色考虑，他首先必须维持构成国家要素的领土、主权、人民三要素合而为一。因而，面对边疆民族地区政治性格的变化，南京临时政府有针对性地将"五族共和"作为国民统合的意识形态予以创出。北京政府在此基础上，进一步提倡"中华民族"概念，用以整合中央——边疆关系。

本章将考察在上述的"五族共和"口号之下的国民统合潮流中，南京临时政府和北京政府对蒙、新、藏边疆政策，及各边疆民族地区对此政策的应对，进而从理论上解构民初中央政府对蒙、新、藏边疆地区统合之举措。在此基础上，探讨民初政府时期蒙、藏、新边疆地区之民族国家整合的实效。

第一节　南京临时政府对边疆局势之应对

辛亥革命爆发以来，由于内地各省排满运动的高涨，以及列强对边疆政治的插手，使得中国边疆形势复杂化，此间国家和民族分裂的危险十分紧迫。新成立的南京临时政府从内政外交两个方面作出了应对,其具体情形及实效如何,本节将予以解明。

一、对外政策基本方针的确定

南京临时政府成立于南北议和开始之后,革命党人把争取获得列强的承认和消除列强对边疆的插手作为临时政府的首要目标。1912 年 1 月 3 日发布的第一张布告宣示了临时政府的内外政策。其中对外交方针作了全面阐述:"临时政府成立以后,当尽文明国应尽之义务,以期享文明国应享之权利。满清时代辱国之举措,与排外之心理,务一洗而去之。持和平主义,与我友邦益增睦谊,将使中国见重于国际社会,且将世界渐趋于大同。"5日,对外宣言发表,八条中的前四条为对外政策基本准则:

> 一、凡革命以前所有满清政府与各国缔结之条约,民国均认为有效,至于条约期满为止;其缔结于革命起事以后者则否。
> 二、革命以前,满政府所借之外债及所承认之赔款,民国亦承认偿还之责,不变更其条件。其在革命军兴以后者则否。其前经停借事后过付者亦否认。
> 三、凡革命以前满政府所让与各国国家或各国个人种种之权利,民国政府亦照旧尊重之;其在革命军兴以后者则否。
> 四、凡各国人民之生命财产,在共和国政府法权所及之域内,民国当一律尊重而保护之。

宣言反映了愿与世界各国和平往来的真挚愿望,"深望吾国得列入公法所认国家团体之内,不徒享有种种利益与特权,并且与各国交相提挈，勉进世界文明于无穷"①。临时政府重申承认清政府和列强缔结的一切不平等条约，承担过去的外债和赔款，保护列强在华的各种特权和利益。据此，软弱的资产阶级政权天真地认为，只要承认列强的各种权益，就可以换取列强对临时政府的同情和承认，以免除列强对蒙、藏、新等边疆地区的插手或侵略。

二、对边疆政策的宣示与颁行

1912 年元旦，孙中山在"临时大总统就职宣言书"中特别强调："国家之本，在于人民。合汉、满、蒙、回、藏诸地为一国，即合汉、满、蒙、回、藏诸族为一人。是曰民族之统一。武汉首义，十数行省先后独立。所谓独立，对于清廷为脱离，对于各省为联合，蒙古、西藏意亦同此。行动既一，决无歧趋，枢机成于中央，斯经纬周于四至。是曰领土之统一。"② 可见，孙中山强调的是国民一体，国民统一。他认为各族虽然是平等的，但从发展目标来说，是使汉、满、蒙、回、藏合为一个统一的民族，以使国家与民族相符合，保证统一。

接着，孙中山领导的南京临时政府制定的《中华民国临时约法》在民族问题的认识和阐述上又进了一步。其总纲规定："中华民国领土，为二十二行省、内外蒙古、西藏、青海。"在第二章中规定："中华民国人民，一律平等，无种族阶级宗教之区别。"在第三章中规定："参议员每行省、内外蒙古、西藏各选派五人，青海选派一人，其选举办法，由各省自定之。每参议员有一表决权。"这些条款，即确立了中华民国是一个多民族国家的基本大法，体现了各民族平等、共同参政的原则。从民族国家构

---

① 中国史学会主编：《近代史资料丛刊·辛亥革命》（八），20～22 页，上海，上海人民出版社，1957。

② 《临时大总统就职宣言书》（1912 年 1 月 1 日），临时政府公报第一号，载《中华民国史档案资料汇编》，第二辑，1～2 页，南京，江苏古籍出版社，1991。

筑的理论来说，这些条款将中华民国国民与种族划分相区别，明确指出无论属于汉、满、蒙、回、藏哪一个民族，均为中华民国国民。这种国民一体既是两千多年来中华民族共同体的延续，同时也是这一共同体的发展，即从自在的存在向自为的存在发展，正是这个得到了发展的共同体构成了中华民国的基础。

至此，从国家根本大法上来说，"五族共和"思想贯穿其中，使得民族与近代国家体制结为一体。这在一定意义上表明，革命派放弃了革命前宣传的排满运动和"十八省汉族建国"理论，转而接受了改良派提出的多民族国家建国理论，也因此在相当大的程度上摆脱了西方民族国家理论的狭隘性。正因为如此，这场改天换地的革命才得以避免大规模的民族流血冲突，各民族和平地加入到新的国家中来暨国家的统一得到维护，成为可能。

1912年2月12日，南京临时政府将作为清皇室退位的条件之一的"关于满蒙回藏各族待遇之条件"，予以颁布。该条件内容如下①：

> 今因满蒙回藏各民族赞同共和。中华民国所以待遇者如下。
>
> 一、与汉人平等。
>
> 二、保护其原有之私产。
>
> 三、王公世爵，概仍其旧。
>
> 四、王公中有生计过艰者，设法代筹生计。
>
> 五、先筹八旗生计，于未筹定之前，八旗兵办俸饷，仍旧支放。
>
> 六、从前营业居住等限制，一律蠲除，各州县听其自由入籍。
>
> 七、满蒙回藏原有之宗教，听其自由信仰。

---

① 金毓黻，等撰：《宣统政纪》，宣统三年十二月二十五日条。

循此条例，各边疆民族上层的既得利益基本上得到保障。

除了在政策和国家根本大法范围内，确定民国政府对蒙、藏、新等边疆之主权和保障蒙、藏、新边疆利益外，南京临时政府还以政府或个人名义劝诫边疆地区上层分子，希图借此整合处于分崩离析边缘的部分边疆地区之向心力。1912 年 1 月 28 日，孙中山致电蒙古诸王公："……汉蒙本属同种，人权原自天赋，自宜结合团体，共谋幸福。况世界潮流所趋，几于大同，若以芸芸众生，长听安危于一人，既非人道之平，抑亦放弃天职。今全国同胞见及于此，群起解除专制，并非仇满，实欲合全国人民，无分汉、满、蒙、回、藏，相与共享人类之自由。究之政体虽更，国犹是国。故稍有知识之满人，亦莫不赞同恐后。谅诸公明达，必表同情……而俄人野心勃勃，乘机待发，蒙古情形，尤为艰险，非群策群力，奚以图存。凤仰贵王公等关怀时局，眷念桑梓，际兹国势阽危，浮言四煽，西北秩序，端赖维持。祈将区区之意，通告蒙古同胞，戮力一心，共图大计，务坚忍以底成，勿误会而偾事；并请速举代表来宁，参议政要，不胜厚望。"[1]

此期间除孙中山以临时大总统的名义发布公告外，中央政府还委托与蒙古王公亲近之人加意联络。1912 年 1 月 28 日，原殖边学生团学生唐彦保等人为强国筹边、防杜外人，致电贡桑诺尔布等驻京蒙古王公："中国困于专制，国势日僭，外侮频仍，边疆日蹙……方今革故鼎新，合汉、满、蒙、回、藏五大民族为一共和国家，各省民志已趋于同，惟蒙藏地阻情歧，尚未联合。近闻外人对于两地，狡焉思逞。际此危急，正先生所以报国家，而生等所以报先生之时。现新政府联合蒙藏，一视同仁，取消旧时

---

[1] 《临时大总统关于各族团结一心防俄侵蒙致喀尔沁亲王等电》，临时政府公报第四号，载《中华民国史档案资料汇编》，第二辑，15～16 页，南京，江苏古籍出版社，1991。

理藩院不意之名，而组织一蒙藏经理局于内务部，为对蒙藏中央行政机关。一面以保全领土，为国际宣言，杜外人之野心。务望本爱国初意，劝导蒙藏同人，戮力同心，共谋幸福。窃思清廷自且不保，遑可恃以为安。西北安危，生等固当与先生共之。闻政府特派有联络使来蒙，蒙亦应速派代表南来，双方结合，始为完善。中国前途幸甚。"①

这一时期，各民族成立联合会成为一种风气。回族代表在蒋吾新、刘维霖、沙仰之等人的发起下，以遵守共和为宗旨，组织回民联合会，请求南京临时政府批准。1912 年 2 月 12 日，内务部批示如下："此次推翻帝制，改造民国，原合汉、满、蒙、回、藏之土地人民为立国之第一二要素，则五大民族所享有之权利，所负之责任，自应一视同仁，无偏无党，庶能巩固民国之邦基，遵行共和之主旨。该回民组织联合会，以维持宗教、联络声气为目的，以组织团体不背驰共和为宗旨……本部均极赞成。"②

三、南京临时政府统合中央与边疆关系实效评价

综上所述，南京临时政府自成立以来，从内外两个方面着手处理此期的边疆问题，以构建国民统一的民族国家。对外层面，临时政府以妥协的姿态换取列强对临时政府的支持和对边疆的不干预；对内层面，"五族共和"作为国民统合的意识形态予以提出，同时在国家根本大法中得以体现。至于在实际操作层面，由于临时政府存在时间较短，对边疆问题的重视仅仅反映在形式上的宣示一层。

从实际效果来看，尽管南京临时政府对列强在华既得利益予以重视，但并未能换取到其支持。此间，以英、俄为首的列强对

---

① 《临时政府公报第四号》，载《中华民国史档案资料汇编》，第二辑，16～17 页，南京，江苏古籍出版社，1991。

② 《南京临时政府档案》，载《中华民国史档案资料汇编》，第二辑，27 页，南京，江苏古籍出版社，1991。

南京临时政府的要求置之不理。在英国驻华公使朱尔典的策动下，英国政府决定扶持袁世凯取代孙中山，英国外交大臣格雷声称："吾等对于袁世凯深加敬爱，愿此次革命之效果得有完全巩固之政府，与各国公平交际，并保全内地治安及美满情形，使在中国之商务进步。此种政府吾等将于外交上竭力相助。"① 在英国扶袁倒孙的同时，英俄加紧协商，插手蒙、藏、新边疆事务。

至于对内一层，从原有的"驱逐鞑虏"到"五族共和"思想的转变，南京临时政府当然居功至伟，这也在一定程度上避免了民族分裂。然而，应该看到，革命派长期以来宣传的排满之流弊在各边疆民族造成的疑惧是难以短时间清除的。虽然孙中山在1912年元旦临时大总统就职宣言中阐明了五族共和的国策，1月28日还特别致电劝慰正在策划叛乱的喀喇沁王贡桑诺尔布等蒙古王公，其中甚至有"汉、蒙本属同种"，本应"无分汉满蒙回藏，相与共享人类之自由"② 的亲切表示。但是，"驱除鞑虏"载在誓词，"八月十五杀鞑子"言犹在耳，一纸宣言、几封电报怎能化解多年形成的隔阂。以西蒙古为例，虽然南京临时政府成立以来，孙中山为首的革命党人修正了"驱逐鞑虏"的含义，将目标直指清统治，但蒙古人仍然对"鞑虏"二字充满反感。在他们看来，不管怎样，"鞑虏"二字与蒙古人有所牵连，这对于蒙古上层阶级来说是不可接受的。在这种情形下，当时的乌兰察布盟六个旗和伊克昭盟七旗的官民及王公贵族，对辛亥革命反应冷淡。这表现在：一方面，在清帝逊位的消息传来后，立刻将原设的许多台站一律撤销，以表明不愿为民国政府承担任何义务；另一方面，乌、昭二盟王公贵族对于众议院议员的选举不肯积极参加，情愿将席位拱手让给张绍曾的亲信蔡汇东、王芳亭等人，以此表

---

① 中国史学会主编：《近代史资料丛刊·辛亥革命资料》（八），314 页，上海，上海人民出版社，1957。
② 孙中山：《孙中山全集》，第 2 卷，48 页。

明对共和制度的不满和藐视。①

第二节　北京政府的边疆政策及边疆之反应

——以蒙、藏问题为中心

1912 年 2 月 12 日，清帝宣布退位。这天，袁世凯便以"全权组织临时共和政府"的名义，将清帝退位情况通知各国驻京公使。2 月 13 日，孙中山向南京参议院提出辞呈咨文和举荐袁世凯的咨文。2 月 15 日参议院改选袁世凯为临时大总统。3 月 10 日，袁世凯在北京宣誓就职。4 月 5 日，临时参议院决定政府迁往北京。这样，以袁世凯为代表的北京政府完成了形式上的国家统一。

袁世凯上任之初，中国边疆地区面临着严重的危机。在蒙古地区，外蒙古和呼伦贝尔地区的"独立"事件相继出现。随后，贡桑诺尔布蓄谋"独立"和乌泰宣布"东蒙古独立"也让袁世凯政府感到非常棘手。西藏地区，达赖喇嘛在英国的支持下返回拉萨，展开疯狂的"驱汉"运动，与中央政府关系渐行渐远；新疆地区，俄国以保护侨民为借口，出兵伊犁，英国也在一旁蠢蠢欲动。于此形势下，袁世凯掌控的北京政府展开了一系列活动，以整合中央——边疆地方关系。

一、从"独立"到"自治"：民初中央政府对外蒙问题的处置

南京临时政府时期，一切正在草创之中，无暇顾及外蒙边疆问题。但中华民国政府明确表示不承认外蒙独立。就任中华民国临时大总统的孙中山，于 1912 年 1 月 28 日致电外蒙喀尔沁亲王，

---

① 荣祥：《略谈辛亥革命前后的家乡旧事》，《内蒙古辛亥革命史料》，16～17 页，呼和浩特，内蒙古人民出版社，1979。

告以"俄人野心勃勃，乘机待发，蒙古情形，尤为艰险，希群策群力……戮力一心，共图大事"，并希望"无分汉满蒙回藏，相与共享人类之自由"。4月，孙中山退位，袁世凯就任大总统后，对外蒙独立亦明确表示反对。

外蒙古独立后，库伦当局曾于1912年3月12日致电北京政府，申明自立。其词曰（《蒙古风云录》）：

> 中华民国袁大总统均鉴：我外蒙古因被清国官员虐待，不堪其苦，客岁阳月初旬，公议保种保教保全领土，大众起义，辞却清国，宣布自立……且捻尊意，欲以天下为一家，中国为一人，钦佩莫名。理宜合力前进，以表同情。唯缘蒙汉异风异教，言语文字，俱各不同，两不相及。知我蒙古，被清愚弄，二百余年，知识风气，迄未开通。如以顽固之蒙人，与最文明之汉民同居一室，诚恐彼此生衅，致滋冲突，贻讥五洲。自应讲信修睦，结为邻邦，各安疆土，以图保全。再华商之在吾国侨居营生者，实繁有徒，自逐贪官污吏出诸境外，宣告自主后，姑念南北交易有年，准如该商民等所请，暂予缓征税捐，以示体恤矣。所议华商流民边疆等事，如邀邻国出为保证，方克两有裨益。再四筹酌，总不如各讨方便，以重邦交之为妙也。特此电达。蒙古国内阁大臣叩。松。

袁世凯政府得电后，遂致电库伦哲布尊丹巴："外蒙古同为中华民族，数百年来，俨如一家，现在时局阽危，边事日棘，万无可分之理"，并晓以利害，劝其取消独立。其电文为[1]：

> 外蒙同为中华民族，数百年来，俨如一家，现在时局阽

---

[1] 刘序渭：《蒙古史彙编》，1976年金兰初版，1987年南天书局再版。

危，边事日棘，万无可分之理，贵喇嘛慈爱群生，宅心公博，用特详述利害，以免误会，各洲独立之国，必其人民财赋兵力政治皆自主，乃可成一国，而不为人所吞噬。蒙古地面虽广，人数过少，合各蒙计之，尚不如内地一小省之数，以蒙民生计窘迫，财赋所入至微，外蒙壮丁，日求一饱，尚不可得，今乃欲责令出设官养兵购械诸费，不背叛，则填沟壑，何所取给？若借之于人，则太阿倒持，必致喧宾夺主，又自奉黄教以来，好生忌杀，已成天性，各部箭丁，只知骑射，刀矛尚不能备，何论枪炮，欲议攻战，必无可恃。政治则沿贵族之制，行政司法，以较各洲强国，万无可企，更难自立，且各蒙并未尽能从服，贵喇嘛威令所及者仅图车三音三部，且闻尚未尽服，阅时稍久，人怨财匮，大众离心，虽悔何及？试问百年以来，凡近于蒙古，而不隶中国蒙回各部，有一自存者否？有不为人郡县者否？各蒙与汉境唇齿相依，犹堂奥之于庭户，合则两利，离则两伤，今论全国力量，足以化外蒙之贫弱为富强，置于安全之城，旧日苛政，当此新基创始，自必力为扫除，此外如有要求，但能取消独立，皆可商酌。贵喇嘛识见通达，必能审择祸福，切勿惑于邪说，贻外蒙无穷之祸，竭诚至告，即希见复。

同时，北京政府还制定了《蒙古优待条例》，以示对蒙古民族的关怀。哲布尊丹巴呼图克图接到袁氏电文后，曾予答复，但未承诺撤销独立，且认为"惟于清帝辞政以前，业经自主，布告中外，起灭何能自由，如果欲令乃尔，请即商诸邻邦，杜绝异议是荷"，此不异自招俄国发动外蒙古之独立，所以如欲更改，"请即商诸邻邦"以"杜绝异议"，兹将该复电抄录于下：

渴仰仁声，非伊朝夕，顷承电示，谆谆告诫，感愧莫名，只以时势危迫，宣告独立，共推哲布尊丹巴喇嘛为蒙古国君主，当经力辞未获，不得已而俯舆情，已允其请，即受其礼，布告中外，良用歉然，外蒙此次起义，本为保种、保教、保全领土起见，并非别有希冀，亦非惑于邪说，实因困于虐政耳。所谓外蒙人数过少，贫弱已极，并不知兵，难期立国，均属实情。足徵大总统，策裕转危为安，德足车世长民，秦镜高悬，无微不至，钦佩奚知，至祸福利害，惟仰贵大总统曲体与否，倘荷玉成，俾资勤修内政，敦睦外交，妥筹边防，巩固国基。则不惟外蒙得以保全，即中国亦无北顾之忧矣……此实外蒙僻处绝域，逼近邻邦，势如累卵，四无强伯，倘有不虞，必为台湾朝鲜之续，中国远隔瀚海，鞭长莫及，军民虽众，恐将无所用之，此我外蒙间于列强，进退维谷，乃不自立，难脱鱼囊之实在情形也。本喇嘛视舍独立犹弃敝屣，惟于清帝辞政以前，业经自主，布告中外，起灭何能自由，如果欲令乃尔，请即商诸邻邦，杜绝异议是荷。方今时势，外蒙之存亡，在公之操纵，操之过严，不溃即溢，则何异于为丛殴爵，而希菩心佛力，大施汲引，玉成此举，以免群生沟壑之忧，即造万世无量之福。

从库仑独立前后活佛所发布的两项告示及与中央政府之往来电文来看，其态度似乎有逐渐缓和的趋势。最初，库伦当局在独立文告中，措词强硬，强调其"原系独立之国，是以现在议定仍照旧制，自行立国，将一切事权不令他人干预"（《蒙古风云录》），在1912年3月向北京政府申明的时候则用"自立"一词，后又在回袁世凯电中婉转地以外蒙古边疆与内地的风俗、习惯、文化上的差异，以及前清政权的受害者等原因，表明此期外蒙古独立的原因。据此可知，这一时期，外蒙古尽管业已宣布"独立"，但其与中国脱离之决心似乎并不坚决。

袁世凯接电后，复又致电哲布尊丹巴呼图克图，再度阐明蒙古与内地，合则两利，分则两伤，并说明将派专员前往库伦，洽商一切，该电文为①：

> 电悉。贵喇嘛慈爱群生，维持大局之苦衷，并辱奖誉，殊深感愧。近年边吏不职，虐我蒙氓，以致群怨沸腾，激成独立，此等情状，内地胥同。贵喇嘛之歉忱，固国人所共谅，刻下国体确定，汉蒙一家，必须合力以图，新基方能巩固。来电操纵一节，深知重归中央，不欲恋无谓之虚名，贾汉蒙以实祸，致人坐收其利，天地圣佛，实鉴此心。今联合五族，组织新邦，本大总统与贵喇嘛，在一身则如手足，在一室则如昆弟，利害休戚，皆所与共，但使竭诚相待，无不可以商榷，何必劳人干涉，致失主权。前此各省怨苦虐政，多告独立，自共和宣布，全已取消，盖皆不忍人民涂炭之心，而无争地争城之私见。来电词旨，尤惬鄙怀，务望大扩慈心，熟观时局，刻日取消独立，仍与内地联为一国，则危机可泯，邦本可固。国民对于贵喇嘛，必当优为待遇，即各王公，及他项人员等，亦必一体优待，此后一切政治，更须博访舆情，详为规定，以餍蒙族保安之希望，为进大同之化，共和幸福，其各无涯量，否则阋墙不已，祸及全国，将有同为奴隶之悔。以贵喇嘛之明智仁爱，当不必出此也。至蒙古内地，合则两利，分则两伤，前电已痛言之，所有应行商榷各节，电内未能尽达者，已派专员，前往库伦，趋谒驻锡，面罄衷曲，商议一切，到时希切赐晤，至所企祷，仍望见复。

---

① 梁鹤年：《蒙古独立记》，见陈箓：《蒙事随笔》，北京，商务印书馆，1918。

哲布尊丹巴对此立即做了回复，婉言拒绝中蒙交涉。电文如下①：

> 贵大总统量涵大海，联合五族，创造共和新基，大为中外景仰。唯我蒙族，遭此竞争时代，处此危险边境，所有一切，究与他族迥不相同，其中委曲，不待细陈，谅在洞鉴。劳人干涉，有碍主权，略知梗概，只以时势所迫，不得不如此耳。否则鹿死谁手，尚难逆料。再四思维，与其派员来库，徒事跋涉，莫若介绍邻使，商榷一切之为愈也。

至此，北京政府与库伦当局试图平和理喻、内部劝诫一途宣告终结。尽管如此，这一时期，中央政府仍然没有放弃对外蒙古问题的关注。除对外蒙古封建上层进行理喻劝诫外，同时还针对库伦当局出兵南下骚扰内蒙古的行为进行了坚决打击，力图用武力收复外蒙边疆。然而，一方面由于俄国的干涉，另一方面此间袁世凯政府要应付南方革命党人，北京政府武力征伐之计划亦告失败。北京政府不得已，徇俄国之请，加入中、俄、蒙三方会谈，通过外交途径解决外蒙古问题。几经波折之后，外蒙古最终承认改"独立"为"自治"，中国政府保留在外蒙古名义上的主权。

外蒙古既已撤销"独立"，改为"自治"，北京政府遂于1915年6月16日特任原担任中俄谈判代表的陈箓为首任都护使，充任驻库办事大员。6月22日复任命陈毅为都护副使兼理乌里雅苏台佐理专员，任命刘崇惠为都护副使兼理科布多佐理专员，任命张寿增为都护副使兼理恰克图佐理专员。

陈箓简任库伦办事大员以后，即着手研拟驻库伦办事大员公署章程，经拟妥后呈送北京政府，嗣经国务总理徐世昌于1915

---

① 梁鹤年：《蒙古独立记》，见陈箓：《蒙事随笔》，北京，商务印书馆，1918。

年 7 月 19 日批准。据驻库伦办事大员公署章程相关条款之规定，除大员外，仅有秘书长一人，一、二、三等秘书各两人，医官、监狱官各一人，卫队 200 人，设一队长统辖之。依据章程第三条的规定，驻库伦大员直接办事的区域以土谢图汗部及车臣汗部两部落为限。两部落面积约有五十万平方公里，然仅以含大员在内的十人处理有关事务，人力略显单薄，虽有两百名卫队，"用以为卤簿，尚颇壮观，如一旦有警，则无济于事"①。至于驻乌里雅苏台、科布多及恰克图佐理专员公署的人员配置，则更显捉襟见肘。

此外，北京政府在颁布驻库伦办事大员章程及驻乌、科、恰佐理专员章程的同时，还在章程之外，另设军事参赞处，统辖乌里雅苏台、科布多、恰克图三地之卫队，成为驻扎外蒙古边疆地区的军队总机关。军事参赞大臣由大总统简任，参赞处设副官、书记、绘图等少数职员。为使军事参赞处办事有所依循，于 1915 年 8 月核定军事参赞办事大纲八条，其详细内容为：（1）军事参赞受都护使节制，办理驻扎外蒙军事上一切事宜；（2）军事参赞由大元帅简任；（3）参赞处设副官一员、绘图一员、司书一员；（4）军事参赞有调查外蒙一切军事行动之责；（5）军事参赞有监督外蒙各地卫队之权，乌、科、恰三处应随时前往考验卫队学术、检查装械、马匹；（6）军事参赞应调查外蒙边界及绘制地图，以备勘界之用；（7）军事参赞应将军事上一切事项按月报告中央政府一次，如遇紧急事件，随时具报；（8）军事参赞等薪公另定之。

以上为北京政府在外蒙古的基本行政规划，至于外蒙古本身，"独立"之初所设之内务、外务、军政、财务及司法五部，仍继续存在，成为外蒙古"自治"的基本组织架构，或可称之为

---

① 刘学铫：《清季民初中蒙之分合关系》，44 页，载中国台北：蒙藏委员会 2002 年专题研究丛书，第 8 期。

"自治外蒙古官府"。其组织情形大致如下：

> 内务衙门，兼管典礼、台站事宜。
> 外交衙门，兼管教育、电政、矿务各事宜。
> 兵务衙门，兼管各项工程、巡警事宜。
> 财务衙门，兼管税课各事宜。
> 司法衙门，兼管中、蒙、俄民刑会审各事宜。

此外，另设总理一员，由以上五衙门内大臣一员兼充，总管官府所有事宜。

陈箓就任驻库伦办事大员以来，处理蒙事采取稳当而渐进的方式，尊重哲布尊丹巴呼图克图在政教方面之崇高地位，以平和的姿态与外蒙古诸王公相周旋，颇得外蒙古政教领袖的好感，逐渐消除了其对北京中央政府的疑虑，蒙汉感情渐见融洽。这一时期，北京政府驻库伦办事官员在处理中央——边疆关系中，有以下数端成就（《蒙古论刊》）：

> 一、册封哲布尊丹巴呼图克图。
> 二、与外蒙自治官府交涉，取消汉人之居留税与房屋税。
> 三、设立诉讼处，管理汉人民刑案件。
> 四、与俄蒙会订自治外蒙电合同价目。
> 五、调和库伦华商，分设东西两事务所，合组总商会，再与张家口总商会及北京之京师会所互相联系协助，以谋商业发展。

陈箓在任期间仅一年有余，而有上列成就，以当时主客观环境而言，实属不易。这为1919年外蒙古"撤治"打下了坚实的基础。

二、对西藏问题的斡旋

1912 年 3 月 15 日，袁世凯发布命令，劝谕达赖、班禅及蒙古哲布尊丹巴三大黄教活佛赞成共和。劝谕指出，清末"边疆大吏，措施未善，每多压制"，"官吏敲诈剥削，以致恶感丛生，人心涣散"，宣告"现在政体改革，共和五大民族，均归平等。本大总统坚心毅力，暂将一切旧日专制弊政恶性禁革"；对于蒙、藏地方"尤应体察舆情，保守治安"，应驻京的札萨克喇嘛的要求，批准成立蒙藏政治改良会，以便"宣布五族平等，伸我蒙藏人权"，"内外札萨克蒙古，暨两藏地方，原来疾苦之事，应俟查明次第革除"；呼吁蒙藏地方僧俗上层"于中央大政，及各该地方应兴应革事宜，各抒己见，随时报告，用图采择，务使蒙藏人民，一切公权私权，均与内地平等，以期大同而享幸福"。① 向蒙藏地方表明了中央愿在"五族共和"、民族平等的基础上解决蒙藏问题。

4 月 22 日，袁世凯发布临时大总统令，宣布"现在五族共和，蒙、藏、回、疆各地方，同为我中华民国领土，则蒙、藏、回、疆各民族，即同为我中华民国国民，自不能如帝政时代再有藩属名称。此后蒙、藏、回、疆等处自应统筹规划，以谋内政之统一，而冀民族之大同"，撤除原清廷的理藩院，将理藩院原管理事务归并内务部，以便使"蒙、藏、回、疆与内地各省平等"。② 后来，在国务院下设蒙藏事务局，专理蒙藏事务。

为了沟通中央与西藏地方的关系，向西藏地方宣传民国政府对藏政策，求得谅解，达成共识，中央及内地各省派员入藏。黎

---

① 《东方杂志》，第 8 卷，第 11 号。
② 《东方杂志》，第 8 卷，第 12 号。

元洪派王德光为宣慰使，拟入藏调查，后来未能成行。① 四川当局派出两个考察团前往察隅、珞瑜等地。中央政府派杨芬为入藏宣慰员，他在西藏地方驻京代表的随同下取道印度，拟面见达赖以示慰问，并商谈善后事宜。旅印华侨陆兴祺多方接触西藏地方僧俗官员、贵族，在中央与达赖集团之间穿针引线。

作为和平解决西藏问题的第一步，袁世凯恢复了达赖的名号，借此宣扬对藏主权，同时主动向西藏地方表示诚意，恢复中央与西藏地方关系。1912 年 9 月 12 日，蒙藏事务局呈请袁世凯恢复达赖喇嘛名号，报告说：自辛亥革命以来，内地"疲于兵事，亦无暇顾及边疆，致使彼此误会，汉藏渐生恶感"，"达赖主持黄教，传演数百年，为蒙藏之教宗，系边民之信仰，若非特加优待，必不足以服其心志，而消其反抗"；"且號革达赖系前清以往之事，与民国本无嫌怨"。请示"将达赖名号及原有封号悉予开复，并由民国另加封号，仍于上年所加每岁廪金外，再酌加廪金，以示优异，其随从各员，亦一律开复原官，借以解散党羽，消除阻梗"。② 袁世凯准蒙藏局所请，于 10 月 28 日发布总统令，宣告"现在共和成立，五族一家，前达赖喇嘛诚心内向，从前误解自应捐释，应即复封为诚顺赞化西天大善自在佛，以维持黄教，赞翼民国，同我太平"③。元年 12 月 17 日，并任命马基符、姚宝来为册封使，取道印度，"赴藏宣慰，以期解释前嫌，联络情意"。18 日，政府又派温宗尧、王人文为西藏宣抚使（《中华民国史事日志》）；纵在达赖再度反复，称兵川边之时，仍于 1913 年 6 月 14 日任命陈贻范、胡汉民为西藏宣抚使，希望和平解决纠

---

① 吴丰培辑：《民元藏事电稿·藏乱始末见闻记四种》，1 页。

② 《蒙藏事务局为恢复达赖名号赏加封号廪金并派员赴藏宣慰事致袁世凯呈》，见中国藏学中心，中国第一历史档案馆，中国第二历史档案馆，西藏自治区档案馆，四川省档案馆，合编：《元以来西藏地方与中央政府关系档案史料汇编》，第六册，2 353页，北京，中国藏学出版社，1994。

③ 《蒙藏局奉发袁世凯恢复达赖封号令给钟颖与达赖喇嘛咨行及照会》，见《元以来西藏地方与中央政府关系档案史料汇编》，第六册，2 354页。

纷。(《中华民国史事日志》)

此间留阻印度的杨芬,通过滞印的西藏官员与达赖取得联系。11 月 20 日,达赖派专员密送信函给杨芬,信中说:陆军入藏原为保护藏番,今变为盗贼,烧杀抢掠,无恶不为,请杨芬"实报大总统处办"。[①] 从这封信件内容来看,达赖只是指责前清驻藏官兵,看似对民国并无怨恨,并且愿意提交中央处理。12 月 2 日,杨芬奉命致函达赖,转告"政府已议决提倡和平主义",宣示中央关于解决西藏善后问题的政策:"咎联豫蒙蔽办事致起汉番隔阂""咎公议举破坏旧制之舞之馆长""更换驻藏官员""伸理番族冤枉""抚恤受害番民""恢复佛爷封号,仍为释教宗主""派全权大员入藏,与佛爷面商改良事宜","再办应兴应革之善后"。[②] 以上诸条,表明中央政府愿意在坚持中华民国对西藏主权的前提下,纠正清朝及民国初年驻藏官员及部队的失误,尊重达赖及西藏地方的意愿,解决西藏问题。

在与达赖喇嘛联系的同时,杨芬等还与班禅书信往来,宣示共和大义。1913 年 4 月,中央政府加封班禅"致忠阐化"名号。

北京政府的上述政策、措施对于和平解决西藏问题起到了一定的作用。此间西藏内部主张统一的力量在极其困难的局势下并没有沉默。在达赖召集西藏各宗谿代表讨论西藏今后大政方针的会议上,他们顶住压力,提出应与中央维持原有关系。目睹这一切的英国人贝尔也不得不承认:"在官员、僧侣和人民中有亲中国派,这是由于自然而然的亲密关系及两国间悠久联系……在农民中,我们也随时听到他们说盼望中国人回来。"[③]

此间,班禅接受册封后致函中央表示谢忱,并派代表阿旺益

---

① 《姚锡光代呈赴藏宣慰员杨芬报告致袁世凯呈》,见《元以来西藏地方与中央政府关系档案史料汇编》,第六册,2 379 页。
② 《杨芬为慰复并陈明政府对藏政策致达赖喇嘛函》,见《元以来西藏地方与中央政府关系档案史料汇编》,第六册,2 358 页。
③ 贝尔:《西藏的过去与现在》,214 ~215 页,牛津大学,1968。

喜来京谒见，表示倾向共和。达赖喇嘛的态度也有所缓和。他接
受杨芬的劝告，"未拟库佛引俄自残"，而决定在北京设立西藏办
事机构，委派罗卜桑车珠尔为西藏驻京代表。罗卜桑车珠尔于
1913 年 6 月在京觐见袁世凯总统。尽管此期中央与西藏地方关系
仍处于不正常状态，但西藏驻京办事处的设立标明西藏地方已归
属中华民国。与此同时，达赖喇嘛对于中央关于会谈的呼吁也作
了回应，提议双方代表在大吉岭会商。① 西藏地方政府基本同意
中央提出的恢复旧制之原则，并确立其基本立场和条件。据《西
藏六十年大事记》记载：是时，中央对于藏事，处置颇善，而达
赖周围之番官、堪布等鉴于英人侵略各部落之野心，力劝达赖内
附，略谓以西藏之兵力、财力论，恐难独立，而有外力侵入之
虞！于是内附之条件拟定（《西藏六十年大事记》）：

一、西藏永远不设行省。

二、西藏行政权归藏人主持之。

三、不在西藏驻扎汉兵。

四、从前受领之俸给，及其他之给予当加倍其数。

五、西藏财力不足时，由中央供给之。

六、对于现任要职之喇嘛、番官，当从丰给予金钱。

西藏地方提出的这些条件是想在承认中央对西藏主权的前提
下扩大地方权限及优待西藏僧俗。这些条件在中央政府看来也不
是不可接受的。形势正朝着有利于中央政府与西藏地方和平解决
西藏善后问题的方向发展。

然而就在此时，英国对中国与西藏地方就会谈问题取得的进

---

① IOR，政治及机密文件，2350/1913，"西藏：截获的电报"，陆兴祺致北京，1913
年 5 月 7 日；《十三世达赖喇嘛为请令钟颖所部退出西藏事复袁世凯电》，见《元
以来西藏地方与中央政府关系档案史料汇编》，第六册，2 367 页。

展深为不满，横加阻挠。朱尔典一口拒绝中国中央政府代表取道
印度与西藏地方代表会商，"西藏事须在北京与英国协商，在协
商未有结果以前，遣使由印度至西藏与达赖会商一层，英政府碍
难照允"①。由于英国的插手，北京政府与西藏地方政府建立起来
的脆弱关系陷入风雨飘零之中。最终，中央政府为求得西藏问题
的解决，不得不求助于英国。②

三、北京政府统合中央与边疆关系实效评价

综上所述，以袁世凯为代表的北京政府在继承了南京临时政
府之政治遗产的基础上，加大了对蒙、藏边疆问题的关注及处置
力度。此间，中央政府通过劝谕、册封、厚给利益等各种怀柔手
段，加强了与蒙、藏地方的联系，并在一定程度上得到了蒙、藏
地方的认可。然而，由于英、俄两国的插手，使得中央政府与
蒙、藏边疆关系复杂化。

此间，北京政府关于中、英、藏问题的交涉、谈判，以及
中、俄、蒙问题的协商基本上是成功的。比如，它坚决拒绝承认
英、藏间所谓的"西姆拉条约"和"麦克马洪线"，使英国分割
我国神圣领土西藏的阴谋活动丧失了法律依据。同时，在中、
俄、蒙恰克图会议期间，"大总统面授机宜，外交部预拟草案，
实为我国议约之创举"③，为维护国家主权殚精竭虑。据此可知，
北京政府外交思想基本上是以近代民族国家主义为其思想基础
的。为捍卫中华民族的利益、领土、主权等国家根本利益而进行
外交斗争，因此招致外力的冲击和破坏。列强总是曲解并妄图拒

---

① 《蒙藏委员会关于英帝国主义侵略西藏之政策及1905—1915年资料之一》，第六章
　　第一节第一款，见《元以来西藏地方与中央政府关系档案史料汇编》，第六册，
　　2 387页。
② 关于此间详情，请参阅本书第三章相关内容。
③ 陈箓：《止室笔记第一种·恰克图议约日记》，载吕一燃：《北洋政府时期蒙古地
　　区历史资料》，178页，哈尔滨，黑龙江教育出版社，1999。

制中国的民族主义，但北洋政府为此起而抗争。诚然，北洋初期承认外国在华特权，是软弱的外交方针。但从当时国内外政治环境看，它是被迫的积极的妥协。为避免列强支持清廷残余势力反攻立足未稳的民国，必须对外国做些有限度的让步。

然而也应看到，北京政府在处理蒙、藏问题而展开的外交活动中，表现出来的一个重要特点，即是它的内向性，即国家实力多半运用于国内。而国内各种政治势力之间的冲突，则大大削弱了北洋外交的能力。各利益集团的外交努力实质上是利用外国势力制服国内政敌，以掌握全国政权，故形成"外交团制华"，即"众夷制华"的局面。内向性外交对中国主权和利益有百害而无一利。造成北洋外交长期缺乏积极进取精神，始终处于无力外争之困境；内向性外交也使中国无法在国际社会中发挥积极作用，无力维护国际和平与正义，不能参与国际合作与竞争，从而难以取得与列强平等的国际地位。

第三节　认同的重构：民初中央政府对边疆地区之统合

通过前述两节的阐述可知，辛亥革命的爆发及其胜利，促使革命党人特别是领袖人物迅速实现了从"造反者"到建设者和执政者的角色转变。而具有近代"民族国家"性质的中华民国的建立，则在客观上要求这一新建政府必须得到境内各民族的认同，这样才能保证其执政的合法性。为此，原有的"排满建国"方略显然不合时宜，因此，民初政府转而追求一系列专注于实现近代民族国家构建的政纲。本节将在此基础上，依据序章业已探讨的认同理论构筑研究框架，对民初中央政府构筑民族国家，整合边疆之相关举措予以探究。

一、从"排满"到"五族共和"直至"中华民族"的形塑

武昌起义爆发后不到一个半月（1911 年 11 月 21 日），原革命派的一翼、偏重于"排满"的国粹派代表人物邓实、黄节、胡朴庵等即在上海创办《民国报》，宣布报刊宗旨为所谓六大主义。其中，头两条主义即为"建立共和政府；以汉族主治，同化满、蒙、回、藏，合五大民族而为一大国民"（《辛亥革命时期期刊介绍》（三），711 页，人民出版社，1983。），实际上，不仅革命党人如此，一般社会上的有识之士也发出了类似呼吁。如此前两日，即 1911 年 11 月 19 日，《大公报》上即发表了署名"无妄"的《中国存亡问题系于民族之离合》一文，指出："且夫中国之所以为中国，中国之所以为大国者，以其兼容并包合满汉蒙回藏各种民族以立国，而非彼单纯一民族之小国所得比其气派也。故我中国虽屡遭蹉跌，国势之积微至于斯极，尚有转弱为强之望，而不至如安南、缅甸、琉球、朝鲜诸国之一蹶即亡者，亦未始非国民庞大多之赐也。是则中国者，全体国民肩头之中国，非一民族所能独立补救之中国也。——盖民族与土地宜合而不宜离，合则互相联助，兴也勃焉，离则罅隙四呈，亡也忽焉。"虽然其大汉族主义尚有遗留，然已明显吸收了立宪派的部分主张，从"排满"转为实行民族"同化"，自觉于民族、国家一体化的努力了。

1912 年元旦，孙中山在《中华民国临时大总统宣言书》中也郑重宣告："国家之本，在于人民。合汉、满、蒙、回、藏诸地为一国，即合汉、满、蒙、回、藏诸族为一人——是曰民族之统一。"在《中华民国临时约法》中，还用法律形式将民族平等规定下来："中华民国人民一律平等，无种族、阶级、宗教之区别。"这就是"五族共和"的思想。

1912 年 3 月 19 日，革命党领袖人物黄兴、刘揆一等领衔发起成立了影响很大的"中华民国民族大同会"，后改称"中华民

族大同会"。满人恒钧等少数民族人士亦参加了此会，并成为重要的发起人。从此会的宗旨、名称和发起等方面来看，昔日立宪运动特别是恒钧等人从事"大同报"社活动的影响，显而易见。辛亥革命后，百废待兴，革命党人竟如此重视"民族大同"问题，原因何在？其发起电文有着如下陈述：

> 各都督、议会、报馆、政团，鉴民国初建，五族涣散，联络感情，化除畛域，共谋统一，同护国权，当务之急，无逾于此。且互相提挈，人道宜然。凡我同胞，何必歧视。用特发起中华民族大同会。现已成立。拟从调查入手，以教育促进步之齐一，以实业浚文化之源泉，更以日报为缔合之媒介，以杂志为常识之灌输。章程即付邮呈，敬希协力提倡，随时赐教。酌拨公款，助成斯举，实纫公谊。

同年4月初，孙中山批准该会立案，并称赞"该会以人道主义提携五族共跻文明之域，使先贤大同世界之想象，实现于二十世纪，用意实属可钦"，认为其所拟各种具体办法也切实可行，同意拨给经费。① 在临时政府财政极其严峻的情况下，孙、黄能有此举，可见他们对于此问题的重视达到了何种程度。

与此同时，在上海等地，一些地方官员还发布《化除种族见解之文告》，禁止商人、报纸广告、公私函牍使用"大汉"字样，以示民国"大同主义"。沪军都督革命党陈其美等人更倡议发起"融洽汉满禁书会"，对于鼓吹排满、有违五族共和宗旨的书籍，主张一律禁止。"已出版者，则由本会筹资收毁。"类似的组织还有雷震等发起、得到岑春煊等赞助的"五族少年同志保国会"②，新疆伊

① 1912年4月3日《临时政府公报》第56号。
② 分别见《申报》1912年4月13日，5月27日，5月26日。

犁组织的"汉、满、蒙、回、藏五族共进会"①，1912年4月10日在北京成立、以内务总长赵秉钧为总理、陆建章为协理的"五大民族共和联合会"，等等。如"五大民族共和联合会"的宗旨就是"扶助共和政体，化除汉满蒙回藏畛域，谋一致之进行"，主张"融化五族，成一坚固之国家""实行移民事业"和"统一文言"等，体现了民初要求五族平等融合的社会心理。次年6月29日，该会还发起成立了"平民党"。其党纲的第一条，即为"促进种族同化"②，也就是以"五族共和"为发展目标。

在当时众多以民族平等融和为宗旨的社会组织中，特别值得一提的，还有袁世凯授意组成的"五族国民合进会"。它于1912年5月12日在北京成立。选举总统府边事顾问姚锡光为会长，汉人赵秉钧、满人志钧、蒙人熙凌阿、回人王宽、藏人萨伦为副会长。黄兴、蔡元培等革命党元老和黎元洪、梁士诒、段祺瑞、袁克定等民国要员，以及满、蒙、藏、回等族数十名人或参与发起，或列名表示赞成。不仅声势较大，而且真正称得上是名副其实的五族联合组织。是年6月，该会曾在《申报》上连载"会启"，其文其识，颇能反映民初各民族一体认同的水准。该"启示"从血统、宗教和地域的分析入手，论证了五族"同源共祖"的历史，指出"满、蒙、回、藏、汉五族国民，固同一血脉，同一枝派，同是父子兄弟之侪，无可疑者"。认为以往彼此之所以互相仇视和攘夺之事，实为封建专制的结果。民国建立后，"万民齐等"，五族国民如骨肉重逢，正好"各以其所有余，交补其所不足，举满、蒙、回、藏、汉五族国民合一炉以冶之，成为一大民族"。在该会的《简章》中，还提到"我五族国民以外，西北尚有哈萨克一族，西南尚有苗瑶各族，俟求得其重要人员，随

---

① 杨筱农：《伊犁革命回忆录》，载《天山》杂志1934年第1卷，第1期。
② 北京市档案馆藏有有关档案，可见刘苏选编《五大民族共和联合会章程》及《平民党宣言书暨暂行章程》，载《北京档案史料》1992年第1、3期。

时延入本会"①，可见其所谓"大民族"也并不局限于五族，"五族"不过是一种泛称而已。遗憾的是，对于融合而成的"大民族"究竟如何称谓，该《会启》和《简章》等却未曾给予明示。

"五族共和"口号的提出，具有鲜明的应急性（在笔者看来，这一口号很大程度上是为了应付当时蒙、藏边疆地区的政治危机），其功效彰显于一时。但同时也应看到，"五族"概念是否能够涵盖民国政府统辖下的所有民族呢？时任驻藏办事长官的陆兴祺曾在致民国政府的电文中提到一事："且有廓尔喀者，本一极富强之小国，向修贡职，尊中土为上国，目前尚极恭顺。此次藏乱，廓人调停之力，亦颇不鲜。惟谓廓人心中有一疑意，中国动称五族共和，不知廓人究属何族。盖廓人所奉者回教耳。如为回族，则土耳其亦回族也，亦可列于五族共和中耶？倘中国政府明白指示，廓人仍当勤修贡职云云。"② 由此看来，"五族"口号有它自身的局限性，间接造成了中国内部"五族"与其他民族的对立，亦模糊了此间边疆民族之民族——国家认同，对"五族"概念作进一步阐述和拔高是很有必要的。

"五族共和"的口号具有明显的缺陷，袁世凯本人可能也认识到了这一点。这可从他与哲布尊丹巴呼图克图的往来函件中对"中华民族"一词的使用可知。③ 显然，作为政治家的袁氏，他可能比较注重于操作层面的实用性，至于理论上的建构还得由思想

① 见《申报》1912 年 6 月 11—12 日《姚锡光等发起五族国民合进会启》。其中除了《会启》和《简章》外，还有《支会章程》，呈请立案呈文、组织构成条款及内务部批文等内容。内务部批文曰："查所呈各节系为五族国民谋同化起见，尚无不合，本部应准备案，仰即知照。"

② 可参阅姜泣群编：《朝野新谭》，光华编辑社，1914 年版。尽管从历史事实来看，廓尔喀实际上早在 1846 年已经被英国人纳入英属印度治下，已不再是中国传统意义上的藩属国，廓尔喀人亦更谈不上是中国之民族或国民。但陆氏所言，在一定程度上表达了一种问题意识，即"五族共和"口号有其自身的局限性。

③ 参见《袁世凯致哲布尊丹巴电文》："外蒙古同为中华民族，数百年来，俨如一家，现在时局贴危，边事日棘，万无可分之理……"转引自刘序渭：《蒙古史汇编》，1976 年金兰初版，1987 年南天书局再版。

家和学者来完成。在这一方面，梁启超的追随者、进步党人、《庸言》杂志的实际主编吴贯因，有过特别值得一提的思想贡献。1913 年初，他在《庸言》上连载了洋洋数万言的《五族同化论》一文，逐个论证了五族的混合性质，进而说明了各族之间血统等互相渗透融合的历史，此文对于当时和以后"中华民族"融合史的研究，产生了较大的学术影响。① 在该文中，吴贯因有力地指出②：

> 汉、满、蒙、回、藏五民族，其初固非单纯之种族，而实由混合而成之民族也。夫人种相接近，由种族之事故，而融合交通，世界历史上实数见不鲜，固非独中国而已。而我中国先民，既能融合汉土诸小族，而成一汉族；融合满洲诸小族，而成一满族；融合蒙疆诸小族，而成一蒙古族；融合回部诸小族，而成一回族；融合藏地诸小族，而成一西藏族，况今日国体改为共和，五族人民负担平等之义务，亦享受平等之权利，既已无所偏重，以启种族之猜嫌，自可消灭鸿沟，以使种族之同化。则合五民族而成一更大之民族，当非不可能之事。

因此吴氏提出："今后全国之人民，不应有五族之称，而当通称为中国民族 Chinese Nation，而 Nation 之义既有二：一曰民族，一曰国民，然则今后我四万万同胞，称为中国民族也可，称为中国

---

① 这从后来编写的各种中华民族史著作大多都参引此文可知。如 1917 年《东方杂志》第 14 卷 12 号转录《地学杂志》的《中国民族同化之研究》一文就声称："作者本历史事实，以研究中华之民族，所依据者，为吴贯因氏之《五族同化论》，章降氏之《种姓篇》。"该文探讨"中华民族同化"问题，强调五族之外，苗族也属中华民族的重要构成成分，并多次在现代意义上使用了"中华民族"一词。

② 《庸言》第 1 卷，第 7、8、9 号，此段引文出自第 8 号。

国民也亦可。"① 此种认识，应当说代表了民初时国人民族共同体认同的最高水平，尽管他尚未使用"中华民族"一词。此外，他肯定还是较早清醒而自觉地要给中国各民族共同体正式命名的中国人。

二、怀柔蒙、新、藏等边疆民族上层

1912 年 2 月 12 日，南京临时政府将作为清皇室退位的条件之一的"关于满蒙回藏各族待遇之条件"，予以颁布。该条件内容如下②：

> 今因满蒙回藏各民族赞同共和。中华民国所以待遇者如下。
>
> 一、与汉人平等。
>
> 二、保护其原有之私产。
>
> 三、王公世爵，概仍其旧。
>
> 四、王公中有生计过艰者，设法代筹生计。
>
> 五、先筹八旗生计，于未筹定之前，八旗兵办俸饷，仍旧支放。
>
> 六、从前营业居住等限制，一律蠲除，各州县听其自由入籍。
>
> 七、满蒙回藏原有之宗教，听其自由信仰。

袁世凯执政以来，为了进一步安抚蒙古族王公贵族，于 1912 年 8 月 19 日接连颁布了三个法令，即蒙古待遇条例、对于蒙古族王公贵族加爵之令、给予喇嘛教僧侣称号之令。其中，蒙古待遇

---

① 《庸言》第 1 卷，第 7、8、9 号，此段引文出自第 9 号。
② 《大清宣统政纪实录》，宣统三年十二月二十五日条。

条例为蒙古社会带来了相当的影响。其内容如下①：

一、嗣后各蒙古均不以藩属待遇，应与内地一律，中央对于蒙古行政机关亦不用理藩、殖民、拓殖等字样。

二、各蒙古王公原有之管辖治理权一律照旧。

三、内外蒙古汗、王公、台吉世爵各位号应予照旧承袭。其在本旗所享之特权亦照旧无异。

四、唐努乌梁海五旗、阿尔泰乌梁海七旗系属副都统及总管治理，应就原来副都统及总管承接职任之人改为世爵。

五、蒙古各地胡图克图喇嘛原有之封号，概仍其旧。

六、各蒙古之对外交涉及边防事务，自应归中央政府办理，但中央政府认为关系地方重要事件者得随时交该地方行政机关参议，然后施行。

七、蒙古王公世爵俸饷应从优支给。

八、察哈尔之上都牧群牛羊群地方，除已开垦设治之处仍旧设治外，可为蒙古王公筹划生计之用。

九、蒙古人通晓汉文并合法定资格者，得任用京外文武各职。

此后，中央政府还责成蒙藏事务局议定西藏待遇办法七条②：

一、不以藩属待遇。

二、现有土地治理权如旧。

三、封号如旧。

四、各喇嘛俸给如旧。

五、将中国官吏裁撤，以藏人治理之。

---

① 《中华民国政府公报》103 号，1912 年 8 月 21 日。
② 《东方杂志》第 9 卷，第 10 号，内外时报《英藏交涉始末记（录申报）》。

六、以西藏矿产，维持藏人之生计。

七、藏人通汉文者，得任民国官吏。

上述条令基本上参照清代的《理藩院则例》，怀柔以"自治"与"独立"为目标的蒙、藏王公贵族和上层喇嘛们，实质上是一种妥协政策。即便如此，如蒙古待遇条例第一条与第六条规定，以及西藏待遇条例第一条和第六条，实际上将蒙古、西藏地方与内地置于同一政治制度之下，明确了在外交、军事层面，由中央把握其权限。① 同时还应看到，第一条规定，为从此在蒙、藏地方实行省制，即实现地域均质化，提供了法理依据。这是在蒙、藏地方实施国民统合政策的前提条件。蒙古待遇条例第九条与西藏待遇条例第七条规定，为民国政府对蒙、藏民族实施国民教育提供了可能性。

三、通过立法确立蒙、新、藏等边疆地区的法律地位

中华民国政府成立后，颁布的一系列法规均将西藏、外蒙古、新疆等边疆地方纳入立法范畴，如中华民国临时约法、国会组织法、众议院议员选举法等。而且，中央政府还就西藏、内外蒙古等边疆地方事务专门颁布了相关法规。如《蒙古西藏青海众议员选举施行令》、《西藏待遇条法》、《民国成立初次来京蒙、回、藏王公等特别川资条例》（1913年3月29日）、《蒙藏院办事章程》（1914年）、《西藏第一届国会议员选举法》、《蒙古四部西藏第二届众议院议员选举施行法》等。《中华民国临时约法》第一章规定："中华民国领土为二十二行省、内外蒙古、西藏、青海。"特别强调了内外蒙古、西藏是中国的领土，这在当时情况下是很有必要的。辛亥革命爆发后，列强趁清廷覆亡之际，而

① 于逢春：《中国国民国家构筑与国民统合之历程》，267页，哈尔滨，黑龙江教育出版社，2006。

革命势力和新建的民国政府一时又难于直接控制这些地区的时机，加紧了对中国边疆的侵略，俄国欲将外蒙古、新疆变成自己的势力范围，英国则极力要将西藏从中国分裂出去。这种情况下，《临时约法》这一规定对于增强国人的国土观念，启发人民的爱国热情，抵抗外国侵略具有重要意义。当然，最为重要的是，虽然中央政府更替，但上述地区的历史地位并未变更，并为国家宪法所保护，这从立法上确立了上述边疆地区为中国领土不可分割的一部分。

上述这种从法律上保障边疆地区在国家的政治地位的做法同样可以从民初国会组织法拟定的一次辩论中反映出来。根据《临时约法》第五条规定："中华民国人民，一律平等，无种族、阶级、宗教之区别。"并第十八条规定："参议员，每行省，内蒙古、外蒙古、西藏各选派五人，青海选派一人。"① 从维护约法精神出发，内外蒙古、西藏等边疆地区拥有自己的议员选举资格当无异议，然而在众议院最初起草的《国会组织法》原案中规定：众议院以各省人民所选出之议员组织之，而将蒙、藏、青海排除在外。1912 年 7 月，国会组织法起草者谷（钟）秀辩解称：定一法就必定要实行，但"蒙藏地方情形不同，制度未定，不能与内地施同一办法"，蒙藏现有等级制度，地方行政与内地行省不一，"只可暂时特殊，待政治改良，迷信破除之后，然后一律与内地人民同有选举权和被选举权，不然纯照理论上立言，而不从事实上着想，虽定有法律，亦成为空论而不能执行"。针对谷（钟）秀之解释，众议院议员刘崇佑提出批评，他指出：根据临时约法之规定，蒙藏人民当然应与各省人民一样有选举权和被选举权，"若谓现在蒙藏地方迷信甚深，不能实行选举，必要政治改革之后始可行选举，此是满清时代满洲皇室对待汉人之所谓程度不

----

① 陈荷夫：《中国宪法类编》（下编），366～367 页，北京，中国社会科学出版社，1980。

足，不能遽开国会之故智……至谓蒙藏情形不能与内地同等，不能施行同一之选举法，即可以将蒙藏议员牺牲，则试观二十二行省之中，办理选举是否能处处完善，若不处处完善，则二十二行省亦可以不要。现在对于二十二行省不能完善之处，必要二十二行省，何以蒙藏办理不能完善，即可以不要蒙藏？"果如此，则"留法律界上之污点"。① 最终经过讨论，会议决定，《国会组织法》增加第5条"蒙古、西藏、青海选出众议员之名额如下：蒙古二十七名，西藏十名，青海三名"。汤化龙又提出将原案第3条"众议院以各省人民所选举之议员组织之"修正为"众议院以各地方人民所选举之议员组织之"，并获得通过。② 国会组织法修正案中考虑到蒙、藏、青海地区的特殊情况，对其选举资格作了特别规定，这是一个妥当的决定。尤其在英、俄处心积虑地策划将蒙、藏分离出去之际，设若《国会组织法》竟规定众议院中无蒙、藏议员，将为这种分裂阴谋提供口实，铸成大错。因此，这种及时的纠错行为是与《临时约法》中规定的"中华民国人民一律平等，无种族、阶级、宗教之区别"的政治原则相符合的，同时对构筑多民族的统一国家具有重要的法律意义。

时人张葆彝在《民国宪法论纲》中特别提出，制定宪法时对边疆民族问题应予以关注。他认为，中国边疆民族众多，但"同为国家组成分子"，那些居住在边疆地区的民族，虽与内地习俗不同，语言各异，但在法律上应平等一致，"不容稍存歧视"，待将来"交通渐臻便利，迁徙任其自由，默化潜移，久自融洽"③。

四、设立专门机构加强对蒙、新、藏等边疆地区的管理

南京临时政府时期，蒙藏事急，"在地方制度未经划一规定

① 《参议院第四十三次会议速记录》，《政府公报》第97号，1912年8月5日。
② 《参议院第四十四次会议速记录》，《政府公报》第98号，1912年8月6日。
③ 《申报》，1913年7月2日。

以前"，对民族事务未设专门机构，先划归内务部，应办事均照历史上之向例办理，并命名为边务局，"以昭珍重"。为加强对蒙藏事务的管理，1912 年 5 月 8 日，北京政府参议院议决设立蒙藏事务局，"该局另设蒙务、藏务两科，分管蒙藏调查筹划等事"。7 月 19 日，参议院正式通过蒙、藏事务局官制，进一步明确直隶国务总理管辖。[①]《蒙藏事务局官制》规定：蒙藏事务局直隶于国务总理，管理蒙藏事务；设总裁 1 人，综理局务，监督所属职员；设副总裁 1 人，辅助总裁整理局务；设参事 2 人，负责拟订及审议法律、命令案；秘书 2 人，掌理机要事务；佥事 8 人，分掌局务；主事 12 人，辅助佥事，分掌局务及翻译事务；执事官 4 人，负责接待及传译语言事务；蒙藏事务局附设蒙藏研究会，负责调查研究蒙藏一切事务。[②] 与其他直隶国务总理之各局相比，多设副职一员，参议员提出置疑，认为此举于官制统一有妨害。出席参议院会议的政府委员作出的解释是：蒙藏事务繁冗，非他局可比，规划设治俱属创设，非有副长佐理，局长难胜其职；再者，许多问题必须着手调查，调查之事间有局长不得不亲自前去者，须有副局长代行职务。经过此番解释，多数议员遂赞成设副局长一人。[③]

民初中央政府除在中央设立蒙藏院处理边疆事务外，还在边疆民族地区部署军政设施，加强对边疆地区的直接控制。

外蒙古的行政管理体制可分为两个部分。一部分是直接统治的盟旗制度，这与分属于绥远、热河、察哈尔各特别行政区以及宁夏、青海、新疆等地的蒙古民族是一样的。盟旗制度，仍然因袭前清陈规，变化不大。另一部分则是中央政府的派遣官体系。1915 年 7 月 9 日，北京政府公布了《库伦办事大员公署章程》和

---

① 《申报》，1912 年 4 月 15 日第 1 版，5 月 10 日第 1 版，5 月 12 日第 1 版，5 月 18 日第 2 版，7 月 24 日第 2 版。
② 《东方杂志》第 9 卷，第 3 号。
③ 《参议院第十九次会议速记录》，《政府公报》，第 51 号，1912 年 6 月 20 日。

《乌里雅苏台、科布多、恰克图佐理专员公署章程》①，明确了对外蒙古的管理体制。根据章程，库伦办事大员直接办事的区域以图什业汗、车臣汗两部落为限，兼辖乌里雅苏台、科布多、恰克图各区域应办事务，并直接节制此三处佐理专员。办事大员"总监视外蒙古自治官府及其属吏之行为，不违犯中国宗主权及中国暨其人们在外蒙古之各利益"，办事大员直隶于大总统，遇有重要事件，随时呈报及咨商各主管衙门办理。公署设秘书厅，设秘书长1人，卫队200人，设卫队长1人统辖；设医官、监狱官各1人。乌里雅苏台、科布多、恰克图佐理专员其办事区域与清代乌里雅苏台将军、科布多参赞大臣、恰克图理事所辖相同。佐理专员受库伦办事大员节制，"监视外蒙古属吏之行为，不违犯中国宗主权及中国暨其人们在外蒙古之各利益"，专理区域内应办事务，分别咨陈办事大员核办及备案，关于紧要事件，可以一面咨陈办事大员，一面径呈大总统，及咨陈主管各衙门办理。公署设置秘书厅，设秘书长1人，卫队50名，卫队长1人，医官、监狱官各1人。

在西藏地区，辛亥革命以来，西藏陷入内乱，民初中央政府对此无力顾及，唯遥相节制而已。1912年5月10日，中华民国政府正式任命钟颖为"西藏办事长官"，这是民国政府派驻西藏的第一任长官，钟颖离藏后，侨居印度华人陆兴祺接任，但是此间西藏地方政府与中央关系颇为紧张，西藏办事官员一职未得藏人承认，唯虚职而已，陆氏甚至未能履藏，因此，关于办事长官的职权、机构未见有新的规定。尽管如此，但不可否认，西藏办事长官一职的设置，表明了中央政府向外宣示中国对西藏的绝对主权。

于川边地区，民国肇建，其地方行政制度多有变更。1912年

① 《中华民国史事纪要》（1915年1—12月），572～574页，中国台湾，中央文物供应社，1981。

8 月 26 日四川都督尹昌衡兼任川边镇抚使；1913 年 6 月 30 日尹昌衡调任川边经略使，7 月 7 日兼领川边都督事；1914 年 1 月 30 日改设川边镇守使，受四川都督节制；1916 年添置川边道道尹，专管民政，4 月 3 日明确规定其隶属于川边镇守使；1925 年 2 月 7 日，川边道所属地方暂改为西康特别行政区，设屯垦使兼理民政事宜。川边镇抚使、经略使以及西康屯垦使等官署组织未见于具体章程，其镇守使署的组织可参照 1913 年 9 月 5 日公布的《镇守使署条例》之相关规定。根据条例，"镇守使以将官充之，由大总统简任"，以参谋长、参谋、副官、军需官、军医官、书记等人员办理相关事项。由此可知，民初中央政府对川边地区的治理仍然是军事先行，民政为辅，治军之官重于治民之官。这也是与防止西藏地方政府东向骚扰的情形相适宜的。

新疆地区，当"清帝逊位诏至，国体共和"之际，时任新疆巡抚袁大化"遵旨承认"，并遵奉中央临时政府电令，改巡抚为都督，新疆成为中国 22 行省之一。1913 年中央政府公布了《划一现行各省地方行政官厅组织令》，废府州，存道县，实行省、道、县三级行政区划体制。截至 1920 年，新疆共设有 8 道，59 县和 7 局（即县佐）的行政建制。新疆行省体制的变化与内地其他各省大同而小异，此处毋庸多议，唯民初年间，杨增新利用时局演变之机会，先后将伊犁、塔尔巴哈台、阿尔泰纳入新疆行省统一管辖之下，加强了新疆的行政统一，此种事实值得肯定。

至此，民初中央政府通过在边疆地区设立行政机构，使得中央政府对边疆地方的地域均质化管理大体上得以实现。

五、中央政府对边疆民族地区的教育统合

清朝末期，废除了科举制，并在此基础上开展了广泛的国民教育。至民国初年，根除了直到清末尚墨守的具有强烈的儒教色

彩的教育，开始以国民教育为目标。① 随着民族国家的教育思想、教育制度，特别是国民教育在中国的普及，北京政府便极力提倡在全国范围内，进一步普及新式的学校教育。与此同时，指示边疆民族地区，也要积极推进教育事业。各边疆地区也不断要求创立新式学校。当时，总理边疆地区事务的蒙藏院，积极地主张在边疆民族地区学习西方教育制度，兴办学校。一时间，启蒙文化，养成人才，成为当务之急。

北京政府教育部对边疆地区积极振兴教育的态度是明确的。这可从民国四年教育部的一纸咨文中反映出来。其主要内容如下②：

> （前略）蒙回藏各地的风气与内地情形不同。本部建制之始，于各该区域教育办法，备经筹划，徒以疆域僻远，语文复杂，虽极拳注，不易施行。迭唯蒙、藏院及察哈尔、青海各公署咨报所辖蒙回藏设学情形，均经后先核复在案。兹事体大，应就各长官所辖区域实地调查，再就调查所得之各项情形，详悉计划，始能勘定方法。准此为衡，自以事实上之筹备为先，而规划条例之施行犹在后。贵使素抱雅略，肥扬声教，伟划所及，必能实际筹擎，宏此远谟。兹将关于蒙回藏筹备教育办法各事项列具清单一纸，送请查照，实地考察，逐项筹议，酌按所辖区域情形，设法劝导，次第举办；一面将查察筹议及办法概要，按照清单开各节，逐项叙注，咨报本部，以便依据情形规定条例，分别施行。

教育部将边疆地区实施教育作为重大课题予以考量，积极地

---

① （日）佐藤尚子等：《中日近现代教育比较研究》，于逢春等，译，195 页，吉林，吉林大学出版社，2005。
② 教育部：《镇按右将军督理黑龙江军务兼巡按使朱咨报所辖蒙设学情形由》（中华民国四年第 99 号），《库玛尔路鄂伦春协领公署档案》。

计划，这与当时国民教育的趋势是相符的。但不能否认，广大的边疆地区，风俗各异，语言复杂，也是不争事实。有鉴于此，教育部着手对这些地方的教育实际进行调查，以期在此基础上，"酌按所辖区域情形，设法劝导，次第举办"。

随着教育部要求边疆地区对所辖区域的教育状态进行调查的咨文，还附件下发了《蒙回藏各区筹备教育事项清单》。这个清单实际上是一个调查纲要，其目的是要求各地调查者明了调查的事项、重点，在此基础上，再因地制宜，确立如何设立学校。今日细观这一清单，仍能感触到当时对该项工作的重视与细致周详的安排，兹录其内容如下①：

> 一、各公署及各长官所辖区域内如何分划，作为拟设小学之区域。
>
> 二、上项划分区域，每区内道里若干、丁口若干，约计均以就学之人若干。
>
> 三、各该区内前次有无寺院教学及私塾等类，有无识字及通汉文、汉语者。
>
> 四、各该区内筹设小学，其用人及筹款、设校等事，应如何筹备，始能妥帖易行。
>
> 五、各区内宗教、风俗、习惯上之特殊情形，于教育上有无阻碍及应如何设法融化。
>
> 六、关于教师之选用以及教授科目、语文课程，以何方法支配之。

从上述清单所开列的项目来看，这是一个全面的调查提纲。首先，为了在边疆地区设立小学，事前对各少数民族的分布、适

---

① 教育部：《蒙回藏各区教育事项清单》（中华民国四年第99号），《库玛尔路鄂伦春协领公署档案》。

龄学童的人数，以及小学校的设置情况进行确认，对这些少数民族地区以前是否设置过学校、是否有识字与懂汉语汉文者，也在调查之列。其次，对宗教、风俗习惯等特征，以及是否妨碍教育等进行调研，为在边疆地区创设小学校，做好先期准备。第三，对用人、筹款、设立学校，以及教师选用等如何进行也被纳入调查范畴。从这份清单来看，当时的教育部对边疆民族教育较为关注。当然，这份清单的核心意图，在于通过国民教育的实施，最终统合边疆少数民族，以使各民族最终统合在"中华民族"旗帜之下，成为名副其实的"国民"。

六、认同理论框架下的检讨

在序章里，我们已经探讨了认同理论在中国边疆政治变迁中的适用性。假设在一种完美的模式下（或者说是在没有外力影响下的情势中），中央政府统合边疆民族对近代民族国家之认同，应该从先天的"被给予"和后天的"选择"两个层面展开养成教育，唯有这样才能实现认同层次从族群认同——文化认同——制度认同的递进。

根据对被给予因素和选择因素的概念的界定，我们可以将民初中央政府对边疆的整合措施作一分类，如下：

中央政府之应对举措	类　　型
1. 五族共和思想和中华民族概念的提出	先天"被给予"
2. 怀柔蒙、藏边疆上层分子	后天"选择"
3. 通过立法确定蒙、藏之法律地位	后天"选择"
4. 设置专门机构加强对边疆事务的管理	后天"选择"
5. 开展边疆教育	强化先天"被给予"因素

就上表所列，民初中央政府为强化边疆民族之国家认同，从先天的"被给予"因素着手，首先创出了"五族共和"概念以统合国民之意识形态，并在此基础上提出了"中华民族"概念用以统合中央——边疆关系。通过这一举措，民初政府从思想层面抛

弃了原有的"汉族建国"的种族民族主义，对各民族成员均归属于中国的客观现实性和既定性予以强调，这具有开拓性意义。接着从培育边疆教育开始，养成边疆地方对新成立的民族国家之向心力，当更具有实践意义。

对于后天的"选择性因素"，此期中央政府也从两个方面予以展开，以期强化认同感。一方面，对蒙、藏、回等边疆上层分子采取怀柔方针，通过册封、厚给利益等举措，以满足其后天现实利益的需求，这在某种程度上可能被认为是一种妥协和无奈，但在当时之内外形势下，对蒙、藏、回边疆上层分子的让步从整合近代民族国家之统一的角度来看，这种必要的"退一步"是为了更好的"进两步"。另一方面，此间中央政府用立法、管理机构制度化的形式对边疆地方的利益予以保证，使得边疆地方的合法利益有法可循，当然，中央政府也反向地利用根本大法和专门机构确立了中国对蒙、藏等边疆的绝对主权地位，使得民族利益与国家利益在某种程度上保持一致。

总体而言，单单依据认同理论，对此期中央政府对边疆地方的整合予以评介，可以这样认为，关于民初中央政府（1911—1915）对边疆民族地区的国民统合之历程从主观因素来说，是较为得力的；各种配套措施也是相当完善的。由此设想，中央政府对边疆地方之国家认同的强化和对中国国家的统合本应收到良好的效果。但是，认同理论框架下的应对环境毕竟是静态的模型，一旦进入实践操作程序，则可能会受到诸种因素的影响和干扰，这其中的变量必然影响到此等应对措施的实际效果。至于受到何种影响，则将在下节予以揭明。

第四节 辛亥革命以来"省自治"在边疆地方的流与变

—— 对蒙、藏边疆与新疆政治性格的比较研究

一、辛亥革命与各省地方主义的互动:"省自治"的发端

辛亥革命前夕,中央与地方的政治离心倾向逐渐表露出来。清政府的最后十年,一度试图通过在中央增设和改革若干机构,以扩大中央政府职权,削弱地方实力。然而,中央集中权力之后,却未能有效地推动各项工作的进展。稽延数年,到辛亥革命前夕,当时的情形是,"欲兴治农工商,而农工商无一款可拨;(地方)或倔强以对外,则受外部之严诘;(地方)或财政之支绌,而度支部催解如无常之催命符"①。这就是说,中央政府只管聚敛,而对地方的需求和遇到的困难不闻不问,结果只能加剧地方的离心。宪政运动和地方自治本应具有加强社会整合、使社会更快进入近代化的功用,但清末的各种利益集团都力图借此强化自己的权力。清末政治上所出现的种种问题,使国家的整合性遭到空前破坏。此期地方主义已经成为牢不可破的地域意识,这就是何炳棣等人所谓的"我国民族小群观念特盛,大群观念薄弱的具体象征"②。这种地方主义观念,不但显现在一般人行事之中,即使是怀抱救国主义的革命党人,其早期革命团体组织,也不能免除其浓厚的地域色彩。③ 各革命团体的地域色彩,自是有其源远流长的背景。其结果,在小的方面,自然会造成革命势力的分散,而大的方面则会形成清朝覆亡后国家分崩离析的局面。这一

① 《中央集权发微》,载《光复学报》第 2 期。
② 何炳棣:《中国会馆史论》,101 页,中国台北,学生书店,1966。
③ 张玉法:《清季的革命团体》,697～699 页,中央研究院近代史所,1975。

点，孙中山早在同盟会成立之前就有所察觉，他说："中国现在不必忧各国之瓜分，但忧自己之内讧。此一省欲起事，彼一省亦欲起事，不相联结，各自号召，终成秦末二十余国之争，元末朱、陈、张、明之乱。此时各国乘而干涉，则中国必亡无疑矣。"（《我之历史》）因而有人表示忧虑，认为集权与分权的界限并不容易划清，过度实施自治难免造成分裂，由于人们"唯是就各地方之利益，各省自谋而自治之，吾恐地方之见愈深，而全国内部且将有分裂之隐患也。何者？地方自治在谋本地之利益耳。唯其然也，故其所计划，恐不免由于它地方之利益相冲突、且不免由于国家性质之方针互相冲突者"①。

辛亥革命以来国内政治局势的发展印证了人们之前的担心。武昌起义的发动，固然是革命党人长期在湖北新军中活动的结果，但其能把辛亥革命武昌起义成功的突发性、孤立性，转变成此后辛亥革命的稳定化、全国化的，却是由于各省区地方势力的纷纷响应。而造成各省脱离清朝独立的重大动力中，就隐藏着长久以来地方主义对朝廷中央的离心离德和间接的对抗因素在内。上海《民立报》在辛亥革命后以"集权篇"为名发布的一系列社论中，就曾明确指出：辛亥革命收效之速，固在于人心思汉，但也由于地方主义者利益所在，"故有利之事此争彼夺，不得则宁奉共和而破坏之。其乐于自相为治者，正以利之所在，无遑谦让也"②。

辛亥革命推翻了清王朝统治，维系上层结构和下层结构的唯一纽带业已断裂。辛亥革命以来，地方与中央抗衡之现象，并未因清朝之灭亡而有所改变，中央与地方权力之纠葛，仍然被认为是新成立的民国政府所面临的第一大问题。③ 此期独立各省之设

---

① 熊范舆：《国会与地方自治》，《中国新报》第5期。
② 民国元年一月三十日上海《民立报》，1页。
③ 伧父：《中华民国之前途》，民国元年四月《东方杂志》第8卷，第10号。

官分职，"俨然一独立国家之形象，以军事而论，则参谋部、军务部，无所不备；以行政机关而论，则外交司、会计检查院，无所不有"（《亚细亚报》）。在此种情况下，民初之中国，恰如梁启超所讥讽的"二十余部落"，而所谓整体之"中华民国"反不存在了。[①] 民国元年四月前孙中山主持的南京临时政府，固然是"中央行政不及于各省"，即使是袁世凯继任大总统以后，总统之命令，也仍被黄远庸戏谑为"无弹之炮"。[②] 康有为因见于清朝之灭亡，系由地方主义之尾大不掉，卒自因各省之独立，而肇致清帝退位，所以对于地方主义颇为关注而力主废除省制，乃提出以下建议："今危亡中国之患，尤在各省自立，若铲除各省之境域，即可消除自立之大患，而中国自统一，政府自有力，而后行政可措施，危亡乃可救也。"（《废省论序言》）

然而，康有为所提主张不过是一厢情愿。此间伴随着地方主义的进一步发展，地方自治的呼声越发高涨。辛亥革命以后，内地各省几乎无不是自举都督，自定约法。他们基于确保国民自由权利不受中央专制政治之蹂躏；或者基于既得权力之保有，不致受到中央削藩式侵夺，起而大唱联邦论、地方分权之主张，反对中央过分的集权。这一时期，王朝势力已被摧毁，新的力量尚未形成，只能由私人军事势力撑持。限于交通通信等条件的束缚，私人军事势力只能在一两个省区里有效。省区外的竞争，更酿成混战的局面。黎元洪在 1922 年恢复大总统职位时的通电，较为恰当地阐述了辛亥革命期间及稍后的中央和地方政府的关系："二年之役，则政党挟督军为后盾；六年之役，则政党依督军为

---

① 梁启超：《一年来之政象与国民程度之映射》，见《饮冰室文集》，中国台北，中华书局，1960。

② 黄远庸：《我意今非高谈建设之时》，《远生遗著》卷一，22 页，北京，商务印书馆，1984。

中心。政客借实力以自雄，军人假名流以为重。"① 中央和省的基本矛盾是军人的势力无法消灭。于是，政党和政客绅士依附于军人，在"省自治"的口号下，军阀统治一方的客观条件俨然形成。

二、"省自治"在边疆地方的流与变

民国初年，当"省自治"在内地各省成为流行一时的政治思潮和地方军阀对抗中央政府的工具的时候，各边疆地区亦根据自身的政治诉求，及时地对这一时代风向标给予了一定的应承。此间，由于不同地方的政治风情各有其独特性，故各边疆地区在政治走向上亦是表现迥异。一方面，如新疆、东北、云南等地，追随内地风潮，形成军阀统治，但同时因地处边疆，在某些方面表现出不同之处，不过从整体上来说则表现为对内地省自治的效翥与随流；另一方面，如西藏、外蒙古等地方，则在地方主义政治化的趋向下，由于中央政权的更替及对边疆控制的削弱，"省自治"趋向异化，与中央政府的关系经历了一个"疏离——脱离"的过程。在此，仅以新疆、西藏、外蒙古为中心，对此期边疆民族地区地方主义的发展及其政治走向作一阐述。

（一）走向异化的"地方自治"：蒙、藏地方的"独立"

如本书第一章所述，辛亥革命前夕，蒙、藏地方僧俗贵族势力已经表现出与中央政府疏离的倾向，中央与地方矛盾逐渐激化。辛亥革命以来，随着清王朝的崩溃，这种地方主义政治化倾向最终演变成"独立"与"自治"的政治行为。

1912 年"壬子事变"——即西藏方面驱逐清朝在西藏统治势力以后，西藏地方与中央政府的政治关系较之过去的确是大大松弛了，甚至在一段时间内几乎陷于中断。早在达赖从大吉岭返藏

---

① 《辛亥革命研究论集》，第 2 集，第 181 页，转引自陈志让：《军绅政权——近代中国的军阀时期》，22 页，中国香港，三联书店，1979。

之时，达赖就与时任英属印度总督明托探讨了对西藏未来的政治走向的看法。明托表示，英印政府会尽力支持西藏"自治"。达赖返回西藏后，召集了一次全藏各宗谿地方头人代表会议，征求对西藏今后内政外交方针之意见。据《西藏之过去与未来》一书称：1912 年，达赖返回西藏后，下令前后藏各县派四位代表陈达彼等对于外交内政所需改革之意见……其所讨论之问题之一即为"西藏应与何国或若干国为友？"对于这一问题，会议形成三种意见：（1）与英为友，因其距拉萨最近；（2）与任一强国为友，而依附之，不轻舍此就彼；（3）与中国为友，彼兵强人众，若除非确得别国扶助西藏，则中国后将报复。从中可以看出，此间西藏地方政府内部对于未来的政治走向未能形成一个明确的方向，尚存分歧，但不可否认，此间以达赖为首的亲英独立势力仍占主导地位。与此同时，外蒙古地区封建王公以哲布尊丹巴为首，依附于俄国的支持，将清政府驻库伦官员驱逐出境。

当内地各省纷纷宣布"独立"之际，外蒙古、西藏地方政府亦顺从了这一趋势，先后宣布"独立"。这一时期，蒙、藏"独立"倾向主要表现在：

第一，蒙、藏地方势力先后发布各种文告，表达独立倾向。西藏之独立倾向在 1913 年新年的《水牛年文告》中得到充分反映：

> 早在成吉思汗、俺答汗等蒙古汗王时期，经明朝历代皇帝，一直到五世达赖喇嘛与满洲皇帝，西藏与他们之间建立了供施关系，并相互间友好往来，互相帮助，和睦共处，但是，最近四川和云南的部分汉族官员和军队，不仅野心勃勃地吞并西藏地方，而且还肆意欺压侵凌，制造出各种令人难以容忍的事端，尤其大量的中国军队以维护条约规定的各商埠法纪为借口，陆续开到首都拉萨。因此，我和我的大臣们

来到边界，并向北京发电报，阐明汉、藏关系仅仅是供施关系，互相间未曾有过隶属关系的道理，就有关重要事情进行谈判……现在，在西藏地方，那些以承认供施之名行极力想奴役藏民之实的人的美梦，如同地上的沙粒流散、天空的彩虹刹那间化为乌有，圣地众生开始重新享有佛法和富裕生活等幸福欢乐的吉祥日子。为此之故，你们这些在位的僧俗大小臣僚必须执行如下告令……西藏虽然在经济和科技方面不如其他国家那么富裕和发达，但西藏却是最崇敬佛法和渴望独立的国家。目前我们为了自主权，必须征集和训练强有力的武装军队，以保卫自己的土地，尽管在征收军饷方面困难重重，且康区各路段的负担较重，但考虑到中国方面无理地提出了隶属关系，大家仍应齐心协力，主动而又自觉地捍卫自己的土地和尊严，保卫自己的家乡。对此，至关重要的是必须赤胆忠心地负起责任，守卫好上下南北边界，毫不松懈，绝对不能让外面的密探混进来。如发现有半点可疑之处，各宗谿的官员近应立即通过驿站迅速而又无误地报告国家，不得漫不经心，更不得大惊小怪，小题大做而惹出横祸，制造混乱。

这一文告是十三世达赖喇嘛在行使西藏地方政教权力期间，所发布的新年文告中最有分量和影响力的一份。文告中，他对西藏与元朝以来中央政府的关系方面定下了"供施关系"的基调，否认了自元朝以来西藏与中央的关系首先应是政治隶属关系，然后才是宗教供施关系的历史事实；同时，他还在文告中使用了一些颇具误导性的词句，比如将西藏称为"国家"，对内宣扬"独立"，要求获得"自主权"等。

外蒙古的独立倾向则在1911年12月1日外蒙古宣布独立之时发布的文告中反映出来，其文曰（《蒙古风云录》）：

近来迭闻内地各省满汉反乱，致清灭祚。查本蒙古原系独立之国，是以现在议定仍照旧制，自行立国，将一切事权不令他人干预，业已行文撤销满、汉文武大小各官之事权，并令即日回籍。白猪年东首日第十一天（1911 年 12 月 1 日）

较之西藏含糊其辞地表达独立思想的水牛年文告，外蒙古独立文告则明确指出外蒙古"原系独立之国"，当前建立新国，只不过是秉承"旧制"罢了，其脱离中国的倾向可见一斑。

第二，蒙、藏双方签订互相承认其为"独立国家"的《蒙藏协约》。在十三世达赖喇嘛及其政治代理人德尔智的一手策划下，蒙、藏双方进一步走近，并于 1913 年 1 月 11 日在外蒙古库伦缔结《蒙藏协约》，试图建立"蒙藏联盟"。协约宣称"蒙古和西藏已摆脱满洲朝廷羁绊，脱离中国，现已各自组织'独立之国家'。鉴于两国自古以来信奉同一宗教这一事实，为加强历史上相互友好之关系，根据蒙古国民的'君主政府'之委任，外务大臣新的尼柯达比里克特大喇嘛布坦及外务副大臣兼统领芒赉巴图尔贝子达木丁苏伦和根据西藏'君主'达赖喇嘛之委任，罗布桑阿旺多尼尔阿旺乔音赞，西藏银行理事伊希札木苏，书记员根顿噶勒森签订如下条文"。条约正文共九款，内容如下：

第一条　西藏君主达赖喇嘛赞同且承认蒙古构成"独立国"，且承认该岁十一月九日所宣布之黄教首领哲布尊丹巴喇嘛为"蒙古国君主"。

第二条　蒙古国民之君主哲布尊丹巴喇嘛，赞同且承认西藏构成"独立国"，且宣布达赖喇嘛为"西藏国君主"。

第三条　蒙藏"两国"共同审议尽力繁荣佛教之法。

第四条　"两国"将来若有内忧外患时，互相援助，永矢不渝。

第五条 "两国"对为教务和"国务"游历各自领土之公私臣民，互相设法保护。

第六条 "两国"如从前一样交易其地方产品，商品及家畜等，并开始设立工业设施。

第七条 自今后有关借贷事项，唯有经官衙许可方可借贷，无官衙之许可，"政府"不得审理有关借贷事项之要求。倘借贷在本条约缔结前完成，或者在此点上产生纷争，当事者不能进行交涉而蒙受极大损失时，其债务由官衙催促交还。但无论如何，债务不得与赋役人和旗人有关。

第八条 本协约有必要追加条项时，"蒙古政府"和"西藏政府"简派全权委员，根据当时情况，进行谈判。

第九条 本协约自签押之日起生效。

这一时期，西藏政府仍是中国的地方政府，外蒙古当时虽然已宣布"独立"，但未得到中国政府与世界各国的承认，仍为中国领土的一部分。因此，西藏与外蒙古当局均不具有签订国际条约的资格，所缔结的"蒙藏协约"当然不具有法律效力。关于这一点，甚至连俄国驻库伦代表廓索维慈也不得不承认："俩当事人不具有权利和能力，而'蒙藏协约'未能发生政治效力，而这一协约不适合称为国际性法令。"①

然而，"蒙藏协约"的签订不在于它本身是否实现了蒙、藏地方政府的政治初衷，而在于这一行为所产生的发散性效应。不可否认，蒙藏双方缔结的协约单从其效能而言，不过是一场闹剧而已，然而，由此所产生的负面效应则是巨大的。正如俄国人所指出的那样："纵令俩当事人不具有权利和能力，而'蒙藏协约'未能发生政治效力，而这一协约不适合称为国际性法令，但无论如何未尝不可把这一协约看作对与西藏和蒙古相关的中国宗主权

---

① 《日本外交文书》，大正二年，第一册，第461号文件。

的抗议，以及两'主权者'之间存在的协同一致的显著明证。协约恢复了达赖喇嘛的权利和地位。从这一关系来看，下面的情况无疑使一味地求得达赖喇嘛欢心，努力把达赖喇嘛拉到中国一边的民国政府激动不已。达赖喇嘛和呼图克图间的权势之争由来已久，有时两者的争执相当激烈，也发生过中国方面助长他们不睦的事情。此次蒙、藏接近，北京政府甚感不快。即蒙、藏两民族之竞争，因现时两者之联合及彼此相互援助反对中国压迫这一更重大的共同目标而被排除。从俄国利益的角度观之，虽说蒙、藏接近在法理上尚不完备，但是通过接近可遏止中华民国政府过大的虚荣心和自尊心，使他们产生妥协的想法，可以断定，这对俄国有利。"[1] 蒙藏协约产生的外围影响有三：首先，它直接反映了此间西藏、外蒙古边疆地方政府的政治心态，蒙藏地方同中央政府的关系愈发疏离；其次，这对民初中央政府的"五族共和"、领土同一之建国方略是一个沉重打击；最后，对于俄、英两国来说，这是一个进一步控制蒙藏的机遇，至少，蒙藏地方政府从情感上已经排斥民国政府而寻求外来势力的支持。

第三，蒙、藏双方各自在西姆拉会议、恰克图会议之立场。1913 年 10 月召开的西姆拉会议上，西藏地方代表夏扎·边觉多吉在会议甫一开始之际，即在英国唆使下提出六点声明，其要旨为："西藏独立"、扩大西藏管辖地域、中央政府不得派员驻藏、以往由中英订立的印藏通商章程统由英藏双边协商修改，中国政府不得过问等。

而 1914 年 9 月的中、俄、蒙三方恰克图会议上，外蒙古代表达喇嘛达锡扎布就指出："我蒙为保守疆土、宗教、种族及风俗起见，前与满清脱离关系，另组成国，并公举黄教主哲布尊丹巴

---

[1] 《俄国驻库伦全权代表廓索维慈之公函》，第 2 号，1913 年 1 月 6 日（19 日）。转引自蔡凤林译《日本外交文书选译——关于〈蒙藏协约〉》，载《中国边疆史地研究》2006 年第 1 期，121 页。

为皇帝（额晋汗），溯自独立以来，迄已四年，业经大俄帝国政府认为有权定约之一方面，定有国际协约及商务专条。中国专使要求取消国号及帝号等条，蒙古政府决不承认。此次会议我等惟以俄蒙国际协约及商务专条为根据。"①

恰如本书第三章所述，尽管辛亥革命以来，蒙藏地方主义政治化倾向日益明显，地方王公贵族试图依靠英、俄两国，脱离中国，实现真正意义上的"独立"，但从英、俄两国既得利益出发，他们不希望蒙藏地方建立一个独立统一的国家，唯希望在他们的支持和庇护下确立"在中国宗主权之下"的蒙藏"自治"。这种自治具体涵括哪些内容？在一些细节方面，无论中央与蒙藏、中国与英国、俄国，甚至蒙藏与俄英之间都是存在很大分歧的。

作为"自治"利益既得者，蒙藏地方僧俗贵族当然希望这种权限越宽越好，最好是完全的自治，进而实现独立。此间蒙藏地方王公贵族所持立场是：蒙藏地方应当是半主权国，断不能允许将蒙藏自治降为地方自治。何况，"宗主权"应指一国与另一国之关系，这一概念断难用在自治地方或自治省份。因此，蒙藏地方应该作为一个独立国家实行"自治"。这显然与中国政府所主张的"蒙藏地区应该是作为中国领土范围内的一个地方，实行自治"观念大相径庭。民初中央政府基于蒙藏为中国领土不可分割的一部分之准则，它试图规范蒙藏地方的自治，即这种自治权应该基于一种中央集权制之下的地方分权形式，地方自治应该在中央政府的监管之下进行。英、俄两国则试图从蒙藏地方和中国政府截然相反的要求之间找出某些共同点。为了导致妥协，缩小蒙藏与中国政府势不两立的要求之间的差距，它们主张用自治和宗主权来代替独立和主权。英国外交部于 1912 年 8 月 26 日编写的《关于印度东北边境毗邻国家的形式备忘录》中一段文字为此作

---

①　中俄蒙三方恰克图会议录（1914 年 9 月—1915 年 3 月）第二次会议录补遗，转引自《北洋政府时期的蒙古地区历史资料》，39～40 页。

了最好的注脚："西藏名义上维持在中国宗主权之下的自治国的地位时，实质上应处于绝对依靠印度政府的地位。看来这才是实质……西藏应当十分真心诚意地完完全全归属于英国的势力。"①在它看来，"英国虽承认中国于西藏有上邦（宗主国）之权，惟不能允许中国实行干预其内治"。其核心内容是反对将西藏在严格意义上包括在中国领土范围之内，借口维持西藏在中国宗主权下的自治，否认中国对西藏的主权地位。

（二）对内地省自治的追随与变通：杨增新军阀统治下的新疆"自治"

新疆大都督府成立后不久，在内地省自治风潮的影响下，新疆省议会正式成立。首届省议会分 8 个地区进行选举，产生 40 位议员。省议会成立后，每年按期召开会议，仿照内地按照法定程序选举和补选省议员、国会议员，并且引导议员根据省情提出议案，相机办理。然而，应该看到，省议会是前清时期新疆咨议局的延续。由于内忧外患、财政匮乏，前清新疆咨议局"酌量变通"办理宪政，立宪政治力量较内地极为薄弱，缺乏起码的政治参与热情和政治利益诉求，辛亥革命期间，也没能成为一支独立的政治力量参与角逐。正是基于此等现状，杨增新自省议会成立之时就控制、利用省议会，为自己主政新疆提供方便：其一，限制议会权限。民初，北京参议院为加强中央集权，讨论"省制案"，要求省议会有弹劾都督权。杨增新对此极力反对："新疆汉回蒙哈种类不一，风气闭塞，程度最低，本无自治能力……将来议会成立，莫衷一是，甚或有违反法律无端冲突之时，都督不能监督，大总统不能解散，流弊所及，伊于胡底。"②他认为省长民选，"则各省有无形之分裂，而中央政府徒拥监督之虚名，号令

① 《关于印度东北边境毗邻国家的形势备忘录》，《英国外交部档案》，全宗第535号，第15卷，135~143页。
② 张大军：《新疆风暴七十年》，980页。

不行，财政坐困，非国有其极也……（新疆）恐游民、土匪被人煽惑，到处戕官"，"新疆蒙哈回必举其族，势将分裂，于边省尤不相宜"。[①] 其二，严厉取缔省议会中的政党活动。新疆革命党人地位低下，一度与"哥老会"一样被杨增新视为"乱党"，一旦发现，即予以镇压。首届新疆省议会中，宋国忠、廉炳华、陈世禄等人为国民党员，但只能以个人身份秘密活动。[②] 其三，操纵选举。杨增新常以新疆地处边疆、文化落后、种族庞杂等为借口，要求议会选举变通办理。其四，控制议案。新疆全省重要决策由杨增新一人圈定，其他议员所提议案基本上是例行公事，而无实质内容，省议会副议长饶孜阿吉即承认自己只是"听杨将军办差而已"[③]。

民国前期的新疆省议会无法与内地省份的省议会相提并论，远没有发挥它更大的代议制功能，这其中的原因是多方面的。

一是军阀势力过于强大。于新疆地区，杨增新扑灭内乱，纵横捭阖，集军政、外交等大权于一身。对中央政府则是"认庙不认神"，"嘉峪关外，唯我独尊"，成为民国前期中央政府势力难以企及的"塞外桃源"，省议会同样也成为军阀杨增新控制下的摆设。省议会虽是民主政治制度的体现，但在新疆，由于军阀势力过于强大，省议会也不得不唯杨增新马首是瞻，也注定会成为他的统治工具。

二是议会基础十分薄弱。新疆地处塞外，信息闭塞，思想和文化原本就十分落后，而杨增新统治的十七年，也无多大改善。他笃信"无为而治"，学生只能读四书五经，让新疆民众"浑噩常为太古民"。禁止内地报刊和书籍入疆，严禁新思想和新文化在新疆的传播，使新疆长期成为思想和文化贫瘠的省份，民众整体

---

① 《申报》1916 年 11 月 2 日、9 日、21 日。
② 张大军：《新疆风暴七十年》，977 页。
③ 张大军：《新疆风暴七十年》，81 页。

文化素质低的局面长期得不到改变，以致议会选举的基础十分薄弱。民国元年，新疆全省符合省议员选举资格的选举人为 16 313 人，还不到全省人口的 1% ①，而同期全国的国会众议员选举人即已占全国总人口的 10．15%。到了 1919 年，新疆的省议员选举人仍然只有 37 345 人②，可见新疆议会基础之薄弱。

三是生搬硬套，没能很好结合新疆本省实际。按照 1913 年公布的《省议会议员选举法》规定，省议员须是"年纳直接税 2 元以上或有价 500 元以上之不动产"者，这些条文对经济落后的新疆来说，无疑意味着向绝大多数人关闭了选举大门，甚至多数工商界人士也被排除在外。杨增新虽然注意到这一点，也曾有过给予新疆八大商帮选举资格的想法，可惜后来仍然照搬中央政府的规定办理宪政，致使新疆民众选举热情不高，至于蒙、哈等边疆少数民族能够编入选举人名册者，更是"极形寥寥"。③

四是省议员自身素质过低。虽然新疆省议会受制于杨增新，但并非所有议员都不问国家政事。1917 年国会解散后，部分国会议员追随孙中山，南下广州组织护法国会，其中就有新疆籍议员张凤九、何海涛和廉炳华三人，这三人成为护法国会议员。尤其是张凤九表现活跃，主张惩罚前往北京复会的议员，其政治倾向与杨增新截然不同。④ 像张凤九这样素质较高的新疆议员极少，绝大多数议员常常不珍惜自己应有的权利。省议会在迪化开会，很多议员借故不来。省议员中当选的少数民族国会议员也"多以道远不肯赴京"。⑤ 省议会中没有反对派的存在，一切听从杨增新，毫无自己的思想和主张可言。年近八十的安允升还能充任省议会议长、一字不识的饶孜阿吉也能担当省议会副议长一职……

---

① 张大军：《新疆风暴七十年》，963 页。
② 张大军：《新疆风暴七十年》，964 页 。
③ 张大军：《新疆风暴七十年》，1005 页。
④ 《张凤九惩罚无耻议员之主张》，载《申报》1923 年 9 月 27 日。
⑤ 中国第二历史档案馆档案：全 1001，卷号 1227。

凡此种种，不胜枚举。议员整体素质低，必然进一步造成省议会不问政事、悠闲度日和无足轻重的局面，削弱了省议会的议政功能。

诚然，新疆省议会事实上成为杨增新个人独裁统治的工具，但作为新疆政治迈向近代化的主要标志之一，它具有一定进步性：

其一，地方代议制较之新疆代议制之滥觞——清末新疆咨议局，从选举方式上去除了"委派"的方式，具有一定民主气息；

其二，从议员出身看，新疆籍议员数量增加，少数民族议员数量也增多；

其三，在议会运作上，较之前清"酌量变通"的咨议局，省议会定期召开常务会，多少发挥了代议制的作用，比前清咨议局更制度化。

民国前期，以军阀为代表的专制的力量依然强大，这是造成代议制在中国发展缓慢的根本原因。但是，民主自治毕竟是历史发展的潮流，民国初年自治运动空前活跃，议会普遍设立，就连地处边远、独裁严重的新疆，其省议会竟然一直存在，直至1928年杨增新被刺后才无形消亡，这表明"地方自治"这一新生事物在那个时代还是有它一定的生存土壤，以至于连军阀和独裁者们也不得不对它予以关注和利用。

总的来说，此期杨增新处理新疆地方与中央政府关系的一个基本准则是：对中央政府奉行"认庙不认神"，拥护任何一个上台执政的民国总统，同时主张维护国家统一和主权，积极维护新疆边界领土完整，期使新疆成为中国领土的一部分；对内则坚持封建割据，阻止中央政府和邻近各省对新疆利益之渗透。杨增新所实行之地方主义和区域地方主义概括起来，主要包括以下两个方面：

政治上实行闭关偏安自守，对外阻止外界势力介入，尽可能为保全和稳定新疆创造条件。对于中央，杨增新请求民初政府考察新疆地区特别情形，"准以新疆一省援照日本北海道台湾之例，暨前清变通办法，列为特别省治，量予变通，俾得从容布置，振兴实业，开拓利源而尤以保卫民生，收拾民心为主旨，庶几全体团结，众志成城，但求实效，不事虚文，是则增新等所翘企而欣幸者也"①。对于邻近各省，杨增新坚持嘉峪关外唯我独尊，以防范"陕甘两省会匪乘机煽乱"为由，在新疆门户猩猩峡设卡，严格稽查，并在此派驻重兵，严防内地军阀插手新疆。② 同时还拒绝内地向新疆发遣官员或其他各类人员，封锁关内与新疆的通讯、新闻及文化信息，使新疆与内地几乎处于隔绝状态。③

经济上，则与内地各省争利，维护新疆一隅之利益。如民国七年，泰通公司创办人顾宝等拟集资组织汽车公司，专办张家口、归化城至库伦、恰克图、乌里雅苏台、科布多、阿尔泰、古城、塔尔巴哈台地方客货运输事宜。杨增新认为："窃思此项汽车公司，新疆若不自办，必至利权外溢。拟将由迪化至古城、由迪化至塔城两路汽车归新疆绅商自行集股筹办。应请咨部立案，此项汽车不论外国人以及中国各省之人，均不得擅请开办，以免新疆土著人民丧失权利等语……如果该公司由归化一带已将汽车通至科布多，届时或由科布多以达古城，由科布多以达阿尔泰，新疆绅民均可承认，惟由迪化至古城及由迪化至塔城之汽车，叠据新疆绅民所称，决不能让与他人办理，应即先为声明，以免异

---

① 民国五年十一月三十日，《补过斋文牍》，甲集下。

② 民国七年三月十五日，《补过斋文牍续编》卷一，呈文上："咨交通部添设猩猩峡地方报房文。"

③ 详情可参考民国八年十二月八日《补过斋文牍续编》卷一，呈文上："电呈内地遣兵来新屯垦不成事实各种类已释疑虑文。""国务院各电敬悉，遣兵屯垦之议……故不能不求征地方意见。而各种族以内地派兵来新，有害无益，不乐赞成，欲壅不以闻，窃恐下情难达，不无隔阂之虞。欲概于转陈，又恐语多偏激，不免再三之渎延，奉钧示，多方解释，无此遣兵事实，比经誊录通告，一体通知，各种族疑虑顿释，民气亦趋于恬静矣……现在欧战已终，俄乱未息，新疆本省兵力仅能维持，亦无须内地来兵。"

日争执。"①

三、民初边疆"自治"的比较分析

通过前述之阐述可知，辛亥革命以来，随着边疆地方主义的政治化倾向的日渐加强，此期边疆地方主义由清季的一种思想意识正转化为政治行为，"自治"是它的直接表现方式。此期，"自治"在边疆各地异化为两种形式：一方面是以蒙、藏为代表的"自治国"政治诉求，另一方面是以新疆为代表的追随内地"地方自治"之制度设计。对这两种"自治"制度的比较研究或可使我们更为了解此期边疆政治制度的变迁。

从两者产生的政治背景而言。当晚清之时，清政府在新疆设立行省制度，在政治、经济、文化"均质化"上取得长足进步，正是通过这一举措，清朝政府确立了在新疆更为巩固的统治，新疆地方政府及各民族对中央政府也保持了高度的政治认同。而在蒙藏地区，尽管清政府试图依靠清末新政加强对该地区的直接控制，并一度筹议行省，但收效甚微或无疾而终。对于蒙藏地方，清政府仍然依靠传统的"宗教供施"和政治隶属关系来确立双方关系，其基础显然不如行省体制那样牢固。正是政治遗产的不同，当辛亥革命爆发以来，两者的政治走向也明显不同：建立在传统松散的满蒙同盟或基于"宗教供施"而形成的政治隶属关系与近代国家建构显然互不相容，因此当民国肇造之际，中央政府与蒙藏地方的政治磨合略显吃力；而业已建立行省、"均质化"进程颇为顺利的新疆则在此时基于同等的政治意识与行政体制，对中央政府的政治认同当属水到渠成。

从两者互动要素分析。在蒙藏地区，要对清末民初蒙藏地方主义与自治独立运动进行全面的分析，必须设想它作为一个系统

---

① 民国七年二月十六日，《补过斋文牍续编》卷一，呈文上："咨覆交通部新疆境内汽车应归本省绅商自办文。"

而存在。在这个系统里，各种因素的互动下，才出现了异化的地方主义与偏离国家独立、自治的两种情形。正是基于这种考虑，在分析这一系统时，必须考虑以下几个子目录：其一，中央政府之举措；其二，列强之背后推手；其三，边疆地方主义势力的政治取向。通过前述几节分析可知，随着外来势力对蒙藏边疆的渗透，清季以来，中央政府试图通过实施新政加强对蒙藏地区的直接控制，这反倒将蒙藏地方主义导向政治化趋向，形成与中央疏离思想意识；辛亥革命以来，中央政权更替，国家对边疆控制日显羸弱，外来势力遂利用这一形势，支持蒙藏地方势力形成实质上的独立"自治"，从而将原有的地方主义政治化倾向之思想意识转化为现实的政治行为。而纵观清末民初新疆地方主义及地方自治之行为，其主要影响要素有二，即中央政府、新疆地方内部（新疆与伊犁）。如果将自治之形成作为一个系统加以分析，则新疆地区是在"中央——地方"博弈及"地方——地方"博弈之基础上，形成新疆地方自治。

附图一　新疆（内地）地方自治结构图

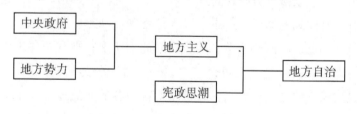

附图二　蒙、藏地区"自治"结构图

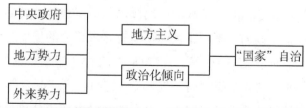

从两者产生的思想渊源而言。如果说，清季内地地方主义发

端于西方民主宪政思潮，并形成清末宪政高潮，最终在民初演变为一场地方省"自治"高潮，则这一过程在蒙藏边疆地区之表现可忽略不计。如前分析，尽管在清季筹议立宪的高潮中，蒙藏等地也曾考虑过实施宪政，但其实效或流于形式或干脆因不合边情而未实施。清季边疆地方主义之表现更多地体现为一种基于血缘而产生的种族民族主义，与宪政思潮毫无瓜葛，辛亥革命以来，则这种种族民族主义与外来势力纠结在一起，高唱自治，这种所谓的自治只是要求脱离中国主权的自主和国家自治。要言之，内地地方自治的思想来源与西方宪政密切关联，而蒙藏边疆独立自治与狭隘的种族民族主义暗合。

此外，还需指出一点的是，当前研究者在阐述辛亥革命时期边疆地方主义的勃兴及此期边疆地方如蒙藏等疏离中国之倾向时，往往会着重强调：清朝祚灭是一个决定性因素。何也？这种观点的潜在解释是：晚清末造，与大清帝国保持着紧密传统关系的蒙藏地方由于这层传统纽带的断裂，随之失去归依，正是在这种情形下，蒙藏地方纷纷走向"独立""自治"的道路。在充分占有已有文献的基础上，本人以为这种观点缺乏史实支撑，值得商榷。在此试举两端反例。如果真是如上所说，则有两件历史个案难以解释：一是辛亥革命前夕，外蒙古王公为何向俄国求援，并提出建立独立国的要求？二是以达赖为首的西藏地方喇嘛贵族为何数次与英印政府靠近，其间还联系俄国寻求支持？上述两种历史现象或可解释为，至晚清末年，西藏、外蒙古地区早已形成隔阂，形成离心力并产生政治分离倾向。不可否认，此期边疆地方主义政治化倾向日渐积累，即便没有辛亥革命的爆发，它亦可演化成为一种政治分离行为。清政府的灭亡与辛亥革命的爆发，仅作为一种催化剂加速了这一进程——它与蒙藏"独立"有一定关系，但这种联系应该局限于将原有的业已存在的分离的政治意识扩散化并转化为一种直接的政治行为。

小　结

以上我们探讨了 1911—1915 年前后民初中央政府对边疆危机的应对政策及其实态，进而从理论上对民初中央政府之应对举措进行了解构，并对其所推行的对边疆地区的民族国家整合之实效作了考察。

民初中央政府为了应对辛亥革命以来中国边疆地方出现的分离趋势，重新获得对边疆地区的支配权，极力推行各种措施，以整合各边疆地区对中国国家之认同。在南京临时政府和北京政府致力于整合边疆的过程中，它们受到了来自英、俄两国政治上的挑战。除此之外，在中国与英、俄等国家的两极之外，边疆地方并不仅仅是作为一个简单的受力者出现，它作为另一个轴心对中国政府和英、俄两国的活动作出了回应。当然，在本章，民初中央政府之统合举措及边疆地方之应对应当作为重点予以究明。

综合以上对民初中央政府应对边疆危机所展开的过程的考察，这一时期南京临时政府、北京政府的应对举措及边疆之反应，可以作以下的概括。

首先，观察一下南京临时政府对边疆情势作出的应对，及边疆地方的反应对。

南京临时政府自成立以来，从内外两个方面着手处理此期的边疆问题，以整合国民统一的民族国家。对外层面，临时政府以妥协的姿态换取列强对临时政府的支持和对边疆的不干预；对内层面，对前期所主张的种族民族主义进行了自我修正，"五族共和"作为国民统合的意识形态予以提出，同时在国家根本大法中得以体现。从原有的"驱逐鞑虏"到"五族共和"思想的转变，南京临时政府当然居功至伟，这也在一定程度上避免了民族分裂。然而，应该看到，革命派长期以来宣传的排满之流弊在各边疆民族造成的疑惧是难以在短时间内清除的。且在实际操作层面，由于临时政府存在时间较短，对边疆问题的重视仅仅反映在形式上的宣示一层。因此，总体来说，南京临时政府时期，中央——边疆关系并未得到实际改善，此间边疆所持的种族民族主义情绪越发高涨，边疆形势日益恶化。

其次，分析北京政府，亦即袁世凯当政时期对边疆情势的应对及边疆的反应对。

袁世凯政府对边疆情形的应对主要集中在对蒙藏边疆问题的处理上。不可否认，袁世凯作为前清旧官僚，与蒙、藏王公贵族的关系——较之孙中山南京临时政府——有天然的亲密性。同时，作为逊清政府立宪派的一面旗帜，他更易于接受梁启超的民族国家理论。基于上述两个因素，袁世凯政府对于边疆民族的整合更贴近地方王公贵族的诉求，因而，相对来说，其效果亦比南京临时政府要好。此间，以袁世凯为代表的北京政府在继承了南京临时政府的政治遗产的基础上，加大了对蒙、藏边疆问题的关注及处置力度。北京政府通过劝谕、册封、厚给利益等各种怀柔手段，加强了与蒙、藏地方的联系，并在一定程度上得到了蒙、藏地方的认可。然而，由于英、俄两国的插手，使得中央政府与蒙、藏边疆关系复杂化。

接着，在第三节中，依照认同理论构筑一种研究框架，对民初中央政府构筑民族国家，整合边疆之相关举措予以探究。

综观民初中央政府对边疆问题之处置，此期中央政府为构筑民族国家，统合边疆地方，依据认同理论，从先天的"被给予"因素和后天的"选择性因素"两个要素着手，在以下五个层面进行了探索：（1）在意识形态上，南京临时政府提出"五族共和"，北京政府进而在此基础上提出"中华民族"的概念；（2）怀柔蒙、藏、新等边疆民族上层分子；（3）通过立法确立蒙、藏等边疆地方的法律地位；（4）设立专门机构加强对蒙、藏等地边疆事务的管理；（5）中央政府对边疆少数民族地区的教育整备及现状调查。

最后，在第四节中，对此期中央政府整合边疆地方的效果予以实证，并对不同边疆地方存在的不同的政治实态做了比较分析，究明其内在的原因。

民国初年，当"省自治"在内地各省成为流行一时的政治思潮和地方军阀对抗中央政府的工具的时候，各边疆地方对此作出了应对。此间，由于边疆地方的独特性，各边疆地区在政治走向上表现迥异。一方面，如新疆等地方，追随内地风潮，形成军阀统治，但同时因地处边疆，在某些方面表现出不同之处，不过从整体上来说则表现为对内地省自治的效鳌与随流；另一方面，如西藏、外蒙古等地方，则在地方主义政治化的趋向下，由于中央政权的更替及对边疆控制的削弱，"省自治"趋向异化，与中央政府的关系经历了一个"疏离—脱离"的过程。

对于新疆与蒙藏地区两种迥异的政治走向，文中在前述基础上，进一步从三个方面予以解释：（1）政治遗产继承性的差异；（2）互动要素的不同；（3）政治思想理念的分歧。正是上述三个要素的区别，才造成了新疆与蒙藏地方两种性格迥异的政治生态的生成。这也从反面论证了民初政府对边疆地方的民族国家整合的努力，不仅仅与他们自身的努力有很大关系，同时还取决于其继承的政治遗产和外力因素的影响。或可以由此得出结论：民初中央政府（1911—1915）对边疆民族的国民统合之历程从主观因素来说，是较为得力的；但是，由于历史继承性因素和英、俄等国对边疆统合过程的插手，使得这一国民统合之进程难言成功。

结章　近代民族国家构建视野下的中国边疆

第一节　民族国家构建视野下的边疆政策与边疆社会

清朝统治者自定鼎北京以来，即与边疆地方民族形成了良好的互动关系。较之历代中原王朝对边疆民族的文化偏见，清朝与边疆民族如蒙、藏等的关系相对融洽。在此基础上，清王朝对边疆的治理模式亦较之历代有所更张。总体来说，清代中前期，中央政府一方面让边疆民族参与管理本民族的事务；另一方面，在此基础上，清政府又不断加强了在边疆定期的法律制度建设和行政制度变革。从日本满铁调查课对清朝中央政府与蒙古族的关系的调研报告及 1793 年清朝中央政府颁布的对藏钦定善后章程来看，此期清朝政府对边疆的治理具有以下特点：一是在理念上，它承认边疆民族与内地民族之间制度文化的差异性，用中华固有的道德主义来看待边疆的民族，对边疆和内地采取不同的政策适用，体现了一种文化边疆意识。并针对西藏、蒙古、回疆等地区，通过制定诸如善后章程之类具有较强的"自治权"的单行法规或基本法，在很大程度上赋予其一定的自治权。二是在实践中，在确认民族性和实行相对自治的基础上，还强调边疆民族参与本民族政治的思想。这种体制的特点在于它是一种参与式的

"自治"，即将边疆民族地方的首领纳入中央政府的管理制度之中，把他们的行政活动置于国家法律之下，并在此前提下让其根据地方的实际情况来处理各种行政、法律事务。

　　一般而言，前、中期的清朝是和近代的民族国家性格完全不同的前近代王朝国家。但是，伴随着 19 世纪中后期以来，所谓的"中华世界秩序"的崩溃，清朝统治者在与近代西方世界的对峙中，逐步认识到清朝仅仅是近代世界中的"万国之一"。这种发轫于边疆危机，最初由知识分子与社会精英提出，并最终得到清朝统治者认同的近代国家意识，使得晚清政府不得不放弃原有的天下观，进而将中国的"民族国家"建设和被称之为"中国人"的国民的铸造作为目标。显然，受到近代民族国家之统合意识的支配，此间清政府改变了中前期的"边疆民族自治"之治边模式，以构建近代民族国家为目的，借实施新政之机，推行边疆与内地的"均质化"政策，加强对边疆地方的直接控制，调整中央——边疆地方关系。1884 年，新疆与内地一样被设省治理。翌年，台湾由府州层次升格为省的建制。嗣后，清政府又在东北改将军体制为行省建制，在西藏东部设立具有行省性质的特别行政区。与此同时，通过向内外蒙古移民实边，开始直接介入内外蒙古的经济、文化、教育事业。在内蒙古，伴随着内地移民的增加，州、府、县的逐次设立，盟、旗的地盘渐渐被压缩。上述施政，从实施效果来看，以蒙、藏、新边疆地区为例，它们虽同处边疆地区，但由于地域、民族特点各异，清前期的"均质化"程度不同，故清王朝在各地推行"均质化"的结局也不尽相同。借武力弹压新疆回民暴动之机而除旧布新，新疆的"均质化"举措最为成功，最终确立了行省体制。清末新政期间，外蒙古和西藏地区屡有筹设行省之议，无奈来自边疆地方的阻力过大，未能切实施行，"均质化"程度远不及新疆。

　　这种治边政策的变更，本身包含着晚清中央政府对边疆的认

识和治边观念的改变。可以看到，在对西方近代国家体制的认同
与移植基础上，清朝政府将其多元版图纳入"中国"之下，不断
地一元化地统合，并在其疆域内确立可行使均质的、排他的领土
主权，努力建立近代的民族国家。综观清末新政以来中央政府对
边疆地区的治理，它以"固我主权"为宗旨，具有"国家化"
"集权化"的特点，这一进程对于边疆的民族关系产生了重大影
响，它从制度上破除了中国古代在处理与边疆民族关系上的传统
思维模式，在处理内地与边疆民族关系问题时，注重边疆的法制
建设，始终坚持用行政化和制度化的方式来处理边疆民族关系。
也许清朝在观念上并没有完全彻底地脱离传统王朝以朝贡为依据
的"文化边疆"概念，但在实际施政时，其治理边疆的诸如"内
地化"等举措，无时无刻不在用近代的法律制度的清晰性来代替
传统朝贡理论的模糊性，无疑，这对清朝治理模式从传统的文化
边疆的形态向近代民族国家边疆形态的转变起到了积极作用。

从构筑一个近代民族国家的思路出发，清政府以推进边疆与
内地"均质化"为手段，以"固我主权"为目标，试图保持中央
政府对边疆地方的强大控制力。显然，这种以加强中央集权为目
标的举措，对于此期中央政府——边疆地方的关系的影响是巨大
的。如果中央的控制一旦减弱，地方离心力便会如影随形而来。
果不其然，清朝末季，蒙、藏、新等边疆地方的政治性格表现最
为突出的一个特点，便是"地方主义政治化"倾向日益明显。以
清末新政为例，清政府的初衷是为了加强中央集权，而对于边疆
民族而言，它可能会产生另一种镜像。贡桑诺尔布在阐述其筹办
"贡王三学"之动因时曾作如下表述："我身为王爵，位极人臣，
可以说没有什么不如意的事，可是我从来没有像现在这样高兴。
因为亲眼看到我的旗民子弟入了学堂，受到教育，将来每一个人
都会担起恢复成吉思汗伟业的责任。"（《崇正学堂》）由此可知，
贡桑诺尔布等蒙古王公积极在蒙古地方推行新政的宗旨，在于期

待恢复成吉思汗的伟业，即重现蒙古民族与蒙古帝国的荣光。姚锡光在视察了"贡王三学"后，就对"贡王三学"的办学宗旨提出了置疑："至蒙古学堂，则率以提倡兵操为主，而其授课所引譬暇日所演说，则时以恢复成吉思汗之事业，牖其三百万同胞以相鼓舞，而我朝圣武神功，阒未一闻，则其心盖可想见。"（《筹蒙刍议》）从民族国家整合的视角来评判的话，如果过于强调民族的或地域的特色，则国民统一性势必被弱化，这显然与清朝政府构建民族国家的立场背道相驰。

正基于此，此间中央集权主义与边疆地方主义相颉颃。由于得不到边疆地方的拥护，清末统治者以构建民族国家为目标的边疆新政只是停留在政策层面，实际操作中难以为继。更为严重的是，由于中央——地方矛盾的激化，旧有的"边疆自治模式"也因此陷入瘫痪，清朝中央政府与边疆地方的关系日渐疏离。

1911 年辛亥革命期间，内地各省纷纷宣布独立。不言而喻，这种独立实际上是脱离清朝的统治。尽管如此，这种地方主义政治化的倾向也成为后来内地军阀割据的滥觞。有着"驱逐鞑虏，恢复中华"烙印的辛亥革命对边疆政治态势的冲击是显而易见的。"驱逐鞑虏，恢复中华"的实质是剔除东北、内外蒙古、新疆与西藏，在内地十八个省恢复汉人地盘。在此情景下，如果说，内地的独立是脱离清政府，则边疆的"独立"意味着脱离中国。此期新疆、蒙、藏等边疆地区各民族政治性格，大概可分为两种：一种以新疆为代表，对新生政府和中国国家保持了高度认同；另一种以蒙、藏为特例，此期蒙、藏民族对民初政府和中国国家之认同意识模糊，态度游离。在这种脆弱的国家认同和缺乏归属感的焦虑情形下，蒙、藏边疆地区陷入脱离中国主权的政治危机。也正是在上述两种不同的政治心态的指引下，新疆与蒙、藏地方分别走向了不同的政治归途：由杨增新主政的新疆地方保持了对民初政府和中国国家的认同，同时受地方"自治"主义的影响，建立了军阀统治；（外）蒙、藏贵族、王公等则分别在外蒙古、西藏地方实行"自治"。这种在英、俄两国以"宗主权"名义支持下的所谓"自治"，其实质并非民初中央政府所持的"地方自治"思想，而是一部分受种族民族主义所支配的蒙、藏地方上层分子所设想的"自治国"。也就是说，以蒙、藏地方为代表的边疆民族地区，从其口号而言，它认同大清帝国，但无法认同"驱逐鞑虏"的南京临时政府。

　　针对上述边疆地方之政治实态，民初中央政府做出应对，以调整中央——边疆地方之关系。南京临时政府自成立以来，从内外两个方面着手处理此期的边疆问题，以期构筑国民统一的民族国家。对外层面，临时政府以妥协的姿态换取列强对临时政府的支持和对边疆的不干预；对内层面，对前期所主张的种族民族主义进行了自我修正，"五族共和"作为国民统合的意识形态予以提出，同时在国家根本大法中得以体现。尽管南京临时政府从意识形态上肯定了中央政府对蒙、藏等边疆地方的主权地位，但双方关系积怨已深，断难短时间内得以消除，因此，终究在南京临时政府时期，蒙、藏边疆地方与中央政府关系若即若离。

　　而以袁世凯为代表的北京政府在继承了南京临时政府的政治遗产的基础上，进一步加强了对蒙、藏边疆问题的关注及处置力度。从宏观上来说，北京政府颁布的《中华民国约法》及相关立法，在赋予边疆地方某些自治权的同时，且规定了国家对自治地方的权威和责任，国家和自治地方的权力分配与制约，以及有关民族对自治地方实施管理的详细条款，这些条款和立法均应属于中央——边疆"共治"之范畴。也就是说，民初中央政府通过相关立法和条款赋予了边疆地方两种政治权力：一是对边疆地方自身政治的自治权，一是对共有国家的政治参与权。这较之清初"边疆民族自治模式"之制度设计存在着一个明显的变化。比较而言，"边疆民族自治模式"只体现了边疆地方对自身政治的管理，而未能获得基于立法之支持的对国家政治的参与权。因此，北京政府这一治理边疆的模式或可称之为"边疆民族共治"模式。

"边疆民族共治"模式的内涵具有两个层面：一方面，从国家管理的层面来说，自治者不只是依法行使自治权，而且也是国家的管理者；国家不仅监督和领导自治者，而且需要倾听自治者的声音。另一方面，从边疆自治地方管理的层面说，自治地区的权力也不是仅局限于管理本边疆地区的内部事务，更重要的是协调自治地方各民族之间的关系；非自治民族不只是地方管理的被动接受者，也是地方管理的积极参与者。有关各方既是权利的主体，又是权利的受体；既是权能的产生者，又是权能的行使者。

边疆民族共治模式的提出，具有一定的合理性。首先，边疆民族共治的合理性来源于近代国家的公民权利平等原则。传统中国的"羁縻之治"反映了"华夷之辨"的民族差序治理观念，强调了基于文化基础上的不平等关系。而民族共治则意味着对话与协商，对话与协商的过程也就是共治的过程，并由此产生共治的双向运动——参与共治与接受共治。这种双向运动在上述两个层面的共治中都需要承认和遵守彼此关系中的双向共治原则，每一方都是共治的接受者，又都是共治的参与者。其次，民族共治模式的合理性还来源于边疆地区在取得自治地位后，它为少数民族争取获得更大权益提供了可能性。最后，民族共治模式一方面为边疆地区维护自身权益提供了制度保障，另一方面从国家的立场出发，则为中央管理边疆地区的合理性提供了法理依据。单纯的"自治"具有排他性和由己性，这一方面有可能导致自治者走向政治边缘化，另一方面有可能催生和助长分离主义，如何避免这一问题是"后自治"① 边疆地区政治建设的基本问题，而民族共治模式则为这一问题的解决提供了出路，从而有效地制约和正确

---

① 所谓"后自治"，是指边疆地方在取得一定的自主权后的政治状态。

地引导了边疆地区的政治走向。

边疆民族共治模式的提出是对边疆民族自治模式的一种超越，具有深厚的思想蕴涵，它所能提供的广阔的制度设计前景，法律制定和政治操作空间，可以为边疆地方实现自身利益提供坚实基础。事实上，边疆地方也利用了参与国家政治的优势，在相关事务中注重用法律厘定和国家权威来维护边疆地方利益。如1914年约法会议召开期间，蒙、藏联合会向约法会议提出将《待遇蒙藏条例》写入约法的要求。他们在提交的公函中声称①：

> 查蒙藏为中国边屏，虽历数百年之久，而历史、风俗、制度、习惯、语言、文字，均与腹地不同。约法规定人民平等，蒙藏则未废封建，约法规定信教自由，蒙藏则宗奉黄教，民国成立三载于兹，大总统于晋爵、宗教虽均按旧制施行，而规定之约法条文，不无扞格，似非明定专例，不足以定大政设施之标准，即不足以周边氓倾向之精神。查前已特颁之待遇，满、蒙、回、藏七条件，暨前临时参议院规定之蒙古待遇条例九条，例文法固极周详，恩遇极为优渥，然不于增修约法之中妥为厘定，无以垂永久而便遵从……如是则蒙藏特别制度均由特别法发生，于约法规定既不至冲突，于蒙藏观听亦不至混淆。

应当说，蒙藏联合会注重从宪法厘定的角度来维护边疆民族地方的利益，反映了其时边疆民族对近代国家法制思想的认同与接受，本身具有一定的进步意义，同时，从历史的法律继承与时代的变迁来看，蒙藏地区为保持本民族地区的既得利益与地域特性，提出这一要求具有合理性。民国政府对此意见亦给予了高度

---

① 《蒙藏联合会为请将待遇蒙藏条例交约法会议公决增入专条事致国务总理呈》，转引自《元以来西藏地方与中央政府关系档案史料汇编》，第六册，2 355页。

重视，并采纳了蒙藏联合会的意见。随后制定的《中华民国约法》第 64 条和第 65 条规定："中华民国宪法未施行以前，本约法之效力与宪法等，约法施行前之既行法令与本约法不相抵触者，保有其效力"；"中华民国元年三月十二日所宣布之满、蒙、回、藏各族待遇条件，永不变更其效力"。《待遇条例》从其效能变更来分析，在未纳入约法之前，它至多可称为一个行政规章，作为普遍的法律法规在法理上是柔性的，随时可以变更；而一旦纳入约法范畴，其效力和性质随之发生了变化，它作为宪法的一部分则是刚性的，不经过绝对多数的赞同是不能随意修改的，其效力也是至高无上的。可以这样认为，正是这种边疆民族共治模式让边疆自治者获得机会参与国家管理，由于民国政府赋予了边疆民族地方参政、议政的机会，才使得地方利益在国家根本法中得以体现。

可以这样认为，较之南京临时政府，北京政府通过立法、劝谕、册封、厚给利益等各种怀柔手段，加强了与蒙藏地方的联系，并在一定程度上得到了蒙藏地方的认可，从而使即有的疏离的中央——边疆地方关系一度得到了改善。然而，由于英、俄两国的插手，使得中央政府与蒙藏边疆关系复杂化。

总体而言，关于民初中央政府（1911—1915）对边疆民族地区的国民统合之历程从主观因素来说，是较为得力的；但是，由于历史继承性因素和英、俄等国对边疆统合过程的插手，使得这一国民统合之进程从整体来说，步履蹒跚，实效不足。

第二节 作为"他者"的列强与近代
中国边疆意识之构建

卡尔·马克思在《路易·波拿巴的雾月十八日》一文中，这样表述复辟时代的法国农民："他们无法表述自己；他们必须被别人表述。"① 同样，如果借用这句话来表述东方和西方的不平等关系，亦可谓描述殖民主义者心态的传神之语。如是，在早期殖民者对于非西方世界的观念中，东方作为相对于西方定型化的"他者"形象并不具备主体的认识能力，东方人作为理性西方人的对立面，不仅不能对世界进行理性全面的阐释，也不具备理性认识和阐述自身文化的能力，因此他们是"失语者"。

显然，上述情景与西方话语体系中的近代中国历史时期之地位相适应。1840 年以来，西方列强凭借坚船利炮与先进制度，确立了与清政府在话语权上的不对等关系，逐步构建了一个对近代中国的想象。在这面镜子面前，它看到了自身的强大、伟岸和现代。但是，令人遗憾的是，它没有意识到，透过近代中国这面镜子它可以增强自身的自豪感，却很难真正透视镜子背后的近代中国形象。可以想象的是，在近代西方主流话语语境的压迫下，作为现实中弱小一邦而又曾经是天朝上国的清帝国是多么尴尬无助，是陷入怎样深刻的压迫感中，又是怎样在话语强权中被迫"失语"。前述"他者"的视点，作为一面镜子，让晚清民初政府及当时的社会精英不得不直面自身所面临的问题，并在实践中形成自我意识——近代中国意识。

1. 通过一些举措强固近代中国民众的国家观念。比如，现代国家论，以国家之本是对统治者和被统治者都有约束力的"持续公权力"（a continuous public power）。其基本要素有三：人民、土地和主权。传统国家那种"朕即国家"，统治者不是拥有国家，就是代表国家，他拥有公权力，而又不受公权力的约束。进入现代国家，这一情况发生了变化。公权力对统治者和被统治者都具有约束力。从清末新政的过程来看，宪政的实施，至少在一定程度上对皇帝有了约束，清王朝也向近代国家迈进了一大步。稍

① 马克思：《路易·波拿巴的雾月十八日》，《马克思恩格斯选集》第 1 卷，北京，人民出版社，1972。

后，最为重要的是，辛亥革命以来建立的以民国政府为魁柄的现代国家都强调"主权属于全体人民"。也就是说，民主是现代国家的精神所在。民主表现于统治者，要根据被统治者的同意来统治。它也表现于，统治者和被统治者都要接受"持续公权力"，亦即法律的拘束。

2. 对照"他者"的镜像，近代中国统治者开始在空间上也逐渐形成了近代中国的疆域（自我），同时在理念上形成了近代疆域观。如果说，传统王朝的边疆观主要表现为一种"华夷观"，即从文化的角度申明"华夷之辨"，强调内地与边疆的区别，由此而表现出的对边疆问题的处理即为我们通常所说的"羁縻制度"，或者说，传统的边疆治理考虑更多的是对边疆的开拓、发展与巩固问题，以及如何在维系腹地相对稳定的基础上对周边施加政治影响的问题，而不必考虑到其主权意义；而近代以来，人们对边疆问题的认识随着列强的入侵而发生了转变。这从边疆观来看，由于近代国际公法的输入，国家、社会等概念的稗贩，人们对边疆问题的认识开始由一种自发意识转变为一种自觉，开始以一种整体的观念看待边疆，在强调边疆的屏障作用的同时也认可其在国家政府中的主权地位，以一种"边防"而不是"防边"的认识去积极经营边疆，加强对边疆地方的控制。

3. 作为"他者"的列强，引发了近代中国知识分子的思考，并逐步培育了边疆问题意识。

进入 20 世纪以来，中国边疆危机、民族危机持续加深，国中有识之士发出"寇深矣""病革矣"的慨叹。"寇深矣"即外患严重，这是一目了然的事实；"病革矣"即内忧深重，中国社会发展遇到了严重的障碍，中国向何处去这是摆在国人面前最严峻的问题。义和团事件后，中国一般知识分子对革命是否会引起瓜分的疑虑达到了顶峰。此间，梁启超目击清政府国势不振、外受列强包围之形势，哀叹："瓜分之声，雀噪耳鼓，中国一旦发生内乱，列强必趁机而入，攫其垂涎之地，而亡国之日至矣。"由此，他提出"革命—内乱—外国干涉—瓜分—灭亡"的理论，这就是所谓的"革命瓜分论"。梁启超的"革命瓜分论"发展到1903年即已定型化。他在同年2月《新民丛报》上发表《敬告我国民》一文警告说，在万国竞争的今天，"其所谓小破坏，无意识之破坏者，不出五年，而必遍于全国"，而政府无力平息，必须依靠国民与外国，而国民无此能力，则不得不依靠外国，一旦出现这种情况，事态将极其严重。此后，梁启超在《新民丛报》上相继发表《申论中阻隔膜与政治革命之得失》（1906年3月）与《暴动与外国干涉》（1906年8月）等文。这表明，梁启超的思想由于作为"他者"的列强的存在，再次急剧倒退，竟至以"滂沱的泪水"诀别了"醉心多年的共和制"。从此，梁启超以"革命瓜分论"作为反对革命的有力论据，认为革命勃兴，势必造成满洲、西藏、蒙古分离，造成列强干涉，中国终至走向灭亡。

以梁启超为首的改良派提出的"革命瓜分论"引起了革命派的重视。汪精卫根据孙中山之口授精神，先后发表《驳革命可以招瓜分说》（见《民报》）《再论革命一定招致瓜分之祸》（见《汪兆铭全集》（日本版））两篇文章对改良派所示论据进行了反驳。其中他在后一篇文章中指出："近来忧国之士，言国力薄弱，外侮强烈，惴惴不安，以分割相恐。不知所以，一筹莫展。忧虑中国之内乱，足以成为引起外侮之媒介，革命必定招致分割。对此，不仅反对党常常谈到，而深明民族大义的人也往往哀叹对外侮之困难，瞻前顾后，也未敢赞同革命事业。"这种近乎哀怨的指责亦从侧面反映了"革命瓜分论"在当时具有很大的现实影响，以至于导致革命思想发生动摇。

诚如前所述，此间革命派与改良派所引发的论战从宏观上来说是针对中国未来之前途所作的理论探讨；但是，从微观的角度来分析，这一时期双方在论战中的一个中心主题是"瓜分"，这就牵涉两个亚主题，即"列强"与"中国边疆"的问题以及两者之间的关系问题。且不论辛亥革命前夕改良派所持之主张对革命的消极影响，单从其与革命派关于"革命——瓜分"的主题论战而言，它对唤醒受众之边疆问题意识和主权意识还是具有积极作用的。在此，拟从以下两个方面加以阐述：

其一，关于"革命——瓜分"的论战，让革命派开始考虑边疆问题与涉外问题。革命派正是在这种两者论战中开始形成自己的关于对列强之态度和对边疆的思考，而这种态度和思考对辛亥革命以后民国政府的边疆政策制定和实施是前后一体的，具有继承关系。正是在两者的论战中，革命派吸取了改良派的一些观点，比如对列强之态度，事实上民初中央政府成立之际对外关系之准绳就是基于梁启超的"1902 年三点申明"。

其二，这一论战影响颇著，引起社会各界关注和反思。实事求是地说，改良派所言"革命——瓜分"之论调是针对当时中国边疆实际情形所提出，并非杞人忧天，因而能够与社会受众的心理产生共鸣。这在一定程度上吸引了社会各界有识之士去关注边疆问题，思考边疆地区的特殊地位，并提出相应的解决办法。实践也证明，辛亥革命期间，当民国政府面对棘手的边疆局势一筹莫展之时，社会各种合力交接在一起并对边疆问题的合理解决提供了道义支持。

从具体过程来看，英、俄等国对近代中国边疆的觊觎，让晚清政府投入额外的财力和物力防止随时可能来临的"天下之变局"。这种基于对肘腋之患的恐惧让晚清政府开始被动地关注近代世界。作为一种回应，它从解决边疆危机着手，开始主动地调整传统中国统治秩序，自为地培养一种区别于传统天下观的近代国家意识，并且在处理边疆危机的实践中演习构筑民族国家的程序。与此同时，受西方近代民族国家构筑思想的影响，在 1911

年辛亥革命前夕的岁月中，近代民族主义和近代国家构建同样为中国知识界所接受。他们对于未来中国的民族国家构建的争论，即受到有关民族国家之现代话语左右，又为传统文化至上主义的历史原则所支撑。无论立宪派或是革命派，他们的民族主义思想与意识主要体现在民族国家构建方面，即构建一个近代的国家是他们的共同要求。

辛亥革命以来，英、俄等国加强了对中国边疆的渗透或侵略。显然，（外）蒙、藏地区先后宣布"独立"，冲击了脆弱的民国政府之统治。作为一种应对，民初中央政府创出了"五族共和"——一种近代意义上的民族国家的意识形态，并且在实践中进一步应用了"中华民族"概念。由此，或可以这样认为：英、俄对蒙、藏、新等中国边疆地区的插手，尽管在一定程度上损害了中国对边疆地区的绝对主权，但同时，民初中央政府在被动回应中，抛弃了西方传统的"一个民族，一个国家"的民族国家理念，结合中国实际情形，开创了在多民族存在于一个国度的条件下构建民族国家的先例。这种看似作为一应急性提出的理论阐释工具，就短期来说，它暂时维护了中央政府对蒙、藏等边疆地区主权的合法性，就长时段而言，它将对未来中国民族国家的构筑历程影响深远。

第三节　辛亥革命在近代中国民族国家认同构建历程中的地位

晚清民初，正是中国民族国家开始铸造之时。当时，关于民族国家的构筑，从理念上来说，存在着两种进路，即民族国家主义与种族民族主义。种族民族主义，即一个既定种族群体为实现、扩大和保护自己的民族性格而从事的斗争。它可能是一种以独立和主权为目标的分离主义运动，也可能是在国内为争取更理想的民族地位而进行的运动。将种族民族主义一概视为消极主张是不符合历史事实的。将国内不同民族都变成种族群体的主张背后，可能就有取消种族民族主义主张的合法性的意图。由此看来，当清季民初之际，边疆少数民族从种族民族主义出发，渐次强调其自我民族的民族同一性，为维护本民族的利益提出合理要求，并且为恢复所谓"先人的利权"（大蒙古国、西藏王权），有可能并不考量作为统一的共同体——中国的国家利益，至少在理论解释上有一定的"合理性"。

至于民族国家构筑的另一途径，毫无疑问，其民族国家主义的一面，经常是悲惨与严酷的。民族国家主义需要的国家权力必须是没有竞争的权力，所有替代性的权威都可能成为离心力的渊薮。共同体，无论它是种族的，抑或是地域的，都是首要怀疑的对象、最主要的对手，都是必须处置而后快的敌人。

一般而言，作为由共同文化、共同传统维系的民族，与以国家形式结合的政治社会之间的差别是根本性的。充分承认边疆少数民族的权利是不可或缺的，但其前提是少数民族必须与主体民族互相认同。民族国家的根本制度是国民权制度下的国家疆域的统一。在这种情况下，边疆少数民族究竟是中国国民，抑或是西藏人或蒙古人——这第一要义的问题，也就是中央与边疆地方处理关系的首先必须解决的问题。对这一问题的回答，晚清近代中国民族主义者存在两种截然不同的立场。以梁启超为代表，他将中国近代的民族主义主要看成是对应列强挑战的结果，他的民族国家构建是将中国境内所有民族都包括在内，创建一个中华民族。梁是"中华民族"一词的首先使用者与发明人①，也是"五族共和"的建言人。而以孙中山和他的同志为代表，主要将"驱逐鞑虏，恢复中华"，也就是说，主要以"反满"作为中国近代

---

① 参阅黄兴涛：《现代中华民族观念形成的历史考察——兼论辛亥革命与中华民族认同之关系》，载《浙江社会科学》，2002（1）。

民族国家构建的方向。显然，梁启超所提倡的温和性的建议是与清朝中央政府的利益相符合的。清末中央政府所实施的以整合民族国家为目标的一系列改革，试图化除各民族之畛域，以重构全新的民族国家认同。惜乎这种努力囿于清廷面临之内忧与外患，而未能真正解决之。

当民族国家认同不再是一个国家整合社会的力量源泉时，可能就会有新的社会力量兴起，经过社会运动，或改良，或革命，以国家的方式建立新的认同。同时，确立民族认同的过程动荡而痛苦，如辛亥革命以来的中国边疆民族地区与中央政府关系的确认过程，为此作了最好的诠释。不管怎样，以"驱逐鞑虏，恢复中华"为号召的辛亥革命取得了胜利，造就了民国。民国成立以来，作为执政者，南京临时政府面临一个重要的任务，即民国欲继承清帝国的主权、国民与领土，就涉及"驱逐鞑虏"问题，即涉及东北三省、内外蒙古与西藏等边疆地区是否归属民国的问题。显然，革命党人既然把民族和种族等同起来，就很难反对日益发展的外蒙古独立运动及"独立的蒙古国"的建立，也无法应付西藏和新疆的危险局面。正是在这严重的边疆危机和国家分裂危险面前，民初中央政府首先从思想层面提出了"五族共和"口号，并以构筑"中华民族"概念来阐述各民族利益与中国国家利益的一致性；其次，在具体操作层面，从政治制度建设、权益让与、文化教育等层面，以培育国民认同。于是，一贯被革命党排斥的"五族共和""中华民族"等口号便被孙中山等人拾了起来，几乎原封不动地加以运用。

历史的演变有时候就是这样令人啼笑皆非，以"驱逐鞑虏，恢复中华"为号召的革命党人在政治实践中放弃了自己的信仰，反而成了自己的敌人——梁启超学说的实践者。今日观之，梁氏无疑代表了中国历史发展的方向，即民族主义的主流。以"驱除鞑虏"为号召的孙中山与他的同志们，虽然暂时可以将"反满"

作为政治上有力的战斗号角，并达到某些目的，但现在回过头来看，它对中国实现民族主义的长远目标是否有利，是应该再考虑的课题；它对整合国内资源以反对列强侵略的民族根本利益是否有益，也是值得冷静考量的。也许正因如此，孙中山后来改变了政治口号，赞成将"驱除鞑虏"转变为"五族共和"。可以这样认为，辛亥革命使"五族共和""中华民族"学说从思想理论变成了政治实践，辛亥革命实际上成为梁启超政治思想、价值体系的代行者。因辛亥革命而昌盛的"五族共和"观念作为民初政府整合中央政府——边疆地方的意识形态，不但对民初以来边疆地方对中国民族国家之认同影响尤深，也一直影响到当代中国之中央——边疆地方政治关系。或许，从民族国家构建的角度来说，辛亥革命的重要意义即在于此。

上述现象在晚清民初的中国之所以产生，不仅仅是由于梁、孙等对近代中国的民族国家构建的立论差异或出发点迥异，更主要是因为此期中国与西方社会之间的形态差异较大。在思考民族国家构建视野下的近代中国边疆政治变迁这一命题的时候，必须尊重中国具体的历史实际。近代中国与西方国家一个不同之处在于，如果说，近代西方国家从中世纪封建国家向近代国家转型的时候，遵循着"一个民族，一个国家"的建国理论，那么，这与中国多民族的历史事实是不一致的，这就注定中国在构建近代国家的内在理路上与西方近代国家有所区别，也正是因为这一历史性、民族性差异，近代中国知识分子在探讨民族建国理论层面存在着截然不同的路径。并且，由于中国是一个多民族国家，在构建民族国家认同过程中，必然存在着民族利益与国家利益不一致性的问题。这一问题在辛亥革命以来中央政府——边疆地方关系方面表现尤为明显。

民国初建，各党派如雨后春笋，纷纷建立。1912 年 3 月成立的统一党，其宗旨为"统一全国建设，强固中央政府，促进完美共和政治"。1912 年 5 月成立的共和党，其党义即是：保持全国统一，取国家主义；以国家权力扶持国民进步；应世界大势，以平和实行立国。就其强调的"统一""国家主义""国家权力"而言，无疑体现了这个时代的社会精英对近代民族国家构建的向往。

此间梁启超起草的《中国立国大方针商榷书》亦谈到了组党建国的理论。他提出，民国应以建立"世界的国家"为目标，实行"保育政策"，建立"强有力之政府"，依靠国家政权的力量推动各项建设；加强中央集权，慎行地方分权。结论是："人民对于政府也，宜委任之，不宜掣肘之；宜责成之，不宜猜忌之；必号令能行于全国，然后可责以统筹大局；必政策能自由选择，然后可以评其得失焉；必用人有全权，内部组成一系统，然后可以观后效也……故建设强有力之中央政府，实今日时势最大之要求。"（《中国立国大方针商榷书》）

事实上，上述梁启超氏所持理论在当时亦得到了许多边疆大吏的认同。比如，此种见解同样反映在新疆大吏杨增新对时局的认知中。杨增新在上呈国务院的咨文中强调了保持国家权威的必要性。他说："欲求国家统一，不得不集权中央。大总统既由国民公选，完全负担责任，则各省用人大权断不能操于省议会。设各省长皆由人民选举，是各省有无形之分裂，而中央政府徒拥监督之虚名，号令不行，财政坐困，尺土一民，皆非国有其极也。七雄竞争于周，藩镇割据于唐，祸乱相寻，迄无宁日，国灭民奴，同归于亡。言念及此，能无痛心？"（《电呈参议院表决官制一案未昭平允文》）

至于国家与国民的关系，杨增新认为，"大总统有解散省议会权，以重中央魁柄，不致随声附和，以误国家。是倘欲步武北美，必待教育普及，人民有政治上能力，夫然后可。"（《电呈参议院表决官制一案未昭平允文》）

从辛亥革命到民初中央政府之肇建，是中国民族国家主义运作比较典型的时期。无论是中央政府的权首，或是掌控一方的地方政要，大都持有这样一种信念，即近代民族国家主义必须以近代民族国家为偶像与附着物，换言之，近代民族国家主义只能效忠于近代民族国家。正因为如此，在国家与民族关系的处理上，必然会存在一种国家全能化的倾向。

如果说，民初中央政府和地方政要对民族国家主义的理解致力于"国家高于民族"，则这种状况对于地处边疆、人口较多且历史上有固定活动区域的少数民族来说，是难以接受的。此间西藏地方和内外蒙古地方的表现颇引人侧目，——他们将其融入清帝国与汉族的被迫融入清帝国看做是同等的行为，显然，他们并没有把清帝国等同于"中国"。1912年清朝覆亡，这为上述边疆地区的民族精英创造了"独立"的可能性，而种族主义的民族主义话语又推动了其迫切性。他们有可能硬化其界线，因为他们本身就信奉"民族构成国家"的原则。此间蒙藏地方从本民族利益出发，试图与中央政府分立，脱离中国疆域。

至此，我们考察了国家利益与民族利益的差异性。是否由此可以得出这样一个结论：像近代中国这样一个拥有诸多民族的国家里，国家利益与民族利益是平行的，不存在交叉点？显然，从历史出发，这一观点具有一定的视阈性。事实上，当民国初年南北当局争论不决，政局动荡的时候，一部分蒙古王公贵族亦对此深感不满。哲里木盟科尔沁王公阿穆尔灵圭在致南京临时政府的电报中甚至抱怨：

"鄙人自去冬联合蒙族，同赞共和，本意冀免分崩，共谋幸福。今乃争议日滋，危机日烈，既无以自解于本族，岂易为继续之维持。互解之虞，尤心所怀。"①

---

① 《阿穆尔灵圭呼呈速定国务院成立统一政府致孙中山等电稿》，《中华民国史档案资料汇编》第2辑，121页，南京，江苏人民出版社，1981。

且不论此间阿穆尔灵圭政治立场如何，至少从其所发一番言论来看，他用民族大义指斥南北双方当局，由此可以揣测，在该氏看来，其时蒙古族利益是与国家利益一致的，唯有建立一个统一的国家政权才能最大限度地保障蒙古民族的利益。

综上所述，从民族——国家统一体的角度看，于对外层面，国家是民族的政治组织形式，维护、争取国家利益就是为了民族利益。任何国家代表都应是其民族利益的代表；但在对内层面，一个国家之内，两者未必能够等量齐观。国家表现为政府等具体的组织形式，民族则是由其领导的社会大众。政府的意志能否代表大众的利益，则得由具体的制度及历史情势决定。以袁世凯政府为例，当它派出代表参与西姆拉或恰克图会议，与英俄等代表展开交涉，力图维护国家主权之时，显然，这时候民族——国家之利益是一致的；相应地，当它以国家利益至上为口号，以武力为背景，无视蒙古族王公贵族方面的合理要求，强力推进，实现内蒙古的地域统合，确立中央集权支配体制，则这时候民族——国家双方的利益是背离的。由此亦可蠡测，民族国家主义是一体的两面，它承载着民族、国家双边利益，但它又很容易在具体的情境下疏离为互为分割的两面：有时候它可能演化为全能的国家主义——盲目地强调贯彻国家意志；有时候则蜕变为单纯的种族民族主义——狭义地呼吁维护某一民族的特别利益。

此外，在具体到个体民族利益时，必须区分开民族利益与一小部分民族上层阶级既得利益两者的区别。就经验而言，民族利益是以既得的政治权力为代表的。在大多数情况下，这个政治权力应该是国家，而不是某一特定民族，因此，政府，而不是某些少数民族上层，是代表国家和民族利益的唯一合法主体。但这里有一个基本条件是，政府本身必须具备合法性。而政府的合法性来源于，它有能力把各种社会力量整合为一个统一的民族国家，而统一的民族国家体现在对近代民族国家的构建上。辛亥革命以来，边疆民族地区的社会政治力量——如蒙藏地区的王公贵族、上层喇嘛们，都曾以维护本民族之"民族利益"为借口竞争权力，并且以此而激发本民族成员的民族主义情绪。对此，民初中央政府做出了重要努力，从民族国家构建的角度，采取各种手段，以实现国民之统合，维护民族国家完整的政治疆域和版图，获得独立完整的主权。

总体来说，辛亥革命以来的近代中国（1911—1915），在利益的天平两端，国家利益与民族利益很多时候难以平衡，但这不代表双方没有契合点。至于如何协调国家与边疆民族之间的利益关系，从历史的角度和对认同理论的探讨来看，恰如民族国家的构建一般，首先要以利益认同为基础。民族国家主义所要捍卫的民族利益只能是民族中每个成员个人利益的整合。因而民族利益的体现者只能通过民众一致的契约整合程序产生，任何人不能超越这一程序而自称为民族利益体现者，并要求他人为其所声称的"民族利益"做出牺牲。换言之，合理的民族利益应以民主主义为前提。因此，合理的民族国家主义以民众利益的实现为前提，这其中最重要的一点则应是加强文化认同和创出制度规范。在近代国家整合中，类似于如何建立一种能够合理配置资源同时又具有自我发展动力的经济体制，如何建立一种以法治精神与法律体系为基本框架的社会运行机制，如何建立一种有效沟通国家与国民、政府与个人关系的体现宪法精神的政治和政府体制，是其所面临的重大问题。从这一层面来说，晚清民初政府整合民族国家的努力符合历史发展的趋势，但同时，应该看到，由于传统制度的惰性，民族国家构建过程步履蹒跚，这直接导致国家利益与民族利益之间的转换中难以达成平衡。

第四节　本研究的限界、展望及今后的课题

本书并不是以通史式叙述为写作目标的。因而，从近代中国

边疆政治变迁史的视点来看，譬如东北三省、内蒙古、云南、广西、台湾等边疆地方的政治变迁史都被省略；另外，本书着重从民族国家构建的角度探讨辛亥革命前后蒙、藏、新等边疆地区的政治变迁，因此其他方面比如辛亥革命在边疆地方发生过程及其本身的影响也只是略加叙述。同时，虽然本书在力所能及的范围内用实证的方法叙述这段历史，但不可否认，就这一课题的研究着重点而言，在于创造一个前述那样的，即与问题意识、研究视角相适应的理论阐述框架，因此之故，经常不得不避开繁琐的实证主义之沼泽。

一部中国近代史昭示，民族主义是指引近代中国政治变迁的一个符号，这在辛亥革命前后之中国边疆政治变迁语境下同样如此。关于今后中国边疆问题的研究，虽然有各种研究方法或范式，但笔者认为应从以下方面予以探求，即把近代中国的民族国家之构筑尽可能放到长时段的历史中予以省察，或许能拓宽我们研究历史的视角，特别是，将迄今为止经常被遮蔽了的晚清民国时期的诸种边疆问题及相关方面之应对与现代中国的边疆种种实态相衔接，换言之，即应该在近代中国与现代中国的相关继承性和连续性上来思考这个问题。

民族国家之构筑不仅对近代中国边疆之政治实态影响颇著，并且将长时段的过程也加以考量的话，乃至在当代，民族国家之统合这一过程所具有的政治整合与凝聚功能，也是其他意识形态所难以取代的。不言而喻，民族国家的构筑历程在当代中国不是已经终结，而是仍然处在漫漫征途中。构建一个独立、统一、民主、富强的民族国家是现代民族主义的中心目标。因此之故，必须开展一些有利于实现这一目标的民族主义思想和行动。若是，连接民族和国家的天平的两端达成平衡，形成一种良性的互动关系，这亦是赋予今日中国的最根本"课题"。

然而，也应当看到，尽管辛亥革命前后边疆地区不同的经营集团和与其互动的中央政府都表达过相似的民族国家主义言词和目标，即使当近代中国面临严重的外来威胁时，自我削弱的内部政治冲突依然持续。这并不意味着民族主义者的豪言壮语缺乏可信性和实质内容，而更应该说，这意味着政治权威的危机已经到了极其深刻的地步，以至于国家的安全或福祉在这个问题面前都显得相形见绌。换言之，在对近代中国民族主义对政治的引导作充分估计的同时，也应认识到，它仅仅是一种启发性工具，绝不是全能的，分析近代中国边疆政治的变迁，有些时候还应从中国政局内层之变迁追寻内在的进路。由此出发，我们就不难理解，尽管国家利益高于民族利益，民族利益高于一部分民族上层既得阶级利益，当辛亥革命爆发以来，中国边疆地区仍然处于多事之秋。

参 考 文 献

一、基本史料

（一）汉文档案文献

1. 中国第一历史档案馆未刊档案（清代理藩院档、朱批奏折民族事务类、军机处录副民族事务类）。

2. 中国第一历史档案馆，编. 清代档案史料丛编第八辑（赵尔巽全宗档案关于辛亥革命部分）［M］. 北京：中华书局，1982.

3. 赵尔巽，等撰. 清史稿［M］. 北京：中华书局，1976.

4. 金毓黻，等撰. 宣统政纪［M］. 中国台北：中华书局，1987.

5. 故宫博物院，编［M］. 清代外交史料. 10 册.

6. 全国图书馆文献缩微复制中心. 清外务部收发文依类存稿［M］. 北京：新华书店北京发行所，2003.

7. 中国第二历史档案馆，编. 中华民国史档案资料汇编第一辑（辛亥革命）［M］. 南京：江苏人民出版社，1979.

8. 中国第二历史档案馆，编. 中华民国史档案资料汇编第二辑（临时政府）［M］. 南京：江苏人民出版社，1981.

9. 程道德，编. 中华民国外交史资料选编（一）［M］. 北京：北京大学出版社，1988.

10. 中国近代经济史料丛刊编辑委员会，主编. 中国海关与辛亥革命［M］. 北京：中华书局，1983.

11. 中国第一历史档案馆，北京师范大学历史系编选. 辛亥革命前十年民变档案史料［M］. 北京：中华书局，1985.

12. 蒙政部总务司文书课. 中华民国治蒙法令及决议案集（调查资料·第十辑）［M］. 伪康德四年.

13. 中国史学会，主编. 中国近代史资料丛刊·辛亥革命（七、八）［M］. 上海：上海人民出版社.

14. 郭廷以编. 中华民国史事［M］. 台北：中央研究院近代史研究所编印，1979.

15. 西藏社会科学院，中国社科院民族研究所，中央民族学院，中国第二历史档案馆，合编. 西藏地方是中国不可分割的一部分（史料选辑）［M］. 拉萨：西藏人民出版社，1985.

16. 中国第二历史档案馆，中国藏学研究中心，编. 九世班禅内地活动及返藏受阻档案汇编［M］. 北京：中国藏学出版社，1992.

17. 中国第一历史档案馆编. 清宫珍藏历世班禅额尔德尼档案荟萃［M］. 北京：宗教文化出版社，2004.

18. 中国藏学研究中心，中国第一历史档案馆，中国第二历史档案馆，西藏自治区档案馆，四川省档案馆，合编. 元以来西藏地方与中央政府关系档案史料汇编（第四、五、六册）［M］. 北京：中国藏学出版社，1994.

19. 中国第一历史档案馆，中国藏学研究中心，合编. 清末十三世达赖喇嘛档案史料选编［M］. 北京：中国藏学出版社，2002.

20. 中国第二历史档案馆，编. 民国治藏行政法规［M］. 北京：五洲传播出版社，1999.

21. 张羽新，主编. 民国藏事史料汇编 ［M］. 北京：学苑出版社，2006.

22. 赵学毅，等编. 清代以来中央政府对西藏的治理与活佛转世制度史料汇集 ［M］. 北京：华文出版社，1996.

23. 四川省民族研究所编辑组. 清末川滇边务档案史料 ［M］. 北京：中华书局，1989.

24. 新疆民族研究所，编. 清实录新疆资料辑录（第十二册）［M］. 1978.

25. 邢亦尘，编. 清季蒙古实录 ［M］. 内蒙古社科院蒙古研究所，1981.

26. 顾祖成，等编. 清实录藏族史料（第九集）［M］. 拉萨：西藏人民出版社，1982.

27. 张其勤. 清代藏事辑要 ［M］. 拉萨：西藏人民出版社，1983.

28. 吴丰培，编. 清代西藏史料丛刊 ［J］. 中国台北：文海出版社，1985.

29. 吴丰培，辑. 民元藏事电稿·藏乱始末见闻记四种 ［M］. 拉萨：西藏人民出版社，1983.

30. 吴丰培，辑. 联豫驻藏奏稿 ［M］. 拉萨：西藏人民出版社，1979.

31. 吴丰培，整辑. 清代藏事奏牍 ［M］. 北京：中国藏学出版社，1994.

32. 卢秀璋，主编. 清末民初藏事资料选编（1877—1919）［M］. 北京：中国藏学出版社，2005.

33. 吴泽霖. 帕米尔及其附近地区历史、地理、民族英文参考资料汇编油印本 ［J］. 1979.

34. 马大正，成崇德，吴丰培，编. 清末蒙古史地资料荟萃 ［C］. 北京：全国图书馆文献缩微复制中心出版，1991.

35. 马大正，吴丰培，主编. 清代新疆稀见奏牍汇编 [C]. 拉萨：新疆人民出版社，1997.

36. 全国图书馆文献缩微复制中心. 库伦奏议（1、2 册）[M]. 北京：新华书店北京发行所，2004.

37. 吕一燃，编. 北洋政府时期的蒙古地区历史资料 [M]. 哈尔滨：黑龙江教育出版社，1999.

38. 杨建新，主编. 西北史地文献卷 [M]. 兰州：甘肃文化出版社，1998.

39. 张兴唐，编. 中俄间有关蒙古大事记 [M]. 中国台北：蒙藏委员会，1954.

40. 中央研究院近代史研究所，编印. 中俄关系史料——外蒙古 [M]. 中国台北：中央研究院近代史研究所，1969.

41. 文庆等，编. 筹办夷务始末（道光、咸丰、同治朝）[M]. 上海：上海古籍出版社，2007.

42. 台北故宫博物院，编. 清代外交史料. 嘉庆、道光朝 [M]，1968.

43. 王彦威，等辑. 清季外交史料 [M]. 光绪朝.

44. 杨增新. 补过斋文牍 [M]. 中国台北：文海出版社，1965.

45. 杨缵绪. 新疆刍议 1 册 [M]. 1914 年北京印.

46. 张开枚. 辛亥新疆伊犁乱事本末 [M].

47. 袁大化. 抚新纪程 2 卷 [M]. 民国年间商务印书馆铅印.

48. 谢彬. 新疆游记 [M]. 民国十二年铅印.

49. 谢彬. 西藏交涉史略 [M]. 中华书局，1926.

50. 何翔藻. 藏语 [M]. 上海：广智书局，宣统二年.

51. 王树枏，编. 新疆图志 [M]. 上海：上海古籍出版社，1992.

52. 林竞. 新疆纪略 [M]. 民国七年天山学会铅印.

53. 允礼, 陶思曾, 撰. 西藏日记 [M]. 中国台北: 广文书局, 1976.

54. 周树模. 周中丞抚江奏稿4卷 [M]. 宣统二年铅印, 史丛本.

55. 贻谷. 蒙垦奏议. 清末京华印书局铅印.

56. 蒙垦陈诉事略. 光绪年间京华书局铅印.

57. 蒙垦呈诉供状. 光绪年间铅印.

58. 程廷恒编. 呼伦贝尔志略 [M]. 民国十二年.

59. 关东都督府. 东部蒙古志 (草稿, 上·中·下) [M]. 东京, 明治四十一年誊写.

60. 徐正光主编. 民国以来蒙藏重要政策汇编 [M]. 中国台北: 三联书店, 1960.

61. 朱启钤. 东三省蒙务公牍汇编.

62. 王铁崖, 主编. 中外旧约章汇编 [M]. 北京: 三联书店, 1962.

63. 褚德新, 梁德主编. 中外约章汇要 [M]. 哈尔滨: 黑龙江人民出版社, 1991.

64. 张玕, 王忍之编. 辛亥革命前十年时论选集 [M]. 北京: 三联书店, 1977.

65. 中国近代政治思想论著选辑 [M]. 北京: 中华书局, 1986.

66. 梁启超. 饮冰室文集. 中国台北: 中华书局, 1960.

67. 丁文江, 赵丰田主编. 梁启超年谱长编. 上海: 上海人民出版社, 1983.

68. 黎副总统书牍汇编 [M]. 新中国图书局, 1925.

69. 孙中山全集 [M]. 北京: 中华书局, 1982.

70. 蔡锷集 [M]. 昆明: 云南人民出版社, 1983.

71. 杨度集 [M]. 长沙：湖南人民出版社，1986.

72. 近代稗海 [M]. 成都：四川人民出版社，1987.

73. 陈旭麓主编. 宋教仁集 [M]. 北京：中华书局，1981.

74. 汤志钧. 章太炎年谱长编 [M]. 北京：中华书局，1977.

75. 姜义华，朱维铮. 章太炎选集（注释本）[M]. 上海：上海人民出版社，1981.

76. 高平叔. 蔡元培年谱 [M]. 北京：中华书局，1980.

（二）国外档案文献

1. 陈春华，编译. 俄国外交文书选译——关于蒙古问题（1911 年 7 月—1916 年 8 月）[M]. 哈尔滨：黑龙江教育出版社，1991.

2. 王光祈，编译. 辛亥革命与列强态度. 台北中国国民党中央委员会党史史料编纂委员会 1968 年影印. 见中华民国史料丛编. 1983 年再版.

3. 胡滨，编译. 英国蓝皮书有关辛亥革命资料选译. 北京：中华书局，1984.

4. 陈国权译述. 新译英国政府刊布中国革命蓝皮书. 中国近代史资料丛刊·辛亥革命第八册 [J]. 1957.

5. 章开沅，（以）史扶邻，主编. 辛亥革命史料新编（8），国家清史编纂委员会·文献丛刊，章开沅，罗福惠，严昌洪，主编. 辛亥革命史料新编 [M]. 武汉：湖北人民出版社，2006.

6. 孙瑞芹，译. 德国外交文件中有关中国交涉史料选译 [M]. 北京：商务印书馆，1960.

7. 陈春华，郭兴仁，王远大，等译. 俄国外交文书选译（有关中国部分 1911—1912）[M]. 北京：中华书局，1988.

8. 邹念之，编译. 日本外交文书选译——关于辛亥革命 [M]. 北京：中国社会科学出版社，1980.

9. 杨奋武，译. 中国在帕米尔及坎巨提主权缩小之一段史料、时事月刊 [J]. 3 卷 2 期. 1930 年 8 月.

10. 黄鸿钊，编译. 英俄在西藏的争夺——外交文件选译、近代史资料总 48 号 [M]，北京：中国社会科学出版社，1982.

11. 王远大，编译. 沙俄侵略西藏——外交文件选译、近代史资料总 105 号 [M]. 北京：中国社会科学出版社，2003.

12. 栾景河，编译. 俄国有关外蒙古独立问题未刊档案选译、近代史资料总 105 号 [M]. 北京：中国社会科学出版社，2003.

13. 蔡凤林，编译. 日本外交文书选译——关于"蒙藏协约"、中国边疆史地研究 [J]. 2006 年第 1 期.

（三）文史资料

1. 中国人民政治协商会议全国委员会文史资料研究委员会编. 辛亥革命回忆录（五）[M]. 北京：中华书局，1963.

2. 西藏社会科学院等编. 西藏地方是中国不可分割的一部分 [M]. 拉萨：西藏人民出版社，1986.

3. 北京大学历史系等编. 西藏地方历史资料选辑 [M]. 北京：三联书店，1962.

4. 中国人民政治协商会议全国委员会文史资料研究委员会编. 辛亥革命回忆录（第三集）[M]. 北京：中华书局，1962.

5. 中国人民政治协商会议内蒙古自治区委员会文史资料研究委员会编. 内蒙古辛亥革命史料 [M]. 呼和浩特：内蒙古人民出版社，1979.

6. 新疆社会科学院历史研究所编. 新疆地方历史资料选辑 [M]. 北京：人民出版社，1987.

7. 中国人民政治协商会议新疆维吾尔自治区委员会文史资料研究委员会编. 新疆辛亥革命史料选编 [M]. 拉萨：新疆人民出版社，1991.

8. 余骏升，等编. 新疆文史资料精选［M］. 拉萨：新疆人民出版社，1998.

9. 内蒙古自治区政协文史资料研究委员会编. 内蒙古文史资料 1–40 辑［M］. 1978—1998.

10. 西藏自治区政协文史资料委员会编. 西藏文史资料选辑 1–24 辑［M］. 1981—2004.

（四）近代报刊

1.《政治官报》《内阁官报》《国风报》《临时政府公报》《政府公报》《东方杂志》《申报》《时报》《外交报》《大公报》《说报》《广益丛报》《江苏》《浙江潮》《民报》《新民丛报》《共和言论报》《夏星杂志》《盛京时报》《伊犁白话报》《藏文白话报》。

二、先行研究成果

（一）汉文著作

1. 章开沅，林增平，主编. 辛亥革命史（上、下册）［M］. 北京：人民出版社，1981.

2. 丁名楠，张振鹍，等著. 帝国主义侵华史第 2 卷［M］. 北京：人民出版社，1986.

3. 余绳武，等著. 沙俄侵华史第 2、3 卷［M］. 北京：人民出版社，1978，1981.

4. 马大正，刘逖. 二十世纪的中国边疆研究——一门发展中的边缘学科的演进历程［M］. 哈尔滨：黑龙江教育出版社，1997.

5. 厉声，李国强，主编. 中国边疆史地研究综述（1989—1998 年）［M］. 黑龙江教育出版社，2002.

6. 赵云田. 清末新政研究——20 世纪初的中国边疆［M］. 哈尔滨：黑龙江教育出版社，2003.

7. 李国忠. 民国时期中央与地方的关系 [M]. 天津：天津人民出版社，2004.

8. 王芸生，编著. 六十年来中国与日本 [M]. 北京：三联书店，1980.

9. 朱光新. 英帝国对中亚外交史研究 [M]. 南京：江苏人民出版社，2002.

10. 高鸿志. 英国与中国边疆危机 [M]. 哈尔滨：黑龙江教育出版社，1998.

11. 祝启源，喜饶尼玛. 民国时期中央政府与西藏地方的关系 [M]. 北京：中国藏学出版社，1991.

12. 吕秋文. 清末民初西藏地方与中央关系恶化原因之分析 [J]. 蒙藏专题研究丛书第 18 期，1986.

13. 孙子和. 十三世达赖喇嘛第一次离藏出走始末——西藏与中央疏离原因溯源 [J]. 蒙藏专题研究丛刊第 45 期，1990.

14. 杨公素. 所谓"西藏独立"活动的由来 [M]. 北京：中国藏学出版社，1990.

15. 卢秀璋. 论"西姆拉会议"——兼析民国时期西藏的法律地位 [M]. 北京：中国藏学出版社，2003.

16. 石硕. 西藏文明东向发展史 [M]. 成都：四川人民出版社，1994.

17. 吕秋文. 中英西藏交涉始末 [M]. 中国台湾：商务印书馆，1974.

18. 李冀诚，编. 沙俄对中国西藏的侵略 [M]. 北京：中华书局，1980.

19. 张羽新，编著. 清朝治藏典章研究 [M]. 北京：中国藏学出版社，2002.

20. 孙镇平. 清代西藏法制研究 [M]. 北京：知识产权出版社，2004.

21. 周德仓. 西藏新闻传播史 [M]. 北京：中央民族大学出版社，2005.

22. 次仁央宗. 西藏贵族世家 [M]. 北京：中国藏学出版社，2005.

23. 张云. 西藏历史问题研究 [M]. 北京：中国藏学出版社，2006.

24. 孙子和. 西藏研究论集 [M]. 中国台湾：商务印书馆，1988.

25. 黄玉生，等编著. 西藏地方与中央政府关系史 [M]. 拉萨：西藏人民出版社，1995.

26. 牙含章，编著. 达赖喇嘛传 [M]. 北京：人民出版社，1984.

27. 牙含章，编著. 班禅额尔德尼传 [M]. 拉萨：西藏人民出版社，1987.

28. 陈庆英，主编. 西藏通史 [M]. 郑州：中州古籍出版社，2003.

29. 赵云田，主编. 北疆通史 [M]. 郑州：中州古籍出版社，2003.

30. 余太山，主编. 西域通史 [M]. 郑州：中州古籍出版社，2003.

31. 黄鸿钊. 西藏问题的历史渊源 [M]. 中国香港：商务印书馆，1991.

32. 王远大. 近代俄国与中国西藏 [M]. 北京：三联书店，1993.

33. 周伟洲，主编. 英国、俄国与中国西藏 [M]. 北京：中国藏学出版社，2000.

34. 吕昭义. 英属印度与中国西南边疆（1774—1911）[M]. 北京：中国社会科学出版社，1996.

35. 吕昭义. 英帝国与中国西南边疆（1911—1947）［M］. 北京：中国藏学出版社，2001.

36. 丁实存. 驻藏大臣考［M］. 国民政府蒙藏委员会出版，1943.

37. 吴丰培，曾国庆，编纂. 驻藏大臣传略［M］. 拉萨：西藏人民出版社，1988.

38. 林唯刚. 俄蒙交涉始末之真相［M］. 1913 年 2 月单行本.

39. 华企云. 蒙古问题［M］. 上海：黎明书局，1930.

40. 华企云. 满洲与蒙古［M］. 上海：黎明书局，1932.

41. 郭道甫. 呼伦贝尔问题［M］. 上海：大东书局，1930.

42. 刘学铫. 蒙古论刊［M］. 金兰出版社，1982.

43. 陈崇祖. 外蒙近世史［M］. 上海：商务印书馆，1926.

44. 内蒙古社科院历史所. 蒙古族通史［M］. 北京：民族出版社，1991.

45. 卢明辉，等编. 蒙古史研究论文集［M］. 北京：中国社会科学出版社，1984.

46. 达力扎布，编著. 蒙古史纲要［M］. 北京：中央民族大学出版社，2006.

47. 宝力格. 蒙古族近现代思想史论［M］. 沈阳：辽宁民族出版社，2005.

48. 郭寄峤. 民国以来中央对蒙藏的施政［M］. 中国台北：中央文物供应社，1984.

49. 张启雄. 外蒙主权归属交涉：1911—1916 年［M］. 中国台北：中央研究院近代史研究所，1995.

50. 黄丽生. 蒙古意识与中国认同的纠葛——民初外蒙古独立运动与内蒙古的反应［J］. 台北：蒙藏委员会 2002 年专题研究丛书，第 6 期.

51．刘学铫．清季民初中蒙之分合关系［J］．中国台北：蒙藏委员会 2002 年专题研究丛书，第 8 期．

52．厉声，主编．中国新疆历史与现状［M］．乌鲁木齐：新疆人民出版社，2003．

53．厉声．哈萨克斯坦及其与中国新疆的关系（15 世纪—20世纪中期）［M］．哈尔滨：黑龙江教育出版社，2004．

54．厉声．新疆对苏（俄）贸易史［M］．乌鲁木齐：新疆人民出版社，1993．

55．马大正，主编．新疆史鉴［M］．乌鲁木齐：新疆人民出版社，2006．

56．马大正．踄步集［M］．兰州：兰州大学出版社，2003．

57．新疆社科院民族研究所编著．新疆简史［M］．乌鲁木齐：新疆人民出版社，1979．

58．新疆社会科学院民族研究所，主编．新疆历史论文续集［M］．乌鲁木齐：新疆人民出版社，1982．

59．陈慧生，陈超．民国新疆史［M］．乌鲁木齐：新疆人民出版社，1999．

60．魏长洪．辛亥革命在新疆［M］．乌鲁木齐：新疆人民出版社，1981．

61．李信成．杨增新在新疆（民国元年至民国十七年）［M］．中国台湾国史馆印行，1993．

62．许建英．近代英国与中国新疆（1840—1911）［M］．哈尔滨：黑龙江教育出版社，2004．

63．纪大椿．新疆近世史论稿［M］．哈尔滨：黑龙江教育出版社，2002．

64．张大军．新疆风暴七十年［M］．中国台北：兰溪出版社，1980．

65．包尔汉．新疆五十年［M］．北京：文史资料出版社，1983.

66. 阿拉腾·奥其尔. 伊犁将军论稿 [M]. 北京：民族出版社，1995.

67. 杜文忠. 边疆的法律：对清代治法治的历史考察 [M]. 北京：人民出版社，2004.

68. 胡春惠. 民初的地方主义与联省自治 [M]. 北京：中国社会科学出版社，2001.

69. 高应笃，编著. 地方自治学 [M]. 中国台湾：中华书局，1982.

70. 马小泉. 国家与社会——清末地方自治与宪政改革 [M]. 开封：河南大学出版社，2001.

71. 张朋园. 立宪派与辛亥革命 [M]. 吉林：吉林出版集团有限公司，2007.

72. 徐迅. 民族主义 [M]. 北京：中国社会科学出版社，1998.

73. 李世涛，主编. 知识分子立场——民族主义与转型期中国的命运 [M]. 长春：时代文艺出版社，2000.

74. 复旦大学历史系等，主编. 近代中国的国家形象与国家认同 [M]. 上海：上海古籍出版社，2003 年，第 187 页.

75. 罗志田. 民族主义与近代中国思想 [M]. 中国台湾：东大图书公司，1998.

76. 罗志田. 乱世潜流：民族主义与民国政治 [M]. 上海：上海古籍出版社，2001.

77. 王柯. 民族与国家：中国多民族统一国家思想的系谱 [M]. 北京：中国社会科学出版社，2001.

78. 江宜桦. 自由主义、民族主义与国家认同 [M]. 中国台北：扬智文化事业股份有限公司，1998.

79. 张启雄. "独立外蒙"的国家认同与主权归属交涉

［M］. 中国台北：中央研究院近代史研究所集刊，1991.

80. 何俊志. 结构、历史与行为——历史制度主义对政治科学的重构［M］. 上海：复旦大学出版社，2004.

81. 张植荣. 中国边疆与民族问题——当代中国的挑战及其历史由来［M］. 北京：北京大学出版社，2005.

82. 钱穆. 中国历史研究法［M］. 北京：三联书店，2001年12月版.

83. 黄仁宇. 万历十五年［M］. 北京：三联书店，2005.

84. 黄金麟. 历史、身体、国家——近代中国的身体形成（1895—1937）［M］. 新星出版社，2006.

85. 陶绪. 晚清民族主义思潮［M］. 北京：人民出版社，1995.

86. 郑大华、邹小站主编. 中国近代史上的民族主义［M］. 北京：社会科学文献出版社，2007.

87. 于逢春. 中国国民国家构筑与国民统合之历程［M］. 哈尔滨：黑龙江教育出版社，2006.

（二）汉文论文

1. 章开沅. 需要加强对辛亥革命期间社会环境的研究［N］. 光明日报. 1981. 10. 18.

2. 章开沅. 辛亥革命时期的社会思潮、求索［M］. 1986（4）.

3. 李良玉. 现代民族主义的困境——民初知识分子的民族主义理念分析［J］. 档案史料与研究，1993（2）.

4. 李良玉. 从辛亥革命到五四：民族主义的历史考察［J］. 江海学刊，1994（4）.

5. 罗志田. 先秦的五服制与古代的天下中国观［J］. 学人第10辑，1996. 9.

6. 罗志田. 论近代中国民族主义的研究取向与反思［J］.

四川大学学报。1998（1）.

7. 徐永志. 清末政治社会变迁对婚姻观变迁的推动［J］.河北学刊，1987（1）.

8. 侯杰等. 辛亥革命时期中国政治文化新趋向［J］天津社会科学，1989（2）.

9. 郑师渠. 近代中国的文化民族主义［J］. 历史研究，1995（5）.

10. 焦润明. 论中国近代民族主义［J］. 社会科学辑刊，1996（4）.

11. 孙晓. 中国近代思想家对民族国家理论的认识［J］. 安徽史学，1999（2）.

12. 王仲孚. 历史认同与民族认同［J］. 中国文化研究，1999（3）.

13. 金冲及. 辛亥革命和中国近代民族主义［J］. 近代史研究，2001（5）.

14. 姚大力. 变化中的国家认同［J］. 近代中国研究集刊·近代中国的国家形象与国家认同，2003（1）.

15. 姚大力. 中历史上的民族关系与国家认同［J］. 中国学术，2002（4）.

16. 王柯. 民族：一个来自日本的误会［J］. 二十一世纪.香港中文大学，2003. 6.

17. 何群. 民族认同性与多民族国家民族政策的成功调整［J］. 内蒙古大学学报. 2001（1）.

18. 黄兴涛. 现代"中华民族"观念形成的历史考察——兼论辛亥革命与中华民族认同之关系［J］. 浙江社会科学. 2002（1）.

19. 黄兴涛. 民族自觉与符号认同："中华民族"观念萌生与确立的历史考察［J］. 中国社会科学评论. 2002 年第 1 卷第

1 期.

20. 张永. 从 "十八星旗" 到 "五色旗" ——辛亥革命时期从汉族国家到五族共和国家的建国模式转变 [J]. 北京大学学报. 2002 (2).

21. 潘先林. "五族共和" 思想的内涵与实质探析 [J]. 贵州民族研究. 2005 (6).

22. 慕向斌, 邱久荣. 从反满到反帝——谈孙中山民族主义思想的演进及原因 [J]. 内蒙古师范大学学报 (哲学社会科学版). 2004 (1).

23. 祝启源. 孙中山民族主义的真谛 [J]. 云南社会科学. 1997 (1).

24. 李喜所. 中国现代民族观念初步确立的历史考察——以梁启超为中心的文本梳理 [J]. 学术月刊. 2006 (2).

25. 许小青. 双重政治文化认同的困境——解读梁启超民族国家思想 [J]. 安徽史学. 2001 (1).

26. 许小青. 梁启超民族国家思想研究 [J]. 华中师范大学学报. 2000 (2).

27. 吴春梅. 近代民族主义与梁启超的新民思想 [J]. 安徽大学学报. 1998 (4).

28. 李育民. 论孙中山的民族国家构想 [J]. 史学月刊. 2002 (2).

29. 黄顺力. 孙中山与章太炎民族主义思想之比及——以辛亥革命时期为例 [J]. 厦门大学学报. 哲社版, 2001 (3).

30. 余祖华. 近代民族主义的类型、格局与主导价值 [J]. 齐鲁学刊. 2001 (2).

31. 彭武麟. 关于中国近代民族关系史研究的几点思考 [J]. 民族研究. 2004 (2).

32. 张海林. 辛亥革命前后革命派人士 "民族主义" 重探

[J]．江苏社会科学．2002（4）．

33．何博．中华民族的中国认同意识及其影响因素［J］．云南社会科学．2006（4）．

34．于逢春．论中国疆域最终奠定的时空坐标［J］．中国边疆史地研究．2006（1）．

35．许建英．"中国世界秩序"观之影响及其与中国古代疆域研究［J］．中国边疆史地研究．2006（1）．

36．张云．西藏参与、认同中国"大一统"的历史及其启示［J］．中国边疆史地研究．2006（1）．

37．周学军，白剑光．《库伦独立始末记》订误［J］．内蒙古社会科学．汉文版，2000（6）．

38．周靖程．贡桑诺尔布民族意识的困惑与沉浮［J］．昭乌达蒙族师专学报．2004（2）．

39．郝维民．辛亥革命与内蒙古政治［J］．中国人民政治协商会议全国委员会文史资料委员会编．辛亥革命在各地．中国文史出版社，1991．

40．卢明辉．辛亥革命与蒙古地区的"民族运动"［J］．纪念辛亥革命七十周年学术讨论会论文集．中华书局，1983．

41．周竞红．清末民国时期内蒙古地区政区管理体制变迁及对蒙古族的影响［J］．中央民族大学学报．2004（6）．

42．李玉伟．北洋政府的民族政策与内蒙古的民族问题［J］．内蒙古社会科学．2004（2）．

43．胡成．略论晚清民族主义思潮对边疆事务的构思［J］．近代史研究．1995（6）．

44．杨志娟．民族主义与近代中国民族的觉醒——以近代中国北部、西方边疆危机为例［J］．兰州大学学报．2005（3）．

45．华国梁，戴峰．民国初年蒙古王公对"五族共和"政策的民族认同［J］．徐州师范大学学报．2003（2）．

46. 申剑敏. 晚清民族主义思潮与近代中国的民族认同 [J]. 人文杂志. 2001 (6).

47. 胡春惠. 再论地方主义与辛亥革命、辛亥革命与二十世纪的中国 [J]. 中央文献出版社, 2002 (8).

48. 沈怀玉. 清末地方自治之萌芽 (1898—1908). 中国台湾中研院近代史所集刊, 9 期.

49. 李建忠. 略论地方主义的社会历史根源 [J]. 广西教育学院学报. 1995 (1).

50. 高海燕. 民元前后中国政治的分裂与整合——兼论民初军阀政治之源起 [J]. 南京师范大学学报. 哲社版, 1998 (2).

51. 高海燕. 地方主义·军事主义——近代中国军阀政治探源 [J]. 史学集刊. 1998 (3).

52. 王续添. 地方主义与民国社会 [J]. 教学与研究. 2000 (2).

53. 王续添. 现代中国地方主义的政治解读 [J]. 史学月刊. 2002 (6).

54. 王续添. 民国地方主义成因的制度分析 [J]. 教学与研究. 2005 (12).

55. 王续添. 地方主义、联邦主义与新国家勾践中的制度选择——考察 1910 年代中国政治的一个视角 [J]. 教学与研究. 2007 (4).

56. 邓正兵. 辛亥革命与近代中国的地方主义 [J]. 探索与争鸣. 2002 (9).

57. 严洪昌. 辛亥革命与移风易俗 [J]. 华中师范学院学报. 1982 (5).

58. 程为坤. 民初剪辫热述论 [J]. 社会科学研究. 1987 (3).

59. 刘毅政. 内蒙古辛亥革命纪略——纪念辛亥革命七十周

年 [J]. 内蒙古师范学院学报. 1981 (4).

60. 陈慧生. 资产阶级领导的迪化起义 [J]. 新疆史学. 1979 年创刊号.

61. 陈慧生. 辛亥革命在新疆的发展 [J]. 辛亥革命与近代中国——纪念辛亥革命七十周年论文集. 中华书局, 1983.

62. 陈慧生. 杨增新在辛亥革命时期的政治态度 [J]. 纪念辛亥革命七十周年学术讨论会论文集. 中华书局, 1983.

63. 吴廷桢, 何玉畴. 辛亥革命在新疆 [J]. 新疆历史论文续集. 新疆人民出版社, 1982.

64. 朱培民. 辛亥革命在新疆的胜利和失败 [J]. 乌鲁木齐职业大学学报. 2000 (12).

65. 彭澍. 辛亥新疆起义与杨增新政权的建立 [J]. 新疆师范大学学报. 1981 (2).

66. 洪涛. 辛亥革命时期的伊犁临时政府 [J]. 中央民族学院学报. 1984 (1).

67. 丁善文. 试论辛亥西藏起义 [J]. 藏学论丛第 1 辑. 1989. 5.

68. 周轩. 志锐初论 [J]. 满族研究. 1989 (4).

69. 白云. 新疆都督杨增新述评 [J]. 喀什师范学院学报. 1997 (3).

70. 阿依木古力·卡吾力. 杨增新的经济政策与近代中国西部的开发 [J]. 喀什师范学院学报. 2006 (1).

71. 陈瑞芳. 试析杨增新的无为而治的治新政策 [J]. 喀什师范学院学报. 2006 (4).

72. 丁以德. 杨增新治新用人初探. 新疆大学学报. 2002 (2).

73. 洪涛. 杨增新禁烟述评 [J]. 西域研究. 2001 (4).

74. 郑峰. 评杨增新治新时期的民族政策 [J]. 西北第二民

族学院学报. 2003 (1).

75. 王劲. 1980 年以来杨增新研究综述 [J]. 西北民族研究. 2005 (2).

76. 贾秀慧. 杨缵绪在新疆 [J]. 新疆地方志. 2004 (1).

77. 郝可权传略 [J]. 新疆地方志. 1998 (1).

78. 崔延虎. 英国驻喀什噶尔首任总领事乔治·马嘎特尼（马继业）评述 [J]. 新疆大学学报. 1998 (2).

79. 贾建飞. 评马继业与英国驻喀什噶尔领事馆的建立 [J]. 西北史地. 1998 (3).

80. 贾建飞. 马继业与辛亥革命前后英国在新疆势力的发展 [J]. 中国边疆史地研究. 2002 (1).

81. 房建昌. 近代俄苏英美三国驻新疆总领事馆及领事馆的渊源和历任总领事及领事考 [J]. 伊犁师范学院学报. 1995 (2).

82. 房建昌. 近代俄苏英美三国驻新疆总领事馆考 [J]. 新疆大学学报. 1995 (2).

83. 房建昌. 英国秘密档案中记载的民国初年护理西藏办事长官陆兴祺——兼论印度华侨在维护中央对西藏的主权中所起的重要作用 [J]. 西北民族学院学报哲社版. 2002 (4).

84. 段续. 帕勒塔传略 [J]. 新疆地方志. 1998 (4).

85. 许广智. 论辛亥革命前后十三世达赖喇嘛的政治取向 [J]. 云南社会科学. 1994 (5).

86. 许广智. 联豫在西藏推行近代化改革的历史作用及评价 [J]. 西藏研究. 1995 (1).

87. 格桑达古. 十三世达赖喇嘛新政 [J]. 中国藏学. 1996 (2).

88. 毛继祖. 第十三世达赖喇嘛与藏区的近代化 [J]. 青海民族学院学报. 1994 (2).

89. 贾英波. 十三世达赖喇嘛在西藏抗英战争中的功过新论 [J]. 西藏民族学院学报. 1996 (2).

90. 王川. 从新近刊布的史料看晚清、民国藏政要员的洋务背景 [J]. 西藏民族学院学报. 哲社版, 2003 (8).

91. 曹盟. 哥老会与新疆辛亥革命 [J]. 石河子大学学报. 2006 (1).

92. 邓雪芹. 新疆哥老会的戕官运动 [J]. 昌吉学院学报. 2000 (4).

93. 赵炳清. 1912 年喀什地区的革命运动与喀什哥老会 [J]. 新疆师范大学学报. 2002 (1).

94. 车怀明. 简析江孜抗英斗争前后历任驻藏大臣的心态 [J]. 中国藏学. 2004 (4).

95. 曾国庆. 论清季驻藏大臣张荫棠 [J]. 康定民族师专学报. 2005 (5).

96. 张世明. 论联豫在清末新政期间对西藏的开发 [J]. 中国边疆史地研究导报. 1990 (6).

97. 黄维忠. 联豫功过论 [J]. 西藏民族学院学报. 1995 (2).

98. 黎仕明, 陈明. 尹昌衡西藏戡乱 [J]. 四川大学学报. 2004 (1).

99. 苏范. 唐绍仪与中英西藏谈判述评 [J]. 西藏研究. 2001 (1).

100. 秦永章, 李丽. 20 世纪初叶西藏的日本军事教官矢岛保治郎 [J]. 中国边疆史地研究. 2005 (1).

101. 苏德. 晚清筹边改省奏议与治边政策概论 [J]. 内蒙古大学学报. 2002 (4).

102. 苏德. 试论晚清边疆、内地一体化政策 [J]. 中国边疆史地研究. 2001 (3).

103. 钟桂明. 试论北洋政府时期的民族政策 [J]. 广西民族学院学报. 1997 (3).

104. 邓亦武. 1912—1916 年北京政府的民族政策 [J]. 绥化师专学报. 2002 (1).

105. 刘存宽. 中俄关系与外蒙古自中国的分离（1911—1915）[J]. 历史研究. 2004 (4).

106. 白拉都格其. 沙皇俄国与辛亥革命时期外蒙古的"独立""自治". 内蒙古近代史论丛. 内蒙古人民出版社, 1983.

107. 白拉都格其. 袁世凯治蒙政策刍议 [J]. 中央民族大学学报. 2002 (6).

108. 白拉都格其. 辛亥革命与贡桑诺尔布 [J]. 清史研究. 2002 (3).

109. 乌力吉套格套. 辛亥革命时期阿穆尔灵圭的政治活动 [J]. 内蒙古社会科学. 2002 (4).

110. 张羽新. 驻藏大臣长庚及其《为西藏事上书》[J]. 西藏研究. 1990 (4).

111. 张羽新. 蒙藏事务局及其对藏政的管理 [J]. 中国藏学. 2003 (1、3).

112. 孙宏年. 国民参政会与国民政府的治藏政策——以治藏议案为中心 [J]. 中国边疆史地研究. 2002 (3).

113. 孙宏年. 蒙藏事务局于民国初年的边疆治理论析 [J]. 中国边疆史地研究. 2004 (1).

114. 孙宏年. 20 世纪初英国对西藏的侵略与西藏建省问题研究 [J]. 西藏研究. 2004 (3).

115. 孙宏年. 1912 年—1949 年西藏自治方案的考察 [J]. 西藏研究增刊. 2005.

116. 樊明方. 海山与 1911 年外蒙古独立 [J]. 中国边疆史地研究. 2005 (4).

117. 陈亚洲. 论喀喇沁王贡桑诺尔布 [J]. 西北民族大学学报. 2005 (3).

118. 汪炳明. 民国初年乌泰"独立"事件的外援背景再探 [J]. 中国边疆史地研究. 2004 (1).

119. 孙晨旭. 西姆拉会议与麦克马洪线 [J]. 历史教学. 2005 (2).

120. 吕昭义. 麦克马洪线的由来及其实质 [J]. 世界历史. 2005 (2).

121. 秦和平. 西姆拉会议及民国政府对西姆拉草约的认识 [J]. 中国边疆史地研究. 1997 (3).

122. 柳升祺. 1929 年版《艾奇逊条约集》第 14 卷何以有两种不同的版本？——兼论西姆拉会议 (1913—1914) [J]. 中国藏学. 1990 (1).

123. 何莉. 胎死腹中的满蒙独立义勇军 [J]. 兰台世界. 2005 (6).

124. 伊秀芳. 川岛浪速与满蒙独立运动 [J]. 兰台世界. 2006 (8).

125. 王梅堂.《天山白话报》始末考述 [J]. 西域研究. 2005 (1).

126. 徐丽华. 藏文白话报述要 [J]. 中国藏学. 1999 (2).

127. 赵云田. 清末西藏新政述论 [J]. 近代史研究. 2002 (5).

128. 赵云田. 清末新政期间的"筹蒙改制" [J]. 民族研究. 2002 (5).

129. 赵云田. 清末川边改革新探 [J]. 中国藏学. 2002 (3).

130. 赵云田. 清末新政期间新疆文化教育的发展 [J]. 西域研究. 2002.

131. 高健. 民国前期新疆省议会研究 [J]. 西域研究. 2005 (3).

132. 肖爱树. 论清末中央政府与西藏地方之关系 [J]. 中国藏学. 2005 (2).

133. 陈柏萍. 也论民国时期西藏的历史地位 [J]. 青海民族学院学报. 2005 (1).

134. 石硕. 民国西藏独立论质疑 [J]. 中国藏学. 1995 (1).

135. 陈崇凯. 民国时期西藏地方代表参政议政活动述略——再驳"民国时期西藏独立论" [J]. 青海民族学院学报. 2004 (2).

136. 徐中林, 王希隆. 试论民国时期中央政府对西藏的文化教育政策 [J]. 中国藏学. 2004 (2).

137. 李国栋, 刘佳鹏. 清末民初的民族问题与边疆危机——以蒙古、西藏、新疆地区为例 [J]. 烟台大学学报. 哲社版, 2006 (4).

138. 吴福环, 苗健. 辛亥革命前后的中国边疆危机 [J]. 新疆大学学报. 2001 (4).

139. 李国栋. 清末民初内蒙古地区的边疆危机 [J]. 历史教学问题. 2003 (4).

140. 俞辛焞, 李埰畛. 辛亥革命时期日本的对华政策 [J]. 纪念辛亥革命七十周年学术讨论会论文集. 中华书局, 1983.

141. 李琪. 从俄文档案看沙俄对新疆的侵略 [J]. 中国边疆史地研究. 2005 (1).

142. 吴乾兑. 沙俄与辛亥革命 [J]. 辛亥革命集刊. 第8辑.

143. 张恩博. 辛亥革命前后俄国的对华政策 [J]. 沈阳师范学院学报. 1992 (1).

144. 高鸿志. 辛亥革命时期英国分裂中国西藏的阴谋 [J]. 安徽大学学报. 2001 (5).

145. 阎小俊. 论近代沙俄对我国西藏的侵略 [J]. 西藏研究. 2000 (3).

146. 伍昆明. 1904 年西藏人民的抗英斗争 [J]. 中央民族学院学报. 1984 (3).

147. 黄建华. 新疆辛亥革命的特点 [J]. 新疆日报. 1991 (10).

148. 周竞红. 南京国民政府初期十年边疆民族事务管理机制与政策 [J]. 中国边疆史地研究. 2005 (3).

149. 马林. 从礼仪之争看驻藏大臣同达赖喇嘛及西藏地方政府摄政的关系 [J]. 青海社会科学. 1989 (6).

150. 马林. 十三世达赖喇嘛进京觐见接待礼仪述略 [J]. 青海社会科学. 1990 (6).

151. 喜饶尼玛. 刍议民国时期十三世达赖喇嘛与中央政府的关系 [J]. 西藏研究. 1983 (1).

三、硕博论文

1. 嵇雷. 民国前期新疆治理研究（1912—1933）[D]. 乌鲁木齐：新疆大学，2003.

2. 郭兆祥. 十三世喇嘛与西藏上层关系述评 [D]. 北京：中央民族大学，2005.

3. 王立艳. 西藏法制研究 [D]. 北京：中国政法大学，2002.

4. 周卫平. 清代新疆官制、边吏研究——伊犁将军、乌鲁木齐都统、总理回疆事务参赞大臣为中心 [D]. 北京：中国社会科学院研究生院，2007.

四、外文论著

(一) 外文著作

1. Emerson R. : *From Empire to Nation*, Cambridge (Mass.), Harvard University Press, 1960.

2. Gellner, Ernest: *Nations and Nationalism*, Cornell University Press, 1983.

3. Breuilly, John: *Nationalism and the State*, University of Chicago Press, 1994.

4. Connor, Walker: *Ethnonationalism*: *The Quest for Unstanding*, Princeton University Press, 1994.

5. Eto Shikichi and Harold Z. Schiffrin eds. , *The 1911 Revolution in China*, University of Tokyo Press, 1984.

6. G. P. Gooch and Harold Temperley, eds. , *British Documents on the Origins of the War*, 1898—1914, London, 1929.

7. G. N. Curzon: *The Far East Problem*, London, 1894.

8. A. Lamb: *British and Chinese Central Asia*, London, 1960.

9. A. Lamb: *The Mcmahon Line*, London, 1966.

10. Tieh-Tseng Li: *Tibet*: *Today and Yesterday*, New York, 1960.

11. Urgunge Onon and Derrick Pritchatt: *Asia' s First Modern Revolution*: *Mongolia Proclaims Its Independence in* 1911, E. J. Brill, Leiden, The Netherlands, 1989.

12. Gerard M, Friters: *Outer Mongolia and Its International Position*, Baltimore, The Johns Hopkins Press, 1949.

13. Lars-Erik Nyman: *Great Britain and Chinese, Russian and Japanese Interests in Sinkiang*, 1918—1934, Scandinavia university, 1977.

14. Owen Lattimore: Pivot of Asia: *Sinkiang and the Inner Frontiers of China and Russia*, Boston, 1950.

15. Andrew D. W. Forbes: *Warlords and Muslims in Chinese Central Asia: A Political History of Republican Sinkiang 1911—1949*, Cambridge University, 1946.

16. C. P. Skrine and Pamela Nightingale: *Macarteney at Kashgar, New Light on British, Chinese and Russian in Sinkiang*, 1890—1918, Methuen &Co. Ltd.

17. Peter S. H. Tang, *Russia and Soviet Policy in Manchuria and Outer Mongolia*, 1911—1931. Duke University Press, 1959.

18. Don C. Price: *Russia and the Roots of the Chinese Revolution*, 1896—1911, Harvard University, 1974.

19. S. C. M. Paine, *Imperial Rivals, China, Russia and Their Disputed Frontier.* M. E. Sharpe Inco, 1996.

（二）外文论文

1. Masato Matsui, "The Russo-Japanese Agreement of 1907: Its Causes and the Progress of Negotiations", *Modern Asian Studies*, vol. 6, no. 1. (1972), pp. 33~48.

2. Karunakar Gupta, "The Mcmahon Line 1911—1945: the British Legacy". *The China Quarterly*, no. 47. (Jul. – Sep., 1971), pp – 521~545.

3. Philip E. Mosely, "Review: Russian Policy in 1911—1912". *The Journal of Modern History*, vol. 12, no. 1, (Mar., 1940), pp. 69~86.

4. Lewis H. Siegelbaunm, "Another 'Yellow Peril': Chinese Migrants in the Russian Far East and the Russian Reaction before 1917". *Modern Asian Studies*, vol. 12, no. 2. (1978), pp. 307~330.

5. Owen Lattimore, "Political Conditions in Mongolia and Chinese Turkestan". *Annals of the American Academy of Political and Social Science*, vol. 152, China. (Nov. , 1930), pp. 318 ~ 327.

6. Ira Klein. "The Anglo-Russian Convention and the Problem of Central Asia, 1907—1914". *The Journal of British Studies*, vol. 11, no. 1. (Nov. , 1971), pp. 126 ~ 147.

7. David Mackenzie. "Turkestan' s Significance to Russia (1850—1917)". *Russia Review*, vol. 33, no. 2. (Apr. , 1974), pp. 167 ~ 188.

8. E. T. Williams. "The Relations between China, Russia and Mongolia". *The American Journal of International Law*, vol. 10, no. 4. (Oct. , 1916), pp. 798 ~ 808.

9. Nakami Tatsuo. "A Protest Against the Concept of The Mongols and the 1911 Revolution", *The* 1911 *Revolution in China*, University of Tokyo Press, 1984, pp. 129 ~ 149.

10. "Recent Political Progress in China". *The American Journal of International Law*, vol. 6, no. 2. (Apr. , 1912), pp. 467 ~ 473.

11. "Convention between the Governments of Great British and Tibet, Signed September, 1904". *The Amercian Journal of International Law*, vol. 1. no. 1, supplement: official documents, (Jan. , 1907), pp. 80 ~ 83.

12. "The United Kingdom and China Respecting Tibet, Signed April 27, 1906". *The American Journal of International Law*, vol. 1, no. 1, supplement: official documents. (Jan. , 1907), pp. 78 ~ 80.

13. George N. Patterson. "China and Tibet: Background to the Revolt". *The China Quarterly*, no. 1 (Jan, — Mar. , 1960),

pp. 87 ~ 102.

14. "Discoveries in Central and Tibet". *Bulletin of the Amercian Geographical Society*, vol. 34, no. 4. (1902), pp. 313 ~ 315.

15. "The Position of Tibet in International Law", *The China Quarterly*, no. 35（Jul-Sep, 1968）. pp110 ~ 154.

16. "Historical Variations of China's Frontiers", *Pacific Affairs*, vol. 18, no. 4（Dec., 1945）pp346 ~ 354.

17. Kurt Bloch, "Warlordism: A Transitory Stage in Chinese Government", *The American Journal of Sociology*, vol. 43, no. 5. (Mar., 1938), pp691 ~ 703.

18. David N. Rowe, "Balance Power in China", *Far East Survey*, vol. 13, no. 24.（Nov. 29, 1944）, pp229 ~ 232.

19. Barry Buzan, Ole Waver, Security: *A New Framework of Analysis*, Boulder: Lynne Rienner, 1995.

（三）汉译论著

1. 安东尼·吉登斯. 民族国家与暴力 [M]. 北京: 三联书店, 1998.

2. 厄内斯特·盖尔纳. 民族与民族主义 [M]. 韩红, 译. 北京: 中央编译出版社, 2002.

3. 杜赞奇. 从民族国家拯救历史: 民族主义话语与中国现代史研究 [M]. 北京: 社会科学文献出版社, 2003.

4. 安德森. 想象的共同体——民族主义的起源与散布 [M]. 吴睿人, 译. 上海: 人民出版社, 2003.

5. 列文森. 儒教中国及其现代命运 [M]. 郑大华, 等译. 北京: 中国社会科学出版社, 2000.

6. 吉尔·德拉诺瓦. 郑文彬, 等译. 民族与民族主义 [M]. 北京: 三联书店, 2005.

7. 阿尔弗雷德·菲德罗斯, 等著. 国际法 [M]. 李浩培,译. 北京: 商务印书馆, 1981.

8. 费正清. 中国: 传统与变迁 [M]. 张沛, 译. 北京: 世界知识出版社, 2002.

9. 斐力. 外蒙古 [M]. 中国台北: 正中书局, 1952.

10. 沃尔纳德斯基. 蒙古与俄罗斯 [M]. 扎奇斯钦, 译. 中国台北: 中华文化出版事业委员会, 1955.

11. 乔治·亚历山大·伦森, 编. 俄国向东方的扩张 [M]. 杨诗浩, 译. 北京: 商务印书馆, 1978.

12. 马士. 中华帝国对外关系史 [M]. 张汇文, 等译. 上海: 上海书店出版社, 2000.

13. 李约翰. 清帝逊位与列强 [M]. 孙瑞芹, 陈泽宪, 译. 北京: 中华书局, 1982.

14. 亨利·赫坦巴哈, 等著, 俄罗斯帝国主义——从伊凡大帝到革命前 [M]. 吉林师范大学历史系翻译组, 译. 北京: 三联书店, 1978.

15. 费正清, 刘广京, 主编. 剑桥中国晚清史 (1800—1911年) [M]. 北京: 中国社会科学出版社, 1993.

16. 费正清, 主编. 剑桥中华民国史第一部 [M]. 章建刚, 等译. 上海: 上海人民出版社, 1991.

17. 陈志让. 军绅政权 [M]. 中国香港: 三联书店, 1979.

18. 毕达克. 西藏的贵族和政府 (1792—1959) [M]. 沈卫荣, 宋黎明, 译. 北京: 中国藏学出版社, 1990.

19. 梅·戈尔斯坦. 喇嘛王国的覆灭 [M]. 时事出版社, 1994.

20. 白兰德. 东三省外交史略 [M]. 汤尔和, 译. 上海: 商务印书馆, 1926.

21. 内维尔·马克斯韦尔. 印度对华战争 [M]. 陆仁, 译. 北京: 世界知识出版社, 1981.

22. 谭·戈伦夫. 现代西藏的诞生 [M]. 武昆明，王宝玉，译. 北京：中国藏学出版社，1990.

23. 苏奇塔·高士. 中印关系中的西藏（1899—1914 年）[M]. 张永超，译. 北京：西藏人民出版社，1986.

24. B. N. 列昂节夫. 外国在西藏的扩张 [M]. 张方廉，译. 北京：民族出版社，1959.

25. 荣赫鹏. 英国侵略西藏史 [M]. 孙熙初，译. 拉萨：西藏社会科学院资料情报研究所编印，1983.

26. 查尔斯·贝尔. 十三世达赖喇嘛传 [M]. 冯其友，等译. 拉萨：西藏社会科学院西藏学汉文编辑室.

27. 尼·维·鲍戈亚夫连斯基. 长城外的中国西部地区 [M]. 商务印书馆，1980.

28. 巴巴拉·杰拉维奇. 俄国外交政策一世纪 [M]. 福建师范大学外语系编译室，译. 商务印书馆，1978.

29. B. 阿瓦林. 帝国主义在满洲 [M]. 北京对外贸易学院俄语教研室，译. 商务印书馆，1980.

30. 青木文教. 西藏游记 [M]. 日外出版有限公司，1920.

31. 稻叶岩吉. 满洲发达史 [M]. 杨成能，译. 奉天萃文斋，1940.

32. 多田等观. 入藏纪行 [M]. 钟美珠，译. 郑州：中州古籍出版社，1987.

33. 后藤孝夫. 辛亥革命与满洲事变 [M]. 东京：大阪朝日新闻近代中国研究中心，1987.

34. 中见立夫. 从国家主义到地方民族主义——对于蒙古人郭道甫而言的国家·地域·民族、现代中国的构造变动（7）[M]. 东京：东京大学出版会，2001.

35. 森时彦. 东亚同文书院和根津精神——读史札记 [J]. 辛亥革命集刊. 第 8 辑.

36. 忙马斯·尤凶. 中国边境上的事件: 1911 年的外蒙古 [J]. 国外中国近代史研究第一辑.

37. 梅·戈尔斯坦. 1949 年以前的拉萨街谣 [J]. 谢纪胜, 译. 国外藏学译文集第一辑. 拉萨: 西藏人民出版社, 1985. 10.

38. 中根千叶. 西藏的贵族 [M]. 周炜, 译. 国外藏学译文集 (第九辑). 拉萨: 西藏人民出版社, 1992. 10.

39. C. P. 明茨洛夫. 秘而不宣的使命——乌梁海纪行 [M]. 马曼丽, 译. 北京: 商务印书馆, 1982.

40. 马达汉. 马达汉西域考察日记 [M]. 王家骥, 译. 中国民族摄影艺术出版社, 2004.

41. 廓索维. 库伦条约之始末 [M]. 王光祈, 译. 北京: 中华书局, 1930.

42. 埃德温·丁格尔. 辛亥革命目击记 [M]. 北京: 中国青年出版社, 2002.

后　记

呈现在读者面前的这本专著，是在本人的博士论文基础上修改而成的。当书稿即将交付出版之际，滋味百般缠绕我的心头，犹如登山，回头望，荆棘悬崖，汗迹泪痕，尽是当年经行处。回顾过去几年的求学生涯中得到的种种厚爱与关照，我的心中充满感激之情。

曾记得，2005 年 3 月我只身从偏远的春城昆明来到北京城，参加中国社会科学院研究生院博士生入学考试。这是我平生第一次来到北京城，这里的一切都让我感到惊奇。尽管我的学识尚属粗陋，但非常幸运的是，我还是考上了中国社会科学院研究生院近代史系的博士研究生，并得以入厉声先生门下。

记得确定论文题目的时候，我与先生进行了几次认真讨论。最初，我的兴趣是将近代西藏与喜马拉雅山南麓周边属国之关系作为我的研究题目。先生对此提出了不同意见。他认为，博士生阶段是一个人学术生涯中能够得以系统学习的最后一个阶段了，因此最重要的是，应当在此阶段开拓自己的学术视野，做一个综合性的研究题目。然后，先生根据我的实际情况，初步确定了我的论文题目。原计划该研究涵盖辛亥革命时期东北三省、云南、广西、西藏、新疆、内外蒙古等地区的政治变迁。但是，在对资料和研究概况进行了解后，我发现空白点太多，资料的搜集和整理难度亦大，难以在短短的三年之内完成。在征得先生的同意后，我将研究的场域确定为最具典型性的外蒙古、新疆、西藏三个地区。

论文得以成稿，首先得感谢我的导师厉声研究员，正是由于导师的宽容、呵护和不遗余力的鼓励、教诲与点拨，才使得我得以略窥学术殿堂的门径和体验到治学的乐趣。在人生的旅程中和治学的道路上，能遇到这样一位恩师应该是我人生中的大幸。此外，论文在选题、提纲设计及写作过程中，除了恩师以外，我还有幸得到我的另一位导师于逢春研究员的大力指导。于老师从日本广岛大学获得博士学位，深得日本学术之精髓，治学严谨。本书的每个章节在最初成型后，于老师必定再从头到尾审读一遍，故而每次从先生那里领回来的文稿的页脚边都批满了圈注。所以，从严格意义上说，这本书应当是以两位老师为首的集体智慧的结晶。

在收集资料和博士论文写作过程中，还承蒙众多老师和朋友的关心和帮助。他们是中国边疆史地研究中心的马大正先生、李国强先生、李大龙先生、李方先生、许建英博士、孙宏年博士，国家清史编纂委员会委员李治亭教授，中央民族大学杨圣敏教授、李鸿宾教授、中国藏学研究中心张云教授，在此一并致谢。

最后，我要感谢我的父母，感谢我的爱人邓语欣。是他们的无私奉献和默默支持让我安心读书、完成学业，是他们的爱给予了我战胜困难的能力、勇气和信心。

本书的出版得到了黑龙江教育出版社莫大帮助，尤其是，本书责任编辑宋怡霏女士为文稿修缮及最终刊印付出了诸多劳动和智慧。另外，本书的出版得到了中国边疆史地研究中心"2008年度所重点课题"立项资助，以及"中国边疆研究文库"的出版资助。记于此，谨表谢意。

总之，这本书凝聚了太多人的智慧与辛劳，也承载了太多爱我的人和我爱的人的期望。如果说本书还有些价值的话，本人不敢贪天之功；同时，囿于个人的学识水准，不足及错误之处定然不少，显然，对此本人应承担全责。

图书在版编目(CIP)数据

辛亥革命与近代中国边疆政治变迁研究/冯建勇著.
－－哈尔滨:黑龙江教育出版社,2011.10
ISBN 978－7－5316－6166－5

Ⅰ.①辛… Ⅱ.①冯… Ⅲ.①边疆地区—政治—研究
—中国—近代 Ⅳ.①D69

中国版本图书馆 CIP 数据核字(2011)第 213140 号

辛亥革命与近代中国边疆政治变迁研究

Xinhai Geming Yu Jindai Zhongguo Bianjiang Zhengzhi Bianqian Yanjiu

冯建勇 著

选题策划	丁一平 华 汉
特约编审	吕观仁
责任编辑	宋怡霏
封面设计	sddoffice.com
版式设计	王 绘 周 磊
责任校对	柳成栋
出版发行	黑龙江教育出版社
	(哈尔滨市南岗区花园街 158 号)
印 刷	山东临沂新华印刷物流集团有限公司
开 本	640 毫米×960 毫米 1/16
印 张	24.25
字 数	290 千
版 次	2012 年 12 月第 1 版
印 次	2012 年 12 月第 1 次印刷

书 号 ISBN 978－7－5316－6166－5 定 价 50.00 元

黑龙江教育出版社网址:www.hljep.com.cn
如需订购图书,请与我社发行中心联系。联系电话:0451－82529593 82534665
如有印装质量问题,影响阅读,请与我社联系调换。联系电话:0451－82529347
如发现盗版图书,请向我社举报。举报电话:0451－82560814